거창교육 100년을 담아 미래를 꿈꾸다

거창교육 100년사

위대한 여정을
시작한 사람들

100 *years*
of GEOCHANG
Education

편찬위원장
- 신 종 규 경상남도거창교육지원청 교육장

편찬부위원장
- 구 영 순 경상남도거창교육지원청 교육지원과장
- 정 순 환 경상남도거창교육지원청 행정지원과장

검토위원
- 정 시 균 거창문화원 향토사연구소 소장
- 김 상 용 전)안의고등학교 교장
- 하 미 남 거창여자고등학교 교장
- 권 성 복 창동초등학교 교장
- 김 동 배 주상초등학교 교감

편찬총괄
- 김 진 경 경상남도거창교육지원청 행정지원담당

편집위원장
- 원 숙 민 아림초등학교 교장

편집위원
- 김 연 희 마리초등학교 교감
- 송 헌 일 경상남도거창교육지원청 초등장학사
- 정 정 희 경상남도거창교육지원청 중등장학사
- 김보라미 가북초등학교 교사
- 송 영 미 고제초등학교 교사
- 허 영 은 아림초등학교 교사

편찬고문
- 김 인 수 전)경상남도거창교육지원청 교육장

거창교육 연표(100년의 기록)

1970
- 1971 가조중학교가북분교장 개교, 거창중학교고제분교장 설립 인가
- 1972 마리중학교 개교
- 1973 산수국민학교 개교
- 1974 제8대 정우순 교육장 취임
  거창대성여자상업고등학교(현.대성일고등학교) 개교
- 1976 제9대 김병달 교육장 취임, 창동국민학교 개교
- 1977 교육청 청사 증축(13평)
- 1978 가조익천종합고등학교(현.거창승강기고등학교) 개교
- 1979 위천중학교북상분교장 개교, 가조국민학교병설유치원 개원
  웅양국민학교병설유치원 개원, 월천국민학교병설유치원 개원
  위천국민학교병설유치원 개원

1980
- 1980 거창고등학회 샛별중학교 설립 인가, 남하국민학교병설유치원 개원
  제10대 정우순 교육장 취임, 가북국민학교병설유치원 개원
- 1981 가조국민학교병설유치원 개원, 마리국민학교병설유치원 개원
  북상국민학교병설유치원 개원, 주상국민학교병설유치원 개원
- 1982 남상국민학교병설유치원 개원
- 1983 제11대 최필형 교육장 취임, 교육청사 이전(현),
  농산국민학교 폐교, 신원국민학교병설유치원 개원
- 1984 거창군립도서관 설치조례 공포, 거창군립도서관 개관
  거창학생체육관 건립, 창남국민학교병설유치원 개원
  창동국민학교병설유치원 개원
- 1985 고제국민학교병설유치원 개원, 쌍봉국민학교소사분교장 설립 인가
- 1986 거창도서관 어린이자료실 개관
- 1988 제12대 고금석 교육장 취임

1990
- 1990 제13대 최필형 교육장 취임
- 1991 경상남도거창교육청으로 명칭 변경
  거창군립도서관을 거창도서관으로 명칭 변경
- 1993 제14대 이종구 교육장 취임, 거창도서관 증축
- 1996 국민학교를 초등학교로 교명 개칭, 경남도립거창대학 개교
- 1997 제15대 이무진 교육장 취임, 교육청 3층 증축

2000
- 2000 제16대 김수웅 교육장 취임
- 2001 제17대 이정수 교육장 취임
- 2002 거창교육청 디지털자료실 개실
- 2003 제18대 박종락 교육장 취임
- 2004 제19대 허두천 교육장 취임, 아림초등학교 개교
- 2005 거창유치원 개원
- 2006 제20대 최종석 교육장 취임, 세종유치원 개원, 아림유치원 개원
- 2007 제21대 박성조 교육장 취임, 전국 최초 초·중학교 무상급식 실시
- 2008 제22대 강임석 교육장 취임, 어린이도서관(아이누리도서관) 개관
- 2009 제23대 이홍국 교육장 취임, 365일 믿고 맡기는 돌봄 운영

2010
- 2010 제24대 박명의 교육장 취임, 경상남도거창교육지원청으로 개칭
  부서 명칭 변경(교수학습지원과, 현장지원협력과)
  거창교육지원청 별관동 신축, 한국승강기대학교 개교
- 2011 거창교육지원청 별관동 3층 증축, 고제초등학교 벽지학교(라) 지정
- 2012 제25대 박두립 교육장 취임
- 2013 제26대 김칠성 교육장 취임
- 2015 제27대 강신화 교육장 취임
- 2016 거창덕유중학교 개교
- 2017 제28대 박종철 교육장 취임, 국민권익위원회 주관 공공기관
  청렴업무 수행 교육감 표창, 「돌아보는 옛 자취, 거창의 학교」 자료집 발간
- 2018 제29대 이정현 교육장 취임, 반부패 청렴업무 수행 교육감 표창
- 2019 거창나래학교 개교, 거창교육지원청 교육역사기록전시실 개관
  행정안전부 국가기록원 '2019년 기록관리 기관평가' 최우수 기관 선정

2020
- 2020 제30대 정진용 교육장 취임, 광역 통학구역 제도 운영
  거창연극고등학교 개교
- 2021 제31대 강신영 교육장 취임, 학교교육지원센터 설립
- 2022 제32대 이명주 교육장 취임, 광역 통학구역 제도 확대 운영
- 2023 거창韓 예술(연극)교육활동 운영
  제1회 거창학생 연극제, 제1회 거창교육상 시상
  경상남도교육청 환경교육 특구 지정
- 2024 제33대 김인수 교육장 취임, 교육부지정 교육발전 특구 지정
  거창초 교육부 '학교복합시설 공모사업' 선정
  행안부 국가기록원 '2024년 기록관리 기관평가' 최우수 기관 선정
- 2025 제34대 신종규 교육장 취임, 「거창교육 100년사」 발간

거창교육 연표(100년의 기록)

1907 거창보통학교 4년제 개교
1909 원명학교 설립
1912 위천면 사립고북학교 개교
1913 거창공립심상소학교 인가, 호주선교부 명덕유치원 설립
1915 명덕강습소 설립
1919 사립고북학교를 위천공립보통학교로 전환

1920 웅양공립보통학교 설립
1921 거창공립보통학교 6년제 개교, 등교거부운동 전개
1922 가조공립보통학교 설립
1923 남상공립보통학교 개교, 거창공립보통학교 동맹 휴교 단행
1924 웅양공립보통학교 학급증설운동
1925 거창공립보통학교 교사 신축, 보성학원 설립
1926 신원공립보통학교 설립 인가
1927 가북공립보통학교 설립
1928 마리공립보통학교 설립, 북상공립보통학교 설립
1929 거창공립농업보습학교(현.아림고등학교) 설립

1930 남하공립보통학교 설립, 거창공립보통학교 동맹 휴교 단행
1931 경상남도평의회에 거창중등학교 설치 건의
1932 고제공립보통학교 설립, 월천공립보통학교 설립
1933 주상공립보통학교 개교
1934 월성간이학교 설립, 완대간이학교 개교
1935 양지 간이학교 설립 인가
1936 지산간이학교 설립
1937 임불간이학교 설립
1938 명덕여학교 인수, 심상소학교로 개칭
       남상공립심상소학교로 개칭
1939 학교평의원회 구성, 명덕여학교, 거창 문월간이학교
       웅양공립심상소학교 설립

1940 개명간이학교 설립, 남상제2공립심상소학교 설립
1941 명덕여학교 폐교, 거창공립국민학교로 개칭
       대동간이학교 설립, 가북제2국민학교 설립
1942 율원국민학교 개교, 신원국민학교 항일동맹휴교
1943 석강간이학교 설립, 완대국민학교 개교
1944 거창공립농업학교 5년제 인가
       거창남국민학교(현.창남초등학교) 개교
1945 병곡국민학교 설립, 거창여자전수학교 2년제 인가
       거창여자초급중학교 인가, 모동국민학교 설립
       중촌국민학교 개교, 시목국민학교 개교
1947 남하국민학교둔마분교장 개교, 춘진국민학교 개교

1951 거창농업중학교에서 거창중학교 분리 인가
       거창대성중학교 인가
1952 제1대 신용희 교육장 취임, 거창군교육청으로 발족
       남상국민학교 개교
1953 제2대 김준용 교육장 취임
       보해국민학교 개교, 가조중학교 개교
1954 거창교육청 청사 신축, 거창고등학교 개교
       거창대성상업고등학교(현.거창중앙고등학교) 개교
1955 화산국민학교 개교, 웅양중학교 개교
1956 북상국민학교소정분교장 개교
1957 쌍봉국민학교 개교
1959 제3대 신일권 교육장 취임

1960 위천중학교 개교, 거창여자고등학교 개교
1961 제4대 전영호 교육장 취임, 중유국민학교 개교
       가조국민학교도리분교장 개교, 용현국민학교 개교
1962 교육지자체 폐기(군 교육과 편입)
1963 제5대 장준 교육장 취임, 남상중앙국민학교 개교
1964 교육지자체 부활, 가조국민학교가산분교장 개교
       마리국민학교율리분교장 개교, 가북국민학교어인분교장 개교
       고제국민학교농산분교장 개교, 웅양국민학교군암분교장 개교
       혜성여자중학교 개교, 샛별국민학교 설립 인가
       거창대성종합고등학교(현.대성고등학교) 개교
1965 제6대 정유식 교육장 취임
1966 신원중학교 개교, 용암국민학교개금분교장 개교
1967 오계국민학교청연분교장 개교
1968 제7대 정순용 교육장 취임

1900 — **1920** — **1930** — **1940** — **1950** — **1960**

프롤로그

거창교육을 기록하는 위대한 시작

거창교육 100년을 담아 미래를 꿈꾸다

존경하는 거창 교육 공동체 여러분, 그리고 이 책을 손에 든 모든 분께 깊은 존경과 감사의 마음을 전합니다. 오늘 우리는 거창 교육의 빛나는 100년 역사를 담은 「거창교육 100년사」를 발간하게 된 감격스러운 순간을 맞이했습니다.

「거창교육 100년사」는 김인수 전임 교육장님께서 심혈을 기울여 시작하신 사업으로, 저는 그 뜻을 이어받아 마무리를 지을 수 있게 되어 더욱 뜻깊게 생각합니다. 전임 교육장님의 혜안과 노력이 없었다면 이 소중한 기록 자산은 세상에 선보일 수 없었을 것입니다. 깊은 존경과 감사의 말씀을 전합니다.

거창은 한때 인구 10만을 넘겨 시로 승격하려던 널리 알려진 교육도시입니다. 또한, 파리장서운동을 이끈 유림 대표 면우 곽종석 독립운동가의 '천하만방에 대의를 외치게 되었으니 비로소 죽을 때를 얻었구나!'라는 말처럼 민족혼이 살아 숨 쉬는 충절의 고장입니다. 경상남도 최초의 의병 노응규부터, 자결로 저항한 이주환·윤봉의, 상소 운동에서 독립 청원 운동으로 독립운동의 방향 전환을 시도한 곽종석과 이를 의열 운동까지 연결시킨 곽윤 등 거창의 유림들은 언제나 시대의 한 가운데 서 있었습니다. 특히 파리 장서 운동은 거창의 유림들이 전면에 나섰다는 점에서 자랑스럽게 내세울 수 있는 거창의 자존심이라 할 것입니다. 그 정신을 이어받아 일제강점기에는 기미독립만세운동의 서북부 경남 중심지 역할을 하기도 했으며, 의열단원 신병항의사의 고향이기도 합니다.

거창에는 16개의 공사립 유치원(단설 3개 포함), 17개의 초등학교, 9개의 중학교(분교장 포함), 8개의 고등학교, 1개의 특수학교, 2개의 대학교로 학교수만 약 50여개가 넘습니다. 특히 연극으로 빛나는 교육 도시로, 지역사회와의 협력을 통해 특색 있는 연극 교육을 실현하고 있으며, 거창 생태전환교육 활성화와 공동학교 운영 및 마을 사랑 교육활동 등으로 학생들의 성장을 돕는 다양한 교육 프로그램을 운영하고 있습니다.

발간사

　이러한 자랑스러운 전통과 새 시대의 참다운 교육을 담아 「거창교육 100년사」를 편찬하는 것은 단순한 기록을 넘어, 지난 100년 동안 거창교육을 위해 헌신하신 모든 분의 땀과 열정이 담긴 소중한 역사에 대한 재조명입니다. 일제강점기의 암울한 시기, 전쟁의 폐허 속에서도 교육의 끈을 놓지 않았던 선배 교육자들의 숭고한 정신, 그리고 끊임없는 노력으로 오늘날 거창교육의 토대를 마련한 모든 분의 이야기가 이 책 속에 고스란히 담겨 있습니다.

　「거창교육 100년사」 편찬의 목적은 이러한 거창교육 100년의 숨결과 걸어온 발자취를 객관적이고 체계적으로 정리하고 재조명하여 거창교육의 정체성을 확립하는 데 있습니다. 또한, 회고와 기록을 통해 새로운 미래를 열어가는 교육 자료가 되고, 거창교육 100년의 역사가 오늘과 내일을 창조하는 가치가 될 것입니다. 「거창교육 100년사」는 단순한 역사 기록을 넘어 미래 교육을 위한 소중한 자산이 될 것이며, 과거를 돌아보고 현재를 성찰하며 미래를 향한 희망을 제시하는 나침반 역할을 할 것입니다.

　또한, 이 책은 거창 교육의 100년을 담아냈지만, 동시에 미래를 향한 우리의 꿈을 담고 있습니다. 우리는 이 책을 통해 거창교육의 정체성을 확립하고, 미래 교육의 방향을 설정하며, 새로운 100년을 향한 희망찬 발걸음을 내디딜 수 있을 것입니다. 그야말로 앎과 삶이 조화로운 거창얼 교육으로 명품교육도시로의 재도약을 이루는 데 중요한 역할을 하게 될 것입니다.

　「거창교육 100년사」 편찬을 위해 편집위원회와 검토위원회가 직접 발로 뛰며 근대 이전부터 현재에 이르기까지 다양한 거창 교육 역사의 자료를 수집하여, 거창교육 공동체의 교육과 배움의 향토사를 집대성하였습니다. 이 책이 발간되기까지 오랜 시간 동안 자료 수집과 집필에 헌신하신 편찬위원회, 검토위원회, 그리고 편집위원회 관계자 여러분께 깊은 감사를 드립니다.

또한, 물심양면으로 지원을 아끼지 않으신 각 학교 관계자 여러분께도 진심으로 감사드립니다.

 앞으로도 거창 교육은 시대 변화에 발맞춰 끊임없이 혁신하고 발전해 나갈 것입니다. 학생 중심의 교육, 창의적이고 미래지향적인 교육, 지역사회와 함께하는 교육을 통해 우리 학생들이 미래 사회를 이끌어갈 창의적인 인재로 성장할 수 있도록 최선을 다하겠습니다. 우리 학생들이 고장에 대한 사랑과 자긍심을 품고 거창의 새로운 미래를 만들어 가며, 나아가 대한민국과 세계의 중심이 될 수 있도록 지원하는 데 온 힘을 쏟겠습니다.

 예쁜 나비를 머물게 하려면 곤충잡이 채가 아니라, 꽃밭을 가꾸면 나비가 모입니다. 교육공동체와 함께 만들어낸 「거창교육 100년사」 발간은 거창의 넓은 꽃밭 만들기의 시작입니다. 우리 모두가 꽃이 되어 아이들 나비가 찾는 거창교육이 될 것이라 확신합니다.

 감사합니다.

2025년 3월
경상남도거창교육지원청교육장 신종규

발간사

거창교육, 100년사

거창에서 초등학교 교육은 1907년 4년제 거창보통학교가 개교하면서 시작되었습니다. 100년이 넘는 세월이 흘렀습니다. 거창교육의 과거와 현재 그리고 미래를 연결하는 다리에 작은 발걸음을 내디디면서 '거창교육 100년을 담아 미래를 꿈꾸다'라는 부제로 거창교육 100년사를 발간하게 되었습니다.

100년이 넘는 세월이 지나가면서 거창교육의 역사 속에는 수많은 이야기가 있었습니다. 고난과 시련, 행복과 즐거움, 눈물과 감동 등 우리는 이들을 한 장 한 장 펼쳐보았습니다. 토인비는 '인류에게 가장 큰 비극은 지나간 역사에서 아무런 교훈도 얻지 못한다는 데 있다'고 하였습니다. 우리 교육 가족들은 그 이야기 속에 들어있는 많은 교훈을 되새겨 보기로 하였습니다.

많은 사람이 모였습니다. 그리고 힘을 합쳤습니다. 한눈에 볼 수 있는 거창교육 자료들이 부족했고, 여기저기 흩어져있는 자료들을 모아 정리하는 일은 쉬운 일이 아니었습니다. 그렇지만 모두 함께하자고 했기에 하나둘씩 정리되어 갔습니다. 근대 이전의 향교·서원·서당의 자료를 찾고, 광복 전후의 공·사립 자료를 수집하면서 거창교육지원청의 역사와 함께 각급 학교 자료를 모아 100년 교육사에 담았습니다.

우리 거창은 예전에 '큰터'라는 뜻의 '거타' 또는 '거열'이라고 불리어 오다, 여기에 미래 번영을 내다보는 '창'이 더해져 '창성하게 살 삶의 큰터'라는 뜻을 갖게 되면서 신라 경덕왕 때 '거창'이라는 명칭을 처음 사용하였다고 합니다. 빼어난 자연경관과 풍부한 문화유산을 보유한 서부 경남의 거점 도시인 거창은 현재, 이름과 편액이 남아있는 조선시대 서당이 18곳, 20곳의 서원, 그리고 조선 태종 때 건립된 거창향교, 전형적인 서당의 모습을 지금도 보존하고 있어 경남 유형문화유산으로 지정된 '갈천서당' 등에서 예로부터 지역의 모든 분이 인재 양성을 위

해 얼마나 많은 공을 들이고, 노력과 헌신을 해왔는지 알 수 있습니다.

일제 강점기 때는 그 많은 어려움 속에서도 여러 지역에서 유지들과 주민들이 힘을 합쳐 공립학교 설립을 위한 운동을 벌이면서 초, 중학교가 개교할 수 있게 하였습니다. 특히 거창초, 위천초, 웅양초, 가조초, 남상초는 지금 그 역사가 100년을 넘기고 있습니다. 6.25를 겪으면서 또 한 번의 시련이 찾아왔습니다. 거창 읍내가 폭격당해 폐허가 되면서 거창초 전 교사가 전소되었고 재학생 수백 명이 실종되었으며, 거창여자중학교도 전 교사가 소실되기까지 하였습니다.

이러한 역경 속에서도 꿋꿋하게 성장을 거듭해 온 우리 거창은 지금, 유치원 16교, 초등 17교, 중학교 9교, 고등학교 8개교가 있으며 학생은 6,655여 명, 교원은 742여 명이 있는, 군 전체 인구의 14%가 넘는 학생이 우수한 교육환경에서 즐겁게 배우고 꿈을 키우는 교육도시가 되었습니다. 학령인구가 점차 감소하고 있지만, 각급 학교에서는 특색있는 교육으로 제 빛깔을 내는 맞춤형 교육과정을 운영하고 있어 매년 외부에서도 200여 명의 학생이 거창으로 유입되고 있습니다.

또한, 학생들에게 질 높은 배움의 기회를 제공하여 개별학습과 협력학습이 공존하는 미래형 작은 학교 모델을 구축하고 있고, 농어촌 전국 자율학교 3교를 포함한 많은 고등학교가 있어 다른 시 군보다는 좋은 진학 여건을 가지고도 있습니다. 혁신적인 교육 프로그램 운영을 통해 학생들이 잠재력을 발휘하고 꿈을 실현할 수 있도록 지자체와 함께 적극적인 지원도 아끼지 않고 있습니다.

발간사

'미래에 대한 최선의 예언자는 과거이다'라는 바이런의 말처럼 거창교육 과거 100년을 담아 새로운 거창교육의 미래를 꿈꾸어 보았습니다. 거창교육 발전을 위해 항상 관심을 가져주시고 격려를 해 주시는 거창교육가족 여러분과 함께 「거창교육 100년사」를 발간하면서, 거창 교육도시의 위상을 높이고 더 높은 가치를 위해 새롭게 성장할 수 있기를 기원해 봅니다.

처음 발간이라 부족한 부분이 있을 수 있을 것으로 생각됩니다. 차후 증보판 발간을 통해 이런 부분은 보완될 수 있었으면 좋겠습니다. 그동안 거창교육 100년사 편찬 작업을 위해 애써주신 전·현직 교장선생님, 교감선생님, 선생님, 거창문화원 향토사연구소 정시균 소장님으로 구성된 발간 TF팀 여러분께 감사하다는 말씀을 드립니다. 「거창교육 100년사」 발간을 계기로 '더 가까이, 행복한 거창교육' 비전을 통해 학생들의 가슴에, 교직원과 학부모, 군민들의 마음에 더 가까이 다가가는 행복한 거창교육을 함께 이루어 나갈 수 있기를 기대해 봅니다.

2024년 12월
전) 경상남도거창교육지원청교육장 김인수

거창교육, 100년의 혼을 담다

유구한 역사와 전통의 숨결이 살아있는 교육의 고장 거창에서 「거창교육 100년사」가 발간됨을 진심으로 축하합니다.

오늘 세상에 나온 이 책은 지난 100년 동안 거창교육이 걸어온 발자취를 집대성한 결정체입니다. 근대 이전부터 현재에 이르기까지, 시대의 변화 속에서도 꺼지지 않고 타올랐던 거창교육의 숭고한 정신을 생생하게 보여주고 있습니다.

근대 이전의 거창교육은 유학을 바탕으로 한 인재 양성에 힘썼습니다. 서당과 향교에서 학문과 예절을 익힌 인재들은 거창을 '학문의 고장'으로 빛냈습니다. 이는 오늘날 거창교육의 든든한 뿌리가 되었습니다. 일제 강점기에도 거창교육은 민족 교육을 지키고자 하는 굳은 의지로 교육의 빛을 밝혔습니다. 광복 이후 급격한 사회 변화 속에서 거창교육은 새로운 도약을 이루어 냈습니다. 교육 기회를 확대하고 교육의 질을 향상하기 위해 끊임없이 노력을 기울인 결과 오늘날의 명품 교육으로 거듭났습니다.

「거창교육 100년사」는 단순한 역사 기록물이 아니라 거창교육의 정신과 가치를 미래 세대에게 전하는 소중한 유산입니다. 이 책을 통해 거창교육의 역사를 기리고, 미래를 향한 도약을 준비하는데 큰 힘을 얻으리라 믿습니다.

앞으로도 거창교육이 변화하는 시대에 발맞춰 미래 지향적인 교육을 펼쳐나가길 기대합니다. 거창교육공동체의 끊임없는 노력과 열정에 경의를 표하며, 「거창교육 100년사」 편찬을 위해 애써주신 모든 분께 깊이 감사드립니다. 이 책이 거창교육의 새로운 100년을 여는 출발점이 되길 기원합니다.

2024년 12월
경상남도교육감 박종훈

축간사

거창교육, 100년의 인재배출

거창교육 100년의 발자취를 돌아보고 새로운 미래를 준비하는 「거창교육 100년사」가 발간된 것을 진심으로 축하드립니다.

거창교육은 100년이라는 세월 동안 수많은 인재를 배출하였고, 우리 군의 발전을 이끌어 온 기반이 되어 왔습니다.

거창교육은 어떠한 역경 속에서도 희망의 씨앗을 심고, 시대의 변화에 적응하면서 새로운 비전을 제시하는 등 한결같은 열정으로 성장해 왔습니다.

이번 「거창교육 100년사」는 그동안의 걸어온 길을 체계적으로 정리하고, 거창교육의 변화와 발전 과정을 상세히 담아낸 소중한 기록이며 이 책자는 단순한 과거의 기록을 넘어 교육의 정체성을 확립하고, 건강한 역사의식을 바탕으로 미래를 열어가는 나침반이 될 것입니다.

또한, 「거창교육 100년사」가 곧 거창군의 역사임을 일깨워주는 귀중한 자료로, 오늘날 우리가 누리고 있는 교육 환경이 얼마나 많은 노력과 희생 속에서 이루어진 것인지 돌아보게 합니다. 이러한 역사를 기반으로 우리 군에서도 교육을 통해 더 큰 번영과 지속 가능한 발전을 할 수 있도록 노력하겠습니다.

다시 한번 발간을 축하드리며 「거창교육 100년사」가 지역 교육 관계자는 물론 교육 현장, 지역 사회에 유익하고 귀중한 자료로 널리 활용되어 학생들뿐만 아니라 군민 모두가 함께 성장하는 큰 힘이 되기를 소망합니다.

감사합니다.

2024년 12월

거창군수 구인모

거창교육, 배움의 의미

존경하는 거창군민 여러분, 그리고 거창교육 가족 여러분! 반갑습니다.

먼저, 「거창교육 100년사」 발간을 진심으로 축하드리며, 오랜 세월에 걸쳐 거창교육의 역사를 객관적이고 체계적으로 정리하여, 우리 지역의 교육 정체성을 확립하고 미래 교육의 방향을 제시하는 소중한 책자가 완성된 것을 매우 뜻깊게 생각합니다.

또한, 이 책자가 발간되기까지 헌신적으로 노력해 주신 거창교육지원청과 집필진, 그리고 모든 관계자 여러분께 깊은 감사의 말씀을 드립니다. 여러분의 열정과 노고 덕분에 우리 지역의 교육 역사가 체계적으로 기록되어 후대에 전해질 수 있게 되었습니다.

거창의 교육은 지난 100년 동안 많은 변화와 도전을 겪으며 성장해 왔습니다. 그 과정에서 쌓아 온 값진 경험과 성과는 거창의 현재와 미래를 이어주는 중요한 자산입니다. 이번 거창교육 100년사는 이러한 역사를 통해 배움의 의미를 재발견하고, 미래 세대에게 더 나은 교육 환경을 제공하기 위한 지침서가 될 것입니다.

앞으로 거창군의회도 미래 교육을 위한 지역사회의 협력과 지원을 아끼지 않을 것을 약속드리며, 「거창교육 100년사」가 거창교육의 새로운 도약을 이끌고, 지역사회 발전의 든든한 밑거름이 되기를 기원합니다.

다시 한번 발간을 축하드리며, 모든 분들의 건강과 행복을 기원합니다.
감사합니다.

2024년 12월
거창군의회의장 이재은

축간사

거창교육, 다가올 100년의 미래

「거창교육 100년사」 발간을 축하합니다. 발간 준비로 노고를 아끼지 않으신 경상남도거창교육지원청 교육장님께 감사를 드립니다.

거창은 교육도시의 위상을 오래 향유한 지방자치단체입니다. 이 위상에 대해 많은 국민들은 변방의 작은 도시 거창에 경의를 표했습니다. 이는 교육을 생각하는 군민과 교육자들의 부단한 노력과 이에 따른 성과에 기인하고 현대 교육이 지향하는 인성 함양 교육과 현실 교육을 균형 있게 잘 유지한 덕이라고 생각합니다. 또한 거창 사학 교육 관련 선각자들의 예지와 희생이 있었음도 잊지 말아야 하며, 조명되어야 할 것입니다.

거창교육 100년을 반추함은 다가 올 미래 100년을 대비하는 의미로 읽어야 합니다. 분명한 것은 새천년의 머리에서 진정한 교육과 우리의 삶의 터전을 알차게 보전하기 위해서, 후세에게 자랑스런 선배가 되기 위해서는 개혁을 넘는 비전을 가져야 하고 거창의 교육정책과 미래를 위한 Re-design이 절실하다는 것입니다. 거창교육도시 미래 100년의 실현을 위해 동행할 군민과 집단이 있어야 함도 물론입니다.

끝으로 「거창교육 100년사」 발간의 의미와 지방자치의 참된 구현을 위해서 행정과 교육이 현 행정체계의 카테고리를 넘는 거국적인 담론을 가져야 할 지점이라는 생각을 말씀드리며 책 발간과 관계한 많은 분들의 수고에 다시 한번 감사를 드립니다.

2024년 12월
거창문화원장 안 혈 우

거창교육 100년사 목차

연표
거창교육 연표(100년의 기록)

프롤로그
발간사
격려사
축간사

제1장 거창교육의 흐름

1절 근대 이전의 거창교육 18
  01 서당 19
  02 서원 20
  03 향교 22

2절 광복 이전까지의 거창교육 24
  01 일제강점기 거창의 공립교육 25
  02 일제강점기 거창의 사립교육 30
  03 일제강점기 거창의 교육운동 33

3절 광복 이후의 거창교육 38
  01 정부 수립기의 거창교육(1945~1960) 39
  02 산업화·민주화 시대의 거창교육(1960~1990) 41
  03 세계화·정보화 시대의 거창교육(1990~2024) 43

제2장
거창교육의 기저

1절 거창교육지원청의 연혁 및 발전 48
  01 거창교육지원청의 상징 49
  02 거창교육지원청의 현황 50
  03 거창교육지원청의 연혁 59
  04 역대 교육장(정부 수립 후) 61

2절 교육과정의 운영 64
  01 교육과정 이전 시기(1945-1954) 65
  02 교육과정기(1954-2006) 66
  03 개정 교육과정기(2007-2024) 74

제3장
거창교육의 주체

학교분포도
1절 유치원 84
2절 초등학교 164
3절 중학교 294
4절 고등학교 356
5절 특수학교 416
6절 대학교 428
7절 도서관 442
8절 폐지학교 457

에필로그

거창교육을 기억하는 사람들의 이야기 566

참고문헌
607

100 *years*
of GEOCHANG
Education

제1장
거창교육의 흐름

1절 근대 이전의 거창교육

개화기란 1876년 강화도 조약 이후 우리나라가 서양 문물의 영향을 받아 종래의 봉건적인 사회질서를 타파하고 근대적 사회로 바뀌어 간 시기를 말한다. 1895년 왕명으로 전 국민에게 교육입국 조서를 내렸는데 그중에 '세계의 형세를 보건대, 부(富)하고 강(强)하고 독립(獨立)하여 위세로써 남을 내려다보는 모든 나라는 국민의 지식이 열리고 밝혀졌다. 지식(知識)의 개명(開明)은 교육의 착하고 아름다움으로 되었으니, 교육은 실로 국가를 보전하는데 기본이다.'라고 하였다. 이러한 교육으로써 나라를 세운다(敎育立國)는 취지에 따라, 1895년 소학교령이 공포된 후 서울을 비롯하여 전국에 소학교(小學校)들이 세워졌다.

1897년 고종은 환구단에서 황제로 추대되어 독립 국가임을 선포하고 근대적 교육제도의 확립도 이로부터 시작되었다. 국호는 대한제국이며 연호는 광무황제였다. 대한제국(1897~1910) 시기의 교육은 조선시대 전 기간의 교육에서 짧은 역사이지만 살펴볼 필요가 있다. 개혁을 통하여 열강들과 어깨를 나란히 하기 위하여 노력했으며 특히 국방 분야에 심혈을 기울였다. 1905년 을사늑약(乙巳勒約) 당시 서울에 19개, 지방에 50여 개소의 소학교가 설립되었다. 하지만 고려시대와 조선시대까지 이어온 서당은 그대로 유지 되었기에 서당교육을 받는 백성들이 대다수를 이루었다. 일제강점기와 광복 후에도 서당은 명맥을 유지하였으나 지금은 거의 사라졌다.

01
서당

    서당은 사설 초등 교육기관으로 글방이라고도 한다. 서당은 궁극적으로 4학(四學)과 향교에의 입학을 목적으로 하였는데, 국민 대중의 문자교육과 그 마을의 도덕적 향풍을 수립하는 데 기여한 바가 매우 컸다. 조선 후기에는 전국의 각 면, 동(리) 단위로 설치하지 않은 곳이 없을 정도였으며 가장 기본적인 천자문을 가르쳤고 재실을 사용한 곳이 많았다.

갈천서당 전경[1] (거창군 북상면 송계로, 경남 유형문화재 295호)

    거창의 서당 중에서 갈천서당은 조선시대 서당의 전형적인 모습을 보여주는 것으로 교육사적인 가치가 인정되어 경상남도 유형문화유산 295호로 지정되었다. 서당의 본채는 정면 5칸, 측면 2칸으로 좌측 1칸은 훈장실, 중측 2칸은 대청 겸 강당이고, 우측 2칸은 방으로 되어있다.

    현재 거창군에 서당의 이름과 편액이 남아 있는 곳을 살펴보면 다음과 같다.

---

1) 사진 출처: https://geochang.grandculture.net/geochang/toc/GC06300669
    https://blog.naver.com/jcjkks/220543232534

서당 이름	위치	비고(사우, 재실 겸용)
노동서당(蘆洞書堂)	북상면 갈계마을	편액 유(有), 마을 서당. 1563년 건립
갈천서당(葛川書堂)	북상면 갈계마을	편액 유(有), 마을 서당. 1573년 건립
양호서당(陽湖書堂)	가북면 양암마을	편액 유(有), 경모재(景慕齋). 1700년 건립
대아서당(大雅書堂)	남하면 대야마을	편액 유(有), 동래정씨 서당. 1810년 건립
서호서당(西湖書堂)	가조면 동례마을	편액 유(有), 마을 서당. 1900년경 건립
남전서당(藍田書堂)	남하면 양항마을	편액 유(有), 수목재(修睦齋). 1905년 건립
성암서당(星巖書堂)	거창읍 개봉마을	편액 유(有), 창충사(彰忠祠). 1917년 건립
구남서당(龜南書堂)	거창읍 의동마을	편액 유(有), 정의재(正義齋). 1920년 건립
다천서당(茶川書堂)	가조면 원천마을	편액 유(有), 다천서원(茶川書院). 1921년 건립
도남서당(道南書堂)	남하면 가천마을	편액 유(有), 도남재(道南齋). 1927년 건립
동산서당(陽湖書堂)	남하면 지산마을	편액 유(有), 마을 서당. 1946년 건립
관남서당(冠南書堂)	거창읍 사동마을	편액 유(有), 관양재(冠陽齋). 1960년 건립
마학동서당(磨學洞書堂)	북상면 산수마을	편액 무(無), 훼철됨. 1523년 건립
구연서당(龜淵書堂)	위천면 황산마을	편액 무(無), 구연서원(龜淵書院). 1540년 건립
역천서당(嶧川書堂)	위천면 강동마을	편액 무(無), 역천서원. 훼철됨. 1634년 건립
월성서당(月星書堂)	북상면 내계마을	편액 무(無), 월성초당(月星草堂). 1767년 건립
영빈서당(瀯濱書堂)	남하면 무릉마을	편액 무(無), 영빈서원(瀯濱書院). 1919년 건립
이우서당(二友書堂)	북상면 강선마을	편액 무(無), 이우당(二友堂). 1939년 건립

02
서원

서원의 기원은 중종 38년(1543)에 풍기군수 주세붕(周世鵬)이 안향(安珦)을 추념하기 위해 죽계에 백운동서원을 세워 명종 5년(1560)에 이황의 건의로 소수서원이라는 액자를 내리고 책, 노비, 전답 등을 주어 장려한 것이 시초이다.

서원의 교과는 소학, 사서오경, 가례, 심경, 근사록이며 이는 성리학적 목적에 맞게 구성된 것이다. 서원의 특색은 문묘 배향이 아니라 우리나라 명유(名儒)나 공신(功臣)을 제사하고 기리며 후진 교육의 장으로서 관의 간섭을 비교적 받지 않는 자율적인 면학의 장소였다.

제 1 장 거창교육의 흐름

거창 서원의 현황을 살펴보면 다음과 같다.

서원 명(사당명)	창건연대	위치	배향 선현	비고
역천서원(嶧川祠)	인조 12년(1634)	위천면	정유명, 임득번	훼철됨
도산서원(陶山祠)	현종 2년(1661)	가조면	김굉필, 정여창, 이언적, 정온	훼철됨, 1662 사액
완계서원(浣溪祠)	현종 5년(1664)	주상면	김식	훼철됨, 1680 사액
병암서원(屛巖祠)	영조 43년(1767)	가조면	변중량, 변계량, 변벽	훼철됨
금계서원(金溪祠)	순조 3년(1803)	위천면	이예, 이원달, 유환, 정옥견	훼철됨
덕천서원(德川祠)	순조 11년(1811)	위천면	경복흥, 경의	훼철됨
화천서원(花川祠)	순조 18년(1818)	위천면	신복진, 박명부	훼철됨
용원서원(慕賢祠)	숙종 12년(1686)	가북면	문위, 변창후	훼철 후 복설
구연서원(龜淵祠)	숙종 20년(1694)	위천면	신권, 성팽년, 신수이	훼철 후 복설
성천서원(星川祠)	숙종 29년(1703)	북상면	송준길	훼철 후 복설
용천서원(龍泉祠)	숙종 37년(1711)	가조면	형사보, 유자방, 이계준, 전팔고, 서숙	훼철 후 복설
영빈서원(求仁祠)	영조 20년(1744)	남하면	정구, 정종, 정표, 정응두, 정시수, 정응진	훼철 후 복설
학림서원(鶴林祠)	정조 4년(1780)	위천면	권시민, 조숙, 강위용, 곽인, 류세홍, 우석일	훼철 후 복설
영승서원(崇禮祠)	1927	마리면	이황, 송준길, 전철	신설
덕천서원(成仁祠)	1979	거창읍	금성대군, 이보흠	신설
화산서원(慕賢祠)	1980	거창읍	류자방, 형사보, 류당, 류억령	신설
기동서원(忠義祠)	1985	가조면	정몽주, 이경, 이현계, 이정서	신설
오례서원(悟禮祠)	1992	신원면	김문기	신설
다천서원(彰德祠)	2015	가조면	곽종석	신설
거창포충사(褒忠祠)	영조 13년(1737)	웅양면	이술원	훼철 면함, 1738 사액

※ 전국에서 서원 25곳, 사우 22곳은 훼철을 면했다.

03
향교

 향교는 성균관과 더불어 우리나라 전통 시대에 교육의 중추를 맡아 수많은 인재를 양성하고 배출한 곳이다. 향교는 오늘날의 국립 고등교육기관에 해당하는 것으로서 향학(鄕學)이라 불렀다. 향은 수도를 제외한 행정구역을 일반적으로 지칭하고, 교는 학교를 의미하는 것으로 향교는 현재의 지방고등학교와 대학교라고 정의 할 수 있다.

 거창향교는 지금으로부터 610년 전 조선 태종 15년(1415년)에 대성전(大成殿)을 건립하고, 1572년에 명륜당(明倫堂)을 건립하였으며 국가에서 관장하였다. 교수 1인, 훈도 1인의 교관을 배치하여 지방관의 책임하에 운영하고, 관할은 북상, 위천, 마리면을 제외한 8개 구역이었으며 오랜 역사 속에서 우리 민족문화 창달에 이바지한 공이 크다.

 1592년 왜란으로 교궁(校宮)이 전소되었고, 여러 차례에 걸친 개·보수와 중수가 있었으며 인조 원년(1623)에 대성전·명륜당·부속건물 등을 복구하여 교육을 계속하였다. 1715년(숙종 42년)에 춘풍루(春風樓)를 건립하였고, 1748년에 현재의 위치로 이건하여 몇 차례의 중·보수를 거쳐 오늘에 이르고 있다. 1992년 충효회관을 건립하였고, 현존하는 건물로는 대성전, 명륜당, 동재, 서재(내삼문, 외삼문) 춘풍루, 교직사, 충효회관 등이 있다.

 대성전에 설위한 위패의 규모에 따라 대설(大設)·중설(中設)·소설(小設)로 나누는데, 거창향교는 중설로 39위를 모셨다. 정면 3칸, 측면 2칸의 맞배지붕으로 된 대성전에는 공부자(孔夫子)를 정위로 모시고 중앙에는 사성인 안자·증자·자사자·맹자를, 동·서에는 공문십철(孔門十哲), 송조6현(宋朝六賢), 동국 18현(東國 十八賢), 총 39위의 위패가 봉안되어 있다.

거창향교 전경 거창향교 중 동재의 모습

거창향교의 주요 사업은 크게 교육사업, 교화사업, 의례행사, 장학회 운영, 도서실 운영으로 구분된다.

가. 교육사업은 인성교육과 유림교육으로 운영하고 있다.
  첫째, 인성교육은 관내의 초·중·고 학생을 대상으로 3주간 집합교육을 실시하고, 각급 학교와 지부에 대하여 순회교육(연 12회) 및 특강(연 1회)을 실시하고 있다.
  둘째, 유림교육은 장의교육(연 2회), 석전습의(연 2회), 서예전시회(연 1회), 독경회(연 2회)를 시행한다.

나. 교화사업은 일반인을 대상으로 맹자, 성학집요, 역사인물, 소학, 서예, 사군자 과목을 운영하고 있다.

다. 의례행사로는 전통혼례, 성년례(5월), 기로연(11월), 전통다례회(월 2회)를 실시하고 있다.

라. 장학회 운영은 연 1회 10개 지역의 우수 대학생을 대상으로 장학금을 지급하고 있다.

마. 도서실 운영은 도서 수집과 열람 대출을 연중 시행하고 있다.

2절
광복 이전까지의 거창교육

01
일제강점기 거창의 공립교육

가. 거창의 초등교육

거창 최초의 초등 교육기관은 1907년 6월, 4년제로 세워진 거창보통학교(현재 거창초등학교)로 신교육을 목적으로 거창향교에 세워진 '거창소학교'가 거창보통학교의 전신이다. 1909년에는 거창의 개화 인사들이 신교육을 실시하기 위해 근대적 교육으로 원명학교를 설립하였다고 하는데 이를 뒷받침할 자료는 부족하다. 1910년(경술국치) 이후 조선총독부는 조선교육령을 발표하여 전국 각지의 소학교를 공립보통학교로 통일하였다.

1920년대는 3면 1교, 1930년대는 1면 1교 정책에 따라 거창에도 학교가 설립되었다. 1925년 현재 거창초등학교 자리에 거창공립보통학교가 신축되었다. 1927년 통계에 따르면 14학급에 총학생수는 842명(남학생 658명, 여학생 184명)이었으며, 교원 수는 교장 1명과 교사 14명이었다.

1913년 4월 지역유지인 정태균이 사립고북학교를 세웠고, 1919년 사립고북학교가 위천공립보통학교로 변경되었다. 1925년 4학년을 졸업한 학생이 54명이었으며 완전한 소학교 과정이 아니었기 때문에 6년제 학급 연장을 위한 운동이 펼쳐졌고, 1926년 3월에 6년제 학교가 되었다. 1927년 당시 학생 수는 남학생 249명, 여학생 24명, 총 6학급 27명이고, 교사는 6명이었다.

웅양공립보통학교는 1920년 5월에 설립되었다. 1924년 거창군 웅양면 공립보통학교에서는 면장 이준옥과 면민·유지들의 열성으로 학급을 증설(5학급)하고자 노력하여 건축비 5,000원(웅양면 3,500원, 고제면 500원, 주상면 1,000원)을 각각 분담하여 거창군에 납부하였으며, 1925년부터 6년제로 운영되었다. 1927년 당시 남학생 207명·여학생 23명이며, 총 6학급이고 교사는 6명이었다.

 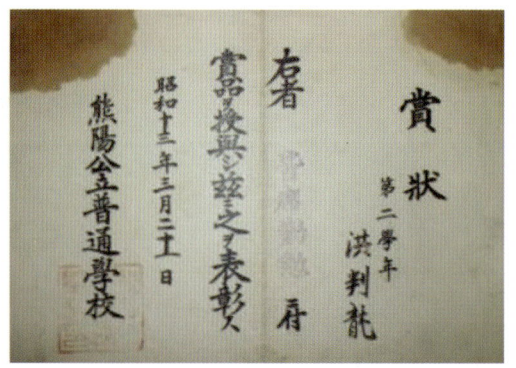

위천공립보통학교 수업 모습(1940년대 추정)　　　　웅양공립보통학교 상장(1938년)

　　가조공립보통학교는 1922년 4월에 설립되었다. 1927년 6년제가 되었고 당시 학생 수는 남학생 190명·여학생 16명이며 6학급으로 교사는 5명이었다. 1938년 가조공립보통학교에서도 입학은 되었으나 기부금이 없어 곤경에 처한 학생들도 많았다고 한다.[2]

　　남상공립보통학교는 1923년 8월에 설립되었다. 1927년 당시 4년제였고, 남학생 146명·여학생 4명으로 교사는 4명이었다. 1940년 거창군 남상면에서 제2공립보통학교 설립을 위해 기금을 모아 8학급 증설을 경상남도에 신청하였다.

　　거창군 신원면은 벽지에 위치해 불편한 교통으로 인한 통학이 어려워 1922년부터 1926년까지 면내 유지들이 의연금을 모집하고 학교설립을 하고자 하였다. 부지 선정의 힘든 과정을 거쳐 1926년 6월 10일 신원면 과정리에 신원공립보통학교를 설립하였다. 1927년 당시 4년제이며, 학생 수는 남학생 120명·여학생 20명으로 2학급에 교사가 2명이었다. 1942년 4월 1일 신원 제1공립보통학교로 개칭되었다.

　　거창군 가북면은 산간벽지로 학생들의 교육에 불편함을 느낀 면장과 면내 유지들의 노력으로 1926년에 기부금 4천원을 적립하여 학교설립 인가를 얻었고, 이듬해 1927년 10월 13일 가북공립보통학교를 설립할 수 있었다.

　　거창군 마리면에서는 공립보통학교 설립을 위하여 면내 유지가 1918년과 1921년 2차에 걸쳐 면내에서 기부금을 거두었고, 면장이 1927년에 장리곡의 우대금 3천 3백여 원으로 '공립보통학교 기성회'를 조직하였으며 기성회장의 기부금을 합하여 5월에 건

---

2) 신용균(2015), 「한국사에 비추어 본 거창의 역사」, 동아일보(1939.3.31.) 인용

축공사에 착수한 끝에 1928년 10월 1일 마리공립보통학교를 설립할 수 있었다.

거창군 주상면은 호수가 1천 20호에 인구는 비교적 조밀한, 거창군에서 제일 빈곤한 면으로 1928년부터 1932년까지 매년 6천여 원의 면 경비도 감당할 수 없어 1면 1교 설립에 따른 임시비를 부담할 수 없었다. 따라서 학교 설립을 위해 월천면과 함께 면민 대회를 열고 8백여 명의 연서로 거창군과 경상남도에 진정서를 제출하였다. 그 후 1932년 10월 28일 '주상공립보통학교 설립기성회'를 조직하여 1933년 4월 15일 주상공립보통학교를 설립할 수 있었다.

거창군 북상면에서는 5~6년 전부터 공립보통학교를 설치하고자 노력하던 중 지방유지와 면장의 발의로 면민 대회를 개최하여 1928년에 '학교설립기성회'를 조직하였다. 적극적인 학교설립 운동을 추진하여 1928년 7월 1일 북상공립보통학교를 설립할 수 있었다.

거창군 남하면의 남하공립보통학교는 학년 연장에 따른 학생을 수용하지 못하였기에 1937년에 '학년연장기성회'를 조직하여 1천 원의 기부금을 모금하였다. 이 기부금으로 임시 건물을 지어 강습소를 만들고 1938년 3월에 4년제 졸업하는 6회 졸업생을 대상으로 5학년 강습을 시작하였고, 1939년에는 모두 6학년으로 승급하게 되었으며 1940년 3월 23일 6년제 졸업을 하게 되었다.

거창군 고제면의 공립보통학교는 1932년 4월부터 교사 공사에 착수하였으며, 임시로 임시 건물에서 학생 60여 명을 대상으로 수업을 진행하여 1932년 5월 1일 고제공립보통학교를 설립할 수 있었다.

거창군 월천면에서는 1932년부터 1935년까지 학교설립을 놓고 심각한 갈등이 있었다. 월천면에는 학교가 없어 1931년 9월 '공립학교 기성회'를 조직하고 면민들에게 850여 원의 기부를 승낙받았다. 하지만 거창읍과 가까운 월천에서 불경기에 학교를 설립할 필요가 없다는 반대운동이 전개되었다. 이에 1935년 면민 대회를 열어 새로운 학교 기성회 임원 41명을 뽑아 기금을 모은 끝에 학교설립을 정상화할 수 있었다.

거창군 천외면(현재의 대평리, 김천리 등 일원)에서는 1936년에 거창공립보통학교 교실 증축에 대하여 천외면 지역에 제2의 공립보통학교를 설립하자는 '제2공립보통학교 설립 운동'이 일어났다. 천외면 지역의 제2공립보통학교는 1944년 4월 거창남국민학교로 설립인가를 받아 개교하였고, 해방 이후 창남국민학교로 교명이 변경되었다.

일제강점기의 교육에는 실무교육 강화와 단기 교육을 목적으로 초등 수준의 교육기관인 '간이학교'가 있었다. 2년을 수료함으로써 끝나는 것으로 정규 학제와는 상관없는 학교였다. 1934년 이후 일제가 보통교육의 보급이라는 미명하에 거창지역 어린이들을 대상으로 실업교육과 일본어 교육을 통해 노동력을 대량으로 양성하여 착취하려는 의도가 강했다.

입학 연령은 대체로 10세로 규정되어 있었고 1교당 교원 1명 정도였다. 교과목은 일본어, 조선어, 산술을 포함한 보통교과와 직업과를 합쳐 4과목에 불과하였다. 주당 수업은 30시간 이내로 졸업 후 보통학교 3학년에 편입하는 경우도 있었다. 거창의 간이학교는 1934년 북상면 월성간이학교를 시작으로 1935년 신원양지간이학교, 1936년 남하 지산간이학교, 1937년 남상면 임불간이학교, 1940년 가북면 중촌간이학교, 고제면 개명간이학교, 1941년 마리면 대동간이학교, 1943년 가조면 석강간이학교가 세워졌다. 거창 문월간이학교는 1939년에 설립된 것으로 소재 불명으로 알려져 있다. 이러한 간이학교들은 1945년 광복 후 대부분 국민학교로 전환되었다.

나. 거창의 중등교육

일제강점기 농촌지역에는 중등학교가 없어 보통학교 졸업생들의 진학에 큰 어려움이 있었다. 이에 거창에서도 중등학교 설립을 위한 운동이 전개되었다. 1928년 3월 거창에서는 '거창농림보습학교 기성준비회'가 조직되었다.

보습학교는 고등보통학교 5년제에 비해 격이 떨어지는 2년제 학교였다. 고등보통학교는 오늘날 중·고등학교에 해당하며 당시 줄여서 '고보'라고 불렀다.[3] 1928년 7월 23일 면장 회의를 기회로 하여 지역유지들은 침류정(枕流亭)에서 농업보습학교 설립에 대해서 논의한 후 설립기성회를 조직하였다. 1929년 5월 군에서는 학교비 6천원, 지

---

3) 신용균(2015), 「한국사에 비추어 본 거창의 역사」, p 291. 본지 9~11쪽 인용

방비 보조금 3천원, 거창공립보통학교 장학회 기금 3천원, 합계 1만 2천원의 자금으로 경상남도에 거창농림보습학교 설립을 신청하였다. 거창농림보습학교는 1929년 8월 28일 도청으로부터 허가를 받아 9월에 침류정을 임시 교실로 삼아 개교하였다. 11월 7일에는 공사비 6,990원으로 학교 건축공사를 시작하였다.

거창공립농업보습학교(1940년경)

거창농업보습학교 창립기성회 조직 관련 기사(1937년)[4]

지역민들은 농림보습학교는 2년제로 한계가 많으므로 정규 농림학교 설립 운동에 나섰다. 1931년 경상남도평의회에서 거창중등학교 설치를 건의하였고, 그 후에도 지역 인사들은 1935년까지 조선총독부에 학교 승격을 진정하였다. 1937년 9월 군민 90여 명이 거창공립농업학교 기성회를 조직하고 약 7만원의 기본금을 군민에게 호세 등급으로 조달하고 당국에 적극적인 운동을 전개하기로 하였다.

1944년 3월 31일 마침내 조선 총독으로부터 4년제 거창공립농업학교가 인가되었다. 광복 이후 거창농업중학교로 바뀌고 1951년 학제 개편으로 거창중학교와 거창농림고등학교로 분리가 되었다. 거창농림고등학교는 거창종합고등학교와 거창산업과학고등학교로 교명이 변경되어 운영되다가 현재의 아림고등학교가 되었다. 중등학교도 중학교 또는 2년제 전수(專修)학교로 계속 늘렸는데 거창여자전수학교는 1945년에 설립되어 광복을 맞이하였다.

---

4) 한들신문(2021.11.15.), [역사] 거창의 근대 전환기 100년사 ⑰1920년대 거창의 민족교육 운동(http://www.newshd.kr)

02
일제강점기 거창의 사립 교육

가. 근대사학의 태동지 창남의숙(昌南義塾)

거창의 근대교육을 말할 때 창남의숙(昌南義塾)을 빼놓을 수가 없다. 의숙이란 공익을 위해 돈을 모아서 설립한 교육기관이다. 창남의숙의 설립자는 계당 윤병수(桂堂尹秉洙, 1888~1949)이다. 선생의 자는 성화(性華), 호는 계당(桂堂)이며 본관은 파평(坡平)이다. 시조인 고려 태사 윤신달(尹莘達)의 31세손이다. 선생은 1888년 남하면 양항리에서 아버지 화운 윤계하(華雲尹啓下)와 어머니 성산여씨(星山呂氏) 사이에서 태어났다. 자녀는 2남 2녀를 두었으며 1949년 2월 9일 별세했다. 일찍이 항일 정신과 구국운동은 교육을 통해 이룩해야 한다는 선각자들의 개화운동에 힘입어 신학문을 도입하여 심소정에 창남의숙을 세워 34명의 학생을 모으고 서울에서 신학문 교사 2명을 초빙하여 4년간 34명이 수료하였다. 이때 서울에서 온 신학문 교사에 의해 처음으로 축구가 보급되기도 하였다. 4년제로 4년을 수료한 학생들은 거창초등학교에 편입하였다.

창남의숙의 설립 시기는 남아 있는 오랜 사진의 글자를 여러 문헌과 비교 분석하여 판독한 결과 1920년 전후로 설립되었음을 알 수 있다. 이때가 3.1운동 이후 일제는 무단정치에서 문화정치로 이름을 바꾸고 압제보다는 회유로 전환하였다. 이를 기회로 이런 사숙(私塾)이 많이 설립되었으며, 우리 고장에도 선각자에 의하여 설립된 것이다. 거창초등학교의 기록에 보면 1926년도 5학년 편입생 수가 늘어난 것은 창남의숙 학생들이 편입된 것으로 추측할 수 있다.

또한, 계당(桂堂)은 신간회 거창지회를 창립하였다. 신간회(新幹會)는 회원 수가 4만 명이나 되는 합법적인 사회운동단체이다. 거창지회 설립대회는 1927년 10월 22일 거창청년회관에서 주남재의 사회와 임유동씨가 개회사를 하고 안재홍(安在鴻, 1891~1965), 홍명희(洪命熹, 1888~?)가 축사를 하였다. 지회장에 윤병수가 추대되었고 지회설립은 동아·조선·중외일보의 거창 주재 기자들이 구심 역할을 하고, 1928년 언론권익 신장을 목표로 거창기자단을 창립하여 단장에 윤병수 씨를 추대하였다.

昌南義塾 講習會 第壹回 卒業 記念[5]   私立昌南義塾 創立貳週年 記念 大正十二年正月十八日[6]

나. 일제강점기 거창의 유치원 교육

거창의 최초 유치원은 1913년 호주인 선교회에서 거창읍 죽전에 설립한 명덕유치원인데, 거창교회에서 인수하여 2학급으로 인가를 받아 1926년 8월 1일 거창유치원으로 다시 개원하여 2001년까지 존속하였으며, 1957년 4월 25일 개원한 성모성심유치원(2학급)은 천주교 거창성당에서 설립하여 1994년 건물을 개축하면서 원아들을 수용할 공간이 없어 폐원하였다. 1980년도 이전까지는 유치원 교육비와 교복 등 부대비용이 많이 들어 가정이 유복한 집안의 자녀들이 주로 유치원을 다녔다. 아래 사진[7]은 거창유치원의 전신으로 1920년대 호주인 선교사가 찍은 것이며 거창 유치원 교육의 역사를 보여준다.

---

5) 창남의숙 강습회 제일회 졸업 기념
6) 사립창남의숙 창립이주년 기념 대정십이년정월십팔일(1923.1.28.)
7) 아래 사진: 「푸른 눈으로 바라본 경남의 근대민속」 경남 근대사진전에서 발췌함.

거창의 아이들(1920년대)   사립 거창유치원(1920년대)

다. 거창의 야학(夜學)

야학은 무산(無産) 노동자와 농민을 주 대상으로 하였다. 거창 지역에서의 야학은 1925년 거창청년회관에 노동야학을 설립하여 80여 명의 학생들에게 보통교육을 실시한 '보성학원'에서 시작되었다. 노동야학 운영은 거창청년회의 주요 사업으로서 무료로 운영되어, 1927년 고등과 야학을 신설하였으며 보성 신강습소를 인수하여 주간학교도 개설하였다. 보성학원은 거창청년회 임원이 중심이 되어 2명의 교사가 주간 40여 명, 야간 1백 수십 명, 총 200 여명의 학생들을 가르쳐 교육의 혜택을 누리게 하였다.

노동야학이 거창청년회에서 운영되면서 야학 활동은 거창청년회 활동의 성과에 따라 영향을 받았다. 보성학원은 재정난으로 어려움을 겪었고, 1932년 일제의 전쟁 동원, 황국 신민화 정책 강행과 독립운동에 대한 탄압이 거세지면서 큰 타격을 입고 운영난으로 폐교 위기에 이르자, 거창의 유지들은 '보성학원 유지회'를 창립하여 후원하였다.

1920년대 후반에는 마을 주민 전체가 협의하여 운영하는 마을 야학이 설립되었다. 이는 가난한 집안의 자제들에 대한 교육이 선각자들에 의해 이루어지다가 점차 민중에 의해 자발적으로 이루어지는 형태로 변화하는 교육의 대중화를 보여주는 사례이다.[8]

거창 지역의 마을 야학은 웅양면에서 대표적으로 운영되었다. 1931년 6월 거창군 웅양면의 각 마을에서는 미취학한 무산 아동 약 5백여 명을 위하여 마을 기금 혹은 기타

---

8) 강만길 외, 『밀양의 독립운동사』, 밀양문화원, 2010, p226 15~16쪽 인용

보조금 1천여 원으로 '노동학원'을 각 마을에 1개소씩 신축하여 운영하였다. 당시 설립된 노동학원은 동호리의 동호학원, 관운학당, 죽림리의 노현학원, 귀독학원, 산포리의 강천학원, 신촌리의 장지학당이다.

03
일제강점기 거창의 교육 운동

일제강점기 악조건 속에서도 끊임없이 학교를 설립하고, 미취학 아동을 위한 사립 교육기관을 세웠으며, 일제의 식민교육에 동맹휴학으로 저항하는 등 거창 지역민들의 교육열은 매우 높았다. 일제는 초등학교의 명칭을 보통학교·소학교·국민학교로 바꾸면서 학생들을 일제의 지배와 대륙 침략의 수단으로 이용하였지만, 지역민들은 이에 맞서면서 광복을 맞이할 때까지 교육에 대한 열정을 버리지 않았다.

이러한 지역민의 교육 운동은 민족해방 운동의 일환으로 평가될 수 있으며 교육에 대한 열정은 '교육도시 거창'의 중요한 역사적 배경이 되었다. 일제강점기 거창 주민들의 주도하에 일어난 무산 아동 교육 운동과 거창 학생들이 중심이 된 동맹휴학 운동은 거창교육의 뿌리를 이해하는 데 중요한 구심점이 된다.

가. 무산(無産) 아동 교육 운동[9]

일제강점기에는 1면 1교 정책을 실시하였지만, 거창에서 보통교육을 받을 수 있는 학생은 매우 적었다. 1922년 3월 27일 거창공립보통학교 입학시험에는 지원자가 343명이었으나, 1학년 입학허가자는 총 120명(남학생 75명, 여학생 45명)으로 삼분의 일 수준에 불과하였다. 하지만 입학시험장에 나온 사람만 800여 명에 달하였다고 하니 지역민의 교육에 대한 열정이 대단했음을 짐작할 수 있다.

---

9) 신용균, 한국사에 비추어 본 거창의 역사, 역사공간, 2015년, p293-294.

1924년 3월 17일 거창공립보통학교 졸업생은 43명(남학생 35명, 여학생 8명)에 불과하였지만, 학부모들이 학교 교육을 지원하고자 1922년에 거창공립보통학교 장학회를 조직하여 학생들의 운동회 보조, 아동 문고 설치, 소풍비나 수학여행비를 지원하고 어려운 학생들을 구호하였다.

1934년 학부형회 임시총회에서는 극빈 아동의 학부형에게 회비를 면제하고 거창농업보습학교, 거창여자공립보통학교 설립 기부 등 각종 교내외 지원 금액을 결정하였다. 교육에 대한 학부모들의 열정이 높아 1939년 거창공립보통학교 학부모회에는 참가 인원이 1천여 명에 달했다고 한다. 한편 거창군 가조에서는 1930년에 창립된 가조공립보통학교장학회가 활동하였다.

빈민 자녀들은 보통학교에 입학하기 어려웠고, 입학했다고 하더라도 경제적 사정으로 중도에 퇴학하는 경우가 많았다. 1929년 4월부터 11월까지 퇴학한 지역 공립보통학교 학생은 145명이었다. 1939년 경상남도에서조차 최극빈 학생 2명에게만 장학금을 지급하였다 하니 어려운 환경 속에 있는 학생들이 교육을 받기 힘든 상황이었음을 짐작할 수 있다. 이러한 사정에 따라 1931년 거창 지역 공립보통학교 교장회와 거창군 학교평의회는 산간벽지 아동에 대한 수업료 전폐 또는 반감을 결의하였고, 군으로부터 극빈자 수업료 면제를 경상남도에 교섭하겠다는 약속을 받아내었다.

한편, 무산 아동의 학업을 위한 간이학교도 세워졌는데 1938년 6개의 간이학교가 있었다고 하며, 확인된 것은 1924년 거창공립보통학교에 부설된 거창여학교, 거창청년회에서 운영하는 보성학원, 거창읍 교회에서 운영하는 명덕여학교이다.

거창명덕여학교는 호주 선교사의 지원으로 거창읍교회 내에 설립된 무산 자녀를 위한 학교였다. 이 학교에는 약 80여 명의 학생들이 재학하였고 교사는 3명이었다. 명덕여학교는 근실한 교육과정으로 타지에서도 유학을 올 정도였다. 명덕여학교도 일제강점기 말 호주 선교사가 신사참배를 거부하고 철수하면서 존립에 어려움을 겪었다. 한편 거창기독청년회는 1926년 명덕여학교에서 부녀자를 위한 야학을 열어 5명의 교사들이 조선어·산술 등을 가르쳤다.

나. 동맹휴학 운동

동맹휴학은 학생들이 교육 또는 정치적 요구를 관철하기 위한 수단으로 집단적으로 벌이는 저항운동이다. 1921년부터 1928년까지 동맹휴학 건수는 우리나라 전체 404건으로 집계될 정도로 항일 민족운동의 대표적인 방법이었다. 동맹휴학은 젊은 세대의 항일독립운동이며 민족·민주 운동이라 할 수 있다.[10]

일제는 강압적인 방법으로 한민족을 일본 국민으로 만들려는 황국신민화 교육을 실시하였다. 이에 대하여 학생들은 동맹휴교로 저항한 것으로 '맹휴'라고도 불리었다. 국가보훈처는 일제강점기 때 독립운동에 참여했던 전국 60개교 학생 2596명의 학적부를 살펴본 결과 독립운동에 참가한 학생은 전국에서 경남이 가장 많았다고 한다. 당시 경남의 14개 학교 중에 거창공립보통학교(현 거창초등학교)가 포함되었다.[11]

1921년에 일어난 거창공립보통학교의 동맹휴교는 일본인 교장에 대한 불만에서 폭발되었다. 학생들은 1921년 5월 2일 1학년을 제외한 149명 전원이 등교를 거부하고 일본인 교장에 대한 불만 및 요구 사항을 다음과 같이 제출하였다.[12]

> 1. 학생에게 불친절한 것
> 2. 학교 일에 열심이 없는 것
> 3. 학교 건물을 고치지 않고 오히려 학생만 잘못했다고 하는 것
>
> 우리 학생은 이러한 어려움을 받지 못하겠으므로 동맹휴학을 단행함. 휴학은 5월 2일부터 단행하되, 만약 교장이 반성한다면 다시 공부할 것임. 학생 중 위 조건에 본래 동의하지 않는 자는 결코 참석하지 말 것

학생들은 "일본인 교장이 평소 진실하고 순박한 학생이라도 한 번만 잘못하는 일이 있으면 즉시 퇴학을 명하였기 때문에 이러한 불만이 폭발했다."고 말하였다. 그러나 일본인 교장은 오히려 주모자 2명을 퇴학 처분하고 5명을 정학시켰다. 일시 등교하였던

---

10) 한국민족문화대백과사전 https://encykorea.aks.ac.kr/
11) 경남일보(2022.11.3.), 학생 독립운동 경남이 가장 많았다,
   http://www.gnnews.co.kr/news/articleView.html?idxno=513822
12) 동아일보 1921년 5월 9일, 발췌 「한국사에 비추어 본 거창의 역사」, 저자 신용균

학생들은 학교의 이 같은 조치로 142명 전원이 다시 동맹휴교에 들어갔다.

1925년 9월 24일 거창공립보통학교 교무실에서 우등생 월반 문제를 놓고 일본인 교장과 한국인 훈도 교사 사이에 서로 때리고 맞는 사건이 일어났는데 이를 계기로 일본인 교장을 배척하고 한국인 교장을 채용하자는 운동이 전개되었다. 1928년 9월 25일에 거창공립보통학교 강당에서 예정된 조선 교육 상황 설명회를 기회로 삼아 거창 군민들이 교육 개선을 위한 요구 사항으로 제출한 서면 내용은 다음과 같다.

> 1. 조선인에 대해서는 의무교육 제도를 속히 실시할 것
> 2. 보통학교 수업료를 철폐하고 이에 대한 재원은 국고로 보조할 것
> 3. 종래 학교비 중 국고보조금은 근소하므로 재정상 곤란이 막심한 상태이니 국고금 보조를 충분히 늘릴 것
> 4. 보통학교 학생에 대해서는 교과서 및 교수 방법을 조선인 본위로 할 것
> 5. 보통학교 교장은 조선인으로 채용할 것
> 6. 남녀 학생의 수업을 분리할 것
> 7. 입학 연령 초과 학생에 대하여 별도의 교육기관을 설치할 것
> 8. 중등교육기관을 확장할 것[13]

1930년 11월 21일에도 거창공립보통학교 6학년 학생 50여 명은 일본인 담임교사를 배척하여 학교와 군수, 학부모회에 진정서를 제출하고 동맹휴교를 단행하였다. 또 다른 동맹휴교 운동은 1942년 10월 10일에 신원국민학교에서 일어났다. 당시 일본인 교장과 교사들의 민족차별교육은 심각하였다. 신원국민학교 5, 6학년 학생들은 일본인 교사가 한국인 교장을 폭행하는 일이 발생하자 동맹휴교를 단행하였다. 일본인 교장과 한국인 교사 사이에 격투가 일어나기도 하였다.

---

13) 동아일보 1928년 9월 28일, 「한국사에 비추어 본 거창의 역사」, P. 298

항일 동맹 휴학 의거비(신원초등학교)

    3·1운동 후 일제는 '문화통치'라는 말로 조선인의 교육을 증진한다고 포장하였지만 실제로 식민지교육은 변함이 없었다. 이에 거창 군민들은 일제강점기 식민지교육에 대한 적극적인 개선을 요구하였다. 거창 지역민들의 요구는 학생들의 교육비를 충분히 지급하고 중등교육기관을 설치하라는 것과 조선인 위주의 교육, 조선인 교장을 채용하라는 것이었다.

    지역민의 요구는 보통교육 · 의무교육 · 무상교육 · 민족교육을 실시하라는 것으로, 식민지 교육 문제의 핵심을 담은 수준 높은 주장이었다는 평가를 받는다. 이와 같은 거창 지역민의 교육 운동은 민족해방운동의 중요한 밑거름이 되었으며 교육에 대한 열정은 교육도시 거창의 중요한 역사적 배경이 된다고 「한국사에 비추어본 거창의 역사」의 저자 신용균 선생은 평가하였다.

3절
광복 이후의 거창교육

8·15 광복 이후 사회 각 부분에서 커다란 변화가 찾아왔다. 8·15 광복은 우리 역사상 대전환점이었으며 국가의 기틀을 구성하는 것이 민족의 일차적인 과제였다. 교육 또한 민주화와 기회균등을 제창함으로써 우리 거창지역의 교육열도 그 어느 때보다 크게 고조되었다. 1946년 9월 1일부터 새 교육제도가 전면적으로 실시되고, 의무교육·군(郡)중학교의 신설 및 성인교육의 계획 등 수많은 교육제도와 교육에 대한 희망이 고조되었으나 그에 따른 정부의 교육예산이 턱없이 부족해서 바로 실현되기는 어려웠다. 특히 의무교육의 취지에 따른 학령아동의 전원 수용 조치가 법적으로는 이루어졌으나, 현실은 학교와 학급수가 절대적으로 부족하였다. 이에 거창 주민들이 중심이 되어 학교의 건립과 학교시설의 확충 및 증축을 위해 노력하였다.

01
정부 수립기의 거창교육(1945~1960)

1948년 대한민국 정부 수립 이후 우리나라의 당면과제는 국내적으로 민주주의를 확립하고, 대외적으로는 공산주의에 대항하여 분단된 국토와 분열된 사상을 통일하는 데 있었다. 「헌법」이 제정되고 이에 근거하여 「교육법」이 제정·공포됨에 따라 신생 국가의 교육 기반을 확립한 시기였다. 교육의 근본 이념을 홍익인간으로 결정하고 평등사상에 입각한 교육의 기회균등을 실현하기 위한 노력이 추진되었다. 1949년 12월 31일 제정된 교육법은 교육자치제 시행을 위하여 군 단위의 교육구(거창은 거창교육구)를 두고, 도에는 도교육위원회(경상남도교육위원회)를 자문기관으로 두었다.

6·25 한국전쟁으로 교육시설은 거의 파괴되었으나 국제연합한국재건단과 미국 국무부 국제협조처 등의 원조와 지역민의 피나는 노력으로 교육시설은 점차 복구·확장되었다. 1950년대 거창교육에서 중요하게 볼 점은 중등교육이 양적으로 크게 발전했다는 것이다. 1951년 교육법의 개정에 따라 거창농업중학교가 중·고로 분리됨에 따라 거창중학교가 설립되었고, 사립학교로는 거창대성중학교가 1953년에 개교하였다. 또한, 이 해에 가조중학교가 설립되었고 1955년에는 웅양중학교가 뒤이어 설립되었다. 가정이 어려워 정규 중학교로 진학하지 못한 농촌 학생들의 향학열과 배움의 갈증을 풀어주기 위하여 지역 주민들의 노력으로 고제면과 위천면에 고등공민학교가 세워졌는데 뒷날 정규 중학교로 발전하는 계기가 되었다.

거창읍에는 주경야독하는 유일한 야간학교로 1953년에 제남고등공민학교가 세워져 1965년까지 운영되었다. 거창 지역에는 1950년대부터 1960년대까지 제남·고제·위천 3개의 고등공민학교가 있었다. 그 중 제남고등공민학교는 총 420여명의 졸업생을 배출하여 당시 중학교의 역할을 했다. 어렵고 힘든 시절에 학생들은 낮에는 돈을 벌고, 밤에는 공부하며 국어·수학·영어·과학·역사·미술·도덕 등 정규과정을 가르치는 고등공민학교에서 배움을 이어나갔다. 거창 지역민들이 알고 있던 1970년 이전의 고제중학교(현. 거창중학고제분교장)는 고제고등공민학교였다.

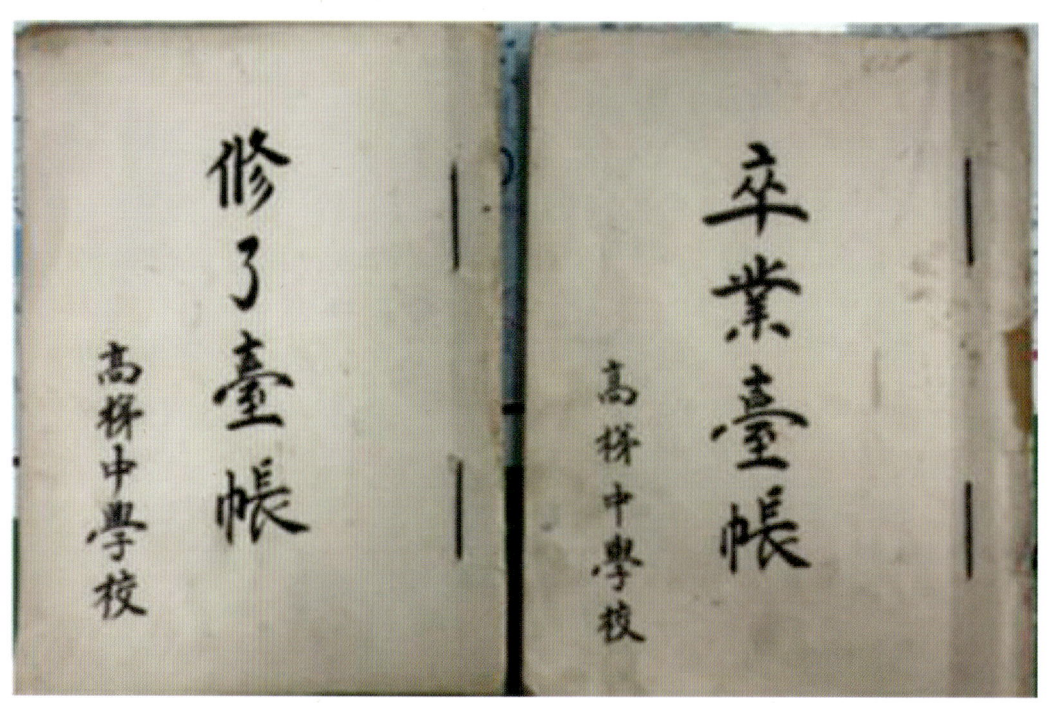

고제 제남고등공민학교 수료장, 졸업장(1960년대)

고등학교는 거창고등학교(1953), 거창상업고등학교(1954)가 문을 열어 고교 진학 의욕을 충족시켜 주었다. 거창여자고등학교가 정식 인가받기 전인 1950년대 말에는 농고 축산과의 정원으로 거창여자중학교에서 잠정적으로 운영되었다. 또한 '교육도시'라는 명칭은 거창 지역민이 현대사에서 이룩한 큰 성과 중의 하나로, 1956년 전영창 선생이 거창고등학교 교장으로 부임한 데서 비롯되었다. 1956년 미국 유학을 마치고 학생 17명인 폐교 직전의 거창고등학교 교장으로 부임한 것이다. 미국인 친구들의 도움을 받아 신축 교사와 농장을 마련하였고 명문대 출신의 우수한 교사들을 초빙하고 학생의 실력을 키워줌과 동시에 당시로서는 상상하기 힘든 전인교육을 실천하여 전국적으로 주목을 받았다. 한편, 거창교육청은 1952년 9월 1일에 거창군교육청으로 발족하여 1954년 4월 1일에는 거창교육청 청사를 신축하였다.

02
산업화·민주화 시대의 거창교육(1960~1990)

1960년대 초기의 혁명정부는 '조국 근대화'라는 기치 아래 재건국민운동을 추진하였다. 재건국민운동의 주요 사업으로는 재건청년회·부녀회 등이 농어촌과 도시가 균형적인 복지사회를 이룩하기 위하여 시군에 '재건국민교육원'[14]이라는 상설 교육기관을 설치한 것이다. 농어촌의 어려운 가정의 자녀 중 진학을 못 해 학습의 기회를 상실한 청소년을 위해 읍면 단위로 재건학교가 설립되었다. 거창재건학교는 1965년 5월부터 거창군청 뒤 임시 건물을 교사(校舍)로 사용하고 학제는 2년제로 야간에 운영되었다.

1962년 2월 1일에 교육자치제가 폐기되면서 거창군 교육과로 편입되었다가 1964년 1월 1일에 교육자치제가 다시 시작되었으며, 1968년에는 잇따른 교육정책 개혁이 실시되었다. 또한, 1968년 12월에 〈국민교육헌장〉을 반포하여 국민 교육의 기본이념을 제시하는 동시에, 새로운 국민상 또는 교육에서 지향할 바른 국민의 이상을 나타내었다.

제4공화국이 출범한 1973년부터 1979년까지의 교육은 '국적 있는 교육'이라는 기치 아래 반공·안보교육·주체성교육 등에 역점을 두었으며, 과학기술과 산학협동교육이 강화되어 전 국민의 과학화 운동이 시행되었다. 특히, 새마을운동의 일환으로 교육의 사회적 기능을 개발하기 위한 새마을 교육이 전개되었다. 1971년 2월 1일 중학교 무시험제도가 실시되어 중학교 진학률이 높아지고 중학생 수가 급격히 늘어났다. 1972년 12월 16일 개정된 교육법 제15조에 의하여 교육감의 행정권한 가운데 일부를 시·군 교육장에게 위임하게 되었다. 이에 따라서 시·군 교육장의 권한이 점차 확대되었다.

---

14) 재건국민교육원: 개건국민운동위원 임원들을 위한 지도자 양성기구로 교육하는 연수원, 거창문화원(2015), 「거창문화」, 통권 제20호

창남초등학교, 운동장에서 치르고 있는 일제고사(1970년대 추정)

1973년 2월 28일에 발표된 고등학교 입시제도 개혁 방안에 따라 고등학교는 시·도 단위로 연합고사를 실시한 후 실업계 및 2부 고교를 전기로 인문고교(人文高校)를 후기로 구분하여 전기는 희망하는 학교를 임의로 지원하게 하고, 연합고사 성적과 체력검사 성적에 의하여 고교별로 선발하는 제도를 실시하였다.

민주화 시대를 맞이하여 교육에 나타난 가장 큰 변화는 교육자치의 회복이었다. 그동안 사실상 문교부가 직접 임명하던 교육감을 이제부터는 주민의 손으로 직접 뽑게 된 것이다. 한편, 1983년 12월 16일 거창교육청은 현재의 위치에 청사를 이전했다.

1980년대에 들어서면서 일제강점기에 만들어진 용어를 그대로 이어받아 쓰는 것은 문제가 있다는 의견이 대두되면서 국민학교 명칭 변경 문제에 대한 논의가 이어졌다. 이후, 1995년 7월 16일 정부는 국민학교의 명칭을 초등학교로 변경하기로 결정하였으며, 1996년 3월 1일부터 정식으로 명칭을 변경하였다.

1985년 구성된 교육개혁심의회의 개혁안에 포함된 중학교 의무교육은 1985년 도서벽지 및 특수학교에서부터 실시되기 시작하였다. 이후 점차 그 범위를 확대하여 1992년부터는 군 지역 신입생들을 대상으로 의무교육을 실시하였고, 1994년이 되면서 군 지역 전 학년까지 확대되었다. 문민정부가 출범한 후인 1995년에 만들어진 교육개혁위원회의 개혁안에 따라 1995년 「지방 교육자치에 관한 법률」이 개정되었다. 이후 교육 관련법 체계의 정비에 따라 학교운영위원회에 관한 규정이 「초·중등교육법」으로 옮겨졌다.

03
세계화·정보화 시대의 거창교육(1990~2024)

세계화가 처음으로 경남교육에 적용된 것은 1992년이다. 거창교육청도 급속한 학생 수의 감소에 따른 학교의 폐교, 학교의 영세화로 인한 2복식, 3복식 수업 등의 어려움 속에서도 경상남도교육청의 교육지표를 반영한 민주국가 발전에 주역이 될 새 한국인 육성을 기본 방향으로 정하고 내실 있는 교육, 능력 있는 인간을 교육 시책으로 하여 세계화를 위한 교육의 바탕을 마련하였다.

1990년대에 접어들면서 일반교실의 모습도 칠판과 분필로 상징되는 전통적인 교실에서 벗어나 현대화된 멀티미디어 교실로 변모하기 시작하였다. 거창교육청은 교실 현대화 사업을 추진하였는데 사업의 주된 내용은 시대적 요구에 따라 교실의 멀티미디어화에 주력하여 이를 위한 시설 기기 교재 교구를 확충하는 것이었다. 그 결과 1990년대에는 거창의 모든 초등학교 교실에 PC와 VCR 그리고 OHP 등 기자재가 도입되어 멀티미디어를 활용한 수업이 가능해졌다.

거창교육청에서는 1992년 주요 업무추진계획에서 과학기술 교육의 충실을 기하기 위해 거창군 과학자료실을 설치하였다. 과학동산(중학생 60명을 대상), 발명반(국민학생 22명, 중학생 23명), 주부 과학 교실 등을 운영하였고, 교내 과학자료실을 운영한 학교는 9개교였다.[15] 또한, 기종 16Bit 컴퓨터를 확보하여 컴퓨터교육 연수를 실시하는 등 정보화 시대에 발맞추어 교실 환경의 현대화에 힘썼다.

---

15) 거창교육청(1992), 「거창교육」 창간호, 기초과학교육 기자재 초등28종 429점, 중등 25종 69점 확보. p42-43

과학상자조립대회 전국 은상 수상(신원초, 대성중, 1992년)

1990년대에 와서는 독학에 의한 학위 취득 제도, 시간제 학생 등록 제도, 학점은행 제도 등을 도입하여 국가 수준의 평생교육 제도를 구축했다. 평생 학습 사회를 지향하면서 학교 교육 이외의 학습과 자격에 대해 학점 및 학력을 인정해 주어야 할 제도 도입의 필요성에 따라 교육개혁위원회가 1995년 5월 31일에 '신교육 체제 수립을 위한 교육개혁 방안'을 제시하였다.

2000년대 경남의 평생교육기관은 학교시설을 이용한 평생교육, 공공도서관을 이용한 평생교육, 지역 평생교육 정보센터 운영, 평생학습관 운영, 학교 형태 평생교육 시설 등으로 분류할 수 있다. 이 중에서 학교 형태 평생교육 시설은 고등학교 학력을 인정받는 교육기관과 학력 미인정 평생교육기관으로 나누어진다. 거창군 가조면에 위치한 거창국제학교는 학력 미인정 평생교육기관에 해당한다.

전국 평생학습 축제는 기초자치단체가 주관하여 2011년까지 계속되다 2012년부터는 '대한민국 평생교육 박람회'로 명칭을 변경하고 광역자치단체가 추진하게 되었다. 2012년 대전광역시에서 처음 시작된 대한민국 평생교육 박람회는 2016년 9

월 22일부터 25일까지 4일간 광역시가 아닌 거창군에서 5회 대회로 개최되었다. 2003년 경남에서 군 단위 최초로 평생학습 도시로 선정되었던 거창군이 '교육도시'로서의 면모를 다시 한번 확인시켜 준 성공적인 박람회였다.

군 단위로 최초로 개최한 제5회 대한민국 평생교육 박람회(2016년)

한편, 거창군청이 2005년 경상남도로부터 '외국어 교육특구'로 지정받아 거창교육청과 함께 2007년까지 초·중·고 영어 능력 강화 사업, 영어교육 시스템 구축, 영어캠프 운영, 원어민 강사 배치, 경남도립대학 영어마을 조성 등을 지원해 외국어 교육특구로서의 환경을 구축하였으며, 2008년~2010년 3년 동안은 영어 능력 경시대회 개최 및 해외 어학연수, 거점영어체험학습센터 시범학교 운영, 방과후 English Festival 운영, 청소년 국제화 교류 등 실질적인 운영으로 미래 사회에 필요한 세계 인재 육성에 노력을 해왔다.

또한, 거창군청과 거창교육지원청은 2011년부터 2015년까지 5년간 스탠퍼드대학생단을 초청하여 거창 관내 중학생을 대상으로 '거창군-스탠퍼드 영어캠프(여름방학 3주간)'를 운영하는 등 글로벌리더를 양성하고, 교육도시 거창의 국제적 이미지 향상과 세계화 교육을 위해 힘써왔다.

100 *years*
of GEOCHANG
Education

제2장
거창교육의 기저

1절
거창교육지원청의 연혁 및 발전

제 2 장 거창교육의 기저

1970년

2024년

01
거창교육지원청의 상징

　거창교육지원청의 상징 표시(심볼 마크)는 전체적으로 "배움이 즐거운 학교, 함께 가꾸는 거창교육"이라는 슬로건을 형상화한 것이다. 팔을 벌리고 세상을 향해 뛰어오르는 사람의 형태는 학생들이 참된 교육을 통해 미래로 도약해 나감을 의미하며, 둥글게 말린 별의 형상은 학생들이 곧 우리의 희망임을 표현하였다. 또한 손 위에 떠 있는 별은 학생들의 꿈과 희망을 상징하며, 거창교육을 통해 꿈과 희망이 가득한 미래에 한층 더 가까워짐을 의미한다.
　노랑·초록·파랑의 다채로운 색상을 사용하여 세계로·미래로 꿈을 키우는 희망찬 거창교육지원청의 뜻을 담았다.

거창교육 100년사

02
거창교육지원청의 현황

01 조직 현황

02 정원 및 현원 현황

2025.1.1. 현재

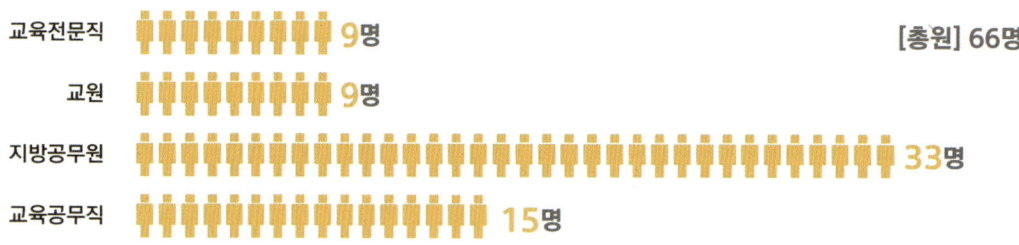

[총원] 66명

※ 교원 중 파견교사 1명 포함

03 소속기관 현황

2025.1.1. 현재

04 각급 학교 현황

2025.1.1. 현재

구분 학교별	학교수				학생수			교원수			일반직	교육 공무직
	공립	사립	분교	계	공립	사립	계	공립	사립	계		
유 치 원 (병설포함)	14	2		16	238	190	428	31	13	44	2	12
초 등 학 교	16	1		17	2,148	293	2,441	234	19	253	64	140
중 학 교	5	3	1	9	778	758	1,536	99	61	160	13	40
고 등 학 교	4	4		8	676	1,496	2,172	98	149	247	9	44
특 수 학 교	1			1	79		79	34		34	3	26
계	40	10	1	51	3,919	2,737	6,656	496	242	738	91	262

05 2025년도 예산편성현황

(단위: 천원)

인적자원운용	16,287	학교시설 여건개선	7,739,324
교수학습 활동지원	937,216	평생교육	78,070
교육복지	269,308	교육행정일반	2,395,446
보건급식	6,608,866	기관운영	456,088
학교재정 지원관리	18,119,597	합계	36,377,122

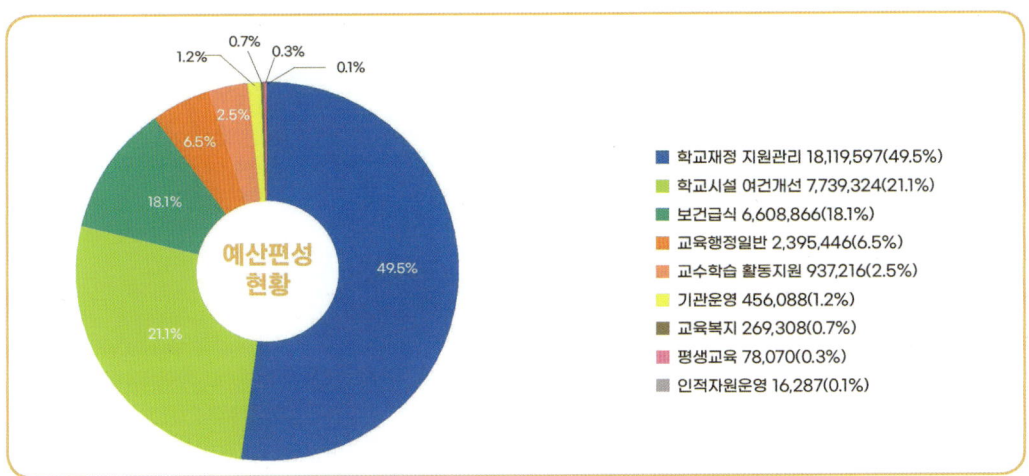

- 학교재정 지원관리 18,119,597(49.5%)
- 학교시설 여건개선 7,739,324(21.1%)
- 보건급식 6,608,866(18.1%)
- 교육행정일반 2,395,446(6.5%)
- 교수학습 활동지원 937,216(2.5%)
- 기관운영 456,088(1.2%)
- 교육복지 269,308(0.7%)
- 평생교육 78,070(0.3%)
- 인적자원운용 16,287(0.1%)

경남교육 정책 방향

거창교육 철학

민주성
자발적인 참여, 소통과 공감으로 만들어 가는 교육

거창교육은 학교 구성원들의 적극적인 참여를 통해 교사·학생·학부모가 서로를 존중하고 주체적으로 협력하는 민주적 교육공동체를 만들어 갑니다.

공공성
모든 학생에게 차별 없이 질 높은 배움을 제공하는 교육

거창교육은 교육의 공익적 가치와 태도를 추구하여 모든 학생이 차별 없이 질 높은 교육을 받음으로써 사회 전체의 건강성 회복에 이바지합니다.

미래성
교육의 내용과 방법 모두를 혁신한 창의적인 교육

거창교육은 미래사회를 준비하는 학생 개개인의 성장을 위해 개방적이고 도전적인 활동을 지향함으로써 학습자 주도 교육과정을 설계하고 배움중심교육을 실천합니다.

지역성
지역사회 자원을 활용하고 지역에 기여하는 교육

거창교육은 거창 지역의 특성과 상황을 반영한 교육을 위해 지역사회와 협력하고, 지역이 발전할 수 있는 인재를 기르며 마을교육공동체의 가치를 실현합니다.

거창교육 정책 방향

Gyeongsangnamdo Geochang Office of Education

| 교육 지표 | 함께 배우며 미래를 열어가는 **민주시민 육성** |

| 교육 비전 | **빛깔 맞춤, 같이의 가치로** 행복한 거창 교육 |

1 배움 중심의 **새로운 교육**

2 더불어 행복한 **교육복지**

3 안전하고 건강한 **교육환경**

4 소통과 공감의 **교육공동체**

5 깨끗하고 공정한 **지원행정**

| 특색 과제 | 1. 거창 愛(애)듀 "앎과 삶이 조화로운 거창얼 교육"
2. 연극으로 빛나는 교육 도시 거창 연극교육 |

제 2 장 거창교육의 기저

특색과제1 거창 愛(애)듀 "앎과 삶이 조화로운 거창얼 교육"

추진배경

- ✓ 지역의 자원을 활용하고, 지역을 알아보는 삶과 연계한 교육에 대한 요구 증대
- ✓ 학생, 학부모, 지역민과 함께하는 마을교육공동체 구성과 운영에 대한 수요
- ✓ 우리지역에서 자라고, 우리지역을 사랑하는 거창청년으로 성장하는 여건 조성
- ✓ 거창의 다양한 자랑거리에 대한 이해도 향상으로 우리고장 이미지 제고 필요

개요

추진 전략
- 거창에 대해 알아보기
- 우리 거창 소중하게 생각하기
- 거창에서 다양하게 즐기기

- 지역자원 활용 거창사랑 프로그램 발굴·보급
- 학교·지자체·지역민 연계 지속가능 지원체제 구축

추진 목표
우리지역을 알고, 아끼고, 즐길 수 있는 거창 사랑 교육

추진계획 및 실천내용

1 거창愛 반하다　　　　　　　　　　　　　　　　　　거창에 대해 알아보기

교육지원청

교육과정 연계 지역 알아보기	우리 거창 바로 알기 지원
⊙ 초3 지역화학습 교재 개발 및 활용 연수	⊙ 거창지역 주요 명소 알아보기
⊙ 중1 지역 진로체험교육 운영	⊙ 거창사건 알기 학예대회 참여 지원
⊙ 지역문제해결 프로젝트 운영 지원	⊙ 거창교육 100년사 제작 및 보급

학교

지역과 함께하는 교육과정 운영	우리 거창 바로알기 참여
⊙ 지역화 교재 활용 교육과정 재구성	⊙ 거창의 자랑거리 알기
⊙ 교육청 및 교육지원청 사업 신청·운영	⊙ 거창사건 청소년 문예 공모전 참여
⊙ 지역문제 해결프로젝트 학생 동아리 운영	⊙ 지자체 연계 학생 자치 프로그램 참여

② 거창愛 물들다 — 우리 거창 소중하게 생각하기

교육지원청

거창 공동학교 운영 지원	거창 생태전환교육 활성화
◉ 교육과정 공동설계 지원	◉ 학교로 찾아가는 생태전환교육
◉ 학교 간 공동교육과정 운영 지원	◉ 진로생태환경교육 체험프로그램 운영
◉ 학교 간 전문적학습공동체 운영 지원	◉ 환경교육주간 운영

학교

거창 공동학교 운영	학교 맞춤 생태환경 프로젝트 운영
◉ 교육과정 공동설계	◉ 교육과정 재구성 및 생태환경교육 운영
◉ 학교 간 공동교육과정 운영	◉ 전교생 참여 환경실천활동 운영
◉ 학교 간 전문적학습공동체 운영	◉ 생태전환교육 나눔마당 참여

③ 거창愛 머물다 — 거창에서 다양하게 즐기기

교육지원청

문화·예술 프로그램 운영	마을사랑 교육활동 지원
◉ 거창韓 문화·예술 한마당 운영	◉ 지자체 연계 지역문화 탐방 프로그램 운영
◉ 아림예술제 운영 지원	◉ 아라미아 꽃 축제 프로그램 운영
◉ 학교 문화·예술사업 운영 지원	◉ 어울림 마당 운영 지원

학교

거창韓 문화예술 사업 참가	마을사랑 교육활동 운영
◉ 거창韓 문화예술 페스티벌 참여	◉ 현장체험학습 연계 지역문화 탐방 신청
◉ 아림예술제 학생 참여	◉ 아라미아 꽃 축제 참여
◉ 거창韓 문화·예술 교육활동 운영학교 신청·운영	◉ 어울림 마당 참여

기대 효과
- ◉ 학교의 상황에 맞는 다양한 교사 교육과정 운영 지원으로 거창사랑교육 실현
- ◉ 학생 및 지역민이 참여할 수 있는 다양한 정보제공과 참여, 소통, 협력 기회 확대
- ◉ 살기좋은 우리고장 거창 실현으로 학령인구 감소 최소화 기대
- ◉ 거창愛(애)듀 프로그램 운영으로 살기 좋은 도시로서 거창 이미지 상승

제 2 장 거창교육의 기저

특색과제2 연극으로 빛나는 교육 도시 거창 연극교육

추진배경
- 연극교육활성화사업에 대한 교육공동체의 요구
- 연극의 고장, 교육도시 거창에 대한 깊은 이해와 애향심 교육의 필요성 강조
- 거창연극고등학교를 기반으로 한 지역 전반의 연극교육에 대한 관심 고조
- 지역문화예술교육 활성화를 위한 지역 연극자원 체계화 및 교육기관과의 가교 역할 기대

개요

추진 전략
- 교육과정 속에 녹아 있는 연극교육
- 연극 교육활동 활성화
- 지역의 연극교육 인적자원과의 유기적 협력체제 구축

- 연극교육과정 연계 운영 및 발표회 지원
- 지역 연극 인적자원 활용 및 학교와의 매칭 지원

추진 목표
- 교육공동체가 함께하는 지속가능한 지역연계 연극교육

추진계획 및 실천내용

1. 학교 연극교육 교육과정

거창 연극교육 브랜드화

교육지원청	**특색과제 연극 교육과정 지원** ◈ 연극교육 활동 공모사업 운영 ◈ 교사, 학생의 연극교육 역량 강화 프로그램 운영 지원	**연극교육활동 예산 지원** ◈ 거창한 연극교육활동 예산 지원 ◈ 거창학생연극 한마당 예산 지원 ◈ 거창예술페스티벌 예산 지원
학교	**특색과제 연극 교육과정 반영** ◈ 교과내·교과간 재구성, 예술교육 시수증배 ◈ 학교 자체 예산 편성 운영 ◈ 거창학생연극 한마당 적극 참여 ◈ 학생 연극 동아리 운영	**연극 연계 프로그램 운영** ◈ 각종 연극 발표회 교육과정 반영 ◈ 각종 예술(연극)공모사업 권장 ◈ 연극 관람 교육활동 적극 참여 ◈ 환경교육특구 연계 연극교육과정 수립

거창교육 100년사

② 학생 연극교육 활동

거창 연극 체험활동 기회 확대

교육지원청

연극 연계 프로그램 지원
- 거창예술페스티발 연계 운영
- 연극 관람 문화 활성화 프로그램 운영
- 환경교육특구 프로그램 연계 운영

연극교육 학생 활동 지원
- 거창연극캠프 운영
- 거창학생연극 한마당 운영
- 연극 교육 참여 기회 제공
- 연극 관련 진로체험교육 기회 제공
- 연극 활동 참여 및 관람(거창한 연극교육활동 밴드 운영)

학교

연극교육활동 및 각종 발표회 참여
- 거창학생연극 한마당 참여
- 거창연극캠프 참여
- 거창겨울연극제 참여
- 환경교육특구와 연계한 연극활동 참여

교내 연극 체험활동 프로그램 운영
- 복지기관 연극 발표 봉사활동 실시(권장)
- 학교, 학년, 학급 발표회 기회 마련
- 지역 연극 체험 행사 적극 안내

③ 지역과 연계한 연극교육

지속가능한 거창 연극교육 실현

교육지원청

연극 인적자원 인력풀 구성
- 연극강사 네트워크 구축
- 지역 연극 단체와 네트워크 구축

연극 유관기관과 연계한 교육활동
- 거창연극고등학교 학생 재능기부
- 거창연극고등학교 연극발표회 참여
- 거창학생연구 한마당 학생 관람 연계

학교

지역 문화예술(연극) 여건 활용
- 거창 지역 문화예술프로그램 참여
- 문화예술 기관과 MOU 체결 권장

연극 유관기관 교육활동 참여
- 거창연극고등학교 연극발표회 관람 체험
- 거창국제연극제 단체 관람

기대 효과
- 학교연극교육활동 지원으로 연극을 통한 학생들의 예술적 소양 및 바람직한 인성 함양
- 학생대상 예술체험 기회 확대로 진로탐색의 기회 제공 및 현재와 미래를 행복하게 살아갈 수 있는 역량함양
- 지역사회와 함께하는 학교 연극교육 기반 조성으로 연극도시, 교육도시로서의 거창 이미지 높임
- 교육과정과 연계한 예술(연극)교육활동 운영 및 참여, 관람 기회 확대

03
거창교육지원청의 연혁

1950 ~ 1959
1952. 9. 1.   거창군교육청으로 발족
1954. 4. 1.   교육청 청사 신축

1960 ~ 1979
1962. 2. 1.   교육지자체 폐지(군 교육과 편입)
1964. 1. 1.   교육지자체 부활

1980 ~ 1989
1983. 12. 16.   교육청사 이전(현)

1990 ~ 1999
1991. 3. 25.   경상남도거창교육청으로 개칭
1996. 3. 1.   국민학교를 초등학교로 교명 개칭
1997. 2. 26.   교육청 3층 증축

2000 ~ 2009
2005. 3. 1.   거창교육지원청영재교육원 학급개설(초등과학, 중등과학)
2006. 3. 1.   거창교육지원청영재교육원 학급증설(초등수학, 중등수학)
2007. 3. 1.   경남 최초 거창군 전 초·중학생 무상급식 실시

2010 ~ 2019

2010. 3. 1.	거창교육지원청영재교육원 학급증설(초등영어, 초등발명, 중등발명)
2010. 9. 1.	경상남도거창교육지원청으로 개칭
2010. 9. 1.	특수교육지원센터 설립
2014. 7. 14.	Wee센터 개소
2017. 12. 30.	「돌아보는 옛 자취, 거창의 학교」 자료집 발간
2017. 12. 31.	국민권익위원회 주관 공공기관 청렴도 업무 수행 교육감 표창
2018. 1.	'2017년도 교육지원청 부패방지 시책평가' 최우수 기관 선정
2018. 1. 31.	반부패 청렴업무 수행 교육감 표창
2019. 3. 1.	거창나래학교 개교
2019. 9. 9.	거창교육지원청 교육역사기록전시실 개관
2019. 12. 27	행정안전부 국가기록원 '2019년 기록관리 기관평가' 최우수 기관 선정

2020 ~ 2025

2020. 1.~	광역 통학구역 제도 운영
2020. 3. 1.	거창연극고등학교 개교
2021. 3. 1.	학교교육지원센터 설립
2022. 1.~	광역 통학구역 제도 확대 운영
2023. 1. 10.	방과후·늘봄지원센터 조직 변경
2023. 3.~	경상남도교육청 환경교육 특구 지정
2023. 3.~12.	거창韓 예술(연극)교육활동 운영, 제1회 거창 학생 연극제
2024. 2. 26.	제1회 거창교육상 시상
2023. 7. 31.	특수교육센터 전환교육지원실 개관
2024. 7. 30.	교육부지정 '교육발전 특구' 선정
2024. 8. 8.	교육부지정 '거창초 학교복합시설 공모사업' 선정
2024. 12. 30.	행정안전부 국가기록원 '2024년 기록관리 기관평가' 최우수 기관 선정
2025. 4.~	「거창교육 100년사」 발간

04
역대 교육장(정부 수립 후)

1대 신용희(愼鏞禧)
1952. 9. 3.
~1953. 9. 30.

2대 김준용(金俊龍)
1953. 10. 1.
~1959. 3. 18.

3대 신일권(愼一權)
1959. 3. 19.
~1961. 2. 22.

4대 전영호(全永昊)
1961. 2. 23.
~1962. 2. 28.

5대 장 준(章 準)
1963. 3. 1.
~1965. 2. 28.

6대 정유식(鄭瑜湜)
1965. 3. 1.
~1968. 3. 19.

7대 정순용(鄭淳龍)
1968. 3. 20.
~1974. 4. 30.

8대 정우순(鄭禹淳)
1974. 5. 1.
~1976. 8. 31.

9대 김병달(金炳達)
1976. 9. 1.
~1981. 2. 28.

10대 정우순(鄭禹淳)
1981. 3. 1.
~1983. 2. 28.

11대 최필형(崔弼炯)
1983. 3. 1.
~1988. 6. 30.

12대 고금석(高今錫)
1988. 7. 1.
~1990. 2. 28.

13대 최필형(崔弼炯)
1990. 3. 1.
~1993. 8. 31.

14대 이종구(李鐘球)
1993. 9. 1.
~1997. 2. 28.

15대 이무진(李武鎭)
1997. 3. 1.
~2000. 8. 31.

16대 김수웅(金壽雄)
2000. 9. 1.
~2001. 8. 31.

17대 이정수(李正水)
2001. 9. 1.
~2003. 8. 31.

18대 박종락(朴鍾樂)
2003. 9. 1.
~2004. 8. 31.

19대 허두천(許斗扦)
2004. 9. 1.
~2006. 2. 28.

20대 최종석(崔宗錫)
2006. 3. 1.
~2007. 2. 28.

21대 박성조(朴成祚)
2007. 3. 1.
~2008. 2. 29.

22대 강임석(姜任錫)
2008. 3. 1.
~2009. 8. 31.

23대 이홍국(李洪國)
2009. 9. 1.
~2010. 8. 31.

24대 박명의(朴明義)
2010. 9. 1.
~2012. 2. 29.

제 2 장 거창교육의 기저

25대 박두립(朴斗立)
2012. 3. 1.
~2013. 8. 31.

26대 김칠성(金七星)
2013. 9. 1.
~2015. 2. 28.

27대 강신화(姜信和)
2015. 3. 1.
~2017. 2. 28.

28대 박종철(朴鐘哲)
2017. 3. 1.
~2018. 8. 31.

29대 이정현(李正賢)
2018. 9. 1.
~2020. 8. 31.

30대 정진용(鄭鎭用)
2020. 9. 1.
~2021. 8. 31.

31대 강신영(姜信永)
2021. 9. 1.
~2022. 8. 31.

32대 이명주(李明珠)
2022. 9. 1.
~2024. 2. 29.

33대 김인수(金寅洙)
2024. 3. 1.
~2025. 2. 28.

34대 신종규(愼宗揆)
2025. 3. 1~

2절
교육과정의 운영

교육과정이란 학교와 같은 교육기관에서 교육 목표를 달성하기 위한 다양한 교육 활동의 기준을 체계적으로 선정하고 조직한 문서이며, 나아가 이를 실행하는 과정과 성취한 결과를 포함하는 일련의 계획을 말한다. 교육은 사람을 사람답게 기르고 사회를 사회답게 가꾸는 일과 관계되므로, 공교육의 교육과정은 사회나 세대를 만드는 교육적 영향력이라고 폭넓게 정의할 수도 있다.

01
교육과정 이전 시기(1945~1954)

가. 교육에 대한 긴급 조치의 시기(1945~1946)

광복 후 미군정은 교육 분야에서 일본 제국주의적 색채를 제거하기 위하여 한국교육위원회를 조직하고 1945년 9월 24일부터 모든 공립 국민학교에서 수업을 시작하게 하였으며, 10월 1일부터는 중등학교 이상의 학교에서도 수업을 시작하게 하였다. 미군정청 학무국에서 발표한 '신조선의 조선인을 위한 교육'의 초·중등학교 교과 편제 및 시간 배당은 다음과 같다.

학년\교과	공민	국어	지리역사	산수	이과	음악체육	계
1~3	2	8	1	5	1	3	20
4	2	7	1	4	3	3	20
5~6	2	6	2	3	2	3	18
고등과	2	6	2	2	2	3	17

국민학교 교과 편제 및 시간 배당(1945. 9.)

학년\교과	공민	국어	지리역사	수학	물리화학생물	가사	재봉	영어	체육	음악	습자	도화	수예	실업	계
중학	2	7	3	4	4	-	-	5	3	1	1	1	-	1	32
고녀	2	7	3	3	3	2	2	4	2	2	1	1	1	-	33
중학	2	7	3	4	4	-	-	5	3	1	1	1	-	1	32
고녀	2	7	3	3	3	2	3	4	2	2	-	-	1	-	32
중학	2	6	4	4	5	-	-	5	3	2	-	1	-	2	34
고녀	2	6	3	2	4	4	3	4	2	2	-	1	1	1	35
중학	2	5	4	4	5	-	-	5	3	2	2	-	-	3	33
고녀	2	5	3	3	4	4	4	4	2	2	-	1	1	1	36

중등학교 교과 편제 및 시간 배당[16]
* 중학 : 남자 중학교, 고녀(고등 여학교) : 여자 중학교, 계는 시간을 표시한 것임.

---

16) 홍웅선, 「교육과정신강」, 문음사, 1979.

나. 교수요목기(1946~1954)

교수요목은 교과별로 가르칠 내용을 상세히 기술한 문서를 말한다. 교수요목기는 교수요목이 시달 및 적용된 시기였다. 1948년 8월 15일에 교육법을 제정하여 교육이념과 제도에 대한 기본 틀을 마련하고 1949년 12월 31일에 홍익인간을 교육의 이념으로 하는 교육법을 공포하였다.

국민학교는 공민·역사·지리·작업·자연관찰(1~3학년)을 종합하여 사회생활과를 신설하였다. 중등학교 부분에서는 국어와 영어는 구체적으로 제시하였으나, 수학과의 교수요목은 제목만을 열거하였다. 중등학교 교과 과정표를 중학교 1~3학년, 4~6학년으로 구분하여 편제하고, 사회생활과를 신설하였으며, 체육과 보건을 '체육·보건'으로 통합하였고, 필수와 선택과정으로 구분하여 제시하였다.

02
교육과정기(1954~2006)

가. 제1차 교육과정기(1954~1963)

제1차 교육과정은 1954년 문교부령 제35호로 제정·공포된 초등학교·중학교·고등학교·사범학교 교육 시간 배당 기준령과, 1955년 문교부령 제44호·제45호·제46호로 각각 공포된 초등학교·중학교·고등학교 교과과정을 말한다. 제1차 교육과정은 교육과정 자체는 '교과중심'이었으나, 교육과정을 기준으로 편찬한 교과서는 '생활중심'을 지향하고 있었다. 1954년 4월부터 1963년 2월에 이르기까지의 제1차 교육과정기는 우리 손으로 만든 대한민국 최초의 체계적인 교육과정이라는 점에서 큰 의미가 있다.

1) 초등학교

교육목적 및 교육 목표를 달성하기 위한 교과 이외의 활동으로 특별활동을 편성하여 교과 활동과 함께 2대 편제를 이루었다. 그리고 교과는 모두 8개 교과로 대교과제를 이루고 있다. 지금의 도덕과는 하나의 교과로 독립하지 않고, 각 학년의 이수 시간 수에서 연간 35시간 이상의 시수를 확보하여, 전 교과와 학교 전체의 교육 활동을 통해 도덕교육을 행하도록 하였다. 또한 시간 배당의 기준을 총 이수 시간에 대한 백분율(%)로 표시하였다.

2) 중학교

초등학교와 마찬가지로 특별활동을 편성하여 교과 활동과 함께 2대 편제를 이루었다. 그리고 대교과제를 취하여 필수 교과(8개 교과)와 선택 교과(실업, 가정, 외국어, 기타 교과)로 하였으나, 도덕과는 사회생활과에 배당된 시간 수 중 최저 35시간 이상의 시수를 확보하여 수업하도록 하였다. 또한 시간 배당의 기준은 학년별로 연간 이수해야 할 시간 수와 주당 시간 수로 표시하였다.

3) 고등학교

고등학교의 편제도 초등학교 및 중학교와 마찬가지로 교과 활동과 특별활동으로 구성되었다. 교과 구성과 시간 배당 기준을 설정하고, 수업량을 연 단위로 표시하여 지역사회의 실정에 따라 융통성 있게 운영할 수 있도록 하였다. 도덕 과목을 신설하여 주 1시간씩 필수로 수업하게 하였고, 교과 활동에는 필수 교과와 선택 교과를 두었으며, 인문계고등학교와 실업계고등학교의 교과 구성에 있어서 필수 교과는 동일하게 하고, 선택과목에서 실업학교는 실업교육의 목적을 달성하기 위한 전문 교과를 포함하도록 하였다.

나. 제2차 교육과정기(1963~1973)

제2차 교육과정 시기는 1963년 2월 15일(문교부령 제119호, 제120호, 제121호, 제122호)로 국민학교 교육과정을 전면 개정하여 1973년 학문중심 교육과정으로 다시 개정할 때까지를 말한다. 이 시기에는 교육과정을 '학교의 지도하에 학생들이 가지는 경험의 총체'로 여김으로써, 교육과정의 내용, 조직, 운영면에서 자주성, 생산성, 유용성, 합리성, 지역성을 강조하여 '생활 중심 교육과정' 또는 '경험 중심 교육과정'이라고 부른다.

1) 초등학교

반공·도덕 교육을 교과 활동, 특별활동과 같은 수준의 한 영역으로 독립시켜, 교과 활동, 특별활동, 반공·도덕 활동의 3대 편제를 이루게 하였다. 교육과정 시간 배당은 교과별로 주당 이수 시간만을 표시하고, 특별활동 시간을 전체 시간에 대한 백분율(%)로 표시, 그 폭에 따라 자율성, 융통성, 신축성을 기하도록 하였다. 또한 학년별로 주당 총 이수 시간을 1시간 정도 줄이고, 사회생활과의 명칭을 사회과로 바꾸었다.

2) 중학교

중학교도 초등학교와 마찬가지로 교과 활동, 특별활동, 반공·도덕활동의 3대 편제를 이루게 하였다. 그리고 중학교육의 성격을 보통교육으로 보고, 선택 교과를 두지 않았고 공통 필수 교과만을 두었다. 또한, 주당 1시간 정도를 줄여, 한 주에 30~33시간을 수업하고, 특별활동 시간이 전체 시간의 8% 이상이 되도록 하였다. 교육과정 시간 배당에서는 교과별로 주당 이수 시간을 표시하고 단위 수업 시간을 50분에서 45분으로 줄였으며, 사회생활과의 명칭을 사회과로 바꾸었으며 중학교 교육과정 시간 배당표는 다음과 같다.

과정	학년	1학년	2학년	3학년
교과	국어	5~6	5~6	4~6
	수학	3~4	3~4	2~4
	사회	3~4	3~4	2~4
	과학	3~4	3~4	2~4
	체육	3~4	3~4	2~4
	음악	2	2	1~2
	미술	2	2	1~2
	실업 가정	4~5	4~6	3~12
	외국어	3~5	3~5	2~51
반공도덕		1	1	1
총계		30~33	30~33	30~33
특별활동		8%~	8%~	8%~

중학교 교육과정 시간 배당 기준표

3) 고등학교

인문계 고등학교의 교육과정은 공통과목 이외에 인문과정, 자연과정, 직업과정으로 나누어 과정별 선택 과정을 마련하였으며, 이러한 과정별 선택은 1학년 과정을 수료한 후 정하는 것을 원칙으로 하였다. 또한, 3년간 이수해야 하는 교과별 단위 수를 국가 수준 교육과정에서 정해주면, 학교에서는 이를 참고로 교육과정을 계획하도록 하였다. 그리고 교과별 시간 배정을 단위제로 표시하였다. 1단위는 1학기 동안 매주 1시간씩 이수하고 그 이수를 인정받는 것을 말한다.

다. 제3차 교육과정기(1973~1981)

제3차 교육과정은 1973년, 1974년 문교부령 제325호, 제326호, 제350호로 제정 공포한 초등학교, 중학교, 고등학교 교육과정으로서 우리나라 교육과정 제정 상 처음으로 교육과정심의회에서 시안을 확정하고, 2년간의 실험 평가를 거쳐 확정한 교육과정이다. 이것은 1968년 선포된 국민교육헌장의 이념과 1960년대 미국 교육계를 주도한 학문중심 교육과정 이론에 바탕을 두고 이루어졌다. 즉, 사회의 급격한 변화 속에서 팽창하는 학문적 지식의 구조를 학생들에게 가르치되 그 구조를 학생 스스로가 발견하고 탐구할 수 있도록 해야 한다는 이론에 바탕을 둔 것이다.

1) 초등학교

교육과정 편제에서는 반공·도덕 영역이 없어지고, 도덕과가 신설되면서 교과 활동과 특별활동으로 편제되었다. 또한 5, 6학년의 사회과 시간을 국사에 할애하고 교과서도 따로 편찬하였다. 시간 배당 기준표에는 이수 시간을 교과별, 학년별로 연간 최소 시간으로 표시하였고, 단위 수업 시간도 40분 혹은 45분으로 변화를 주었다. 이는 1~6학년의 발달 단계를 고려한 것이었다. 또한 교육 내용에서 초등학교 1학년에서부터 '집합'의 개념이 도입된 것은 예전의 생활 수학을 벗어난 획기적인 일이었다.

2) 중학교

중학교 역시 반공·도덕 영역이 없어지고, 도덕과가 신설되면서 교과 활동과 특별활동의 2대 편제가 되었다. 또한, 국사를 하나의 교과로 독립시켰고, 실업·가정과에서 여자 기술을 가정으로 바꾸고, 선택 교과였던 가정을 가사로 이름을 바꾸었다. 교과는 12개 교과를 필수로 하고 실업·가정 과목에 선택을 두었다. 도덕, 국어, 국사와 1학년 전 교과를 제외하고는 시간 배당을 연간 총시간 수로 표시하여, 학교장에게 교육과정 운영의 재량권을 폭넓게 부여하고자 하였다. 이 교육과정은 1977년 문교부령 제404호로 부분 개정되면서 산업체에서 중학교를 부설로 설치·운영할 수 있게 하였다.

3) 고등학교

교과 활동과 특별활동의 구조를 갖추고, 교과 활동은 필수, 필수 선택, 과정별 선택과목으로 구분하였다. 과정별 편성은 인문과정, 자연과정, 직업과정으로 구분하고, 직업과정에는 예능, 체육, 외국어 및 기타 과정을 둘 수 있도록 하였다. 총 이수 단위는 과정에 상관없이 204~222시간으로 하여 이수 단위에 폭을 두었고, 교과목별 단위 또한 이수 단위에 폭을 두어 융통성과 신축성을 부여하였다. 또한, 과목의 이름을 혼동하지 않도록 필수과목에는 1을, 과정별 선택과목에는 2를 붙이고, 총 과목 수는 35개로 축소시켰으며, 특별활동에 12단위를 배정하였다.

라. 제4차 교육과정기(1982~1987)

제4차 교육과정은 1981년 문교부 고시 제442호로 공포된 교육과정을 말한다. 제4차 교육과정은 문교부에서 교육과정을 개발하지 않고, 한국교육개발원에 위탁하여 기초연구와 총론, 각론, 시안을 개발하도록 한 연구 개발형의 성격을 가진다. 제4차 교육과정은 민주 사회, 고도 산업 사회, 문화 사회, 통일조건설에 필요한 건강한 사람, 심미적인 사람, 능력 있는 사람, 도덕적인 사람, 자주적인 사람을 길러내는 데 목적을 두었다.

1) 초등학교

특별활동의 영역이 4개 영역에서 3개 영역으로 줄어들었지만, 교과 활동과 특별활동으로 나누어진 2대 편제는 그대로 유지되었다. 1, 2학년은 교과 간의 통합으로 영역별 시간 배당을 하여 특별활동 시간을 별도로 배정하지 않았고 4, 5, 6학년에서는 특별활동 시간을 2시간 이상으로 늘렸다. 1, 2, 3학년의 국어 시간이 1시간씩 늘어났다. 운영 지침은 교육과정 운영에 시사를 주기 위하여 계획, 지도, 평가, 기타의 네 부분으로 나누어 편성하였고, 특히 평가 지침에 관한 내용이 처음으로 등장하였다.

2) 중학교

교과 활동과 특별활동으로 이루어진 편제에는 변함이 없으나, 필수 교과인 생활, 기술(남)과 가정(여)과목을 3학년에서 빼고, 2, 3학년에서 선택하던 농업, 공업, 상업, 수산업과 가사를 3학년에게만 선택하게 하여 2, 3학년에서 각각 1과목을 줄였다. 특별활동은 학급활동, 클럽활동, 학교 행사와 더불어 3개 영역으로 하였고 학생회 활동과 클럽활동은 각각 주당 1시간을 배정하였으며 학교 행사는 별도의 시간을 이용하도록 하였다. 운영 지침은 교육과정 운영에 도움을 주기 위하여 처음으로 계획, 지도, 평가, 기타의 4부분으로 나누어 편성하였고, 특히 평가 지침에 관한 내용이 처음으로 등장하였다. 그리고 고등공민학교 교육과정과 근로 청소년을 위한 산업체 부설 중학교 교육과정을 단일화시켰다.

3) 고등학교

인문계, 실업계, 기타 고등학교의 교육과정을 통합하여 단일화하였다. 교과 활동을 보통 교과와 전문교과로 나누고, 보통 교과에 전 과정의 40~60%를 공통 필수과목으로 지정함으로써 전인교육을 충실히 하도록 하였다. 교육 내용의 양을 조정하여 전체 이수 단위를 축소(201~216단위)하였다. 특별활동은 학급 활동과 학도호국단 활동을 통합하여 학도호국단 활동, 클럽활동, 학교 행사의 3개 영역으로 편성하였고, 학도호국단 활동과 클럽활동에 각각 주당 1시간을 배정하였다.

마. 제5차 교육과정기(1987~1992)

제5차 교육과정은 1987~1988년 문교부 고시 제87-9호, 87-7호, 88-7호로 공포된 초등학교, 중학교, 고등학교의 교육과정을 말한다. 제5차 교육과정은 교육과정 및 교과용 도서 중에서 개선이 필요한 부분만을 개정한다는 것을 기본 원칙으로 삼고, 건강한 사람, 자주적인 사람, 창조적인 사람, 도덕적인 사람을 기르는 데 목적을 두었다.

1) 초등학교
1, 2학년에 통합교과를 신설하였는데 통합교과서에서 1, 2학년 산수와 국어는 분과 독립시키면서 다양한 학습 자료(산수-산수익힘책, 바른생활-생활의 길라잡이, 국어-말하기, 듣기, 쓰기, 읽기)를 발간하였다. 특별활동 시간 운영을 현실화하였고 1, 2학년의 교과 활동의 평가 결과는 학생의 활동 상황과 진보의 정도, 특징 등을 문장으로 기술하도록 하고 특수아동들을 위하여 특수 학급을 설치·운영할 경우의 유의 사항을 명시하였다.

2) 중학교
중학교 교육과정의 편제는 크게 달라지지 않았다. 다만, 과학교육 강화를 위해 수학과 과학 교과의 시간이 늘어났고, 남녀 역할에 대한 재조명으로 남녀 공통 교과로 '기술·가정' 교과가 새로 생겼다.

3) 고등학교
과목당 기준 단위를 제시하고 과목의 기준 단위에 맞추어 교과서를 편찬함으로써 학생들의 학습 부담을 줄였다. 또한 사회적, 학문적 발전과 요구에 따라 일부 과목의 통폐합, 세분화, 이수 단위 조정 및 과학계열과 예술계열의 교육과정을 신설하였으며, 특별활동의 학급 활동을 전교 학생회 활동과 분리하였다.

바. 제6차 교육과정기(1992-1997)

제6차 교육과정은 시대적, 학문적, 개인적 요구의 변화에 따라 교육부 고시 제1992-15, 1992-16, 1992-11, 1992-19호로 1992년에 제정 공포된 유치원, 초등학교, 중학교, 고등학교 교육과정을 말한다. 제6차 교육과정의 시행 시점과 완전 실시 시점은 유치원, 초등학교, 중학교는 1995년부터 1997년, 고등학교는 1996년부터 1998년이다. 제6차 교육과정은 ① 건강한 사람(몸과 마음이 모두 건강한 사람), ② 자주적인 사람(개성있고 자율적인 사람), ③ 창의적인 사람(창의성을 가지고 실천하는 사람), ④ 도덕적인 사람(옳고 그름을 판단하고 선한 일을 실천하는 사람)을 기르는 데 목적을 두고 있다.

1) 초등학교

초등학교 교육과정의 편제는 교과, 특별활동, 학교 재량시간으로 이루어졌으며, 기본 생활 습관과 예절교육을 강화하고 저학년의 통합교과를 재조정하였다. 고학년의 수업 시간을 감축하고 학교 재량시간을 신설하였으며 산수를 수학으로 명칭을 변경하였다.

2) 중학교

주당 수업 시간을 34시간으로 조정하였고 국사를 사회에 통합시켜 사회과에서 지리, 국사, 세계사, 공민 등을 가르치게 하였다. 실업·가정과를 통합 개편하여 남녀 공통 필수로 정하고 선택 교과제를 도입하였으며 교육과정 편성·운영의 역할 분담 체계를 확립하였다.

3) 고등학교

고등학교 교육과정의 구체적인 특징은 다음과 같다.
계열이나 과정에 상관없이 모든 학생이 이수하는 '공통 필수과목(10과목)'은 교육부가 정하고, 과정의 특성에 따라 이수하는 '과정 필수과목'은 시도교육청에서 결정하며, '과정 선택과목'은 각 고등학교에서 필요에 따라 선택하도록 하였다.

제6차 교육과정기의 유치원, 초등학교, 중학교, 고등학교의 국민 공통 기본 교육과정은 다음 표와 같다.

구분	학교 학년	유치원	초등학교						중학교			고등학교		
			1	2	3	4	5	6	7	8	9	10	11	12
교과	국어	언어생활	국어 77		7	6	6	6	5	4	4	4	선택과목	
	도덕				1	1	1	1	2	2	1	1		
	사회	사회생활	바른생활 22		3 3	3 3	3 3	3 3	3 3	3 3	4 4	5 국사 2		
	수학				4	4	4	4	4	4	3	4		
	과학	탐구생활	슬기로운생활 33		3 3	3 3	3 3	3 3	3 3	4 4	4 4	3 3		
	실과				·	·	2 2	2 2	기술.가정					
										2	3	3	3		
	체육	건강생활	수학 44		3	3	3	3	3	3	2	2		
	음악				2	2	2	2	2	1	1	1		
	미술	표현생활	즐거운생활 66		2 2	2 2	2 2	2 2	2 2	1 1	1 1	1 1		
	외국어 (영어)				1	1	2	2	3	3	4	4		
재량시간			2	2	2	2	2	2	4	4	4	6		
특별활동			1	1	1	2	2	2	2	2	2	2	8(단위)	
주당수업시수			25	25	29	29	32	32	34	34	34	36	144(단위)	

국민 공통 기본 교육과정(제6차 교육과정기)

사. 제7차 교육과정기(1997-2006)

제7차 교육과정은 1997년 12월 30일 고시되고, 2000년부터 적용된 교육과정이다. 이 교육과정은 '주어지는 교육과정'의 틀에서 벗어나 학교 현장에서 '만들어 가는 교육과정'을 강조하고 학생 중심의 교육을 정착시키고자 하였다. 우리나라 모든 국민에게 동일 기간 동일한 교육 내용을 가르치기 위해서 국민 공통 기본 교육과정을 도입하였다. 학교급별 차이에 따른 연속성이나 연계성 부족 문제를 극복하고 10년 동안 체계적인 교육을 실시할 목적으로 10개 교과(국어, 도덕, 사회, 수학, 과학, 실과(기술·가정), 체육, 음악, 미술, 외국어(영어))로 제한을 두어 이수하도록 규정한 것이다.

1) 초등학교
학생의 자기주도적 학습 능력을 신장하고, 학교교육과정 편성·운영의 자율성 및 학생의 선택권을 부여하기 위하여 재량활동을 하나의 교육과정 영역으로 학교급에 따라 신설 혹은 확대하였다. 초등학교의 경우는 제6차 교육과정에서 이미 3~6학년에 주당 1시간 정도로 신설되었던 학교 재량시간을 전 학년으로 확대하면서 주당 2시간으로 증가시켰다.

2) 중학교

중학교의 경우는 재량활동 영역을 신설하여 학년별로 주당 4시간을 배당하였다. 재량활동은 교과재량활동과 창의적 재량활동으로 구분된다. 교과재량활동은 중등학교의 선택과목 학습과 국민 공통 기본교과의 심화·보충학습을 위한 것이며, 창의적 재량활동은 학교의 독특한 교육적 필요, 학생의 요구 등에 따른 범교과 학습과 자기주도적 학습을 위한 것이다.

3) 고등학교

고등학교는 재량활동 영역을 1학년에만 12단위를 배당하였고 고등학교 2-3학년에 선택 중심 교육과정이 도입되었다. 선택 중심 교육과정은 일반 선택과목과 심화 선택과목으로 구분되어 있는데 일반 선택과목은 교양 증진, 실생활과 연관된 과목이며, 심화 선택과목은 학생의 진로, 적성과 소질을 계발하는 데 도움이 되는 과목이다. 선택 중심 교육과정이 도입됨에 따라 일반계 고등학교에서 종래 운영되던 '과정'은 폐지되었다. 그리고 '과정' 폐지에 따른 학생들의 진로를 안내하기 위해서 교과들을 인문·사회 과목군(국어, 도덕, 사회), 과학·기술 과목군(수학, 과학, 기술·가정), 예·체능 과목군(체육, 음악, 미술), 외국어 과목군(외국어), 교양 과목군(한문, 교련, 교양)의 5개 과목군으로 범주화하여 제시하고 있다.

03
개정 교육과정기(2007~2024)

2007 개정 교육과정부터는 기존의 주기적인 차순으로 이루어진 교육과정이 아닌 2년~4년에 한 번씩 수시로 개정하는 방식으로 변하게 되었다. 급변하는 사회·문화적 환

경 변화를 학교 교육에 효과적으로 반영하기 위해 '교육과정 수시 개정 체제'를 도입한 것이다. '교육과정 및 교과서 정보 서비스'[17] 시스템 구축·운영을 통해 교육과정 개정과 관련된 현장의 다양한 의견을 수렴할 수 있는 체제를 마련하였다.

가. 2007 개정 교육과정(2009~2011)

2007년 2월 28일에 교육인적자원부 고시 제2007-79호로 고시된 교육과정으로 2007 개정 교육과정, 8차 교육과정, 7차 개정 교육과정으로 불린다. 이러한 교육과정 수시 개정 체제 운영을 통해 2004년 11월에는 특수목적 고등학교 교육과정 편성·운영 지침을 개정하였으며, 2005년 12월에는 국사 교육 내용을 개정하였고, 2006년 8월에는 수준별 수업 내실화를 위해 수학과와 영어과의 수준별 교육과정을 개정하는 등 2007 개정 교육과정은 부분·수시 개정임에도 교과별 교육과정은 전면 개정되었다.

1) 초등학교

주 5일 수업제의 월 2회 시행에 따라 학교급별로 수업 시수를 감축하도록 하였다. 수업 시수를 연간 34시간 범위 내에서 학교 자율로 감축 운영(초등학교 1, 2학년 제외)하도록 하였다. 초등학교 3, 4학년의 과학 교과서를 새로 만들었으며, 초등학교 영어 수업 시간을 늘렸으며 수학은 수학과 수학 익힘책, 영어는 영어와 English Activities로 교과서를 나누었다. 국어, 도덕 교과서가 국정교과서 체제에서 검인정교과서 체제로 바뀌었다.

2) 중학교

중학교는 재량활동 중 교과와 성격이 유사한 교과 재량활동에서 수업 시수를 연간 34시간 범위 내에서 학교 자율로 감축 운영하도록 하였다. 중학교 1학년의 수학 교과서와 영어 교과서에서 단계형을 없애고 통합하였다. 또한 주변국의 역사 왜곡에 대응하고 국제화 시대에 적합한 역사 교육을 위해 중·고등학교의 사회 교과에서 '역사' 과목을 독립시켰다. 단위 학교 교육과정 운영의 자율성을 확대하고 교과의 효율적인 운영을 위해 학기 또는 학년 단위로 집중 이수가 가능하도록 '교과 집중이수제'를 도입하고, 재량활동은 시도 교육청의 편성·운영 지침에 따라 학교에서 편성할 수 있도록 하였다.

---

17) 국가 교육과정 정보를 인터넷을 통해 제공하기 위해 구축한 교육과학기술부의 교육과정 및 교과서 정보 서비스 시스템(CUTIS,cuti구s.moe.go.kr. 2005. 9. 교육과학기술부)

3) 고등학교

고등학교 1학년은 재량활동 중 교과와 성격이 유사한 교과 재량활동에서, 고등학교 2, 3학년은 학교 자율로 교과에서 연간 34시간 범위 내에서 감축할 수 있도록 하였다. 세계화 시대의 국가 경쟁력을 높이고 과학적 기초 소양 교육을 강화하기 위해 고등학교 1학년 과학과 수업 시수를 주당 3시간에서 4시간으로 증대하였다. 또한 역사 교육 교육 확대를 위해 고등학교 선택 과목으로 '동아시아사'를 신설하는 한편, 고등학교 1학년 역사 과목 수업 시수를 주당 2시간에서 3시간으로 증대하였다.

나. 2009 개정 교육과정(2011~2015)

2009 개정 교육과정은 2009년 12월 23일에 교육과학기술부 고시 제2009-41호로 고시된 교육과정으로, 학교 자율성과 창의성을 강화하는 방향으로 개정되었다. 이전의 교육과정과 다른 점은 공통 교육과정 이수 기간 조정 및 선택 교육과정 기간 확대, 교과군과 학년군의 도입, 교과 집중 이수를 통한 학년·학기당 이수 교과목 수의 축소, 교과(군)별 수업 시수의 증감 운영, 배려와 나눔의 창의 인재 육성을 위한 창의적 체험 활동 도입 등이다.

1) 초등학교

학생들의 학습 부담 경감을 통해 유의미한 학습 활동을 추구할 수 있도록 학년군과 교과군을 도입하였다. 초등학교는 1~2학년, 3~4학년, 5~6학년의 3개 학년군으로 설정하였다. 사회, 도덕 교과를 사회/도덕 교과군으로, 과학, 실과 교과를 과학/실과 교과군으로, 음악, 미술 교과를 예술(음악/미술) 교과군으로 설정하였다. 또한, 학생들의 전인적 성장을 위해 '창의적 체험 활동'을 신설하였다. 창의적 체험 활동의 세부 영역은 자율 활동, 동아리 활동, 봉사 활동, 진로 활동으로 구성하였다. 창의적 체험 활동의 수업 시수는 초등학교는 주당 3시간 이상 운영하도록 하였다.

2) 중학교

중학교와 고등학교는 3개 학년을 각각 1개 학년군으로 설정하였다. 교과 간 소통을 촉진하며, 학생의 진로와 적성에 따라 탄력 있게 교육과정을 구성·운영할 수 있도록 교과를 교육 목적상의 근접성, 학문 탐구 대상 또는 방법상의 인접성, 생활양식에서의 연관성 등을 고려하여 교과군으로 재분류하였다. 창의적체험 활동 수업 시수는 주당 3시간 이상 운영하도록 하며, 중학교의 교과 재량활동은 '선택 교과'로 분류하였다.

3) 고등학교

고등학교의 창의적체험 활동의 수업 시수는 주당 4시간 이상 운영하도록 하며, 고등학교의 교과 재량활동은 폐지하였다. 고등학교의 경우 개별 학생의 기초교육을 강화하고, 교과 영역 간 균형 이수를 유도하였으며, 학년군 도입 등 교육과정 운영 체제 혁신으로 무학년제 구현이 가능하도록 설계하였다. 또한 공통 필수과목을 지정하지 않고 교과(군)별 필수 이수 단위 수만을 지정하여 학생 자신의 수준이나 진로에 맞는 교과목 중심의 학습이 가능하게 하였다.

다. 2015 개정 교육과정

2015 개정 교육과정은 대한민국 교육부가 고시한 7차 교육과정의 개정 교육과정이다. 2015년 9월 23일에 총론 및 각론의 주요 내용이 고시되었다. 2015 개정 교육과정은 2009 개정 교육과정이 추구하는 인간상을 기초로 지식정보 사회가 요구하는 핵심역량을 갖춘 창의융합형 인재상을 제시하였다.

1) 초등학교

초등학교의 경우, 1~2학년(군)에 한글 교육을 강조하는 등 유아교육과정(누리과정)과 연계를 강화하였다. 초등 1~2학년 수업시수를 주당 1시간 늘리되, 학생들의 추가적인 학습 부담이 생기지 않도록 창의적 체험 활동 시간을 활용해 체험 중심의 '안전한 생활'을 편성·운영하도록 하였다. 안전한 생활은 '생활안전/교통안전/신변안전/재난안전'의 4개 영역으로 설정하여 지식보다는 체험 중심 학습으로 자연스럽게 안전한 생활 습관과 의식을 습득하게 하였다.

2) 중학교

2016년 자유학기제 전면 실시에 대비하여, 중학교 한 학기를 '자유 학기'로 운영할 수 있는 근거를 마련하였다. 중학교는 한 학기를 '자유학기'로 운영할 수 있는 근거를 마련함으로써, 학생들이 중간 기말고사에 대한 부담에서 벗어나 체험 중심의 교과 활동과 함께 장래 진로에 대해 마음껏 탐색할 수 있도록 하였다. 또한, 학생들이 소프트웨어에 대한 기초 소양을 충실히 갖추어 나갈 수 있도록, 소프트웨어 교육 중심의 정보

교과를 필수과목으로 지정하여 재미있고 흥미로운 교육과정을 개발하였다.

3) 고등학교

고등학교는 학생들이 '공통과목'을 통해 기초 소양을 함양한 후 학생 각자의 적성과 진로에 따라 맞춤형으로 교육받을 수 있도록 '선택과목'(일반 선택/진로 선택)을 개설하도록 하였다. 그리고 학생의 진로에 따른 선택권을 확대하기 위해 진로 선택과목을 3개 이상 이수하도록 하는 지침을 마련하였다. 아울러, 기초 교과 영역(국어, 수학, 영어, 한국사) 이수 단위를 교과 총 이수 단위의 50%를 넘을 수 없도록 하여 균형 학습을 유도하였다. 특성화고 교육과정은 전문교과를 공통과목, 기초과목, 실무과목으로 개편하여 국가직무 능력표준(NCS)과 연계를 강화하였다.

라. 2022 개정 교육과정(2024~)

2022 개정 교육과정은 대한민국 교육부가 고시한 7차 교육과정을 개정한 교육과정이다. 2022년에 총론이 고시되고, 초등 교육과정은 2024년, 중등 교육과정(고등 포함)은 2025년부터 단계적으로 적용된다.

2022 개정 교육과정은 '포용성과 창의성을 갖춘 주도적인 사람'이라는 인간상을 제시하였다. 이는 '전인적 성장을 바탕으로 자아정체성을 확립하고 자신의 진로와 삶을 개척하는 자기주도적인 사람, 폭넓은 기초 지식과 능력의 바탕 위에 진취적 발상과 도전으로 새로운 가치를 창출하는 창의적인 사람, 문화적 소양과 다원적 가치에 대한 이해를 바탕으로 성숙한 인격을 도야하며 인류 문화를 향유하고 발전시키는 교양 있는 사람, 공동체 의식을 가지고 다양성에 대한 상호 이해와 존중을 바탕으로 세계와 소통하는 민주 시민으로서 배려와 나눔, 협력을 실천하는 더불어 사는 사람'이라는 인간상으로 구체화 되어 제시되었다.

1) 초등학교

초등학교는 학년군별의 연계가 강화되도록 교과를 재구조화하고, 학생의 발달 수준을 고려하여 학생 맞춤형 교육 제공을 위한 선택 활동 수업을 지원하도록 하였다. 교과(군)와 창의적 체험활동으로 편성하고 창의적 체험활동은 자율·자치 활동, 동아리 활동, 진로 활동으로 하며 수업 시간 배당은 다음과 같다.

구분		1~2학년	3~4학년	5~6학년
교과(군)	국어	국어 482 수학 256 바른 생활 144 슬기로운 생활 224 즐거운 생활 400	408	408
	사회/도덕		272	272
	수학		272	272
	과학/실과		204	340
	체육		204	204
	예술(음악/미술)		272	272
	영어		136	204
소계		1,506	1,768	1,972
창의적 체험활동		238	204	204
학년군별 총 수업 시간 수		1,744	1,972	2,176

초등학교 수업 시간 배당

2) 중학교

중학교의 경우 자유학기 활동과 학교 스포츠클럽 활동을 개선하였으며, 학교급 전환에 따른 학습과 진로 설계 활동 지원이 강화되었다. 학교는 교과(군)와 창의적 체험활동의 수업 시수를 학년별, 학기별로 자율적으로 편성할 수 있으며, 중학교 교육과정 시간 배당은 다음 표와 같다.

구분		1~3학년
교과(군)	국어	442
	사회(역사 포함)/도덕	510
	수학	374
	과학/기술·가정/정보	680
	체육	272
	예술(음악/미술)	272
	영어	340
	선택	170
소계		3,060
창의적 체험활동		306
총 수업 시간 수		3,366

중학교 교육과정 시간 배당

3) 고등학교

2022 개정 교육과정의 개정 방향의 골자는 고교학점제 도입이다.[18] 고교학점제는 고등학교에서 학생의 수요에 따라 과목을 개설함으로써 학생들의 자율적인 선택권을 보장하고, 석차 등급제 대신 과정 중심 평가를 거쳐 학생이 성취 기준에 도달하였는지를 확인함으로써 학생의 평가와 졸업을 결정하는 제도이다. 고등학교 교육과정은 교과(군)와 창의적 체험활동으로 편성하였다. 일반 고등학교와 특수목적 고등학교, 특성화 고등학교의 학점 배당 기준은 다음과 같다.

교과(군)	공통 과목	필수 이수학점	자율 이수학점
국어	공통국어1, 공통국어2	8	학생의 적성과 진로를 고려하여 편성
수학	공통수학1, 공통수학2	8	
영어	공통영어1, 공통영어2	8	
사회 (역사/도덕 포함)	한국사1, 한국사2	6	
	통합사회1, 통합사회2	8	
과학	통합과학1, 통합과학2 과학탐구실험1, 과학탐구실험2	10	
체육		10	
예술		10	
기술·가정/정보/ 제2외국어/한문/교양		16	
소계		84	90
창의적 체험활동		18(288시간)	
총 이수학점		192	

일반 고등학교와 특수 목적 고등학교(산업수요 맞춤형 고등학교 제외)

---

18) 국가교육과정정보센터, 원문인벤토리(우리나라 교육과정), https://ncic.go.kr/org4/inventoryList.cs

	교과(군)	공통 과목	필수 이수학점	자율 이수학점
보통교과	국어	공통국어1, 공통국어2	24	학생의 적성과 진로를 고려하여 편성
	수학	공통수학1, 공통수학2		
	영어	공통영어1, 공통영어2		
	사회 (역사/도덕 포함)	한국사1, 한국사2	6	
		통합사회1, 통합사회2	12	
	과학	통합과학1, 통합과학2		
	체육		8	
	예술		6	
	기술·가정/정보/ 제2외국어/한문/ 교양		8	
소계			64	30
전문교과	17개 교과(군)		80	
창의적 체험활동			18(288시간)	
총 이수학점			192	

특성화 고등학교와 산업수요 맞춤형 고등학교

학교분포도

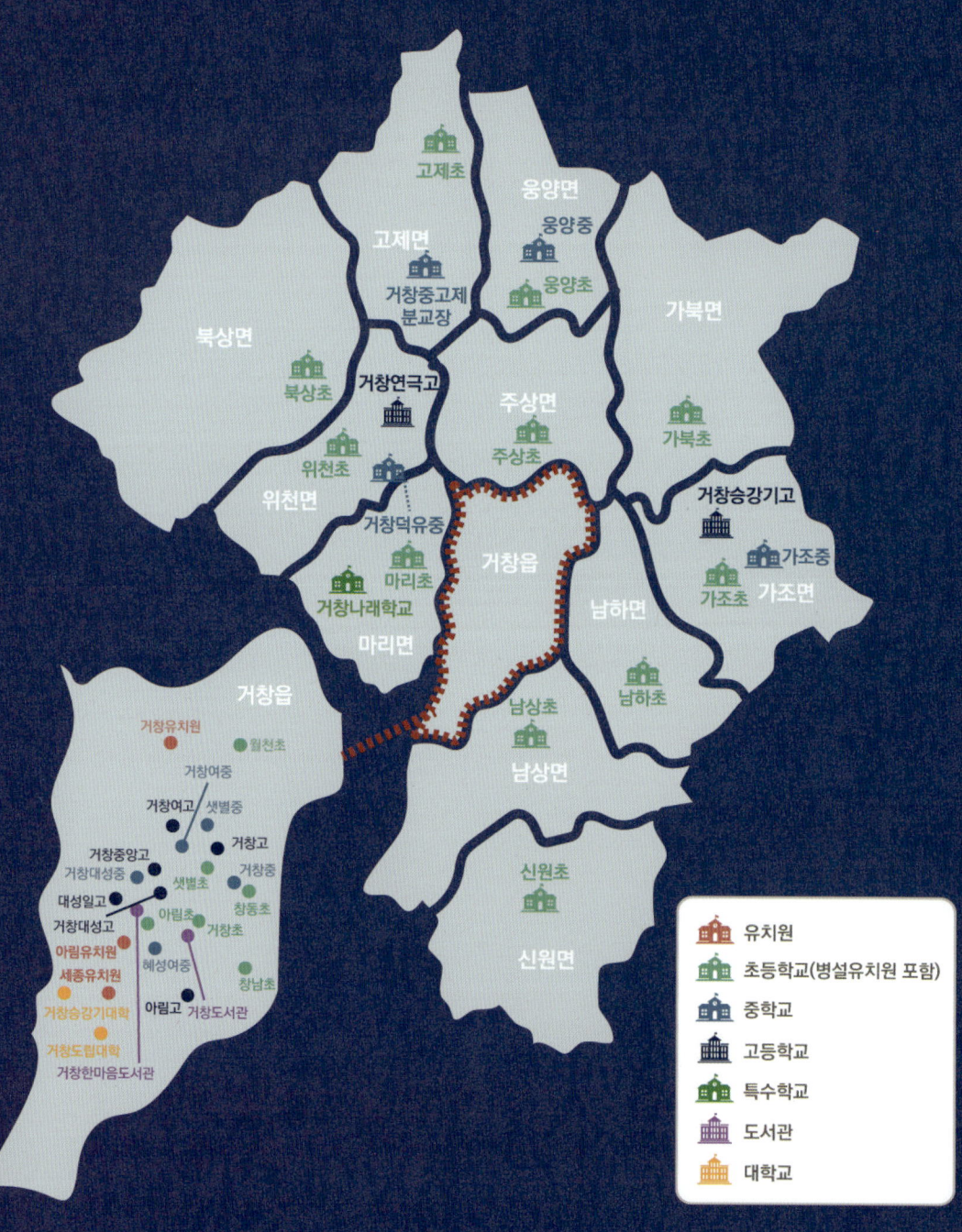

제3장
거창교육의 주체

1월
유치원

거창교육 100년사

가북초등학교병설유치원
加北初等學校竝設幼稚園

1999년

2024년

개원	1981년 3월 9일 가북초등학교병설유치원 개원
위치	경상남도 거창군 가북면 가북로 628
구분	공립 병설
학급편성 및 원생 수	1학급 4명(남 3명, 여 1명)

● **교육목표(원훈)**

신나게! 사이좋게! 내 힘으로!

● **연혁**

- 1981. 3. 9. 가북국민학교병설유치원으로 개원
- 1996. 3. 1. 가북초등학교병설유치원으로 명칭 변경
- 2006. 5. 1. 종일반 신설(1학급)
- 2024. 2. 7. 제41회 수료식 및 졸업식(4명 졸업, 3명 수료)
- 2024. 3. 4. 제43회 입학식(남 3명, 여 1명)

제 3 장 거창교육의 주체

● 대표 시설

유치원 교실(전면)

유치원 교실(후면)

● 유치원 현황

가. 학급편성 및 원아 현황(2024)

원아 현황	3세	4세	5세	총인원	학급편성	3세	4세	5세	혼합반	총 학급수
남	1	·	2	4	학급수	·	·	·	1	1
여	1	·	·							
계	2	·	2							

나. 교직원 현황(2024)

성별 \ 구분	원장(겸임)	원감(겸임)	교사	방과후과정교사 (기간제 포함)	계
남	·	1	·	·	1
여	1	·	1	1	3
계	1	1	1	1	4

다. 시설 현황(2024)

실내 시설								실외 놀이시설
원장실	교 실 방과후과정실겸용	급식실	보건실	화 장 실				종합 놀이시설
				소변기	대변기	샤워기		
1 (겸)	1	1 (겸)	1 (겸)	2	1	1		1

● 유치원 졸업 현황: 총 101명(41회)

회별	졸업일자	졸업생수	회별	졸업일자	졸업생수	회별	졸업일자	졸업생수
1	1982. 2.		15	1996. 2.		29	2010. 2. 17.	3
2	1983. 2.		16	1997. 2.		30	2011. 2. 16.	5
3	1984. 2.		17	1998. 2.		31	2012. 2. 16.	2
4	1985. 2.		18	1999. 2. 18.		32	2013. 2. 14.	5
5	1986. 2.		19	2000. 2. 16.	9	33	2014. 2. 17	2
6	1987. 2.		20	2001. 2. 15.	6	34	2015. 2. 13.	4
7	1988. 2.		21	2002. 2. 18.	4	35	2016. 2. 16.	3
8	1989. 2.		22	2003. 2. 15.	9	36	2017. 2. 14.	1
9	1990. 2.		23	2004. 2. 18.	1	37	2018. 2. 9.	1
10	1991. 2.		24	2005. 2. 15.	8	38	2019. 2. 13.	3
11	1992. 2.		25	2006. 2. 11.	8	39	2022. 2. 14.	3
12	1993. 2.		26	2007. 2. 13.	6	40	2023. 1. 11.	3
13	1994. 2.		27	2008. 2. 12.	2	41	2024. 2. 7.	4
14	1995. 2.		28	2009. 2. 16.	5	총 졸업원아 수		101

● 교육과정

 가. 원훈

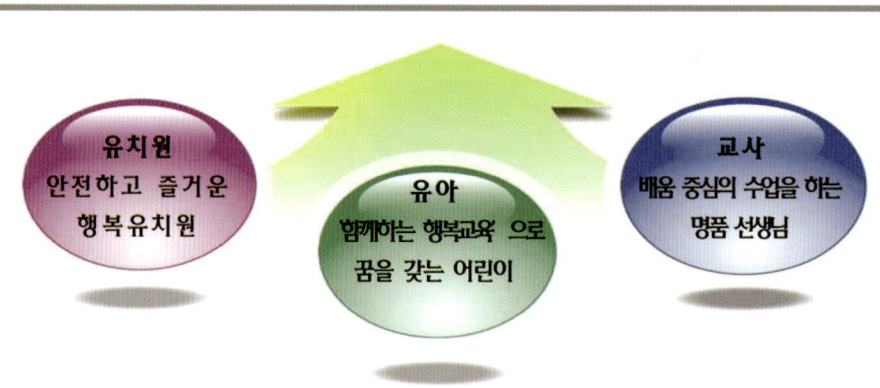

제 3 장 거창교육의 주체

나. 중점 과제

교육목표: 누리에서 성장하는 행복한 어린이

- 튼튼이 - 기본운동능력과 건강한 안전한 생활습관을 가진 어린이
- 생각이 - 책을 사랑하며 바른 언어사용 습관을 가진 어린이
- 바른이 - 예절 바르고 자신을 존중하며 더불어 생활하는 태도를 가진 어린이
- 기쁨이 - 예술경험을 즐기며 창의적으로 표현하는 어린이
- 궁금이 - 호기심을 가지고 주변세계를 탐구하는 어린이

역점 교육	특색 교육	함께하는 행복 교육
'책 친구, 생각 친구' 책과 친구하는 행복한 유치원	'으쌰 으쌰! 힘찬 몸짓!' 함께 운동하는 건강한 유치원 '상상북' 주제놀이 신나게 놀이하며 배우는 유치원	힘찬 몸짓! 튼튼한 어린이 책 사랑! 생각하는 어린이 더불어 살기! 바른 어린이 창의적 표현! 기쁜 어린이 호기심 팡팡! 궁금한 어린이

● 일과 운영

시간운영	요일	월	화	수	목	금
교육과정	08:30~10:00	•등원 및 자유놀이 　원아 맞이하기, 출석, 건강상태 확인, 개별 자유 놀이 　책과 친구 되기 (독서놀이) •간식 – 정리정돈, 손 씻기, 간식 먹기(우유) •정리 및 자유놀이 평가					
	10:00~11:00	•주제통합놀이 　그림책 등을 활용한 주제별 상상놀이					
	11:00~12:00	•바깥놀이 및 신체운동놀이 　모래놀이, 놀이터 놀이, 자전거 타기, 신체활동, 자연관찰, 산책, 맨발걷기, 생태교육					
	12:00~12:20	•기본생활습관, 인성교육, 생활•안전교육					
	12:20~13:00	•점심식사 　식판 정리, 이닦기, 방과후과정 활동 준비					

방과후 과정	13:00~14:00	• 인사 나누기 방과후과정 활동 소개 • 자유선택활동/신체활동/실외활동(자전거타기, 놀이터놀이 등)
	14:00~15:00	• 특성화 활동 및 대, 소집단활동
	15:00~15:30	• 간식 및 휴식
	15:30~16:00	• 특색놀이/동화책 읽기/의사소통 및 자연탐구놀이
	16:00~16:30	• 평가 및 귀가지도

● **교육활동**

- 매년 소인수협력유치원 운영으로 다양한 체험 프로그램 실시
- 다양한 그림책을 활용한 주제별 통합놀이로 놀이중심 교육과정 운영
- 초등연계 체험과 학예회 등을 통해 지역사회와의 어울림 교육 경험 제공

흥미와 관심에 따른 자기주도적 자유놀이

그림책을 활용한 주제별 통합놀이

가족과 함께하는 초등연계 학예발표회

소인수협력운영 현장체험학습활동

가조초등학교병설유치원
加祚初等學校竝設幼稚園

1999년

2024년

개원	1979년 3월 1일 설립 인가, 1981년 3월 5일 개원
위치	경상남도 거창군 가조면 가조가야로 1087
구분	공립 병설
학급편성 및 원생 수	1학급 12명(남 8명, 여 4명)

● 교육목표

꿈과 사랑을 키워가는 어린이

● 연혁

- 1979. 3. 1. 가조국민학교병설유치원으로 1학급 설립 인가
- 1981. 3. 5. 가조국민학교병설유치원으로 개원
- 1996. 3. 1. 가조초등학교병설유치원으로 명칭 변경
- 2007. 3. 1. 종일반 신설(1학급)
- 2024. 2. 7. 제45회 수료식 및 졸업식(2명 졸업, 7명 수료)
- 2024. 3. 4. 제46회 입학식(남 8명, 여 4명)

● 대표 시설

유치원 교실

유치원 실외 놀이터

● 유치원 현황

가. 학급편성 및 원아 현황(2024)

원아 현황	3세	4세	5세	총인원	학급편성	3세	4세	5세	혼합반	총 학급수
남	1	1	6	12	학급수	·	·	·	1	1
여	1	1	2							
계	2	2	8							

나. 교직원 현황(2024)

성별 \ 구분	원장(겸임)	원감(겸임)	교사	방과후과정교사 (기간제 포함)	계
남	1	·	·	·	2
여	·	1	1	1	2
계	1	1	1	1	4

다. 시설 현황(2024)

실내 시설									실외 놀이시설
원장실	교실	방과후과정실	급식실	보건실	화장실				종합 놀이시설
					소변기	대변기	샤워기		
1 (겸)	1	1	1 (겸)	1 (겸)	3	2	1		1

● 유치원 졸업 현황: 총 1,288명(45회)

회별	졸업일자	졸업생수	회별	졸업일자	졸업생수	회별	졸업일자	졸업생수
1	1979. 12. 20.	43	16	1994. 2. 15.	57	31	2010. 2. 10.	10
2	1980. 12. 20.	45	17	1995. 2. 14.	40	32	2011. 2. 17.	15
3	1981. 2. 7.	39	18	1997. 2. 14.	49	33	2012. 2. 15.	8
4	1982. 1. 15.	40	19	1998. 2. 13.	46	34	2013. 2. 14.	6
5	1983. 12. 13.	38	20	1999. 2. 11.	34	35	2014. 2. 12.	12
6	1984. 2. 15.	34	21	2000 2. 15.	23	36	2015. 2. 12.	14
7	1985. 2. 18.	63	22	2001. 2. 17.	22	37	2016. 2. 16.	11
8	1986. 2. 14.	50	23	2002 2. 13.	34	38	2017. 2. 15.	16
9	1987. 2. 16.	59	24	2003. 2. 18.	18	39	2018. 2. 13.	10
10	1988. 2. 12.	63	25	2004. 2. 17.	28	40	2019. 2. 14.	4
11	1989. 2. 13.	62	26	2005. 2. 15.	22	41	2019. 2. 27.	7
12	1990. 2. 16.	54	27	2006. 2. 14.	27	42	2021. 2. 8.	7
13	1991. 2. 16.	40	28	2007. 2. 14.	26	43	2022. 2. 10.	6
14	1992. 2. 16.	49	29	2008. 2. 14.	16	44	2023. 2. 9.	6
15	1993. 2. 13.	28	30	2009. 2. 13.	19	45	2024. 2. 7.	2

● 교육과정

가. 교육목표

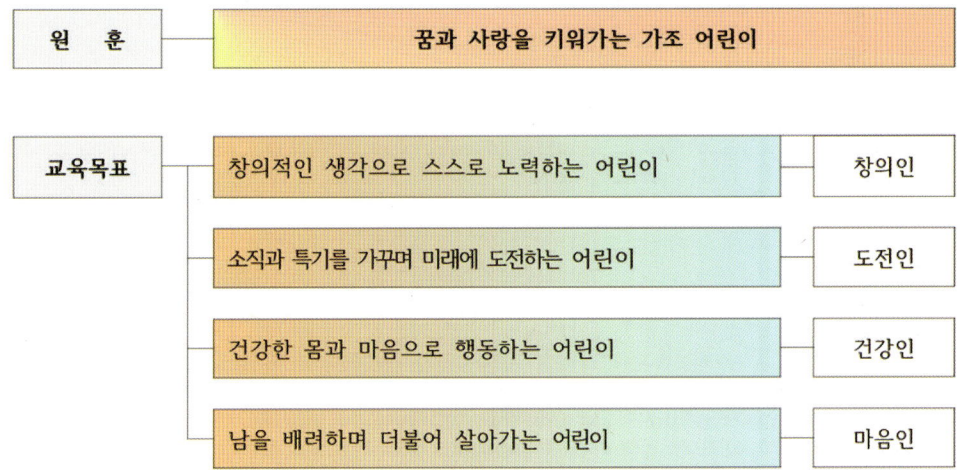

| 원 훈 | 꿈과 사랑을 키워가는 가조 어린이 |

교육목표	창의적인 생각으로 스스로 노력하는 어린이	창의인
	소직과 특기를 가꾸며 미래에 도전하는 어린이	도전인
	건강한 몸과 마음으로 행동하는 어린이	건강인
	남을 배려하며 더불어 살아가는 어린이	마음인

나. 중점과제

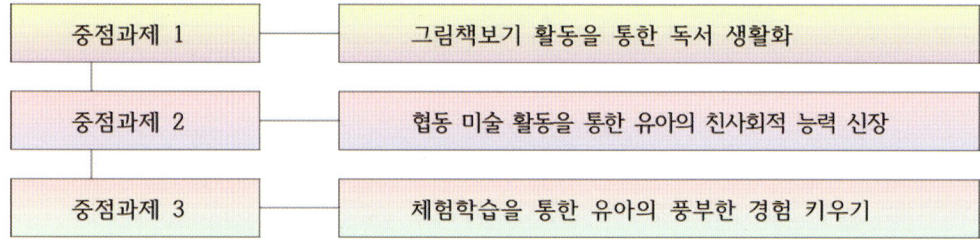

다. 특색 교육

특색 교육 1 : 몸 짱! 마음 짱! 기초체력을 향상하는 유치원
특색 교육 2 : 노래하는 즐거운 유치원
특색 교육 3 : 책 읽기로 행복한 유치원

● 일과 운영

시간운영		요일	월	화	수	목	금
교육과정	08:40~10:20		• 등원 및 자유놀이 활동 　-원아 맞이하기, 출석, 건강상태 확인, 일과계획, 소집단 놀이, 놀이활동 　-책과 친구 되기 독서놀이(특색교육 1.) • 간식: 정리정돈, 손 씻기, 간식 먹기(우유) • 정리 및 자유놀이 평가				
	10:20~11:00		• 대, 소집단 활동 　-이야기나누기, 미술, 게임 및 신체표현, 관찰, 음악, 동시, 동화, 동극 등				
	11:00~11:50		• 바깥놀이 활동 　-모래놀이, 놀이터 놀이, 자전거 타기, 신체활동, 자연관찰, 산책, 맨발걷기, 자연사랑				
	11:50~12:00		• 기본생활습관, 인성교육, 생활·안전교육 • 자연사랑 녹색성장교육(실내 놀이)				
	12:00~12:40		• 점심식사 　-식판 정리, 이닦기, 방과후과정 활동 준비				

방과후 과정	12:40~14:00	• 인사 나누기 방과후과정 활동 소개 • 자유선택활동/신체활동/실외활동(자전거타기, 놀이터놀이 등)
	14:00~15:00	• 대, 소집단활동
	15:00~15:30	• 간식 및 휴식
	15:30~16:00	• 특색놀이/동화책 읽기/의사소통 및 자연탐구놀이
	16:00~16:30	• 기본생활습관지도/인성교육/생활·안전교육/EBS 교육방송시청

● **교육활동**

- 자유놀이(꾸미기 놀이, 게임, 역할놀이, 블록놀이 등) 활동, 1일 1책 읽기 활동
- 생태 체험 활동, 모래놀이, 공차기, 게임, 협력 놀이, 실외 놀이 등 다양한 실외 놀이
- 소인수유치원 교사와 협의하여 월 2회 체험활동, 초등학교와의 연계 활동(연 6회)
- 인력 지원 및 특색(골프장 체험활동, 숲 체험활동, 목공 체험활동, 전통 요리 체험활동 등) 체험활동

요리 체험활동 (유치원 활동)

금원산 숲 체험활동 (초등학교와 연계 활동)

아델스코트cc (지역사회 연계활동)

창포원 숲 이야기 (소인수유치원 활동)

거창교육 100년사

고제초등학교병설유치원
高梯初等學校竝設幼稚園

2024년

2024년

개원	1985년 9월 1일 설립 인가, 1학급 개원
위치	경상남도 거창군 고제면 고제로 333
구분	공립 병설
학급편성 및 원생 수	1학급 3명(남 2명, 여 1명)

● 교육목표

바르고 슬기로우며 튼튼하게 자라나는 어린이

● 연혁

- 1985. 9. 1.　고제국민학교병설유치원으로 설립 인가, 1학급 개원
- 1993. 9. 1.　쌍봉병설유치원 폐원 고제국민학교병설유치원으로 통합
- 1996. 3. 1.　고제초등학교병설유치원으로 명칭 변경
- 2009. 3. 1.　종일반 신설(1학급)
- 2024. 2. 7.　제39회 수료식 및 졸업식(1명 졸업, 2명 수료)
- 2024. 3. 4.　제40회 입학식(남 2명, 여 1명)

● 대표 시설

유치원 교실

유치원 실외 놀이터

● 유치원 현황

가. 학급편성 및 원아 현황(2024)

원아 현황	3세	4세	5세	총인원	학급편성	3세	4세	5세	혼합반	총학급수
남	1	·	1	3	학급수	·	·	·	1	1
여	·	·	1							
계	1	·	2							

나. 교직원 현황(2024)

구분 성별	원장(겸임)	원감(겸임)	교 사	방과후과정교사 (기간제 포함)	계
남	1	·	·	·	1
여	·	·	1	1	2
계	1	·	1	1	3

다. 시설 현황(2024)

실내 시설								실외 놀이시설
원장실	교 실	방과후 과정실	급식실	보건실	화 장 실			종합 놀이시설
					소변기	대변기	샤워기	
1 (겸)	1	·	1 (겸)	1 (겸)	1	1	·	1

● 유치원 졸업 현황: 총 273명(39회)

회별	졸업일자	졸업생수	회별	졸업일자	졸업생수	회별	졸업일자	졸업생수
1	1986. 2. 15.	29	14	1999. 2. 12.	12	27	2012. 2. 14.	5
2	1987. 2. 14.	16	15	2000. 2. 15.	17	28	2013. 2. 7.	1
3	1988. 2. 12.	12	16	2001. 2. 16.	10	29	2014. 2. 12.	6
4	1989. 2. 11.	13	17	2002. 2. 16.	8	30	2015. 2. 13.	3
5	1990. 2. 15.	13	18	2003. 2. 15.	9	31	2016. 2. 17.	7
6	1991. 2. 12.	8	19	2004. 2. 14.	12	32	2017. 2. 15.	3
7	1992. 2. 14.	5	20	2005. 2. 12.	10	33	2018. 2. 13.	4
8	1993. 2. 14.	6	21	2006. 2. 17.	7	34	2019. 2. 12.	3
9	1994. 2. 22.	기록없음	22	2007. 2. 15.	4	35	2020. 1. 13.	6
10	1995. 2. 18.	기록없음	23	2008. 2. 19.	7	36	2021. 2. 9.	4
11	1996. 2. 22.	기록없음	24	2009. 2. 16.	3	37	2022. 1. 4.	1
12	1997. 2. 14.	6	25	2010. 2. 10.	3	38	2023. 1. 5.	1
13	1998. 2. 14.	11	26	2011. 2. 14.	7	39	2024. 2. 7.	1

● **교육과정**

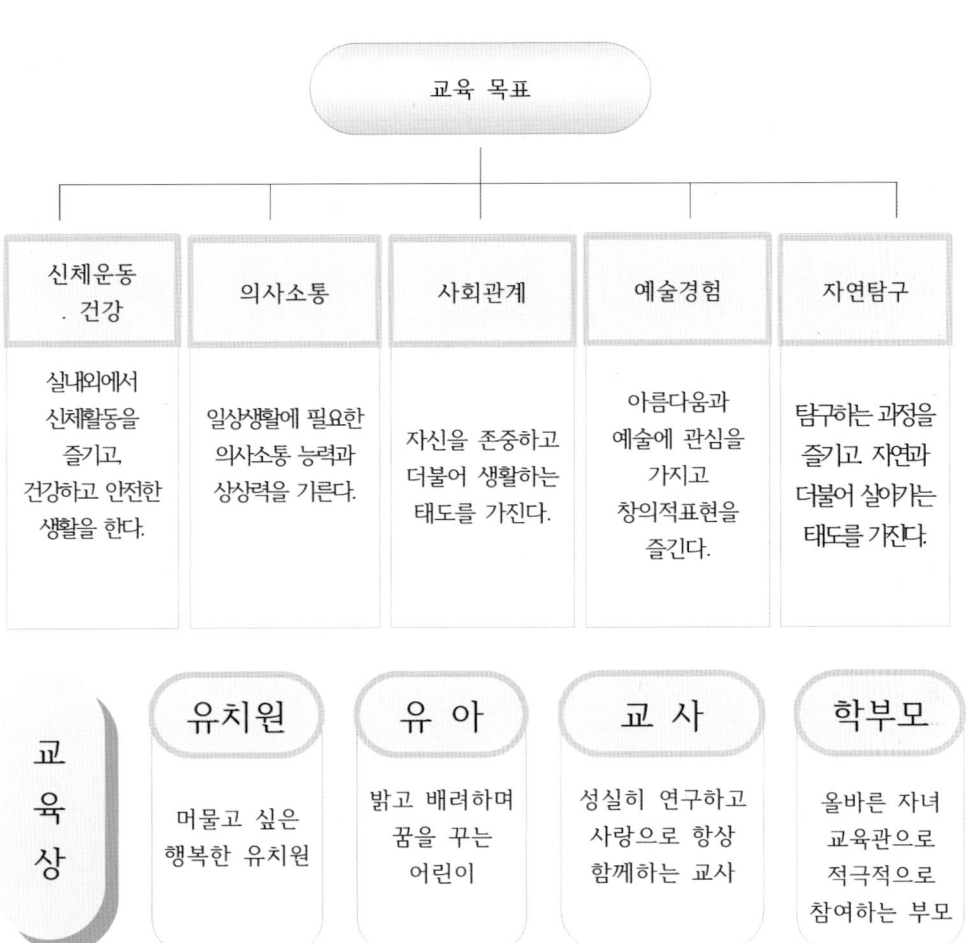

영역	내용 범주	중점 지도 내용
신체운동 건강	• 신체활동즐기기 • 건강하게 생활하기 • 안전하게 생활하기	• 바깥 놀이와 산책을 통한 바른 인성, 정서 함양 • 신체활동을 통한 기본운동능력 기르기 • 실천 중심의 안전 생활 교육 • 건강·위생 교육의 생활화
의사 소통	• 듣기와 말하기 • 읽기와 쓰기에 관심 가지기 • 책과 이야기 즐기기	• 바른 언어생활 습관 기르기 • 놀이를 통한 의사소통 능력향상 • 즐거운 그림책 보기로 독서 습관 기르기
사회 관계	• 나를 알고 존중하기 • 더불어 생활하기 • 사회에 관심가지기	• 기본생활 습관 및 더불어 사는 생활 태도 익히기 • 우리 것 즐기는 전통문화 교육 • 느끼고, 놀고, 지키는 생태환경교육 • 다름을 알고 이해하는 다문화 교육 • 지역 및 나라 사랑하는 마음 기르기
예술 경험	• 아름다움 찾아보기 • 창의적으로 표현하기 • 예술 감상하기	• 아름다운 감성 함양을 위한 예술 활동 즐기기 • 생활 속, 수업 속 문화 예술 표현활동 기회 제공을 통한 창의적 표현능력 기르기 • 다양한 예술 체험 행사 시행
자연 탐구	• 탐구과정 즐기기 • 생활 속에서 탐구하기 • 자연과 더불어 생활하기	• 자연 체험활동을 통한 상상력, 창의성 기르기 • 수학·과학적 기초능력과 탐구하는 태도 기르기 • 문제해결학습, 탐구학습을 통한 사고력 기르기

● **교육활동**

- 개별 유아의 생각을 반영한 교육과정 운영
- 지역 인사 초청, 현장체험활동
- 궁금하고 알아보고 싶었던 것을 스스로 실험하고 알아보는 활동

가. 내가 사용할 교실은 내가 꾸며요

우리가 이렇게 바꿨어요

오늘은 어떻게 꾸미지?

나. 궁금한 건 함께 알아보아요

재활용은 어떻게 하나요?

먹을 수 있는 꽃도 있어요?

소도 우유를 먹나요?

다. 매월 먹고 싶은 간식을 직접 만들어 보아요

내가 좋아하는 햄버거 만들기

과일로 만든 고양이 케이크

내가 만든 송편

라. 우리가 만들어 가는 창의적인 놀이 활동

예술 퍼포먼스

책놀이

내가 만든 배가 뜰까?

거창교육 100년사

남상초등학교병설유치원
南上初等學校竝設幼稚園

2024년

2024년

개원	1982년 1월 15일 설립 인가, 3월 5일 남상국민학교병설유치원 개원
위치	경상남도 거창군 남상면 인평길 21
구분	공립 병설
학급편성 및 원생 수	1학급 7명(남 4명, 여 3명)

● **교육목표**

건강하고 예절 바르며 창의적인 어린이

● **연혁**

- 1982. 1. 15. 남상국민학교병설유치원으로 1학급 설립 인가
- 1982. 3. 5. 남상국민학교병설유치원으로 개원
- 1996. 3. 1. 남상초등학교병설유치원으로 명칭 변경
- 2007. 3. 1. 종일반 신설(1학급)
- 2024. 2. 7. 제41회 수료식 및 졸업식(2명 졸업, 5명 수료)
- 2024. 3. 4. 제42회 입학식(남 4명, 여 3명)

제 3 장 거창교육의 주체

● 대표 시설

유치원 교실

어린이 놀이터

● 유치원 현황

가. 학급편성 및 원아 현황(2024)

원아 현황	3세	4세	5세	총인원	학급편성	3세	4세	5세	혼합반	총 학급수
남	1	3	·	7	학급수	·	·	·	1	1
여	1	·	2							
계	2	3	2							

나. 교직원 현황(2024)

성별 \ 구분	원장(겸임)	원감(겸임)	교사	방과후과정교사 (기간제 포함)	계
남	1	·	·	·	1
여	·	1	1	1	3
계	1	1	1	1	4

다. 시설 현황(2024)

실내 시설								실외 놀이시설
원장실	교실	방과후과정실	급식실	보건실	화 장 실			종합 놀이시설
					소변기	대변기	샤워기	
1 (겸)	1	1	1 (겸)	1 (겸)	1	2	1	1

● 유치원 졸업 현황: 총 303명(42회)

회별	졸업일자	졸업생수	회별	졸업일자	졸업생수	회별	졸업일자	졸업생수
1	1983. 2. 10.	27	15	1997. 2. 18.	6	29	2011. 2. 16.	1
2	1984. 2. 15.	31	16	1998. 2. 10.	6	30	2012. 2. 17.	6
3	1985. 2. 14.	21	17	1999. 2. 10.	7	31	2013. 2. 20.	0
4	1986. 2. 18.	25	18	2000. 2. 15.	11	32	2014. 2. 14.	3
5	1987. 2. 17.	28	19	2001. 2. 14.	14	33	2015. 2. 12.	5
6	1988. 2. 12.	23	20	2002. 2. 15.	10	34	2016. 2. 12.	6
7	1989. 2. 15.	24	21	2003. 2. 14.	11	35	2017. 2. 10.	2
8	1990. 2. 17.	13	22	2004. 2. 14.	12	36	2018. 2. 9.	3
9	1991. 2. 12.	16	23	2005. 2. 15.	12	37	2019. 2. 13.	6
10	1992. 2. 12.	10	24	2006. 2. 15.	7	38	2020. 2. 11.	3
11	1993. 2. 15.	15	25	2007. 2. 14.	8	39	2021. 2. 9.	7
12	1994. 2. 16.	7	26	2008. 2. 18.	5	40	2022. 2. 15.	3
13	1995. 2. 15.	8	27	2009. 2. 16.	3	41	2023. 2. 15.	3
14	1996. 2. 14.	5	28	2010. 2. 18.	4	42	2024. 2. 7.	2

● 교육과정

원훈	건강하고 예절 바르며 창의적인 어린이			
교육상	유치원 배움이 즐겁고 모두가 행복한 유치원	원아 놀이로 배우는 창의적인 어린이	교사 사랑이 넘치며 스스로 연구하는 교사	학부모 올바른 자녀 교육관으로 신뢰하는 학부모
영역별 교육 목표	신체운동·건강 실내외에서 신체활동을 즐기고, 건강하고 안전한 생활을 한다.	의사소통 일상생활에 필요한 의사소통 능력과 상상력을 기른다.	사회관계 자신을 존중하고 더불어 생활하는 태도를 가진다.	예술경험 아름다움과 예술에 관심을 가지고 창의적 표현을 즐긴다.	자연탐구 탐구하는 과정을 즐기고, 자연과 더불어 살아가는 태도를 가진다.

● 교육과정 중점 지도 내용

가. 신체운동 · 건강
- 바깥 놀이 및 자유 선택 활동으로 즐겁고 신나는 신체표현놀이
- 몸 튼튼 마음 튼튼(거창체육회 지원 유아체육 주 2회, 특성화 유아체육 주 1회 운영)
- 안전하고 건강한 생활 습관이 자연스럽게 스며들도록 체험중심의 놀이 활동

나. 의사소통
- 그림책과 함께 행복한 상상력 키우기 놀이
- 이야기 할머니 구연동화 감상과 학교 도서관 이용 책 읽기
- 창의성을 바탕으로 생각이 쑥쑥 자라는 언어놀이

다. 사회관계
- 기본생활 습관 및 인성교육 10대 핵심 덕목 실천
- 생활 주제와 연계한 다양한 놀이를 통해 규칙과 질서, 양보와 배려 익히기
- 우리 지역 관심갖기를 통한 다양한 현장체험학습 실시

라. 예술경험
- 상상력, 창의력, 표현력, 소근육이 발달하는 다양한 미술 놀이
- 특성화 유아음악을 통해 즐겁게 노래하며 다양한 악기를 연주하며 창의적인 표현놀이
- 생활주제별 다양한 노래와 연극놀이 등으로 감성과 창의력 표현하기

마. 자연탐구
- 넓은 운동장, 텃밭 등 자연 친화적 주변 공간을 활용한 자연 관찰과 산책놀이
- 호기심을 자극하고 창의력과 탐구력을 기르는 과학놀이
- 식재료의 변화를 알아보고 맛을 탐구하는 재미있는 요리놀이

● 일과 운영

시간운영		요일 월	화	수	목	금
교육 과정	08:40~10:00	• 등원 및 자유놀이 활동(편안한 아침맞이, 출석, 건강 상태 확인) • 오전 간식 • 정리 및 자유놀이 평가				

	10:00~11:40	• 놀이 확장을 위한 대·소집단 활동
		  (누리과정 생활주제 생각나누기, 기본생활습관, 미술, 음악, 언어, 동화, 안전, 인성, 환경, 과학 등)
		• 바깥놀이 및 대근육 활동
		  (바깥놀이, 모래놀이, 텃밭가꾸기, 산책, 신체표현놀이, 게임, 자전거타기, 실외놀이터 등)				

	11:40~12:00	• 기본생활습관, 인성교육, 생활·안전교육, 자연사랑 녹색성장교육				
	12:00~12:40	• 점심식사				

방과후 과정	12:40~13:30	• 오전(교육과정), 오후(방과후 과정) 연계 전달 • 자유선택활동/ 신체활동/ 실외활동
	13:30~15:00	• 특성화 활동 및 놀이 중심 대·소집단활동 (바깥놀이 및 대근육활동, 자전거 타기, 놀이터 놀이, 산책 등)
	15:00~15:30	• 간식 및 휴식
	15:30~16:10	• 대·소집단 놀이와 쉼이 있는 창의적 놀이 • 특색놀이 (동화, 음악, 미술, 신체표현, 한글, 수놀이, 자연탐구)
	16:10~16:30	• 기본생활습관 지도/ 인성교육 /생활·안전교육
	16:30~16:40	• 평가 및 귀가 지도

● **교육활동**

- 안심유치원 운영 등 다양한 안전체험 실시
- 워터파크 체험활동 및 찾아오는 물놀이 활동
- 거창체육회 지원 체육(주2회), 특성화 체육(주1회)로 기초체력 강화와 운동 능력 향상

워터파크 물놀이체험

찾아오는 물놀이체험

찾아오는 안전체험교실

몸 튼튼, 마음 튼튼, 신나는 체육

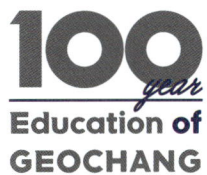

남하초등학교병설유치원
南下初等學校竝設幼稚園

2024년

2024년

개원	1980년 3월 1일 남하국민학교병설유치원 개원
위치	경상남도 거창군 남하면 영서로 151
구분	공립 병설
학급편성 및 원생 수	1학급 5명(남 5명)

● 교육목표

놀며 배우며 건강하게 자라는 남하초등학교 병설유치원

● 연혁

- 1980. 3. 1. 남하국민학교병설유치원으로 개원
- 1991. 3. 1. 둔마국민학교병설유치원 편입
- 1996. 3. 1. 남하초등학교병설유치원으로 명칭 변경
- 2011. 3. 1. 종일반 신설(1학급)
- 2024. 2. 2. 제44회 수료식 및 졸업식(2명 졸업, 2명 수료)
- 2024. 3. 4. 제45회 입학식(남 5명)

● 대표 시설

유치원 실외 놀이터

유치원 교실

● 유치원 현황

가. 학급편성 및 원아 현황(2024)

원아 현황	3세	4세	5세	총인원	학급편성	3세	4세	5세	혼합반	총 학급수
남	2	·	3	5	학급수	·	·	·	1	1
여	·	·	·							
계	2	·	3							

나. 교직원 현황(2024)

구분 성별	원장(겸임)	원감(겸임)	교사	방과후과정교사 (기간제 포함)	계
남	1	1	·	·	2
여	·	·	1	1	2
계	1	1	1	1	4

다. 시설 현황(2024)

실내 시설									실외 놀이시설
원장실	교실	방과후 과정실	급식실	보건실	화 장 실				종합 놀이시설
					소변기	대변기	샤워기		
1 (겸)	1	·	1 (겸)	1 (겸)	2	2	·		1

제 3 장 거창교육의 주체

● 유치원 졸업 현황: 총 396명(44회)

회별	졸업일자	졸업생수	회별	졸업일자	졸업생수	회별	졸업일자	졸업생수
1	1981. 2. 20.	22	16	1996. 2. 15.	2	31	2011. 2. 17.	1
2	1982. 2. 23.	22	17	1997. 2. 18.	4	32	2012. 2. 15.	2
3	1983. 2. 19.	12	18	1998. 2. 18.	1	33	2013. 2. 14.	3
4	1984. 2. 21.	12	19	1999. 2. 17.	5	34	2014. 2. 14.	1
5	1985. 2. 14.	13	20	2000. 2. 12.	6	35	2015. 2. 17.	4
6	1986. 2. 18.	39	21	2001. 2. 13.	2	36	2016. 2. 17.	2
7	1987. 2. 18.	20	22	2002. 2. 9.	9	37	2017. 2. 17.	4
8	1988. 2. 23.	15	23	2003. 2. 15.	5	38	2018. 2. 13.	7
9	1989. 2. 16.	17	24	2004. 2. 18.	6	39	2019. 2. 14.	6
10	1990. 2. 15.	16	25	2005. 2. 21.	3	40	2020. 2. 14.	8
11	1991. 2. 12.	21	26	2006. 2. 22.	1	41	2021. 2. 10.	7
12	1992. 2. 14.	13	27	2007. 2. 16.	1	42	2022. 2. 9.	2
13	1993. 2. 16.	18	28	2008. 2. 19.	2	43	2023. 2. 10.	4
14	1994. 2. 16.	15	29	2009. 2. 18.	2	44	2024. 2. 2.	2
15	1995. 2. 17.	11	30	2010. 2. 20.	1	총 졸업원아 수		396

● 교육과정

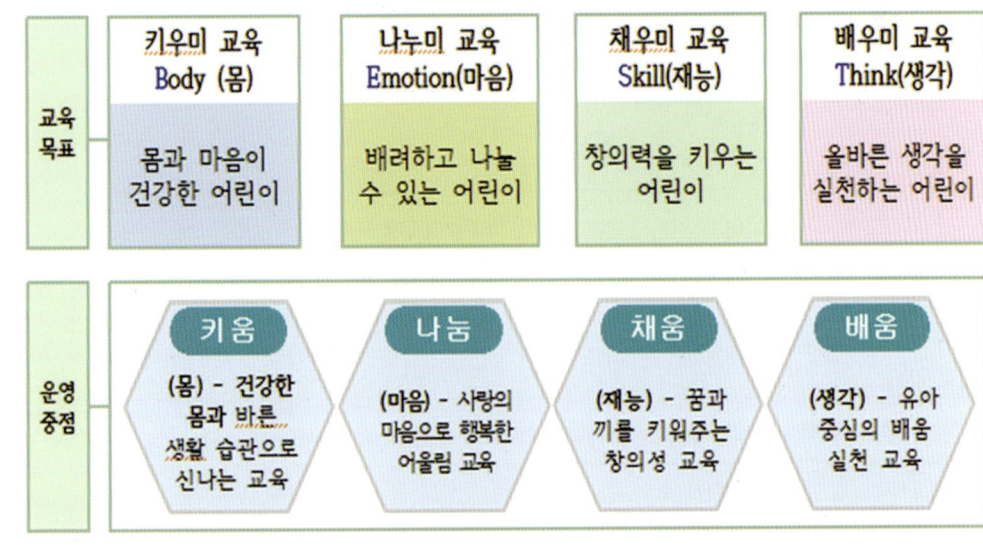

특색교육	특색1 친구들아 밖에서 마음껏 뛰어 놀자! (바깥놀이 및 숲체험)		특색2 그림책을 통한 (인성)키움 (느낌)나눔 (창의)채움 (생각)배움	
바라는 상	유아상 · 예의 바르고 나눔을 실천하는 어린이 · 건강하고 밝게 자라는 어린이	교사상 · 함께 놀이하며 사랑이 가득한 교사 · 밝은 미소로 아이들과 소통하는 교사	유치원상 · 즐겁고 행복한 유치원 · 교직원, 학부모가 서로 신뢰하는 유치원	학부모상 · 아이들의 꿈을 기다려 줄 수 있는 학부모 · 유치원과 소통하며 유아를 믿고 지원하는 학부모

● 일과 운영

시간운영	요일	월	화	수	목	금
교육과정	08:40~10:20	• 등원 및 자유놀이 활동 (아침인사, 원아 맞이하기, 건강상태 확인, 하루일과 소개, 자유선택놀이활동) • 정리 및 놀이 경험 나누기 • 오전간식 손 씻기, 오전간식(우유)				
	10:20~11:20	• 놀이중심 대, 소집단 활동 및 바깥놀이 활동 (특색교육1. 친구들아 밖에서 마음껏 뛰어 놀자!) (특색교육2. 그림책을 통한 (인성)키움, (느낌)나눔, (창의)채움, (생각)배움) • 이야기나누기, 미술, 게임 및 신체표현, 음악, 동시, 동화, 동극 등 • 바깥놀이터 놀이, 물모래놀이, 자전거타기, 대근육신체활동, 산책, 자연관찰 등				
	11:20~11:50	• 기본생활습관, 인성교육, 생활·안전교육				
	11:50~12:40	• 점심식사 • 하루 일과 평가 및 방과후과정 연계				

	12:40~14:00	• 인사 나누기 방과후과정 활동 소개 • 자유선택활동/신체활동/실외활동(자전거타기, 놀이터놀이 등)
	14:00~15:00	• 특성화 활동 및 대, 소집단활동 (특성화 - 놀이 체육, 놀이 영어, 놀이 음악)
방과후 과정	15:00~15:30	• 간식 및 휴식, 손씻기 및 간식 지도
	15:30~16:00	• 특색놀이/동화책 읽기/의사소통 및 자연탐구놀이 (과학활동, 요리활동, 미술활동, 수 활동)
	16:00~16:30	• 기본생활습관지도/인성교육/생활•안전교육
	16:30~16:40	• 평가 및 귀가지도

● **교육활동**

- 소인수유치원 체험프로그램 및 운동회, 학예 행사 개최
- 유아의 흥미 및 요구에 따라 다양한 체험활동과 특색교육 실시

학부모와 함께하는 운동회

생태 갯벌체험

소방안전 체험활동

숲 체험 활동

마리초등학교병설유치원
馬利初等學校竝設幼稚園

1999년

2024년

개원	1981년 4월 1일 설립 인가, 4월 5일 마리국민학교병설유치원 개원
위치	경상남도 거창군 마리면 빼재로 23
구분	공립 병설
학급편성 및 원생 수	1학급 8명(남 2명, 여 6명)

● **교육목표**

사랑과 신뢰, 꿈이 익어가는 행복한 유치원

● **연혁**

- 1981. 4. 1. 마리국민학교병설유치원으로 1학급 설립 인가
- 1981. 4. 5. 마리국민학교병설유치원으로 개원
- 1996. 3. 1. 마리초등학교병설유치원으로 명칭 변경
- 2006. 5. 1. 종일반 신설(1학급)
- 2024. 2. 7. 제41회 수료식 및 졸업식(3명 졸업, 2명 수료)
- 2024. 3. 4. 제42회 입학식(남 2명, 여 6명)

● 대표 시설

유치원 실외 놀이터

유치원 교실

● 유치원 현황

가. 학급편성 및 원아 현황(2024)

원아 현황	3세	4세	5세	총인원	학급편성	3세	4세	5세	혼합반	총학급수
남	·	·	2	8	학급수	·	·	·	1	1
여	2	2	2							
계	2	2	4							

나. 교직원 현황(2024)

구분 성별	원장(겸임)	원감(겸임)	교사	방과후과정교사 (기간제 포함)	계
남	1	·	·	·	1
여	·	1	1	1	3
계	1	1	1	1	4

다. 시설 현황(2024)

실내 시설									실외 놀이시설
원장실	교실	방과후 과정실	급식실	보건실	화 장 실				종합 놀이시설
					소변기	대변기	샤워기		
1 (겸)	1	1	1 (겸)	1 (겸)	1	2	1		1

● 유치원 졸업 현황: 총 541명(42회)

회별	졸업일자	졸업생수	회별	졸업일자	졸업생수	회별	졸업일자	졸업생수
1	1982. 2. 13.	29	15	1996. 2. 15.	11	29	2011. 2. 17.	6
2	1983. 2. 10.	38	16	1997. 2. 18.	4	30	2012. 2. 15.	5
3	1984. 2. 15.	31	17	1998. 2. 17.	8	31	2013. 2. 14.	2
4	1985. 2. 11.	37	18	1999. 2. 12.	11	32	2014. 2. 14.	3
5	1986. 2. 13.	32	19	2000. 2. 16.	13	33	2015. 2. 12.	2
6	1987. 2. 13.	38	20	2001. 2. 16.	16	34	2016. 2. 16.	4
7	1988. 2. 13.	23	21	2002. 2. 16.	7	35	2017. 2. 16.	2
8	1989. 2. 15.	33	22	2003. 2. 15.	12	36	2018. 2. 13.	6
9	1990. 2. 15.	26	23	2004. 2. 13.	11	37	2019. 2. 21.	1
10	1991. 2. 13.	24	24	2005. 2. 16.	4	38	2020. 2. 13.	4
11	1992. 2. 15.	24	25	2006. 2. 16.	7	39	2021.1. 15.	2
12	1993. 2. 12.	20	26	2007. 2. 14.	6	40	2022. 1. 6.	2
13	1994. 2. 16.	15	27	2008. 2. 15.	2	41	2023. 2. 8.	5
14	1995. 2. 13.	8	28	2009. 2. 17.	4	42	2024. 2. 7.	3

● 교육과정

● **교육활동**

- 유·초 연계 활동
- 유치원 특성화 교육활동
- 소인수 협력 유치원 현장체험학습 활동

재능 발표회

가을 가족 운동회

학부모 참여수업

여름 물놀이 체험

유아 골프

유아 미술

유아 체육

텃밭(고구마)

북상초등학교병설유치원
北上初等學校竝設幼稚園

2024년

2024년

개원	1981년 3월 1일 설립 인가, 3월 5일 북상국민학교병설유치원 개원
위치	경상남도 거창군 북상면 송계로 731-18
구분	공립 병설
학급편성 및 원생 수	1학급 6명(남 3명, 여 3명)

● **교육목표**

바르게 생각하고 즐겁게 생활하는 어린이

● **연혁**

- 1981. 3. 1. 북상국민학교 병설유치원으로 1학급 설립 인가
- 1981. 3. 5. 북상국민학교 병설유치원으로 개원
- 1996. 3. 1. 북상초등학교 병설유치원으로 명칭 변경
- 2007. 3. 1. 종일반 신설(1학급)
- 2024. 1. 19. 제43회 수료식 및 졸업식(2명 졸업, 3명 수료)
- 2024. 3. 4. 제44회 입학식(남 3명, 여 3명)

● 대표 시설

꿈실꿈실 놀이방

유치원 실외 놀이터

● 유치원 현황

가. 학급편성 및 원아 현황(2024)

원아 현황	3세	4세	5세	총인원	학급편성	3세	4세	5세	혼합반	총 학급수
남	1	1	1	6	학급수	·	·	·	1	1
여	·	1	2							
계	1	2	3							

나. 교직원 현황(2024)

성별 \ 구분	원장(겸임)	원감(겸임)	교사	방과후과정교사 (기간제 포함)	계
남	·	1	·	·	·
여	1	·	1	1	·
계	1	1	1	1	4

거창교육 100년사

다. 시설 현황(2024)

실내 시설								실외 놀이시설
원장실	교 실	방과후 과정실	급식실	보건실	화 장 실			종합 놀이시설
					소변기	대변기	샤워기	
1 (겸)	1	·	1 (겸)	1 (겸)	3	1	1	1

● 유치원 졸업 현황: 총 423명(43회)

회별	졸업일자	졸업생수	회별	졸업일자	졸업생수	회별	졸업일자	졸업생수
1	1982. 2. 19.	32	16	1997. 2. 15.	22	31	2012. 2. 16.	6
2	1983. 2. 19.	19	17	1998. 2. 14.	11	32	2013. 2. 14.	5
3	1984. 2. 23.	24	18	1999. 2. 18.	13	33	2014. 2. 17.	3
4	1985. 2. 18.	24	19	2000. 2. 16.	8	34	2015. 2. 12.	3
5	1986. 2. 20.	24	20	2001. 2. 16.	7	35	2016. 2. 12.	4
6	1987. 2. 19.	16	21	2002. 2. 15.	10	36	2017. 2. 16.	4
7	1988. 2. 18.	23	22	2003. 2. 17.	4	37	2018. 2. 9.	6
8	1989. 2. 14.	21	23	2004. 2. 13.	8	38	2019. 2. 15.	5
9	1990. 2. 16.	19	24	2005. 2. 18.	9	39	2020. 1. 7.	1
10	1991. 2. 12.	19	25	2006. 2. 16.	7	40	2021. 1. 13.	3
11	1992. 2. 13.	19	26	2007. 2. 16.	2	41	2022. 1. 12.	1
12	1993. 2. 16.	27	27	2008. 2. 18.	6	42	2023. 2. 9.	3
13	1994. 2. 16.	23	28	2009. 2. 17.	4	43	2024. 1. 8.	2
14	1995. 2. 16.	15	29	2010. 2. 17.	2	총 졸업원아 수		123
15	1996. 2. 13.	20	30	2011. 2. 17.	6			

제 3 장 거창교육의 주체

● **교육과정**

| 원훈 | 바르게 생각하고 즐겁게 생활하는 어린이 |

⇑

교육상	유치원	원아	교사	학부모
	배움이 즐겁고 신뢰받는 유치원	놀이로 자라는 창의적인 어린이	사랑이 넘치며 스스로 연구하는 교사	올바른 자녀 교육관으로 신뢰하는 학부모

⇑

영역별 교육목표	신체운동·건강	의사소통	사회관계	예술경험	자연탐구
	실내외에서 신체활동을 즐기고, 건강하고 안전한 생활을 한다.	일상생활에 필요한 의사소통 능력과 상상력을 기른다.	자신을 존중하고 더불어 생활하는 태도를 가진다.	아름다움과 예술에 관심을 가지고 창의적 표현을 즐긴다.	탐구하는 과정을 즐기고, 자연과 더불어 살아가는 태도를 가진다.

중점교육

- 국가수준의 내실 있는 교육과정 운영
- 10대 덕목 실천 인성교육

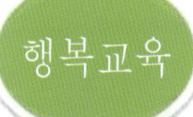
행복교육

- 다양한 프로그램으로 놀이하는 방과후과정
- 위기대응능력을 기르는 안전교육

특색교육

1. 애들아! 밖에서 같이 놀자
2. 꿈을 키우는 행복한 책 읽기
3. 상상하는대로 표현하는 놀이미술

● 교육과정 중점 활동

　가. 신체 · 운동 건강영역　• 다양한 신체활동을 통한 기초체력 향상
　　　　　　　　　　　　　　• 건강생활을 위한 기반조성
　　　　　　　　　　　　　　• 급식 및 실외 안전지도, 안전예방교육 실시
　나. 의사소통 영역　• 책보기의 생활화 교육(생활주제와 연계한 책보기 습관 기르기)
　　　　　　　　　　• 바른 언어 사용의 생활화 교육
　다. 사회관계 영역　• 기본생활습관 교육의 생활화 교육
　　　　　　　　　　• 인성교육 프로그램을 통한 인성교육
　　　　　　　　　　• 전통문화 체험활동, 전래동요 및 전래놀이 해보기
　라. 예술 경험　• 풍부한 감성의 표현활동(생활주제별 표현활동 및 극놀이활동)
　　　　　　　　• 다양한 작품감상 및 문화행사 관람
　마. 자연 탐구　• 탐구력신장을 위한 과학활동(요리활동 및 생활주제별 과학 탐구활동)
　　　　　　　　• 주변환경(갈계숲)을 이용한 산책활동 및 자연관찰 활동
　　　　　　　　• 소인수유치원과 협력한 현장체험활동

● 교육활동

- 소인수학교 체험프로그램 및 다양한 체험활동 실시
- 아림예술제 등 각종 대외 문화행사 참여
- 다양한 숲 체험활동

바닷가 갯벌 체험활동

아림예술제 그리기부분 참여

북상 빙기실마을 깡통열차 체험활동

갈계숲에서 산책활동

신원초등학교병설유치원
神院初等學校竝設幼稚園

2024년

2024년

개원	1980년 3월 1일 설립 인가, 신원국민학교병설유치원 개원
위치	경상남도 거창군 신원면 신차로 3053
구분	공립 병설
학급편성 및 원생 수	1학급 4명(남 2명, 여 2명)

● **교육목표**

바르게 생각하고 즐겁게 생활하는 건강한 어린이

● **연혁**

- 1980. 3. 1. 신원국민학교병설유치원 설립 인가 1학급 개원
- 1996. 3. 1. 신원초등학교병설유치원으로 개칭
- 2006. 3. 1. 종일반 1학급 신설 인가
- 2014. 1. 1. 준벽지학교 유치원 지정
- 2024. 2. 8. 제43회 졸업 및 제44회 수료
- 2024. 3. 4. 2024학년도 입학(남 2명, 여 2명)

● 대표 시설

유치원 교실

유치원 실외 놀이터

● 유치원 현황

가. 학급편성 및 원아 현황(2024)

원아 현황	3세	4세	5세	총인원	학급편성	3세	4세	5세	혼합반	총 학급수
남	1	·	1	4	학급수	·	·	·	1	1
여	1	·	1							
계	2	·	2							

나. 교직원 현황(2024)

구분 성별	원장(겸임)	원감(겸임)	교사	방과후과정교사 (기간제 포함)	계
남	·	1	·	·	1
여	1	·	1	1	3
계	1	1	1	1	4

다. 시설 현황(2024)

실내 시설									실외 놀이시설
원장실	교실	방과후 과정실	급식실	보건실	화 장 실				종합 놀이시설
1 (겸)	1	1	1 (겸)	1 (겸)	소변기	대변기	샤워기		1
					1	2	1		

● **유치원 졸업 현황: 총 379명(43회)**

회별	졸업일자	졸업생수	회별	졸업일자	졸업생수	회별	졸업일자	졸업생수
1	1980. 12. 19.	26	16	1996. 2. 14.	5	31	2011. 2. 17.	4
2	1982. 2. 15.	22	17	1997. 2. 14.	14	32	2012. 2. 16.	1
3	1983. 2. 16.	16	18	1998. 2. 14.	16	33	2013. 2. 7.	1
4	1984. 2. 15.	11	19	1999. 2. 11.	15	34	2014. 2. 13.	6
5	1985. 2. 15.	9	20	2000. 2. 15.	17	35	2015. 2. 12.	2
6	1986. 2. 14.	9	21	2001. 2. 14.	6	36	2016. 2. 15.	2
7	1987. 2. 13.	11	22	2002. 2. 15.	13	37	2017. 2. 10	3
8	1988. 2. 16.	7	23	2003. 2. 20.	5	38	2018. 1. 9.	3
9	1989. 2. 14.	9	24	2004. 2. 14.	9	39	2019. 2. 14.	2
10	1990. 2. 15.	19	25	2005. 2. 17.	8	40	2020. 2. 13.	5
11	1991. 2. 11.	12	26	2006. 2. 16.	6	41	2022. 1. 4.	2
12	1992. 2. 14.	7	27	2007. 2. 14.	9	42	2023. 2. 9.	4
13	1993. 2. 16.	22	28	2008. 2. 14.	5	43	2024. 2. 8.	5
14	1994. 2. 16.	13	29	2009. 2. 16.	4	총 졸업원아 수		379
15	1995. 2. 14.	11	30	2010. 2. 17.	3			

● **교육과정**

바르게 생각하고 즐겁게 생활하는 건강한 어린이

비 전	재미있게 놀면서 서로 사랑하고 함께 꿈꾸는 신원 행복 교육

교육목표	건강한 사람 (신체운동·건강)	자주적인 사람 (의사소통)	더불어 사는 사람 (사회관계)	감성이 풍부한 사람 (예술경험)	창의적인 사람 (자연탐구)
	실내외에서 신체활동을 즐기고 건강하고 안전한 생활을 한다.	일상생활에 필요한 의사소통 능력과 상상력을 기른다.	자신을 존중하고 더불어 생활하는 태도를 가진다.	아름다움과 예술에 관심을 가지고 창의적 표현을 즐긴다.	탐구하는 과정을 즐기고, 자연과 더불어 살아가는 태도를 가진다.

모두가 함께하는 행복 교육

원장교육관

	유치원	유아	교사	학부모	지역사회
	신뢰받는 유치원	오고 싶은 유치원	머무르고 싶은 유치원	보내고 싶은 유치원	함께하는 유치원
	누구나 신뢰하고 선호하는 유치원	건강하고 남을 배려하며 밝은 꿈을 꾸는 어린이	긍지와 사부심을 가지고 유아를 사랑하는 교사	유아교육에 대한 바른 이해를 가지고 적극적으로 참여하는 학부모	지역사회와 공감하는 유치원

맘껏 놀고 함께 꿈꾸는 행복자람터

특색교육

얘들아! 밖에서 같이 놀자

- 맘껏 놀고 꿈꾸는 놀이마당
- 마음이 자라는 산책 놀이

● 교육과정 중점 활동

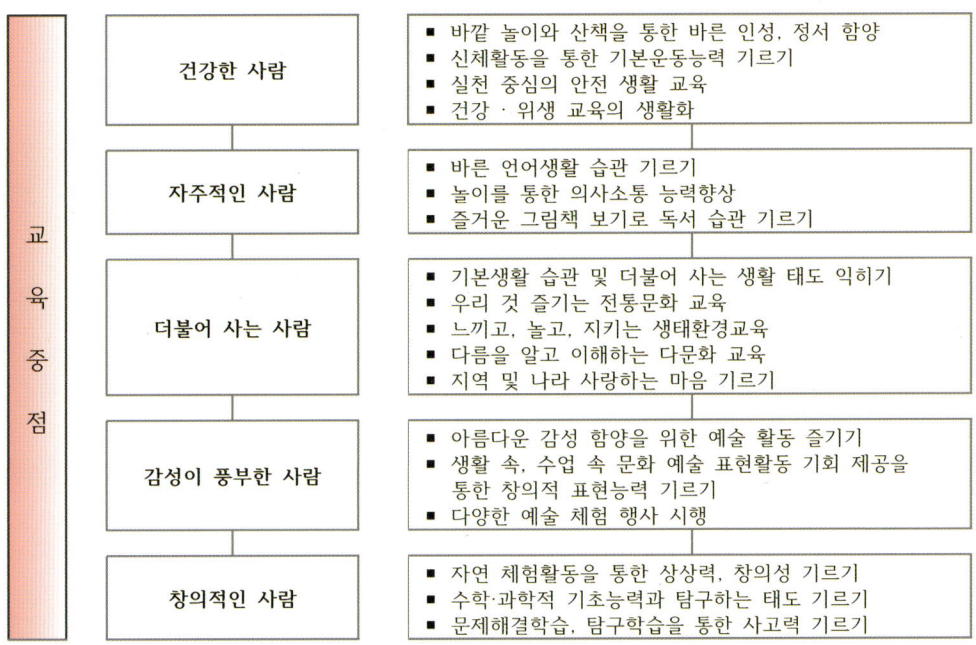

교육 중점		
	건강한 사람	■ 바깥 놀이와 산책을 통한 바른 인성, 정서 함양 ■ 신체활동을 통한 기본운동능력 기르기 ■ 실천 중심의 안전 생활 교육 ■ 건강·위생 교육의 생활화
	자주적인 사람	■ 바른 언어생활 습관 기르기 ■ 놀이를 통한 의사소통 능력향상 ■ 즐거운 그림책 보기로 독서 습관 기르기
	더불어 사는 사람	■ 기본생활 습관 및 더불어 사는 생활 태도 익히기 ■ 우리 것 즐기는 전통문화 교육 ■ 느끼고, 놀고, 지키는 생태환경교육 ■ 다름을 알고 이해하는 다문화 교육 ■ 지역 및 나라 사랑하는 마음 기르기
	감성이 풍부한 사람	■ 아름다운 감성 함양을 위한 예술 활동 즐기기 ■ 생활 속, 수업 속 문화 예술 표현활동 기회 제공을 통한 창의적 표현능력 기르기 ■ 다양한 예술 체험 행사 시행
	창의적인 사람	■ 자연 체험활동을 통한 상상력, 창의성 기르기 ■ 수학·과학적 기초능력과 탐구하는 태도 기르기 ■ 문제해결학습, 탐구학습을 통한 사고력 기르기

● 교육활동

- 소인수학교 체험프로그램 및 거점유치원 학예 행사 참여
- 다양한 체험활동 운영

거점유치원 뮤지컬 관람

가조허브빌리지 체험

빙기실마을 깡통열차체험

창포원 현장체험학습

웅양초등학교병설유치원
熊陽初等學校竝設幼稚園

2024년

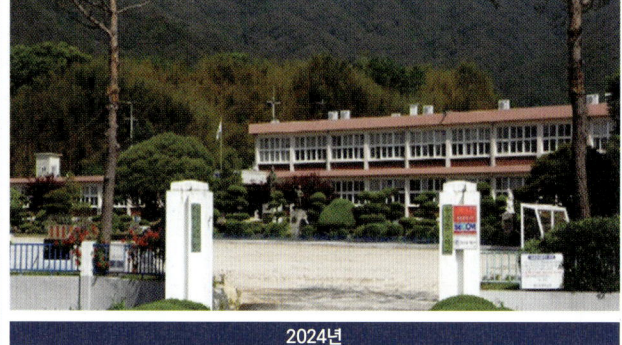
2024년

개원	1979년 4월 2일 설립 인가, 1981년 3월 1일 웅양국민학교병설유치원 개원
위치	경상남도 거창군 웅양면 웅양로 1403
구분	공립 병설
학급편성 및 원생 수	1학급 5명(남 4명, 여 1명)

● **교육목표(원훈)**

신나게 놀이하고 행복하게 배우는 즐거운 유치원

● **연혁**

- 1979. 4. 2. 웅양국민학교병설유치원으로 1학급 설립 인가
- 1981. 3. 1. 웅양국민학교병설유치원으로 개원
- 1996. 3. 1. 웅양초등학교병설유치원으로 명칭 변경
- 2006. 5. 1. 종일반 신설(1학급)
- 2024. 2. 8. 제45회 수료식 및 졸업식(2명 졸업, 5명 수료)
- 2024. 3. 4. 제46회 입학식(남 4명, 여 1명)

제 3 장 거창교육의 주체

● 대표 시설

유치원 실외 놀이터

체육관

● 유치원 현황

가. 학급편성 및 원아 현황(2024)

원아 현황	3세	4세	5세	총인원	학급편성	3세	4세	5세	혼합반	총 학급수
남	1	2	1	5	학급수	·	·	·	1	1
여	·	1	·							
계	1	3	1							

나. 교직원 현황(2024)

성별 \ 구분	원장(겸임)	원감(겸임)	교사	방과후과정교사 (기간제 포함)	계
남	1	1	·	·	2
여	·	·	1	1	2
계	1	1	1	1	4

다. 시설 현황(2024)

실내 시설								실외 놀이시설
원장실	교실	방과후 과정실	급식실	보건실	화 장 실			종합 놀이시설
1 (겸)	1	교육과정 겸용	1 (겸)	1 (겸)	소변기	대변기	샤워기	1
					2	2	1	

● 유치원 졸업 현황: 총 614명(45회)

회별	졸업일자	졸업생수	회별	졸업일자	졸업생수	회별	졸업일자	졸업생수
1	1979. 12. 21.	29	16	1995. 2. 14.	11	31	2010. 2. 11.	7
2	1980. 12. 11.	49	17	1996. 2. 13.	12	32	2011. 2. 14.	5
3	1982. 2. 10.	26	18	1997. 2. 14.	16	33	2012. 2. 14.	6
4	1983. 2. 17.	26	19	1998. 2. 13.	21	34	2013. 2. 18.	6
5	1984. 2. 17.	39	20	1999. 2. 12.	12	35	2014. 2. 13.	7
6	1985. 2. 14.	32	21	2000. 2. 15.	20	36	2015. 2. 12.	7
7	1986. 2. 14.	31	22	2001. 2. 16.	14	37	2016. 2. 12.	7
8	1987. 2. 14.	29	23	2002. 2. 16.	18	38	2017. 2. 15.	7
9	1988. 2. 12.	35	24	2003. 2. 17.	13	39	2018. 2. 13.	9
10	1989. 2. 15.	31	25	2004. 2. 18.	16	40	2019. 2. 13.	7
11	1990. 2. 15.	23	26	2005. 2. 17.	14	41	2020. 2. 12.	2
12	1991. 2. 18.	29	27	2006. 2. 15.	9	42	2021. 1. 25.	7
13	1992. 2. 14.	20	28	2007. 2. 13.	12	43	2021. 12. 28.	1
14	1993. 2. 12.	13	29	2008. 2. 13.	7	44	2023. 2. 10.	0
15	1994. 2. 12.	23	30	2009. 2. 11.	6	45	2024. 2. 8.	2

● **교육과정**

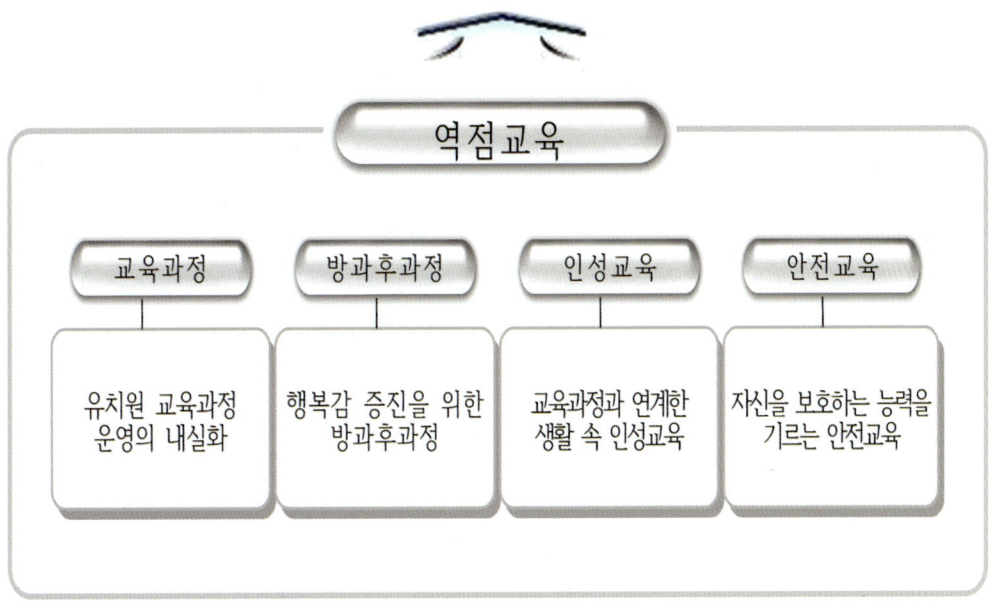

● **교육과정 중점 지도내용**

　가. **신체·운동 건강영역**　• 바깥놀이 및 자유선택활동으로 즐거운 놀이활동
　　　　　　　　　　　　• 체육관을 활용한 몸 튼튼 마음 튼튼 신체활동
　　　　　　　　　　　　• 안전한 생활습관 기르기활동
　나. **의사소통 영역**　• 그림책과 함께 행복한 독후활동 놀이
　　　　　　　　　　• 이야기 할머니 구연동화 감상과 초등학교 도서관에서 책보기 놀이
　　　　　　　　　　• 창의성을 바탕으로 생각이 쑥쑥 자라는 언어놀이 활동
　다. **사회관계 영역**　• 기본생활 습관 및 인성교육 10대 핵심 덕목 실천활동
　　　　　　　　　　• 생활주제와 연계한 전통문화교육 활동
　　　　　　　　　　• 내고장 알기 현장체험학습 활동
　라. **예술경험**　• 상상력, 창의력, 표현력, 소근육이 발달하는 클레이, 종이접기 놀이
　　　　　　　• 다양한 종류의 원목으로 상상의 날개를 펼치는 가베활동
　　　　　　　• 즐거운 노래 부르고 악기 연주하기 활동
　마. **자연탐구**　• 운동장, 텃밭, 화단 등 자연 친화적 놀이 공간을 활용한 산책활동
　　　　　　　• 숲해설가와 함께하는 무주 덕유산 유아숲체험원 활동
　　　　　　　• 호기심과 탐구심을 기르는 과학활동

● **일과 운영**

시간운영	요일	월	화	수	목	금
교육과정	08:40~10:20	• 등원 및 자유놀이 활동 • 간식 • 책보기 활동				
	10:20~11:00	• 대, 소집단 활동 (이야기나누기, 미술, 게임 및 신체표현, 관찰, 음악, 동시, 동화, 동극 등)				
	11:00~11:50	• 바깥놀이 활동 (모래놀이, 놀이터 놀이, 신체활동, 자연관찰, 산책, 전통놀이, 체육관놀이)				
	11:50~12:20	• 기본생활습관, 인성교육, 생활·안전교육 • 자연사랑 녹색성장교육				
	12:20~12:40	• 점심식사 • 방과후과정 활동 준비				

	12:40~14:00	• 인사 나누기 양치하기, 방과후과정 활동 소개 • 자유선택활동, 신체활동, 실외활동
방과후 과정	14:00~15:00	• 특성화 활동 및 대, 소집단활동
	15:00~15:30	• 간식 및 휴식
	15:30~16:00	• 특색놀이, 동화책 보기, 의사소통 및 자연탐구놀이
	16:00~16:30	• 기본생활습관지도, 인성교육, 생활•안전교육
	16:30~16:40	• 평가 및 귀가지도

● **교육활동**

- 소인수협력유치원 현장체험학습을 통한 효율적인 교육과정 운영 및 공동체 의식 함양
- 책보기 활동을 통한 표현력, 사고력 향상
- 아림예술제 문예 행사 및 상호문화 학예대회 참가

덕유산 유아숲체험원 -밧줄놀이

비오는 날-맨발놀이

스파벨리-물놀이

체육활동-감각활동 놀이

거창교육 100년사

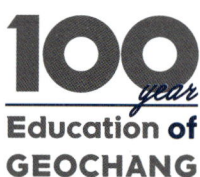

월천초등학교병설유치원
月川初等學校竝設幼稚園

2024년

2024년

개원	1979년 3월 2일 설립 인가, 4월 2일 월천국민학교병설유치원 개원
위치	경상남도 거창군 거창읍 주곡로 207
구분	공립 병설
학급편성 및 원생 수	1학급 4명(남 1명, 여 3명)

● **교육목표**

꿈과 사랑이 있는 건강한 어린이

● **연혁**

- 1979. 3. 2. 월천국민학교병설유치원으로 1학급 설립 인가
- 1979. 4. 2. 월천국민학교병설유치원으로 개원
- 1996. 3. 1. 월천초등학교병설유치원으로 명칭 변경
- 2006. 5. 1. 종일반 신설(1학급)
- 2024. 1. 11. 제44회 수료식 및 졸업식(5명 졸업, 3명 수료)
- 2024. 3. 4. 제46회 입학식(남 1명, 여 3명)

● 대표 시설

유치원 전경

유치원 실외 놀이터

● 유치원 발자취

가. 학급편성 및 원아 현황(2024)

원아 현황	3세	4세	5세	총인원	학급편성	3세	4세	5세	혼합반	총 학급수
남	·	·	1	4	학급수	·	·	·	1	1
여	1	1	1							
계	1	1	2							

나. 교직원 현황(2024)

성별 \ 구분	원장(겸임)	원감(겸임)	교사	방과후과정교사 (기간제 포함)	계
남	1	·	·	·	1
여	·	1	1	1	3
계	1	1	1	1	4

다. 시설 현황(2024)

실내 시설									실외 놀이시설
원장실	교실	방과후과정실	급식실	보건실	화 장 실				종합 놀이시설
					소변기	대변기	샤워기		
1 (겸)	1	·	1 (겸)	1 (겸)	1	2	1		1

● 유치원 졸업 현황: 총 640명(44회)

회별	졸업일자	졸업생수	회별	졸업일자	졸업생수	회별	졸업일자	졸업생수
1	1979. 12. 21.	35	16	1995.	13	31	2010. 2. 10.	4
2	1981.	20	17	1996.	7	32	2011. 2. 17.	9
3	1982.	29	18	1997.	8	33	2012. 2. 17.	8
4	1983. 2. 15.	41	19	1998. 2. 14.	8	34	2013. 2. 14.	3
5	1984. 2. 15.	40	20	1999. 2. 12.	7	35	2014. 2. 13.	3
6	1985.	35	21	2000. 2. 15.	8	36	2015. 2. 13.	2
7	1986. 2. 13.	40	22	2001. 2. 16.	3	37	2016. 2. 16.	5
8	1987. 2. 12.	40	23	2002. 2. 15.	8	38	2017. 2. 15.	3
9	1988.	38	24	2003. 2. 14.	9	39	2018. 2. 13.	8
10	1989.	34	25	2004. 2. 14.	8	40	2019. 12. 30.	1
11	1990.	32	26	2005. 2. 18.	5	41	2021. 1. 8.	6
12	1991.	27	27	2006. 2. 17.	4	42	2022. 1. 11.	5
13	1992.	20	28	2007. 2. 14.	7	43	2023. 1. 12.	6
14	1993.	18	29	2008. 2. 15.	6	44	2024. 1. 11.	5
15	1994. 2. 15.	17	30	2009. 2. 12.	5	총 졸업원아 수		640

● 교육과정

건강한 몸·따뜻한 마음·슬기로운 생각

바라는 유치원상

유 치 원 상	원 아 상	교 사 상
· 즐거운 유치원 · 신뢰받는 유치원	· 건강하고 예절바른 어린이 · 창의적인 어린이	· 사랑이 넘치는 교사 · 성실히 연구하는 교사

교육 목표	● **건강한 사람**: 자신의 소중함을 알며 건강하고 안전한 생활습관을 기른다. ● **자주적인 사람**: 자신의 일을 스스로 해결하는 기초능력을 기른다. ● **창의적인 사람**: 호기심과 탐구심을 가지고 상상력과 창의력을 기른다. ● **감성이 풍부한 사람**: 일상에서 아름다움을 느끼고 문화적 감성을 기른다. ● **더불어 사는 사람**: 사람과 자연을 존중하고 배려하며 소통하는 태도를 기른다.

● **교육활동**

- 소인수학교 체험프로그램 및 현장체험학습 실시
- 아림예술제 등 각종 대외 문화행사 참여

놀이중심교육과정

2024. 달가람 놀이한마당

2024. 물놀이 안전 체험활동

2024. 현장체험학습

위천초등학교병설유치원
渭川初等學校竝設幼稚園

2024년

2024년

개원	1979년 3월 1일 위천국민학교병설유치원 개원
위치	경상남도 거창군 위천면 창말1길 10
구분	공립 병설
학급편성 및 원생 수	1학급 5명(남 3명, 여 2명)

● **교육목표(원훈)**

즐겁게 놀고 신나게 배우며 서로 생각하는 어린이

● **연혁**

- 1979. 3. 1. 위천국민학교병설유치원으로 개원
- 1996. 3. 1. 위천초등학교병설유치원으로 명칭 변경
- 2005. 3. 1. 종일반 신설(1학급)
- 2024. 2. 8. 제45회 졸업식 및 수료식 (2명 졸업, 5명 수료)
- 2024. 3. 4. 제46회 입학식(남 3명, 여 2명)

● 대표 시설

초등학교와 함께하는 상상 자람터 공간

자연과 함께하는 숲 놀이터

● 유치원 현황

가. 학급편성 및 원아 현황(2024)

원아 현황	3세	4세	5세	총인원	학급편성	3세	4세	5세	혼합반	총 학급수
남	·	1	2	5	학급수	·	·	·	1	1
여	·	1	1							
계	·	2	3							

나. 교직원 현황(2024)

성별 \ 구분	원장(겸임)	원감(겸임)	교사	방과후과정교사 (기간제 포함)	계
남	·	1	·	·	1
여	1	·	1	1	3
계	1	1	1	1	4

다. 시설 현황(2024)

실내 시설									실외 놀이시설
원장실	교실	방과후과정실	급식실	보건실	화 장 실				종합 놀이시설
					소변기	대변기	샤워기		
1 (겸)	1	1	1 (겸)	1 (겸)	2	1	1		1

● 유치원 졸업 현황: 총 198명(45회)

회 별	졸업일자	졸업원아수(명)	회 별	졸업일자	졸업원아수(명)
1~19	~1998.	기록 없음	33	2012. 2. 15.	3
20	1999. 2. 13.	20	34	2013. 2. 14.	10
21	2000. 2. 15.	26	35	2014. 2. 13.	5
22	2001. 2. 15.	12	36	2015. 2. 16.	7
23	2002. 2. 15.	14	37	2016. 2. 15.	5
24	2003. 2. 13.	19	38	2017. 2. 16.	12
25	2004. 2. 18.	12	39	2018. 2. 13.	1
26	2005. 2. 16.	8	40	2018. 12. 28.	5
27	2006. 2. 16.	14	41	2020. 2. 14.	3
28	2007. 2. 15.	8	42	2021. 2. 10.	2
29	2008. 2. 15.	7	43	2022. 2. 11.	2
30	2009. 2. 17.	6	44	2023. 2. 10.	0
31	2010. 2. 19.	8	45	2024. 2. 8.	2
32	2011. 2. 18.	5	총 졸업원아 수		198

● 교육과정

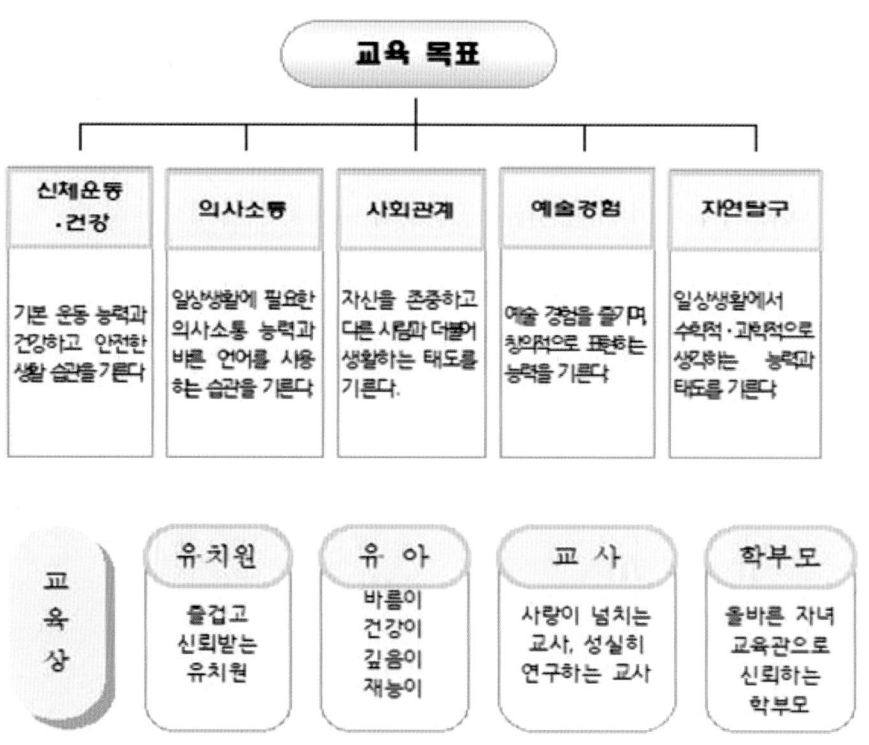

● **교육과정 중점 활동**

　가. **신체·운동 건강영역:** 자연과 함께하는 바깥놀이 활동, 활발한 신체 움직임을 바탕으로 모험과 도전정신, 1인 1대 자전거 타기, 훌라후프 놀이와 공차기, 전통놀이인 굴렁쇠 굴리기, 땅따먹기 등 다양한 신체활동, 안전교육 및 재난 재해 대피 훈련 실시 등 유아의 위기 대처 능력 향상

　나. **의사소통 영역:** 주말 지낸 일 경험 말하기, 동화책을 읽고 책 속에 나오는 인물 찾기, 우리나라 속담 알기를 통해 고운 말과 바른 행동을 기르기

　다. **사회관계 영역:** 매주 인성교육 실시, 우리 고장의 현장 체험학습, 소규모협력유치원과 함께하는 교육공동체 프로그램 참여

　라. **예술 경험:** 다양한 미술 재료와 도구로 자기 생과 느낌을 표현, 매주 색종이 접기로 창의성 함양, 학교 주변의 산책 활동, 우리 지역의 예술공연 관람

　마. **자연탐구:** 유아 스스로 키재기, 몸무게 재기 등 기계를 활용하여 사고하고 탐구활동, 바깥 놀이 활동을 통해 동식물에 관심을 갖고 스스로 관찰, 분류하는 탐구하는 태도와 인지발달을 도모

● **일과 운영**

시간운영	요일	월	화	수	목	금
교육과정	08:40~10:20	• 등원 및 자유놀이 활동 (책과 친구 되기 독서놀이, 특색교육 1) • 정리 및 자유놀이 평가				
	10:20~11:00	• 대, 소집단 활동 (이야기나누기, 미술, 게임 및 신체표현, 관찰, 음악, 동시, 동화, 동극 등)				
	11:00~11:50	• 바깥놀이 활동 (모래놀이, 놀이터 놀이, 자전거 타기, 신체활동, 자연관찰, 산책, 맨발걷기 등)				
	11:50~12:10	• 기본생활습관, 인성교육, 생활·안전교육 • 자연사랑 녹색성장교육(실내 놀이)				
	12:10~12:40	• 점심식사 (식판 정리, 이닦기, 방과후과정 활동 준비)				

	12:40~14:00	• 인사 나누기 방과후과정 활동 소개 • 자유선택활동/신체활동/실외활동(자전거타기, 놀이터놀이 등)
방과후 과정	14:00~15:00	• 특성화 활동 및 대, 소집단활동
	15:00~15:30	• 간식 및 휴식
	15:30~16:00	• 특색놀이/동화책 읽기/의사소통 및 자연탐구놀이
	16:00~16:20	• 기본생활습관지도/인성교육/생활·안전교육/EBS 교육방송시청
	16:20~16:40	• 평가 및 귀가지도

● **교육활동**

- 소인수학교 체험프로그램 및 현장체험학습 실시
- 학교 행사 참여 등 다양한 유·초 연계 활동
- 지역사회 유관 기관과 협력하여 체험활동 및 다양한 안전교육 실시

초등학교와 함께하는 체육대회

소방서 합동 소방훈련 체험

인절미 만들기 체험학습

1인 1대 자전거 타기

주상초등학교병설유치원
主尙初等學校竝設幼稚園

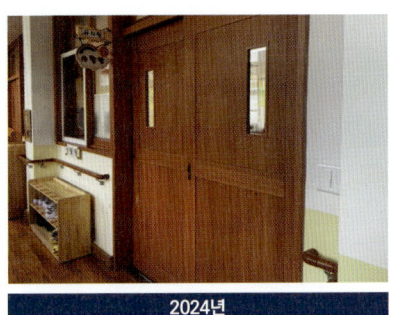
2024년

2024년

개원	1981년 1월 30일 설립 인가, 3월 1일 주상국민학교병설유치원 개원
위치	경상남도 거창군 주상면 도평1길 60
구분	공립 병설
학급편성 및 원생 수	1학급 6명(남 3명, 여 3명)

● 교육목표(원훈)

꿈을 안고 사랑으로 자라나는 주상 유아교육

● 연혁

- 1981. 1. 30. 주상국민학교병설유치원으로 1학급 설립 인가
- 1981. 3. 1. 주상국민학교병설유치원으로 개원
- 1996. 3. 1. 주상초등학교병설유치원으로 명칭 변경
- 2024. 2. 7. 제43회 수료식(3명 수료)
- 2024. 3. 4. 제44회 입학식(남 3명, 여 3명)

● 대표 시설

유치원 교실

방과후과정 교실

● 유치원 현황

가. 학급편성 및 원아 현황(2024)

원아 현황	3세	4세	5세	총인원	학급편성	3세	4세	5세	혼합반	총 학급수
남	·	1	2	6	학급수	·	·	·	1	1
여	1	2	·							
계	1	3	2							

나. 교직원 현황(2024)

구분 성별	원장(겸임)	원감(겸임)	교사	방과후과정교사 (기간제 포함)	계
남	·	1	·	·	1
여	1	·	1	1	3
계	1	1	1	1	4

다. 시설 현황(2024)

실내 시설								실외 놀이시설
원장실	교실	방과후과정실	급식실	보건실	화장실			종합 놀이시설
					소변기	대변기	샤워기	
1 (겸)	1	1	1 (겸)	1 (겸)	3	3	·	2

● 유치원 졸업 현황: 총 482명(43회)

회별	졸업일자	졸업생수	회별	졸업일자	졸업생수	회별	졸업일자	졸업생수
1	1982. 2. 13.	38	16	1997. 2. 15.	12	31	2012. 2. 15.	4
2	1983. 2.	29	17	1998. 2. 14.	9	32	2013. 2. 18.	1
3	1984. 2.	25	18	1999. 2. 18.	6	33	2014. 2. 13.	3
4	1985. 2. 13.	35	19	2000. 2. 15.	9	34	2015. 2. 13.	9
5	1986. 2.	25	20	2001. 2. 16.	9	35	2016. 2. 15.	4
6	1987. 2.	22	21	2002. 2. 16.	5	36	2017. 2. 9.	3
7	1988. 2.	15	22	2003. 2. 14.	4	37	2018. 2. 13.	5
8	1989. 2.	22	23	2004. 2. 13.	3	38	2019. 2. 14.	4
9	1990. 2.	17	24	2005. 2. 18.	4	39	2020. 2. 13.	1
10	1991. 2.	22	25	2006. 2. 17.	2	40	2021. 2. 8.	4
11	1992. 2. 15.	21	26	2007. 2. 15.	3	41	2022. 2. 10.	3
12	1993. 2. 17.	22	27	2008. 2. 14.	1	42	2022. 12. 21.	3
13	1994. 2. 15.	18	28	2009. 2. 12.	3	43	2024. 2. 7.	0
14	1995. 2. 15.	20	29	2010. 2. 11.	3	총 졸업원아 수		482
15	1996. 2. 15.	29	30	2011. 2. 17.	5			

● 교육과정

| 원 훈 | 꿈을 안고 사랑으로 자라나는 어린이 |

교육목표	자신의 소중함을 알고, 건강하고 안전한 생활 습관을 기른다.(신체운동·건강)
	자신의 일을 스스로 해결하는 기초능력을 기른다.(사회관계)
	호기심과 탐구심을 가지고 상상력과 창의력을 기른다.(예술경험)
	일상에서 아름다움을 느끼고 문화적 감수성을 기른다.(의사소통)
	사람과 자연을 존중하고 배려하며 소통하는 태도를 기른다.(자연탐구)

나. 교육과정 중점 지도 내용

1) 중점 과제

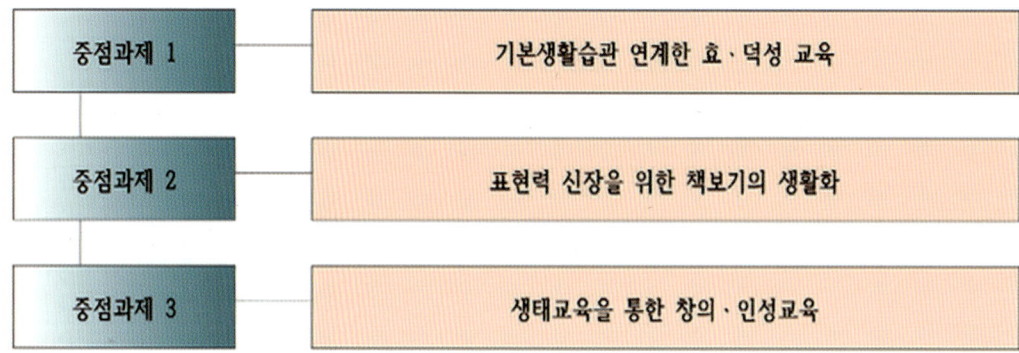

2) 특색 교육

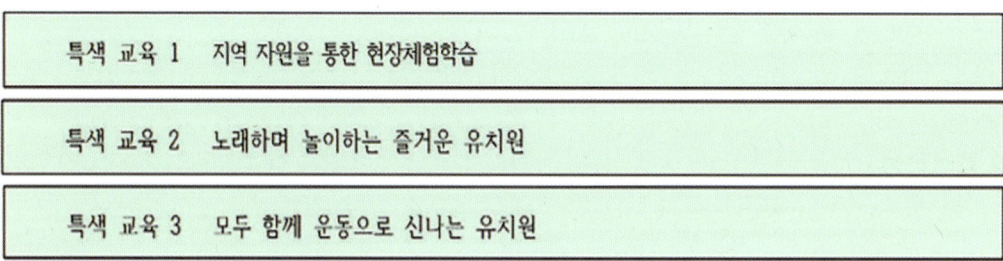

● 일과 운영

시간운영	요일	월	화	수	목	금
교육과정	08:40~10:20	• 등원 및 자유놀이 활동 • 오전 간식				
	10:20~10:50	• 대집단 활동 (이야기 나누기, 음악 활동, 생활주제 전개 활동)				
	10:50~11:50	• 바깥놀이 활동 (6개 놀이터 신체활동)				
	11:50~12:40	• 점심 및 휴식				

방과후 과정	12:40~14:00	• 자유놀이
	14:00~15:00	• 특성화 활동 및 바깥놀이
	15:00~15:30	• 간식 및 휴식
	15:30~16:00	• 방과후 대집단 활동 및 휴식
	16:00~16:40	• 하루 되돌아보기 및 귀가

● **교육활동**

- 소인수유치원 연계 체험프로그램 및 현장체험학습 실시
- 자연과 밀접한 학교 환경을 활용한 생태전환교육 및 어린이 승마교육

다양한 현장체험학습

소인수유치원 연계 체험학습

어린이 승마교육

생태전환교육

거창교육 100년사

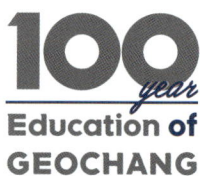

창남초등학교병설유치원
昌南初等學校竝設幼稚園

2024년

2024년

개원	1984년 9월 1일 설립 인가, 9월 5일 창남국민학교병설유치원 개원
위치	경상남도 거창군 거창읍 거함대로 4길 24
구분	공립 병설
학급편성 및 원생 수	2학급 22명(남 12명, 여 10명)

● **교육목표(원훈)**

몸과 마음이 건강하고 서로 돕는 예절 바른 어린이

● **연혁**

- 1984. 9. 1. 창남국민학교병설유치원으로 2학급 설립 인가
- 1984. 9. 5. 창남국민학교병설유치원으로 개원
- 1999. 3. 1. 1학급 증설(3학급)
- 2006. 5. 1. 종일반 신설(1학급)
- 2013. 3. 1. 특수학급 신설(1학급)
- 2024. 3. 4. 제41회 입학식(남 12명, 여 10명)

● 대표 시설

교실

잔디 정원

● 유치원 현황

가. 학급편성 및 원아 현황(2024)

원아 현황	3세	4세	5세	총인원	학급편성	3세	4세	5세	혼합반	총 학급수
남	·	2	10	22	학급수	·	·	·	2	2
여	4	3	3							
계	4	5	13							

나. 교직원 현황(2024)

구분 성별	원장(겸임)	원감(겸임)	교사	방과후과정교사 (기간제 포함)	계
남	·	1	·	·	1
여	1	·	4	2	7
계	1	1	4	2	8

다. 시설 현황(2024)

실내 시설									실외 놀이시설
원장실	교실	방과후 과정실	급식실	보건실	화 장 실				종합 놀이시설
					소변기	대변기	샤워기		
1 (겸)	2	·	1 (겸)	1 (겸)	2	2	1		1

거창교육 100년사

● 유치원 졸업 현황: 총 1,069명(40회)

회별	졸업일자	졸업생수	회별	졸업일자	졸업생수	회별	졸업일자	졸업생수
1	1985. 2. 14.	40	15	1999. 2. 12.	47	29	2013. 2. 14.	9
2	1986. 2. 14.	71	16	2000. 2. 15.	54	30	2014. 2. 14.	16
3	1987. 2. 13.	80	17	2001. 2. 15.	45	31	2015. 2. 12.	15
4	1988. 2. 13.	80	18	2002. 2. 16.	41	32	2016. 2. 11.	12
5	1989. 2. 11.	80	19	2003. 2. 14.	35	33	2017. 2. 12.	21
6	1990. 2. 14.	77	20	2004. 2. 18.	35	34	2018. 2. 13.	16
7	1991. 2. 12.	46	21	2005. 2. 18.	26	35	2019. 1. 9.	18
8	1992. 2. 15.	52	22	2006. 2. 14.	28	36	2020. 2. 15.	14
9	1993. 2. 13.	43	23	2007. 2. 18.	26	37	2021. 2. 14.	16
10	1994. 2. 17.	33	24	2008. 2. 18.	16	38	2022. 1. 12.	17
11	1995. 2. 17.	27	25	2009. 2. 18.	14	39	2023. 1. 9.	13
12	1996. 2. 15.	29	26	2010. 2. 17.	10	40	2024. 2. 6.	15
13	1997. 2. 15.	37	27	2011. 2. 16.	14	총 졸업원아 수		1,069
14	1998. 2. 14.	49	28	2012. 2. 15.	13			

● 교육과정

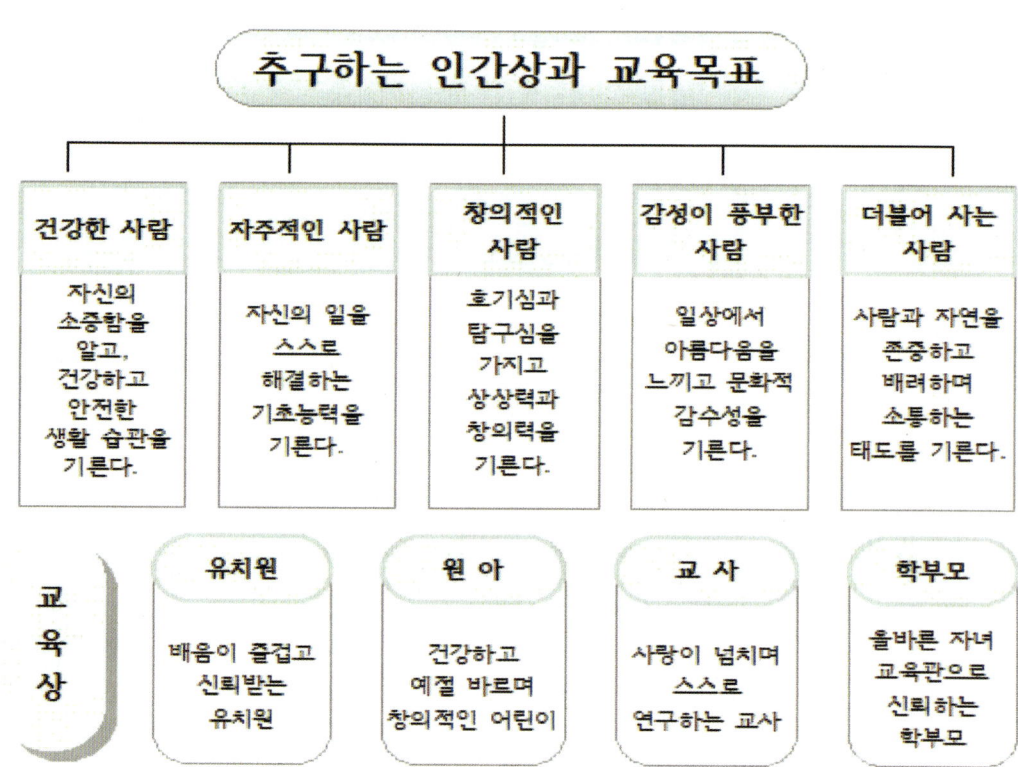

● 교육과정 중점 활동

가. 신체 · 운동 건강영역
- 다양한 공간(교실, 운동장, 잔디밭, 실내외 놀이터 등)을 활용한 신체 놀이
- 체험 중심 7대 안전교육 및 재난·재해 대피 훈련

나. 의사소통 영역
- 생각을 나누는 이야기 활동
- 문해력을 키우는 언어 놀이
- 이야기 할머니

다. 사회관계 영역
- 놀이와 일상 속 체험 중심 실천 중심 10대 인성 교육
- 장애이해교육, 다문화이해교육, 지역사랑·나라사랑 교육
- 유·초 이음교육

라. 예술 경험
- 놀이 속 예술작품 표현 및 감상놀이 교육
- 다양한 문화·예술 체험활동(뮤지컬, 마술, 인형극, 전시회 등)
- 지역 문화 예술에 관심을 가지고 즐기는 체험교육

마. 자연 탐구
- 주변의 자연물을 탐색하는 호기심 교육
- 자연과 환경의 변화와 문제에 관심 가지는 창의성 교육
- 우리 동네의 동식물과 환경에 관심을 가지는 환경교육

● 교과 운영

시간운영	요일	월	화	수	목	금
교육과정	08:40~10:20	• 등원 및 자유놀이 활동 • 간식 • 정리 및 자유놀이 평가				
	10:20~11:00	• 대, 소집단 활동 (이야기나누기, 미술, 게임 및 신체표현, 관찰, 음악, 동시, 동화, 동극 등)				
	11:00~11:30	• 바깥놀이 활동 (모래놀이, 놀이터 놀이, 자전거 타기, 신체활동, 자연관찰, 산책, 맨발걷기, 자연사랑)				
	11:30~12:00	• 점심식사 (식판 정리, 이닦기, 휴식)				
	11:20~12:40	• 기본생활습관, 인성교육, 생활·안전교육 • 자연사랑 녹색성장교육(실내 놀이) • 방과후 과정 활동 준비				

	12:40~13:00	• 인사 나누기, 오전 놀이활동 나누기
방과후 과정	13:00~14:00	• 신체활동/실외활동(자전거타기, 실외 놀이터, 모래놀이, 등)
	14:00~14:30	• 간식 및 휴식
	14:30~15:20	• 특성화 활동 및 대·소집단활동 • 특색놀이/동화책 읽기/의사소통 및 자연탐구놀이
	15:20~16:00	• 실내 자유선택놀이(실내 놀이터 등)
	16:00~16:30	• 기본생활습관지도/인성교육/생활·안전교육/EBS 교육방송시청

● **교육활동**

- 놀이 경험을 통해 성장할 수 있도록 다양한 체험학습 실시
- 유·초 이음학기 운영을 통한 교육의 효율성 및 유아의 안정적 적응 도모

자연사랑 지역사랑 생태 체험교육

다양한 공간을 활용한 신체활동 프로그램 운영

유·초 이음교육 실시

감성 놀이를 통한 예술 교육

제 3 장 거창교육의 주체

거창유치원
居昌幼稚園

2005년

2024년

개원	2005년 3월 15일 거창유치원 개원
위치	경상남도 거창군 거창읍 거열로4길 235
구분	공립 병설
학급편성 및 원생 수	10학급 146명(남 70명, 여 76명)

● **교육목표(원훈)**

건강하고 예절 바르며 창의적인 어린이

● **유치원 상징**

원표

원화(목련)

원목　　　　　　　　　　　원가

● 유치원 발자취 및 연혁

- 2005. 1. 12. 거창유치원 설립 인가(7학급)
- 2005. 3. 1. 초대 우영혜 원장 부임
- 2005. 3. 15. 거창유치원 개원
- 2005. 3. 15. 거창유치원 제1회 입학(7학급 176명)
- 2016. 3. 1. 특수학급 1학급 증설(총 10학급)
- 2024. 3. 4. 제20회 입학(10학급 146명)

● 대표 시설

놀이터

잔디운동장

제 3 장 거창교육의 주체

● 유치원 현황

가. 학급편성 및 원아 현황(2024)

원아 현황	3세	4세	5세	총인원	학급편성	3세	4세	5세	특수학급	총 학급수
남	20	23(1)	33(4)	146	학급수	2	3	3	2	10(2)
여	8	31(2)	31(1)							
계	28	54(3)	64(5)							

나. 교직원 수(2024)

구분 성별	원장	원감	교사	일반직	계
남	·	·	·	·	·
여	1	1	23	10	35
계	1	1	23	10	35

다. 시설 현황(2024)

용도별	교실	원장실	교무실	행정실	참관실	교사 휴게실	자료실	모임방(강당)	영양사실	맛나방(급식실)	화장실	책 보는 방	창고
수량	10	1	1	1	4	1	1	1	1	1	10	1	2

교지면적(㎡)	총면적	교사면적	종합놀이터	모래놀이장	텃밭	창고
	8,374	2,032	6,726.05	246.5	324.45	45

● 유치원 졸업 현황: 총 1,534명(19회)

회별	졸업일자	졸업원아수(명)	회별	졸업일자	졸업원아수(명)
1	2006. 2. 16.	120	11	2016. 2. 17.	78
2	2007. 2. 16.	97	12	2017. 2. 16.	78
3	2008. 2. 16.	98	13	2018. 2. 14.	78
4	2009. 2. 14.	105	14	2019. 2. 19.	78
5	2010. 2. 19.	71	15	2020. 2. 18.	72
6	2011. 2. 18.	73	16	2021. 2. 10.	72
7	2012. 2. 17.	70	17	2022. 2. 10.	72
8	2013. 2. 17.	73	18	2023. 2. 10.	72
9	2014. 2. 18.	84	19	2024. 2. 16.	60
10	2015. 2. 13.	83	총 졸업원아 수		1,534

● 역대 원장

대수	성명	재임기간	대수	성명	재임기간
1	우영혜	2005. 3. 1.~2008. 8. 31.	6	허정숙	2017. 3. 1.~2018. 8. 31.
2	김숙희	2008. 3. 1.~2010. 2. 28.	7	우영혜	2018. 9. 1.~2022. 8. 31.
3	우영혜	2010. 3. 1.~2014. 2. 28.	8	박은좌	2022. 9. 1.~2024. 2. 29.
4	정성남	2014. 3. 1.~2016. 2. 29.	9	정경윤	2024. 3. 1.~2025. 2. 28.
5	박현자	2016. 3. 1.~2017. 2. 28.	10	박경숙	2025. 3. 1. ~

● 교육과정

원훈	건강하고 예절 바르며 창의적인 어린이
비전	**민주적**이고 **행복한** 교육 공동체

교육상	유치원	원아	교사	학부모
	배움이 즐겁고 신뢰받는 유치원	놀이로 자라는 창의적인 어린이	사랑이 넘치며 스스로 연구하는 교사	올바른 자녀 교육관으로 신뢰하는 학부모

거 창 유치원

영역별 교육목표	**거**창한 어린이	**창**의적인 어린이	**유**연한 어린이
	즐겁게 뛰어노는 건강한 어린이	예술과 자연을 즐기고 표현하는 어린이	서로 도우며 더불어 사는 어린이

중점교육

- 교육 공동체와 함께 만들어 가는 교육과정
- 10대 덕목 실천 인성교육 기본생활습관교육
- 다양한 프로그램으로 놀이하는 방과후 과정
- 위기대응능력을 기르는 안전교육

(행복교육)

특색교육
1. 자연과 함께 하는 바깥놀이
2. 예술과 함께 하는 연극놀이

거창교육 100년사

● **교육활동**

- 지역사회 연계 자연체험활동, 환경교육, 가족 참여 프로그램 운영
- 지역 유아교육의 선도적 역할 담당

2005년 가을운동회

2006년 노인요양병원 방문

2007년 부모 참여수업

2020년 나라 사랑, 충혼탑 참배

2022년 학예발표회

2024년 깍두기 담그기

2024년 중촌마을 경로당 방문

2024년 학부모 수업나눔

2024년 생존수영

2024년 사천 아쿠아리움 견학

2024년 체력 쑥쑥 큰 데이

2024년 연극 수업

세종유치원
世宗幼稚園

2009년

2024년

개원	2006년 3월 2일 세종유치원 개원
위치	경상남도 거창군 거창읍 운정1길 41
구분	사립 단설
학급편성 및 원생 수	5학급 99명(남 40명, 여 59명)

● **교육목표(원훈)**

건강한 어린이 / 슬기로운 어린이 / 예의 바른 어린이

● **연혁**

- 2006. 3. 2.   개원(5학급)
- 2006. 9. 1.   류영이 원장 취임
- 2011. 3. 2.   제8회 입학식
- 2012. 8.   미국 AMS member school 인가
- 2020. 2. 18. 제16회 졸업식
- 2020. 11. 27. 행정안전부 지진 안전시설 인증
- 2024. 3. 4.   제21회 입학식(남 40명, 여 59명)

● 유치원 현황

가. 학급편성 및 학생 수(2024)

반명 성별	태양반	수성반	목성반	토성반	금성반	계	방과후	계
남	9	8	8	8	7	40	40	40
여	12	12	12	11	12	59	59	59
계	21	20	20	19	19	99	99	99

나. 직원 현황(2024)

구분 성별	이사장	원장	원감	교사	행정실	방과후교사	업무 보조원	계
남	1	·	·	·	·	·	·	1
여	·	1	1	5	·	2	1	10
계	·	1	1	5	·	2	1	11

● 교육과정

노력중점	추진내용
몬테소리교육과정 운영의 내실화	어린이의 발달과정에 맞는 교재 교구활동 및 원아관찰
기본생활습관의 체질화	예절교육의 중점 지도 및 기본생활습관의 생활화
만 3,4,5세 누리과정 운영의 내실화	만 3, 4, 5세에게 필요한 기본 능력과 바른 인성을 기르고, 민주시민의 기초를 형성하는 것을 목적으로 누리과정에 따른 영역별 교재 및 교구의 활용

● 교육활동

2019년 운동회

2010년 교실 모습

2024년 아나바다 활동

2024년 교실 모습

아림유치원
娥林幼稚園

2005년

2024년

개원	2006년 10월 17일 아림유치원 개원
위치	경상남도 거창군 거창읍 공수들 7길 45
구분	사립 단설
학급편성 및 원생 수	8학급 191명(남 102명, 여 89명)

● **교육목표(원훈)**

예의 바르고 건강한 어린이 / 연구하는 교사 / 격려하는 부모님

● **유치원 상징**

원표

원화(무궁화)

원목	원가

● **유치원의 발자취 및 연혁**

- 2006. 10. 17. 아림유치원 개원(7학급)
- 2024. 3. 4. 제18회 입학(8학급 191명)

● **시설 현황(2024)**

교실	놀이 공간

● 유치원 현황

가. 학급편성 및 원아 현황(2024)

원아 현황	3세	4세	5세	총인원	학급편성	3세	4세	5세	혼합반	총 학급수
남	19	42	41	191	학급수	2	3	3	·	8
여	19	33	37							
계	38	75	78							

나. 직원 현황(2024)

성별 \ 구분	원장	원감	교 사	방과후과정 강사	봉사자	계
남	·	·	·	2	·	2
여	1	·	8	4	3	16
계	1	·	8	6	3	18

● 유치원 졸업 현황: 총 918명(17회)

회 별	졸업일자	졸업원아수(명)	회 별	졸업일자	졸업원아수(명)
1	2008. 2. 21.	50	10	2017. 2. 21.	60
2	2009. 2. 21.	73	11	2018. 2. 20.	60
3	2010. 2. 22.	70	12	2019. 2. 19.	58
4	2011. 2. 19.	60	13	2020. 2. 18.	54
5	2012. 2. 22.	60	14	2021. 2. 21.	29
6	2013. 2. 20.	60	15	2022. 2. 21.	30
7	2014. 2. 21.	64	16	2023. 2. 21.	30
8	2015. 2. 14.	62	17	2024. 2. 21.	38
9	2016. 2. 19.	60	총 졸업원아 수		918

● 역대원장

대수	성명	재임기간
1	김광숙	2006. 10. 17.~

● **교육과정**

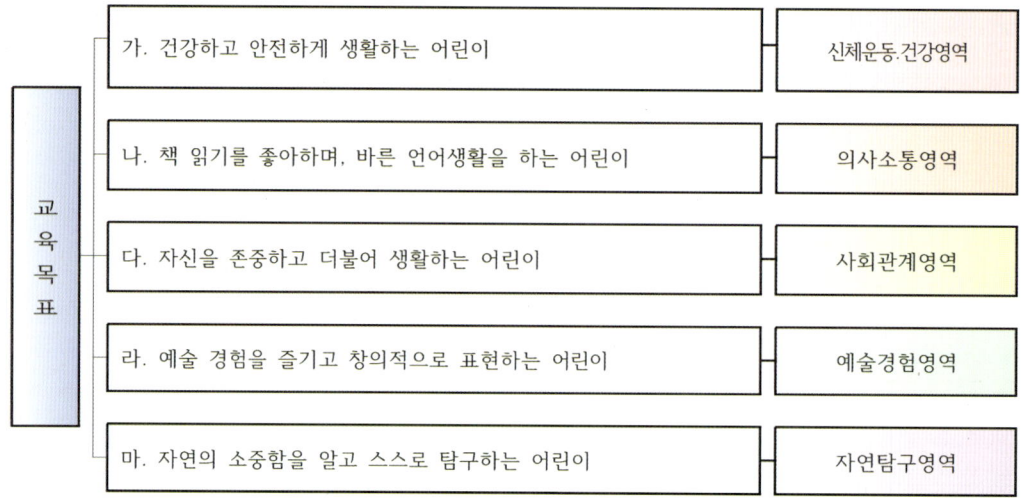

● **교육활동**

원어민과 함께 다문화 수업

할로윈데이 행사

제 3 장 거창교육의 주체

요리 활동

지역사회 영화 관람

우리는 발표 스타

아림예술제 거리 퍼레이드

우체국 견학

추석 행사

2챕
초등학교

거창교육 100년사

가북초등학교
加北初等學校

1999년

2024년

개교	1927년 10월 13일 가북공립보통학교 개교
위치	경상남도 거창군 가북면 가북로 628
구분	공립

● 교육목표

따뜻한 마음으로 실력을 키우며 함께 자라는 어린이

● 학교의 발자취 및 연혁

1927년 10월 13일 가북공립보통학교로 개교, 삼상웅태랑(三上熊太郎) 교장이 부임하였으며, 7~12세 되는 학도를 모집하여 4년제 보통 교육을 시작하였다. 4년제 교과과정은 수신(修身), 국어(日本語), 한문(漢文), 조선어(朝鮮語), 산술(算術), 도화(圖畫), 체조(體操), 창가(唱歌) 및 3·4학년에 농업(農業), 이과(理科) 추가 등으로 구성되었으며 성적은 갑(甲), 을(乙), 병(丙), 3단계(段階)로 평정하였다.

1932년 3월, 42명이 최초 졸업하였고, 1945년 9월 24일 가북국민학교로 개칭하였으며, 1963년 10월 27일 가북면 우혜리 소재 어인분교장이 개교하였고, 1981년 3월 9일 가북국민학교병설유치원이 개원하였다.

1993년 3월 1일 어인분교가 통폐합되었고, 1994년 3월 1일 중촌분교가 가북국민학교로 통폐합되었다. 그리고, 1997년 3월 1일 용암, 개금분교가 가북초등학교로 통폐합되었다.

2024년 10월 현재 개교 이래 가북초등학교는 97주년을 맞이하게 되었고, 2023학년도 제93회 졸업생 2명을 포함하여 총 3,432명의 학생이 졸업하였다.

- 1981. 3. 9.   가북국민학교병설유치원으로 1학급 설립 인가
- 1927. 10. 13. 가북공립보통학교 개교
- 1945. 9. 24. 가북국민학교로 개칭
- 1963. 10. 27. 어인분교장 개교
- 1981. 3. 9.   가북국민학교병설유치원 개원
- 1988. 3. 1.   중촌초등학교 본교 분교장으로 편입
- 1993. 3. 1.   어인분교장 통폐합
- 1994. 3. 1.   중촌분교장 통폐합
- 1994. 9. 1.   용암초등학교 본교 분교장으로 편입
- 1996. 3. 1.   가북초등학교로 개칭
- 1997. 3. 1.   용암, 개금 분교장 통폐합
- 2024. 2. 8.   제93회 졸업식(총3,432명)

● 옛 모습

1960년대 학교 전경

1960년대 수업 모습

1960년대 등교 모습

● 학교상징

교기

교표

교가
작곡 김태근
작사 김태근

교목(이팝나무)

교화(모란)

● 대표시설

도서실

다목적실

식생활교육관

● 연도별 졸업생 수: 총 3,432명(93회)

회별	졸업일자	졸업생수	회별	졸업일자	졸업생수	회별	졸업일자	졸업생수
1	1932. 3.	42	33	1964. 2. 15.	66	65	1996. 2. 20.	18
2	1933. 3. 19.	19	34	1965. 2. 18.	102	66	1997. 2. 20.	16
3	1934. 3. 19.	16	35	1966. 2. 18.	84	67	1998. 2. 20.	11
4	1935. 3. 20.	10	36	1967. 2. 20.	88	68	1999. 2. 20.	10
5	1936. 3. 20.	15	37	1968. 2. 15.	81	69	2000. 2. 20.	8
6	1937. 3. 25.	9	38	1969. 2. 22.	70	70	2001. 2. 22.	12
7	1938. 3. 20.	14	39	1970. 3. 18.	85	71	2002. 2. 22.	11
8	1939. 3. 24.	19	40	1971. 2. 18.	96	72	2003. 2. 20.	4
9	1940. 3. 20.	35	41	1972. 2. 19.	93	73	2004. 2. 20.	7
10	1941. 3. 19.	31	42	1973. 2. 21.	107	74	2005. 2. 19.	7
11	1942. 3. 19.	31	43	1974. 2. 19.	112	75	2006. 2. 18.	4
12	1943. 3. 24.	26	44	1975. 2. 15.	87	76	2007. 2. 14.	6
13	1944. 3. 24.	35	45	1976. 2. 16.	86	77	2008. 2. 16.	3
14	1945. 3. 25.	39	46	1977. 2. 15.	98	78	2009. 2. 17.	0
15	1946. 6. 27.	24	47	1978. 2. 18.	88	79	2010. 2. 18.	7
16	1947. 7. 11.	35	48	1979. 2. 15.	91	80	2011. 2. 17.	5
17	1948. 7. 20.	36	49	1980. 2. 19.	74	81	2012. 2. 17.	8
18	1949. 7. 21.	34	50	1981. 2. 20.	74	82	2013. 2. 15.	3
19	1950. 5. 10.	55	51	1982. 2. 20.	66	83	2014. 2. 28.	6
20	1951. 7. 15.	32	52	1983. 2. 20.	51	84	2015. 2. 16.	3
21	1952. 3. 26.	52	53	1984. 2. 20.	43	85	2016. 2. 17.	2
22	1953. 3.	32	54	1985. 2. 20.	45	86	2017. 2. 15.	6
23	1954. 3. 25.	39	55	1986. 2. 20.	39	87	2018. 2. 13.	4
24	1955. 3. 19.	39	56	1987. 2. 20.	39	88	2019. 2. 14.	3
25	1956. 3.	36	57	1988. 2. 22.	33	89	2020. 2. 13.	4
26	1957. 3. 20.	28	58	1989. 2. 20.	34	90	2021. 2. 10.	6
27	1958. 3. 19.	43	59	1990. 2. 20.	24	91	2022. 2. 28.	6
28	1959. 3. 17.	46	60	1991. 2. 20.	24	92	2023. 1. 12.	2
29	1960. 3. 24.	85	61	1992. 2. 20.	33	93	2024. 2. 8.	2
30	1961. 3. 20.	70	62	1993. 2. 20.	18	총 졸업생 수		3,432
31	1962. 2. 10.	50	63	1994. 2. 20.	21			
32	1963. 2. 19.	91	64	1995. 2. 20.	27			

● 역대교장

대수	성명	재임기간	대수	성명	재임기간
1	三上熊太郞	1927. 8. 26.~1929. 6. 17.	18	김병영	1990. 3. 1.~1995. 2. 28.
2	福田永臧	1929. 6. 18.~1935. 3. 30.	19	김철수	1995. 3. 1.~1998. 2. 28.
3	平山恒雄	1935. 3. 31.~1938. 6. 24.	20	어윤한	1998. 3. 1.~2000. 2. 28.
4	紫和彌男	1938. 11. 19.~1942. 5. 25.	21	조덕명	2000. 3. 1.~2002. 8. 31.
5	천북동	1942. 5. 26.~1945. 9. 24.	22	이권국	2002. 9. 1.~2004. 2. 29.
6	김태근	1945. 12. 31.~1950. 6. 25.	23	김학준	2004. 3. 1.~2007. 8. 31.
7	전재형	1950. 6. 26.~1952. 9. 14.	24	박성채	2007. 9. 1.~2009. 2. 28.
8	박병열	1952. 9. 15.~1954. 4. 23.	25	강효윤	2009. 3. 1.~2010. 8. 31.
9	김용하	1954. 4. 24.~1959. 5. 28.	26	신계성	2010. 9. 1.~2012. 8. 31.
10	허쌍춘	1959. 5. 29.~1960. 9. 27.	27	정남석	2012. 9. 1.~2015. 2. 28.
11	전재형	1960. 9. 28.~1969. 6. 20.	28	김석순	2015. 3. 1.~2015. 12. 24.
12	윤동수	1969. 6. 21.~1972. 8. 31.	29	이영대	2016. 3. 1.~2017. 8. 31.
13	전재형	1972. 9. 1.~1977. 8. 31.	30	전영태	2017. 9. 1.~2019. 2. 28.
14	최상희	1977. 9. 1.~1979. 2. 28.	31	장재영	2019. 3. 1.~2022. 2. 28.
15	오춘근	1979. 3. 1.~1984. 8. 31.	32	김성원	2022. 3. 1.~2023. 8. 31.
16	오기한	1984. 9. 1.~1988. 2. 29.	33	정연승	2023. 9. 1.~2025. 2. 28.
17	오춘근	1988. 3. 1.~1990. 2. 28.	34	정연용	2025. 3. 1.~

● 학교현황

가. 학급편성 및 학생 수(2024)

구분		1학년	2학년	3학년	4학년	5학년	6학년	계
학급수		1	1	1	1	1	1	6
학생수 (명)	남	3	3	2	·	2	1	11
	여	2	1	1	1	1	2	8
계		5	4	3	1	3	3	19

나. 교직원 수(2024)

구분	교장	교감	초등교사			유치원 교사	유치원 방과후교사	일반직	교육 공무직	계
			남	여	계					
인원	1	1	3	5	8	1	1	4	5	21

다. 학교시설 현황(2024)   (규모 단위 : ㎡)

구분	교지	건물	운동장	실습지
규모	13,263	926	7,101	4,585

제 3 장 거창교육의 주체

● 교육과정

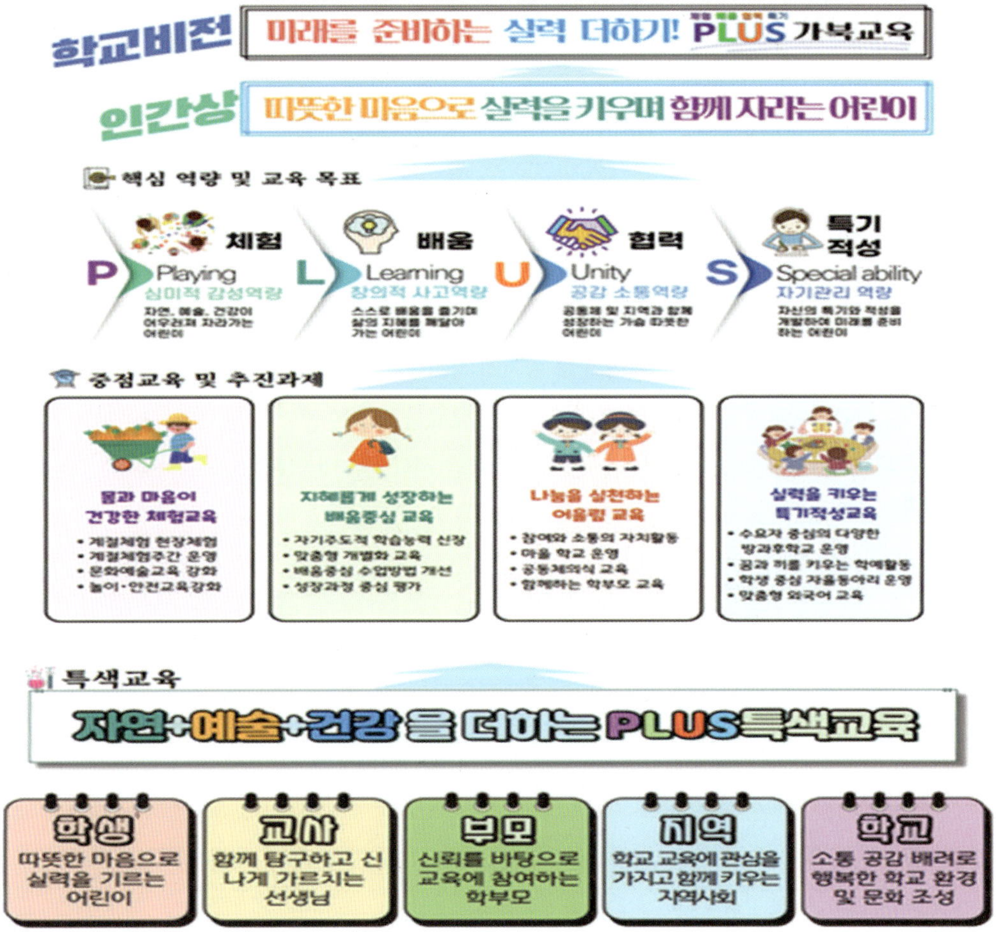

● 교육활동

가. 주요행사

1980년 가을운동회   2010년 운동회   2000년 특기 재능 발표회

2011년 학예발표회 · 2011년 이팝나무 축제 · 2024년 5월의 눈꽃 이팝나무 축제

나. 교육활동과 영광의 순간

- 1990년 교육본질추구 종목에서 우수학교 선정, 경상남도교육위원회교육감의 표창 수상
- 1994년 건전한 생활 기풍 진작과 지역 교육 발전에 기여 경상남도교육감의 표창 수상
- 1999년도 학교체육활동 우수학교로 선정, 경상남도교육감 표창 수상
- 2016년 제10회 이주홍어린이문학 공모전, 3학년 학생 저학년부 대상(경상남도교육감상) 수상
- 「어린이문예상」 2017년 5학년 운문부 최우수상, 2019년 2학년 운문부 최우수상 수상
- 2021년 경남 초·중학생 종합체육대회 배드민턴 여초(군부) 3위, 태권도(34kg~38kg) 남초(군부) 3위

다. 학교특색

제 3 장 거창교육의 주체

가조초등학교
加祚初等學校

1970년

2024년

개교	1922년 4월 1일 가조공립보통학교 개교
위치	경상남도 거창군 가조면 가조가야로 1087
구분	공립

● 교육목표

꿈과 사랑을 키워 가는 가조어린이

● 학교의 발자취 및 연혁

  1922년 4월 가조보통공립학교로 개교, 일본인(日本人) 교장이 부임하였으며, 4년제 보통교육을 시작하였다. 1927년 4월 1일 6년제 개편되었고, 1938년 4월 1일 가조공립심상소학교로 개칭, 1941년 4월 1일 가조국민학교로 개칭하였다. 1945년 광복을 맞이하며, 한국인 교장(1945. 12.)이 처음으로 부임하였다.

  1981년 1월 병설유치원이 인가(2학급)되었고, 1983년 3월 특수학급(1학급)이 인가되었다. 1992년 3월 도리분교장 통폐합, 1996년 3월 가산분교장을 통폐합하였으며, 가조초등학교로 개칭하였다. 1999년 3월 석강초등학교를 통폐합하였고, 2024년 10월 현재 제32대 교장 부임, 6학급 편성, 학생 수 40명으로 개교 이래 101주년을 맞이하게 되었다.

- 1922. 4. 1. 가조공립보통학교(4년제) 개교
- 1927. 4. 1. 6년제 개편
- 1938. 4. 11. 가조공립심상소학교로 개칭
- 1941. 4. 1. 가조국민학교로 개칭
- 1981. 1. 31. 병설유치원(2학급) 인가
- 1983. 3. 1. 특수학급인가(1학급)
- 1991. 3. 1. 도 지정 체육과 시범학교 운영(2년)
- 1992. 3. 1. 도리분교장 병합
- 1996. 3. 1. 가조초등학교로 개칭, 가산분교장 병합
- 1999. 9. 1. 석강초등학교 병합
- 2000. 12. 29. 현대화 시설 사업으로 전 교사 준공
- 2001. 3. 1. 에너지절약 실험학교 운영(1년)
- 2006. 3. 1. 도 연극시범학교 운영(2년)
- 2009. 3. 1. 농산어촌 연중 돌봄 학교 운영(3년)
- 2012. 3. 1. 농어촌 전원학교 B형 운영(3년)
- 2021. 2. 1. 가상현실 스포츠실, 실내 안심 놀이터, 어린이도서관 구축
- 2021. 3. 1. 경남형 학교 공간혁신모델 구축 사업 운영
- 2023. 9. 1. 제32대 김동섭 교장 부임
- 2024. 2. 8. 제100회 졸업(총 졸업생 수 9,927명)

● 옛 모습

1962년 조회 광경

1978년 교실 모습

1980년 학교 전경

● 학교상징

교기　　　교표　　　교가

교목(향나무)　　　교화(목련)

● 대표시설

 학교공간혁신 사업을 통해 새롭게 탄생한 오름놀이터(복합문화공간), 테마방(레고방, 보드게임방, 수다방 등), 상상놀이터(메이킹 공방), 소담카페 등 멋진 학교 공간에서 즐겁게 생활하며 꿈과 사랑, 자율성과 창의성을 키워가고 있다.

오름놀이터

안심놀이터

VR실(방과후 골프)

● 연도별 졸업생 수: 총 9,927명(100회)

회별	졸업일자	졸업생수	회별	졸업일자	졸업생수	회별	졸업일자	졸업생수
1	1925.	58	35	1959. 3. 18.	114	69	1993. 2. 18.	87
2	1926.	72	36	1960. 3. 29.	196	70	1994. 2. 21.	67
3	1927.	32	37	1961. 3. 22.	212	71	1995. 2. 20.	81
4	1928.	29	38	1962. 2. 20.	166	72	1996. 2. 22.	72
5	1929.	24	39	1963. 2. 18.	251	73	1997. 2. 22.	72
6	1930.	21	40	1964. 2. 18.	179	74	1998. 2. 20.	56
7	1931.	23	41	1965. 2. 18.	357	75	1999. 2. 13.	53
8	1932.	29	42	1966. 2. 16.	243	76	2000. 2. 19.	54
9	1933.	51	43	1967. 2. 21.	213	77	2001. 2. 20.	44
10	1934.	29	44	1968. 2. 15.	231	78	2002. 2. 20.	48
11	1935.	33	45	1969. 2. 25.	202	79	2003. 2. 21.	98
12	1936.	39	46	1970. 2. 17.	160	80	2004. 2. 20.	39
13	1937.	56	47	1971. 2.	220	81	2005. 2. 18.	36
14	1938.	46	48	1972. 2. 18.	239	82	2006. 2. 17.	44
15	1939. 3. 23.	66	49	1973. 2. 17.	216	83	2007. 2. 16.	30
16	1940. 3. 21.	69	50	1974. 2. 15.	200	84	2008. 2. 16.	36
17	1941. 3. 25.	66	51	1975. 2. 18.	229	85	2009. 2. 17.	26
18	1942. 3. 25.	55	52	1976. 2. 17.	202	86	2010. 2. 12.	35
19	1943. 3. 25.	58	53	1977. 2. 16.	212	87	2011. 2. 19.	28
20	1944. 3. 25.	132	54	1978. 2. 16.	171	88	2012. 2. 16.	26
21	1945. 3. 24.	141	55	1979. 2. 16.	207	89	2013. 2. 15.	32
22	1946. 6. 25.	102	56	1980. 2. 20.	162	90	2014. 2. 14.	22
23	1947. 7. 13.	98	57	1981. 2. 20.	139	91	2015. 2. 13.	26
24	1948. 7. 16.	122	58	1982. 2. 19.	165	92	2016. 2. 17.	22
25	1949. 7. 20.	129	59	1983. 2. 19.	138	93	2017. 2. 16.	23
26	1950. 5. 6.	169	60	1984. 2. 24.	125	94	2018. 2. 14.	14
27	1951. 3.	133	61	1985. 2. 18.	147	95	2019. 2. 15.	16
28	1952. 3. 31.	148	62	1986. 2. 20.	127	96	2019. 12. 31.	21
29	1953. 3. 23.	101	63	1987. 2. 20.	111	97	2021. 2. 9.	18
30	1954. 3. 23.	117	64	1988. 2. 22.	103	98	2022. 2. 8.	11
31	1955. 3. 21.	142	65	1989. 2. 20.	93	99	2023. 2. 10.	18
32	1956. 3. 17.	113	66	1990. 2. 20.	100	100	2024. 2. 8.	11
33	1957. 3.	82	67	1991. 2. 20.	72	총 졸업생 수		9,927
34	1958. 3. 29.	117	68	1992. 2. 19.	95			

제 3 장 거창교육의 주체

● 역대 교장

대수	성명	재임기간	대수	성명	재임기간
1	條原重雄	1922.3.~1926.3.	17	김재천	1984. 9. 1.~1990. 2. 28.
2	三上熊太郎	1926.3.~1929.4.	18	최진근	1990. 3. 1.~1993. 2. 28.
3	菊池卯十郎	1929.4.~1931.3.	19	양재윤	1993. 3. 1.~1995. 8. 31.
4	見浩野	1931.3.~1937.3.	20	임한섭	1995. 9. 1.~1999. 8. 31.
5	白武菊市	1937.3.~1945.4.	21	곽인섭	1999. 9. 1.~2002. 2. 28.
6	이명세	1945. 12. 31.~1946. 8. 30.	22	정창덕	2002. 3. 1.~2004. 2. 29.
7	이기영	1946. 8. 31.~1948. 5. 29.	23	이권국	2004. 3. 1.~2007. 2. 28.
8	이주영	1948. 5. 30.~1954. 4. 28.	24	이준형	2007. 3. 1.~2008. 2. 29.
9	김수용	1954. 4. 29.~1957. 5. 24.	25	신원범	2008. 3. 1.~2010. 8. 31.
10	노수용	1957. 5. 25.~1958. 9. 11.	26	서억섭	2010. 9. 1.~2013. 2. 28.
11	전재형	1958. 11. 3.~1960. 9. 27.	27	고수석	2013. 3. 1.~2014. 8. 31.
12	이현정	1960. 9. 28.~1962. 3. 8.	28	염석일	2014. 9. 1.~2016. 8. 31.
13	김순명	1962. 3. 9.~1967. 1. 20.	29	정동환	2016. 3. 1.~2019. 8. 31.
14	이창우	1967. 1. 21.~1972. 8. 31.	30	임채열	2019. 9. 1.~2021. 8. 31.
15	이강제	1972. 9. 1.~1979. 2. 28.	31	천진숙	2021. 9. 1.~2023. 8. 31.
16	하봉균	1979. 3. 1.~1984. 8. 31.	32	김동섭	2023. 9. 1.~

● 학교현황

가. 학급편성 및 학생 수(2024)

구분		1학년	2학년	3학년	4학년	5학년	6학년	계
학급수		1	1	1	1	1	1	6
학생수 (명)	남	3	4	3	2	5	4	21
	여	·	4	3	6	1	5	19
계		3	8	6	8	6	9	40

나. 교직원 수(2024)

구분	교장	교감	교사			보건교사	유치원교사	스포츠강사	원어민강사	일반직	기타	합계
			남	여	계							
인원	1	1	3	4	7	1	1	1	1	5	11	29

다. 학교시설 현황(2024)

구분	부지	운동장	정규교실	돌봄교실	교사연구실	유치원교실	교무실	교장실	행정실	숙직실	급식소	도서관	과학실
수량	21,913	18,466	6	2	1	2	1	0.5	0.5	0.5	1	1	1

구분	컴퓨터실	음악실	피아노교실	VR체험실	영어체험실	시청각실	실내놀이터	역사관	보건실	기사실	체육관	통학버스
수량	1	1	1	1	1.5	1	1	1	0.5	0.5	1	2

● 교육과정

인간상: 꿈과 사랑을 키워가는 가조어린이

교육목표
- Smart: 새롭게 생각하고 배움을 즐기는 어린이
- Talent: 꿈과 끼를 가꾸며 도전하는 어린이
- Active: 건강한 몸과 마음으로 바르게 행동하는 어린이
- Relationship: 남을 배려하며 더불어 살아가는 어린이

핵심역량
- 지식정보처리 역량, 창의적 사고 역량
- 창의적 사고 역량, 심미적 감성 역량
- 자기관리 역량, 공동체 역량
- 협력적 소통 역량, 생태시민 역량

중점교육활동
- 기초학력보장시스템 운영
- 질문과 토론, 학생참여형 배움중심수업 활성화
- 행복한 독서문화 조성
- 감성 증진 문화예술교육
- 진로교육 내실화
- 창의융합 인재양성 미래교육
- 꿈끼가득 방과후학교 운영
- 체육교육·놀이문화 활성화
- 다양한 체험활동
- 보건/영양교육 강화
- 안전한 학교 조성
- 공감 배려로 실천·체험하는 인성교육
- 민주시민교육 활성화
- 학생 자치 활성화
- 지속가능 생태전환교육

중점교육
1. 자기주도적 학력 신장 프로그램 운영
2. 건강·감성·꿈을 키우는 체육교육·놀이활동
3. 참여와 존중의 민주시민교육
4. 거창미래교육지구 마을 연계 교육과정

특색교육
- 특색 1: 생태 감수성을 기르는 텃밭 교육
- 특색 2: 우리 얼을 세우는 훈민정음 교육

제 3 장 거창교육의 주체

● 교육활동

가. 주요행사

1972년 입학식

1974년 6학년 졸업여행

1995년 봄소풍

1995년 입학식

2022년 운동회

2023년 학예발표회

1957년 제33회 졸업기념

1973년 반별 졸업사진

1973년 반별 졸업사진

나. 교육활동과 영광의 순간

- 1999년 제10회 거창 학생 예술제 행사 무용 부문 대상 수상
- 2001년 제33회 아림예술제 풍물부문 우수상 수상
- 2005년 제13회 겨울연극제 초등부 단체 대상

- 1960년, 1970년 거창군 체육대회 우승
- 1991년 거창군 소년 체육대회 배구 남자 부문 우승
- 2010년 제18회 겨울연극제에서 초등부 대상 수상
- 2013년 거창군 초등종합 학예발표대회 최우수상 수상

다. 학교특색

- 생태 감수성을 기르는 텃밭 교육
  - 마을 교사와 함께 학교 텃밭에 작물을 심고 가꾸며 직접 수확하는 과정에서 생태 감수성 신장

텃밭 활동

텃밭 활동

생태 놀이

- 우리 얼을 세우는 훈민정음 교육
  - 우리 민족 최고의 문화유산인 한글의 소중함을 깨닫고 한글을 살려 쓰는 교육 실시

훈민정음교육(1학년)

훈민정음 해례본 서문쓰기(3학년)

훈민정음교육(4학년)

제 3 장 거창교육의 주체

거창초등학교
居昌初等學校

2012년

2024년

개교	1907년 6월 1일 거창보통학교 개교
위치	경상남도 거창군 거창읍 아림로 48
구분	공립

● **교육목표**

아름다운 마음씨를 지닌 슬기롭고 건강한 어린이

● **학교의 발자취 및 연혁**

  1908년 5월 사립 거창보통학교로 개칭, 일본인 교장이 부임하였으며, 7~12세 되는 학도를 모집하여 4년제 보통 교육을 시작하였다. 1911년 5월 공립으로 인가, 6월 1일 4학년 학도들이 첫 입학식을 가짐으로써 공식적인 개교가 되었다.

  1912년 3월 남학생 18명 최초 졸업, 1915년 2월 학교를 현 위치로 이전하였고 1921년 3월 제10회까지 총 219명이 4년제 졸업을 하였다. 4년제 교과과정은 수신(修身), 국어(日本語), 한문(漢文), 조선어(朝鮮語), 산술(算術), 도화(圖畫), 체조(體操), 창가(唱歌) 및 3·4학년에 농업(農業), 이과(理科) 추가 등으로 구성되었으며 성적은 갑(甲), 을(乙), 병(丙), 3단계(段階)로 평정하였다. 1921년 4월 6년제로 인가되어 각 학년별 한 학급, 총 6학급으로 편성되었고, 교과과정은 4년제 과정에서 일본역사, 지리, 봉제 등이 5·6학년에 추가되었다.

1928년 거창읍심상소학교(居昌邑尋常小學校), 1941년 거창읍공립국민학교로 개칭, 일본 패망과 8·15광복을 맞게 되었다. 1945년 10월 거창공립국민학교로 재개교, 1946년 4월 거창국민학교로 개칭되었으며, 그 해 9월부터 의무교육이 실시되었다.

1950년 9월, 6·25한국전쟁으로 전 교사가 소실되고 학생 500여 명이 행방불명되었다. 10월 13일 1,239명으로 다시 수업을 시작하였고 그 후 학생 수는 점차 증가하여 1964년 41학급, 1974년 50학급까지 편성되었다. 1976년 3월 학생 과밀로 1~4학년 12학급을 창동국민학교로 분리하였고, 1996년 3월 1일 거창초등학교로 개칭하였다. 2004년 3월 1일 아림초등학교가 분리되었고, 2024년 12월 현재 개교 이래 118주년을 맞이하게 되었다.

- 1907. 6. 1.   거창보통학교 4년제 개교
- 1976. 3. 1.   창동국민학교 분리
- 1996. 3. 1.   거창초등학교로 개칭
- 2004. 3. 1.   아림초등학교 분리(317명)
- 2007. 8. 15. 개교 100주년 기념행사
- 2013. 3. 1.   경남교육청 발명교육 연구학교 운영(2년)
- 2014. 10. 6. 경남교육청 교육과정 우수학교 선정
- 2015. 9. 15. 전국 100대 교육과정 추천학교 선정
- 2016. 3. 1.   교육복지우선지원학교 운영(2016~2021)
- 2024. 2. 8.   제112회 졸업식 61명 졸업(총 졸업생 수 27,159명)
- 2024. 9. 1.   제28대 이영균 교장 취임

● 옛 모습

1930년대 거창공립보통학교

1964년 아침조회

1970년 거창초등학교 교문

제 3 장 거창교육의 주체

1964년 수업 모습

1970년대 가을운동회

1986년 전국소체 배구우승 카퍼레이드

● 학교상징

교기

교표

교가
작곡 윤동옥
작사 전정일

교목(전나무)

교화(목련)

(1절)
덕유산 굽이굽이 우리 거창 낳았으니
들을 끼고 물을 둘러 부모 형제 계시는 곳
우뚝 솟은 우리 학교 그 모양이 장하도다
(2절)
비가 오는 아침이나 바람 부는 저녁에도
책보 끼고 드나들며 몸과 마음 곱게 닦아
나의 재주 길러내고 나라 장차 꾸며가세
(후렴)
일백여년 파란 겪어 삼만여명 길러낸 곳
그 이름이 거창이라 천년만년 만만세

● 연도별 졸업생 수: 총 27,159명(112회)

회별	졸업일자	졸업생수	회별	졸업일자	졸업생수	회별	졸업일자	졸업생수
1-30	1942. 3. 24.	3242	58	1970. 2. 17.	427	86	1998. 2. 20.	349
31	1943. 3. 24.	339	59	1971. 2. 15.	453	87	1999. 2. 20.	265
32	1944. 3. 23.	273	60	1972. 2. 17.	475	88	2000. 2. 19.	307
33	1945.	332	61	1973. 2.000.	566	89	2001. 2. 20.	309
34	1946.	284	62	1974. 2.000.	444	90	2002. 2. 20.	298
35	1947. 7. 15.	301	63	1975. 2.000.	475	91	2003. 2. 20.	282
36	1948. 7. 21.	291	64	1976. 2. 17.	493	92	2004. 2. 13.	328
37	1949. 7. 20.	239	65	1977. 2. 15.	484	93	2005. 2. 17.	337
38	1950. 5. 5.	262	66	1978. 2. 18.	458	94	2006. 2. 15.	301
39	1951. 7. 15.	190	67	1979. 2.000.	319	95	2007. 2. 16.	233
40	1952. 3. 31.	281	68	1980. 2. 20.	305	96	2008. 2. 16.	217
41	1953. 3. 25.	209	69	1981. 2. 20.	353	97	2009. 2. 19.	187
42	1954. 3. 23.	217	70	1982. 2. 19.	320	98	2010. 2. 19.	203
43	1955. 3. 19.	226	71	1983. 2. 19.	327	99	2011. 2. 18.	186
44	1956. 3. 19.	184	72	1984. 2. 20.	340	100	2012. 2. 17.	158
45	1957. 3. 18.	212	73	1985. 2. 18.	347	101	2013. 2. 19.	169
46	1958. 3. 25.	200	74	1986. 2. 20.	327	102	2014. 2. 21.	140
47	1959. 3. 2.	250	75	1987. 2. 20.	284	103	2015. 2. 17.	115
48	1960. 2. 22.	353	76	1988. 2. 22.	313	104	2016. 2. 17.	111
49	1961. 3. 20.	362	77	1989. 2. 18.	285	105	2017. 2. 15.	96
50	1962. 2. 10.	309	78	1990. 2. 20.	285	106	2018. 2. 9.	82
51	1963. 2. 15.	323	79	1991. 2. 20.	309	107	2019. 2. 15.	74
52	1964. 3. 18.	327	80	1992. 2. 20.	371	108	2020. 1. 10.	70
53	1965. 2. 17.	418	81	1993. 2. 19.	392	109	2021. 1. 10.	62
54	1966. 2. 17.	364	82	1994. 2. 21.	396	110	2022. 1. 11.	57
55	1967. 2. 20.	443	83	1995. 2. 20.	402	111	2023. 1. 11.	59
56	1968. 2. 15.	456	84	1996. 2. 22.	402	112	2024. 2. 8.	61
57	1969. 2. 20.	489	85	1997. 2. 20.	272		총 졸업생 수	27,159

● 역대교장

대수	성명	재임기간	대수	성명	재임기간
1	전정일	1946.~1948.	15	김순현	1992. 9. 1.~1997. 2. 28.
2	최봉혁	1948.~1949.	16	박성근	1997. 3. 1.~1999. 2. 28.
3	전정일	1949.~1950.	17	정봉근	1999. 3. 1.~2002. 8. 31.
4	손재근	1950.~1952.	18	변희명	2002. 9. 1.~2005. 8. 31.
5	김수용	1952.~1954.	19	하철호	2005. 9. 1.~2007. 8. 31.
6	이계영	1954.~1956.	20	김재욱	2007. 9. 1.~2010. 2. 28.
7	전병선	1956.~1959.	21	김칠성	2010. 3. 1.~2013. 8. 31.
8	하수원	1959.~1961.	22	박명의	2013. 9. 1.~2016. 2. 29.
9	노외주	1961.~1965.	23	남병수	2016. 3. 1.~2018. 2. 28.
10	장 준	1965.~1973. 8. 31.	24	변명규	2018. 3. 1.~2020. 2. 29.
11	백성기	1973. 9. 1.~1979. 2. 28.	25	신정희	2020. 3. 1.~2022. 2. 28.
12	신기범	1979. 3. 1.~1984. 8. 31.	26	허옥화	2022. 3. 1.~2023. 2. 28.
13	이강재	1984. 9. 1.~1986. 8. 31.	27	전영태	2023. 3. 1.~2024. 8. 31.
14	김정락	1986. 9. 1.~1992. 8. 31.	28	이영균	2024. 9. 1.~

● 학교현황

가. 학급편성 및 학생 수(2024)

구분		1학년	2학년	3학년	4학년	5학년	6학년	도움반	계
학급수		1	1	1	2	2	2	2	11(2)
학생수 (명)	남	13	8(5)	13	19	13	24	5	90(5)
	여	9	10	9	13(1)	14(1)	20	2	74(2)
계		22	18	22	32	27	44	7	165(7)

나. 교직원 수(2024)

구분	교원									행정직원				교육공무직	계
	교장	교감	보직교사	교사	상담교사	특수교사	보건교사	영양교사	소계	행정직 6급	행정직 9급	조리직 9급	소계		
남	1	1	2	2	1	·	·	·	7	·	·	·	·	3	10
여	·	·	·	7	·	2	1	1	11	1	1	1	3	10	24
계	1	1	2	9	1	2	1	1	18	1	1	1	3	13	34

다. 학교시설 현황(2024)

(규모 단위 : ㎡)

시설명	교사(校舍)		체육관	운동장
	A 동	B 동		
규 모	2,794	2,768	1,038	4,950

● 교육과정

비전: 채움 · 배움 · 키움으로 꿈과 사랑이 움트는 학교

인간상: 아름다운 마음씨를 지닌 슬기롭고 건강한 어린이

교육목표:
- 정직하고 예절바른 어린이
- 슬기롭고 창의적인 어린이
- 건강하고 용기 있는 어린이

핵심역량: 자기관리 지식정보처리 창의적사고 심미적 감성 협력적 소통 공동체

- 거(鉅)창한 **채움** ※클 거, 존귀한 사람
  너와 나를 존귀하게 여기고 더불어 살아가며 소통할 수 있는 역량
- 거창(彰)한 **배움** ※밝을 창
  지성과 창의성을 빛내고 자율적으로 행동하며 학습할 수 있는 역량
- 거창한(韓) **키움** ※나라 한, 공동의 장
  함께 살아가는 공간에서 꿈과 끼를 키우고 새로운 가치를 창조할 수 있는 역량

교육전략:
- S-sharing 나눔과 공유 공동체문화
- T-thinking 사고력 증진 배움중심수업
- O-originality 창의성 계발 발명교육
- R-reading 책 읽는 문화 독서교육
- Y-yearning 꿈과 끼의 자람 문예체 교육

교육활동:

나와 네가 함께 하는 학교	학생의 배움이 일어나는 교실	꿈과 끼를 키우는 학교
• 기본생활습관과 인성교육 충실 • 폭력 없는 안전한 학교 운영 • 공동체문화 조성 민주시민교육 • 나라사랑 교육 · 봉사활동 강화	• 배움이 즐거운 교실 만들기 • 탐구 · 체험중심 창의성 교육 • 행복한 책 읽기 문화조성 • 다양성 공존 국제화·다문화 교육	• 체육교육 및 스포츠클럽 활성화 • 문화예술교육 및 연극교육 • 꿈을 키우는 특기·적성 진로교육 • 모두가 행복한 건강교육

특색교육:
융합적 사고력을 기르는 창의발명교육
인문학적 소양과 감성을 기르는 인문예술교육

● **교육활동**

가. 주요행사

- 매년 교내 체육대회와 학예 행사 개최
- 아림제 등 각종 대외 문화행사에 참가하여 무용, 기악합주, 그리기, 글짓기 부문에 우수한 성적을 거양
- 거창 지역 학교거점 오케스트라 공연 매년 실시

1989년 생활적응 수업

1996년 가을운동회

1996년 수련활동

2009년 학부모초청공개수업

2018년 수학여행

2024년 수업나눔

나. 교육활동과 영광의 순간

- 1971년 10월 제4회 문교부장관기쟁탈 전국 남녀 학생 종별 탁구대회에서 여자부 우승
- 1986년 5월 제15회 전국 소년체전에서 여자 배구부 우승
- 2024년 여자 축구부 경남소년체전 참가

다. 학교특색

- 1907년 개교 이래 117년의 전통이 있는 거창 중심지(중앙리) 소재한 학교로 경향 각지에서 동문들의 활약이 두드러짐
- 학생들의 학업과 인성교육을 위해 교육공동체가 함께 "꿈과 희망, 미래를 열어가는 학교"를 철학으로 학생들의 학업정진과 꿈의 실현을 위해 노력하고 있음
- 2006년도 창단한 관악부는 70여 명의 단원으로 시작하여 현재 지역 거점 오케스트라로 활발한 활동을 이어가고 있음
- 거점 발명교실은 지역의 창의 융합적 사고력을 기르는 역할을 수행하고 있음

2018년 만들기 활동   2010년 관악정기연주회   2023년 거점 오케스트라 공연

고제초등학교
高梯初等學校

1996년

2024년

개교	1932년 5월 1일 고제공립보통학교 개교
위치	경상남도 거창군 고제면 고제로 333
구분	공립

● 교육목표

"아이를 아이답게" 아이다움 고제교육

● 학교의 발자취 및 연혁

1932년 4월 고제면 궁항리 서당(산양마을)에서 고제공립보통학교로 4년제 인가를 받았다. 최초로 일본인 교장 '難波一郞'이 부임하였으며, 1935년 제1회 졸업생(4년제)을 배출하였고 1939년 3월 1일에 조선공립소학교령에 의하여 6년제로 개제되었으며 같은 해 4월 1일에 고제공립심상소학교로 개명하였다.

1941년 4월 1일 고제국민학교로 개명되었으며 6년제로서 최초로 제1회 졸업생을 배출하였다. 1983년 3월에 농산국민학교를 흡수 통합하였고, 1993년 3월 쌍봉국민학교 고제분교장으로 격하되었다. 1996년 쌍봉국민학교가 고제초등학교로 개명되고 쌍봉국민학교는 폐교 흡수되었다. 1998년 개명초등학교가 폐교되면서 이를 흡수 통합하였다. 1999년 3월 소사분교장을 통합 흡수하였고, 2011년 3월 벽지학교(라)로 지정되어 현재에 이르고 있다.

- 1932. 4. 15. 고제공립보통학교 설립 인가
- 1932. 5. 1. 고제공립보통학교 개교
- 1941. 4. 1. 고제국민학교로 개명
- 1983. 3. 1. 농산국민학교 흡수 통합
- 1985. 9. 1. 고제국민학교 병설유치원 개원
- 1993. 3. 1. 쌍봉국민학교 고제분교장으로 격하
- 1996. 3. 1. 쌍봉국민학교로 흡수 통합, 쌍봉, 고제초등학교로 개명
- 1998. 3. 1. 개명초등학교 흡수 통합
- 1999. 3. 1. 소사분교장 흡수 통합
- 2011. 3. 1. 벽지학교(라) 지정
- 2014. 3. 1. 예술꽃씨앗학교 선정(2014~2017)
- 2018. 3. 1. 예술꽃새싹학교 선정(2018~2019)
- 2023. 1. 5. 제88회 1명 졸업 (졸업생 누계 2,676명)
- 2023. 3. 1. 행복맞이학교 지정
- 2023. 3. 1. 5학급 편성
- 2024. 3. 1. 제38대 최환상 교장 취임

● **옛 모습**

1966년 학교내 닭장   1972년 신교사 4실 준공   1974년 중간체육

● 학교상징

교기	교표	교가

작사 미상
작곡 미상

교목(은행나무)   교화(개나리)

● 대표시설

지능형과학실

도서실

● 연도별 졸업생 수: 총 2,680명(제89회)

회별	졸업일자	졸업생수	회별	졸업일자	졸업생수	회별	졸업일자	졸업생수
1	1935. 3. 20.	25	31	1966. 2. 19.	77	61	1996. 2. 22.	1
2	1936. 3. 20.	25	32	1967. 2. 15.	70	62	1997. 2. 20.	7
3	1937. 3. 20.	28	33	1968. 2. 16.	55	63	1998. 2. 20.	6
4	1938. 3. 20.	36	34	1969. 2. 21.	94	64	1999. 2. 19.	17
5	1939. 3. 20.	28	35	1970. 2. 16.	89	65	2000. 2. 18.	13
6	1941. 3. 20.	30	36	1971. 2. 13.	59	66	2001. 2. 21.	8
7	1942. 3. 25.	39	37	1972. 2. 18.	29	67	2002. 2. 20.	10
8	1943. 3. 24.	39	38	1973. 2. 15.	73	68	2003. 2. 20.	6
9	1944. 3. 24.	1	39	1974. 2. 18.	54	69	2004. 2. 20.	7
10	1945. 3. 25.	42	40	1975. 2. 18.	58	70	2005. 2. 18.	8
11	1946. 3.	34	41	1976. 2. 17.	56	71	2006. 2. 21.	12
12	1947. 3.	39	42	1977. 2. 16.	55	72	2007. 2. 20.	6
13	1948. 3.	36	43	1978. 2. 16.	50	73	2008. 2. 22.	8
14	1949. 4. 1.	42	44	1979. 2. 16.	37	74	2009. 2. 16.	7
15	1950. 5. 5.	46	45	1980. 2. 19.	56	75	2010. 2. 10.	9
16	1951. 4. 1.	42	46	1981. 2. 20.	37	76	2011. 2. 15.	11
17	1952. 4. 1.	69	47	1982. 2. 19.	33	77	2012. 2. 14.	8
18	1953. 3. 22.	71	48	1983. 2. 19.	29	78	2013. 2. 28.	2
19	1954. 3. 24.	40	49	1984. 2. 20.	46	79	2014. 2. 12.	6
20	1955. 3. 18.	29	50	1985. 2. 18.	28	80	2015. 2. 13.	7
21	1956. 3. 20.	36	51	1986. 2. 20.	44	81	2016. 2. 18.	2
22	1957. 3. 20.	30	52	1987. 2. 20.	37	82	2017. 2. 16.	7
23	1958. 4. 1.	52	53	1988. 2. 22.	27	83	2018. 2. 14.	5
24	1959. 3. 25.	39	54	1989. 2. 20.	16	84	2019. 2. 14.	3
25	1960. 3. 23.	44	55	1990. 2. 24.	21	85	2020. 1. 3.	7
26	1961. 3. 18.	47	56	1991. 2. 20.	9	86	2021. 2. 9.	3
27	1962. 2. 10.	58	57	1992. 2. 20.	13	87	2022. 1. 5.	4
28	1963. 2. 20.	49	58	1993. 2. 20.	11	88	2023. 1. 5.	1
29	1964. 2. 15.	45	59	1994. 2. 22.	6	89	2024. 2. 7.	4
30	1965. 2. 18.	71	60	1995. 2. 18.	4	총 졸업생 수		2,680

● 역대교장

대수	성명	재임기간	대수	성명	재임기간
1	難波一郎	1932.~1933.	20	최창석	1981. 9. 1.~1986. 2. 28.
2	橘高積	1933.~1935.	21	정원상	1986. 3. 1.~1989. 2. 28.
3	宇留間敬三	1935.~1940.	22	이수균	1989. 3. 1.~1990. 2. 28.
4	原田富祐	1940.~1942.	23	하병수	1990. 3. 1.~1993. 2. 28.
5	浦田豊	1942.~1942.	24	김종옥	1996. 3. 1.~1997. 8. 31.
6	田村四市	1942.~1945.	25	김종옥	1997. 9. 1.~1999. 8. 31.
7	이시훈	1945.~1946.	26	신만식	1999. 9. 1.~2000. 2. 29.
8	이현만	1946. 12. 31.~1951. 3. 20.	27	백풍길	2000. 3. 1.~2002. 8. 31.
9	정상근	1951. 3. 20.~1953. 3. 30.	28	김효근	2002. 9. 1.~2005. 2. 28.
10	신홍재	1953. 3. 31.~1955. 7. 11.	29	임무창	2005. 3. 1.~2006. 2. 28.
11	김용운	1955. 7. 12.~1958. 9. 11.	30	정승호	2006. 3. 1.~2007. 8. 31.
12	이기영	1958. 9. 12.~1961. 8. 15.	31	신재철	2007. 9. 1.~2010. 2. 28.
13	홍판용	1961. 8. 16.~1965. 9. 19.	32	김용식	2010. 3. 1.~2011. 8. 31.
14	이병근	1965. 9. 20.~1968. 12. 10.	33	김익중	2011. 3. 1.~2015. 8. 31.
15	이석희	1968. 12. 11.~1971. 5. 31.	34	김익중	2015. 9. 1.~2016. 8. 31.
16	강우석	1971. 6. 1.~1977. 1. 15.	35	이상룡	2016. 9. 1.~2018. 8. 31.
17	김태곤	1977. 1. 16.~1979. 2. 28.	36	양용희	2018. 9. 1.~2022. 8. 31.
18	백영종	1979. 3. 1.~1980. 3. 14.	37	오정식	2022. 8. 31.~2024. 2. 29.
19	김규태	1980. 3. 15.~1981. 8. 31.	38	최환상	2024. 3. 1.~

● 학교현황

가. 학급편성 및 학생 수(2024)

구분		1학년	2학년	3학년	4학년	5학년	6학년	계
학급수		1	1	1	1	1	1	5
학생수 (명)	남	·	1	3	·	1	2	7
	여	1	1	·	2	2	·	6
계		1	2	3	2	3	2	13

나. 교직원 현황(2024)

구분	교원					일반직			기타	계
	교장	교감	담임	전담	유치원	행정실장	주무관	조리사		
남	1	·	3	1	·	·	3	·	1	9
여	·	·	2	·	1	1	·	1	7	12
계	1	0	5	1	1	1	3	1	8	21

다. 시설 현황(2024)

구분	교지(㎡)				교사(校舍)						
	부지	건평	운동장	실습지	체육관	교실	유치원	과학실	관리실	행정실	도서실
보유	11,075	1,598	9,477	589	1	5.5	1	1	1	0.5	1

● 교육과정

"아이를 아이답게" 아이다움 고제교육

핵심역량 / 교육활동

아름답다
- 심미적 감성 역량
- 공동체 역량

끼를 살려 꿈을 키워가는 어린이 [예술·스포츠]
- 꿈과 끼를 키우는 예술교육
- 체험 중심의 문화감수성 교육
- 건강한 삶을 위한 스포츠교육

이롭다
- 자기관리 역량
- 지식정보처리역량

스스로 익히고 함께 성장하는 어린이 [기초학력]
- 학생 특성에 맞는 개별 맞춤형 교육
- 문해력과 사고력을 키우는 독서교육
- 실생활 소통능력을 키우는 영어교육

다르다
- 공동체 역량
- 의사소통 역량

서로 존중하며 나눔을 실천하는 어린이 [생태체험]
- 함께 만드는 민주시민교육
- 공존을 위한 생태전환교육
- 견문을 넓히는 현장체험학습

움트다
- 창의적사고 역량
- 자기관리 역량

미래를 준비하는 창의적인 어린이 [창의진로]
- 미래역량을 키우는 미래교육
- 연대와 협력을 통한 사회적경제학습
- 마을에서 배우는 체험형 진로 교육

특색교육
- 꿈을 키우는 무지개 승마단 운영

중점교육
- 지속가능한 미래를 위한 생태전환교육 실시
- 창의와 기초·기본에 충실한 학습능력 신장

● 교육활동

가. 주요행사

- 유적지 및 환경 답사, 도시문화체험, 국제교류 등 학생들의 견문을 넓히기 위한 현장체험학습

2019년 경주 현장학습 　　　 2023년 제주도 현장학습 　　　 2024년 일본 수학여행

- 문학적 감수성을 신장하고 책과 친구가 되게 하는 다양한 독서교육

2022년 독서주간 　　　 2023년 독서주간 　　　 2024년 독서주간

- 학생들의 창의적 표현을 신장하고 예술적 감성을 키우기 위하여 연극교육

2021년 '흥부놀부' 　　　 2022년 '만복이네 떡집' 　　　 2023년 '찰리와 초콜릿 박물관'

나. 교육활동과 기여

- 2014년 경남에서 유일하게 '예술 꽃 씨앗 학교(문화예술교육진흥원)'에 선정, 3년간 약 3억원의 문화예술 예산 지원으로 문화예술체험교육을 활발하게 실시
- 2014년 거창군 '아림1004운동' 제1호 '천사학교'로 지정
- 학교특색 교육활동인 '1학생 1사과나무 기르기'로 학생들이 직접 수확한 사과 판매 수익금 전액 기부

다. 학교특색

- 몸과 마음을 건강하게 가꾸는 학생승마교육 '무지개 승마단' 운영
- 1학생 1사과나무 키우기로 경제를 배우고 실천하는 사회적 경제학습공동체 '해따지 사과나무 동아리'
- 세계시민으로서의 역량과 품성을 기르는 한-일 국제교육교류 '세계시민 STEP-UP 프로젝트'

2022년 무지개 승마단 창단

2024년 사과 판매

2024년 국제교류 활동

제 3 장 거창교육의 주체

남상초등학교
南上初等學校

2004년

2024년

개교	1923년 10월 15일 남상공립보통학교 개교
위치	경상남도 거창군 남상면 인평길 21
구분	공립

● **교육목표**

감사와 배려로 꿈을 가꾸는 어린이

● **학교의 발자취 및 연혁**

　남상초등학교는 1923년 10월 15일 남상공립보통학교로 개교하였으며, 1937년 3월 31일 수료연한이 6년으로 연장되었다. 1938년 4월 1일 남상공립심상소학교로 개칭, 1941년 4월 1일 남상공립국민학교로 개칭되었다가 1945년 9월 15일 남상국민학교로 개칭되었다.

　임불국민학교가 1937년 10월 2일에 임불간이학교로 개교, 오계초등학교가 1940년 4월 1일 남상 제2심상소학교로 개교하였다. 해방 이후에는 안의면 소속으로 춘진초등학교가 1947년 2월 21일에 개교하여 1973년 7월 1일 남상면 소속으로 되었다. 1964년 4월 1일 남상중앙초등학교가 오계초등학교 무촌분교장으로 개교, 오계국민학교 청연분교장이 1967년 3월 1일에 개교하였다.

임불국민학교가 1990년 3월 1일 남상국민학교 임불분교로 격하되었다가 1994년 3월 1일 남상국민학교에 통폐합되었으며, 청연분교장은 입학생이 없어 1996년 3월 1일 폐교되었다. 오계초등학교는 1996년 3월1일 남상중앙초등학교 오계분교장으로 격하되었다가 1998년 3월 1일 남상중앙초등학교에 통폐합되었으며, 춘진초등학교는 1990년 3월 1일 오계국민학교 춘진분교로 격하되었다가 1998년 3월 1일 남상중앙초등학교에 통폐합되었다.

1999년 9월 1일, 1면 1교 시책으로 남상중앙초등학교가 남상초등학교를 통합하였으나 동문회의 동의를 얻어 교명을 남상초등학교로 변경하고 남상초등학교의 역사를 계승하도록 하였다. 실질적인 면에서는 남상중앙초등학교가 폐교되고 남상초등학교가 대산리에서 무촌리로 소재지를 옮겨온 것과 같게 되었다. 2023년 10월 15일에 개교 100주년을 맞았으며, 11월 24일 개교 100주년 기념식을, 2024년 5월 3일에 개교100주년 기념탑 제막식을 하였다.

- 1923. 10. 15.   남상공립보통학교로 개교
- 1937. 3. 31.   수료연한 6년으로 연장
- 1938. 4. 1.   남상공립심상소학교로 개칭
- 1941. 4. 1.   남상공립국민학교로 개칭
- 1945. 9. 15.   남상국민학교로 개칭
- 1982. 3. 5.   병설유치원 개원
- 1994. 3. 1.   임불분교 남상국민학교로 통폐합
- 1996. 3. 1.   남상초등학교로 개칭
- 1999. 3. 1.   남상초등학교와 남상중앙초등학교 통합
  (교명: 남상초등학교/부지: 남상중앙초등학교)
- 2023. 10. 15.   개교 100주년
- 2023. 11. 24.   개교 100주년 기념식
- 2024. 5. 3.   개교 100주년 기념탑 제막식

제 3 장 거창교육의 주체

● 옛 모습

1995년 (구)남상초등학교 전경

1968년 재학생 수업

● 학교상징

교기

교표

교가

작사 이성영
작곡 권덕원

교목(반송)

교화(목련)

● 연도별 졸업생 수: 총 3,819명(99회)

회별	졸업일자	졸업생수	회별	졸업일자	졸업생수	회별	졸업일자	졸업생수
1	1926. 3. 22.	44	34	1959.	44	67	1992. 2. 20.	31
2	1927. 3. 21.	26	35	1960.	69	68	1993. 2. 19.	31
3	1928. 3. 9.	18	36	1961.	34	69	1994. 2. 21.	27
4	1929. 3. 25.	28	37	1962.	42	70	1995. 2. 18.	21
5	1930. 3. 25.	28	38	1963.	96	71	1996. 2. 17.	20
6	1931. 3. 25.	39	39	1964.	61	72	1997. 2. 20.	16
7	1932.	21	40	1965.	39	73	1998. 2. 20.	14
8	1933.	9	41	1966.	127	74	1999. 2. 19.	14
9	1934.	23	42	1967.	79	75	2000. 2. 18.	22
10	1935.	11	43	1968.	104	76	2001. 2. 20.	21
11	1936.	13	44	1969.	107	77	2002. 2. 21.	19
12	1937.	29	45	1970.	111	78	2003. 2. 22.	30
13	1938.	24	46	1971.	83	79	2004. 2. 20.	28
14	1939.	32	47	1972.	182	80	2005. 2. 17.	18
15	1940.	30	48	1973. 2. 15.	84	81	2006. 2. 18.	15
16	1941.	32	49	1974. 2. 18.	89	82	2007. 2. 15.	15
17	1942.	30	50	1975. 2. 18.	88	83	2008. 2. 19.	13
18	1943.	34	51	1976. 2. 18.	69	84	2009. 2. 17.	14
19	1944.	34	52	1977. 2. 15.	88	85	2010. 2. 18.	17
20	1945.	42	53	1978. 2. 18.	80	86	2011. 2. 16.	12
21	1946.	25	54	1979. 2. 16.	76	87	2012. 2. 17.	9
22	1947. 7. 15.	38	55	1980. 2. 21.	77	88	2013. 2. 22.	9
23	1948. 7. 15.	47	56	1981. 2. 20.	56	89	2014. 2. 20.	8
24	1949. 7. 21.	38	57	1982. 2. 19.	52	90	2015. 2. 13.	6
25	1950. 7. 20.	48	58	1983. 2. 19.	58	91	2016. 2. 12.	11
26	1951. 5. 10.	37	59	1984. 2. 24.	28	92	2017. 2. 10.	6
27	1952. 5. 27.	41	60	1985. 2. 18.	39	93	2018. 2. 9.	5
28	1953. 5. 27.	29	61	1986. 2. 20.	55	94	2019. 2. 14.	6
29	1954. 3. 31.	31	62	1987. 2. 23.	42	95	2020. 2. 12.	4
30	1955. 3. 20.	27	63	1988. 2. 20.	44	96	2021. 2. 10.	8
31	1956. 3. 24.	38	64	1989. 2. 20.	33	97	2022. 2. 17.	7
32	1957. 3. 19.	36	65	1990. 2. 20.	38	98	2023. 2. 16.	4
33	1958.	44	66	1991. 2. 20.	37	99	2024. 2. 8.	4

● 역대교장

대수	성명	재임기간	대수	성명	재임기간
1	다레 헤이찌	1923.4.~1925.3.	17	서재연	1979. 3. 1.~1984. 2. 29.
2	이선재	1925.4.~1928.2.	18	정순옥	1984. 3. 1.~1989. 8. 31.
3	마세라 도이시지	1928.3.~1936.2.	19	이삼우	1989. 9. 1.~1992. 8. 31.
4	가지하라 도시도	1936.3.~1942.3.	20	박성근	1992. 9. 1.~1994. 2. 28.
5	시라이 요시오	1942.4.~1943.3.	21	김석윤	1994. 3. 1.~1998. 2. 28.
6	아마구찌 노부히도	1943.3.~1946.7.	22	백홍기	1998. 3. 1.~1999. 8. 31.
7	김재만	1946. 8.~1949. 7.	23	백병기	1999. 9. 1.~2000. 8. 31.
8	신홍재	1949. 8.~1953. 7.	24	전병렬	2000. 9. 1.~2005. 2. 28.
9	정상근	1953. 8.~1955. 7.	25	김재욱	2005. 3. 1.~2008. 8. 31.
10	허쌍춘	1955. 8.~1959. 4.	26	김정룡	2008. 9. 1.~2011. 2. 28.
11	김용하	1959. 5.~1961. 9.	27	한갑수	2011. 3. 1.~2013. 2. 28.
12	김용운	1961. 10.~1962. 1.	28	정태식	2013. 3. 1.~2015. 8. 31.
13	김수용	1962. 2.~1965. 8.	29	양창호	2015. 9. 1.~2018. 2. 28.
14	이강제	1965. 9. 18.~1972. 8. 31.	30	남병수	2018. 3. 1.~2020. 2. 29.
15	신천수	1972. 9. 1.~1973. 8. 3.	31	고영기	2020. 3. 1.~2023. 2. 28
16	형시욱	1973. 9. 1.~1979. 2. 28.	32	제인식	2023. 3. 1.~

● 학교현황

가. 학급편성 및 학생 수(2024)

구분		1학년	2학년	3학년	4학년	5학년	6학년	계
학급수		1	1	1	1	1	1	6
학생수 (명)	남	2	2	2	2	4	3	15
	여	3	2	2	4	·	6	17
계		5	4	4	6	4	9	32

나. 교직원 수(2024)

구분	교원			일반직	교육공무직	계
	교장	교감	교사			
남	1	·	5	3	·	9
여	·	1	3	3	7	14
계	1	1	8	6	7	23

다. 학교시설 현황
(규모 단위 : ㎡)

시 설 명	교사(校舍)	체육관	운동장
규 모	1,543.22	669.8	16,374

● 교육과정

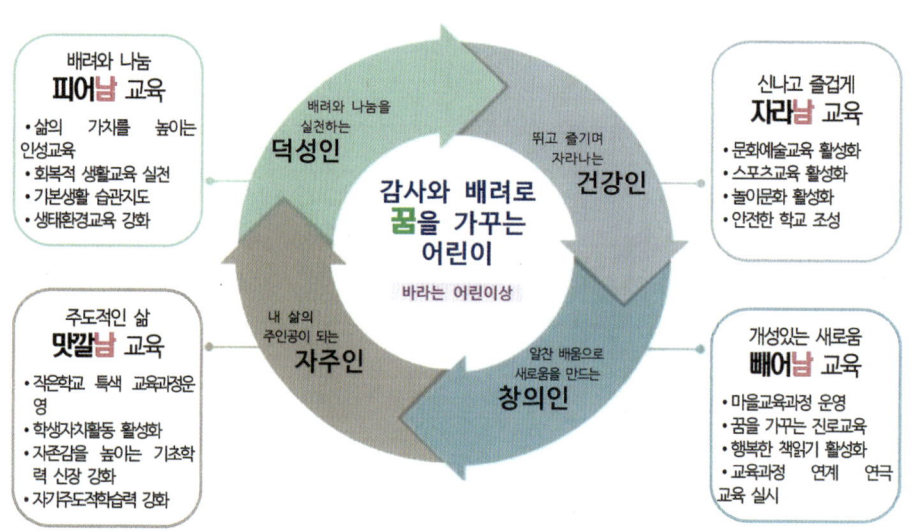

| 특색교육 | 테니스 운동을 통한 자신감 향상 |

남상교육은
피어남 교육, 맛깔남 교육, 빼어남 교육, 자라남 교육을 통하여
덕성인, 자주인, 창의인, 건강인으로서의 역량을 키우며,
~남의 상[ㄴ]향 성장으로 각자의 꿈을 가꿀 수 있도록 교육하여
나아가 미래역량을 키우는 남상배움공동체를 이루고자 한다.

● 대표시설

도서실

체육관

● 교육활동

가. 주요행사

1997년 가을운동회

2024년 봄운동회

1997년 풍물경연대회

2023년 학예발표회

나. 교육활동과 영광의 순간
2012년 테니스를 교기로 선정한 후 경상남도 초·중학생 종합체육대회에서의 성과 거양

- 2015년 남초부 1위, 여초부 1위
- 2018년, 2019년 여초부 1위
- 2021년 남초부 2위, 여초부 3위
- 2022년 남초부 3위, 여초부 2위
- 2024년 남초부 1위, 여초부 2위

다. 학교특색
- 테니스 운동을 통해 자신감을 향상시킬 수 있도록 전교생 방과후학교 테니스 교실 참여

2024년 경상남도 초·중학생 종합체육대회 참가

남하초등학교
南下初等學校

1970년

2024년

개교	1930년 9월 1일 남하공립보통학교 개교
위치	경상남도 거창군 남하면 영서로 151
구분	공립

● 교육목표

정직하고 지혜롭게 꿈을 가꾸는 어린이

● 학교의 발자취 및 연혁

1930년 8월 1일, 남하공립보통학교로 설립 인가를 받아, 일본인(日本人) 교장이 부임하였으며, 9월 1일에 첫 입학식을 가짐으로써 공식적으로 개교하여 4년제 보통 교육을 시작하였다.

1933년 3월 24일 학생 17명의 최초 졸업을 비롯하여 1936년 3월 20일 제4회까지 총 124명이 4년제 졸업을 하였다. 4년제 교과과정은 수신(修身), 국어(日本語), 한문(漢文), 조선어(朝鮮語), 산술(算術), 도화(圖畵), 체조(體操), 창가(唱歌) 및 3·4학년에 농업(農業), 이과(理科) 추가 등으로 구성되었으며, 성적은 갑(甲), 을(乙), 병(丙), 3단계(段階)로 평정하였다. 또 1936년 5월 10일 부설 지산 간이학교를 개교하였다.

1938년 4월 1일 남하공립심상소학교 6년제로 승격되었으며 교과과정은 4년제 과정에서 일본역사, 지리, 봉제 등이 5·6학년에 추가되었다. 1941년 남하공립국민학교로 교명이 변경되었으며, 1943년 4월 1일 부설 지산 간이학교는 남하 제2공립국민학교로 승격 인가되었다. 1945년 4월 1일 1학년 총80명(남 50명, 여 30명)이 입학하였으며 사설강습소 여학생 142명이 편입하여 전교생이 586명이 되었다. 그리고 일본 패망과 8·15광복을 맞게 되었다.

8·15광복 이후 많은 이동이 있어 전교생이 402명이 되었으며, 8월 23일 사설강습소가 개조 편입(2학급) 되었다. 1946년 4월 남하국민학교로 교명이 변경되었으며, 그 해 9월부터 의무교육이 실시되었다. 1947년 학교교실 부족과 통학 거리 관계로 인하여 안흥에 분교실(分校室)을 설치하였다. 1950년 6·25전쟁으로 전 교사(校舍)가 소실되고 학생이 행방불명됨에 따라 학교는 7월 29일 일시적으로 휴교하였으며, 10월 13일 양곡, 무릉, 산포, 월곡, 대야 5곳에 분교사(分校舍)를 설치하고 다시 수업을 재개하였다.

이후 1981년 3월 남하병설유치원을 개원하였고, 1991년 3월 둔마초등학교 분교장 편입, 1993년 3월 지산초등학교 분교장 편입, 1994년 3월 둔마분교장 통폐합, 1998년 3월 지산분교장 통폐합, 1996년 3월 1일 남하초등학교로 교명을 변경하였으며 2025년 2월 제92회 졸업을 맞이하게 되었다.

- 1930. 8. 1.   남하공립보통학교 설립 인가
- 1930. 9. 1.   남하공립보통학교 개교(4년제)
- 1938. 4. 1.   남하공립심상소학교 6년제 승격
- 1941. 4. 1.   남하공립국민학교로 개칭
- 1943. 4. 1.   부설 지산간이학교를 남하 제2공립국민학교로 승격 인가
- 1950. 7. 29. 6.25전쟁으로 교사(校舍) 소실 및 휴교
- 1950. 10. 13. 분교사 설치(양곡, 무릉, 산포, 월곡, 대야) 및 수업 재개
- 1991. 3. 1.   둔마국민학교 분교장 편입
- 1993. 3. 1.   지산국민학교 분교장 편입
- 1994. 3. 1.   둔마분교장 통폐합
- 1996. 3. 1.   남하초등학교로 개칭
- 1998. 3. 1.   지산분교장 통폐합
- 2024. 2. 7.   제91회 졸업(총 누적 졸업생수 3,288명)

제 3 장 거창교육의 주체

● **옛 모습**

1968년 본관 교실

1968년 동편 별관 교실

1967년 교문

● **학교상징**

교기

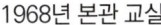

교표

교가

작사 미상
작곡 미상

교목(느티나무)

교화(백일홍)

● 연도별 졸업생 수: 총 3,288명(91회)

* 1~16회 졸업은 6.25 전쟁 등으로 자료가 소실되어 일부 남아있는 학교연혁지를 통해 확인한 자료로 졸업대장의 총 졸업생수와 차이가 있음.

회별	졸업일자	졸업생수	회별	졸업일자	졸업생수	회별	졸업일자	졸업생수
1	1933. 3. 24.	17	32	1965. 2. 17.	119	63	1996. 2. 16.	18
2	1934. 3. 20.	18	33	1966. 2. 17.	82	64	1997. 2. 20.	19
3	1935. 3. 20.	16	34	1967. 2. 22.	95	65	1998. 2. 20.	8
4	1936. 3. 20.	20	35	1968. 2. 17.	115	66	1999. 2. 19.	5
5	1937. 3. 20.	24	36	1969. 2. 20.	94	67	2000. 2. 19.	15
6	1938. 3. 24.	36	37	1970. 2. 17.	93	68	2001. 2. 19.	7
7	1940. 3. 23.	35	38	1971. 2. 17.	106	69	2002. 2. 20.	4
8	1941. 3. 25.	33	39	1972. 2. 18.	106	70	2003. 2. 20.	7
9	1942. 3. 25.	24	40	1973. 2. 15.	116	71	2004. 2. 18.	4
10	1943. 3. 25.	25	41	1974. 2. 18.	92	72	2005. 2. 21.	6
11	1944. 3. 21.	54	42	1975. 2. 17.	94	73	2006. 2. 22.	4
12	1945. 3. 22.	48	43	1976. 2. 18.	99	74	2008. 2. 19.	6
13	1946. 6. 29.	54	44	1977. 2. 14.	85	75	2009. 2. 18.	2
14	1947. 7. 19.	26	45	1978. 2. 17.	73	77	2010. 2. 20.	6
15	1948. 7. 22.	37	46	1979. 2. 15.	84	76	2010. 2. 20.	6
16	1949. 7. 15.	42	47	1980. 2. 23.	78	78	2011. 2. 17.	4
17	1950. 5. 6.	78	48	1981. 2. 20.	58	79	2012. 2. 15.	5
18	1951. 7. 15.	50	49	1982. 2. 23.	60	80	2013. 2. 15.	3
19	1952. 3. 31.	42	50	1983. 2. 19.	40	81	2014. 2. 14.	1
20	1953. 3. 23.	42	51	1984. 2. 21.	44	82	2015. 2. 17.	8
21	1954. 3. 22.	47	52	1985. 2. 23.	57	83	2016. 2. 17.	2
22	1955. 3. 18.	48	53	1986. 2. 24.	46	84	2017. 2. 17.	2
23	1956. 3. 17.	51	54	1987. 2. 23.	44	85	2018. 2. 13.	3
24	1957. 3. 15.	52	55	1988. 2. 23.	25	86	2019. 2. 14.	4
25	1958. 3. 14.	49	56	1989. 2. 23.	25	87	2020. 2. 14.	4
26	1959. 3. 25.	61	57	1990. 2. 23	21	88	2021. 2. 10.	5
27	1960. 3. 25.	71	58	1991. 2. 20.	17	89	2022. 2. 10.	2
28	1961. 3. 22.	74	59	1992. 2. 20.	44	90	2023. 2. 10.	5
29	1962. 2. 13.	56	60	1993. 2. 19.	30	91	2024. 2. 7.	6
30	1963. 2. 15.	86	61	1994. 2. 21.	24	총 졸업생 수		3,288
31	1964. 2. 18.	74	62	1995. 2. 20.	19			

● 역대교장

대수	성명	재임기간	대수	성명	재임기간
1	가바시마	1930. 8. 31.~1931. 3. 31.	18	신기범	1973. 3. 1.~1979. 2. 28.
2	미노나오스케	1931. 3. 31.~1939. 9. 29.	19	이강제	1979. 3. 1.~1984. 8. 31.
3	이도시케루	1939. 9. 30.~1944. 3. 30.	20	윤동수	1984. 9. 1.~1989. 2. 28.
4	사이토요시아스	1944. 3. 31.~1945. 2. 14.	21	정원상	1989. 3. 1.~1993. 8. 31.
5	나까에쇼지	1945. 2. 15.~1945. 8. 15.	22	강신언	1993. 9. 1.~1996. 2. 29.
6	이기선	1945. 8. 23.~1947. 9. 30.	23	이관우	1996. 3. 1.~2000. 8. 31.
7	전병선	1947. 10. 1.~1948. 9. 30.	24	백승국	2000. 9. 1.~2002. 8. 31.
8	신홍재	1948. 10. 1.~1949. 8. 30.	25	하철호	2002. 9. 1.~ 2005. 8. 31.
9	정응환	1949. 8. 31.~1951. 5. 9.	26	양수득	2005. 9. 1.~ 2007. 8. 31.
10	이구중	1951. 5. 10.~1952. 9. 14.	27	김칠성	2007. 9. 1.~ 2010. 2. 28.
11	장병한	1952. 9. 15.~1954. 4. 23.	28	정종찬	2010. 3. 1.~ 2013. 8. 31.
12	장 준	1954. 4. 24.~1959. 6. 23.	29	오사홍	2013. 3. 1.~ 2015. 2. 28.
13	이현정	1959. 6. 24.~1960. 9. 27.	30	정동환	2015. 3. 1.~ 2016. 8. 31.
14	이강제	1960. 9. 28.~1965. 9. 19.	31	고영기	2016. 9. 1.~ 2020. 2. 29
15	최진근	1965. 9. 20.~1966. 10. 15.	32	김유학	2020. 3. 1.~2023. 8. 31.
16	강학윤	1966. 10. 16.~1968. 11. 15.	33	이종규	2023. 9. 1.~2025. 2. 28.
17	전병선	1968. 11. 16.~1973. 2. 28.	34	이현호	2025. 3. 1.~

● 학교현황

가. 학급편성 및 학생 수(2024)

구분		1학년	2학년	3학년	4학년	5학년	6학년	계
학급수		1	1	1	1	1	1	6
학생수 (명)	남	2	2	2	3	·	3	12
	여	·	2	2	1	3	3	11
계		2	4	4	4	3	6	23

나. 교직원 수(2024)

구분	교장	교감	교사			일반직	합계
			소계	남	여		
인원	1	1	8	3	5	12	22

다. 학교시설 현황 (규모 단위 : ㎡)

시 설 명	교 사(校舍)	체육관	운동장
규 모	2.794	1038	4.950

● 교육과정

비전
더불어 배우고 나누며 성장하는
모두가 행복한 학교

바라는 인간상
정직하고 지혜롭게 꿈을 가꾸는 어린이

	즐거움(Art)	배움(Creativity)	공감(Empathy)
교육 목표	소질을 계발하고 몸과 마음이 건강한 어린이	지혜롭게 생각하고 실력을 키우는 어린이	공감과 배려로 나눔을 실천하는 어린이
핵심 역량	자기관리 역량 심미적 감성 역량	창의적사고 역량 지식정보처리 역량	의사소통 역량 공동체 역량
실천 과제	자신만의 꿈을 만드는 교육 ■ 전문가 초빙 문화예술 교실 활성화 ■ 꿈과 끼를 살리는 동아리활동 강화	배움이 즐거운 학생 중심 교육 ■ 기초·기본학력 다지기 ■ 수학나눔학교 운영 ■ 창의·융합교육을 통한 자기주도적 문제해결력 배양	아름다운 마음을 키우는 교육 ■ 건강한 성장을 위한 생태전환교육/인성교육 ■ 함께하고 서로 나누는 마을연계 교육과정

Art 『꿈을 잇는 문화예술교실』	Leader of Creativity 『창의·융합교육』	Empathy 『공감·배려·나눔의 인성교육』	On ! 『온 교실이 연극무대! 남하연극교육』
중점교육활동	중점교육활동	중점교육활동	특색교육

● 대표시설

남하꿈터

키움누리

● 교육활동

가. 주요행사

- 교육공동체가 하나 되는 남하한마당잔치와 학예회 격년제 실시

1965년 운동회

1980년 어버이날 운동회

2024년 한마당축제

- 학생들의 견문을 넓히는 계절별 소풍 및 숙박형 현장체험학습

1965년 창덕궁 수학여행

1970년 심소정 봄소풍

2024년 현장체험학습

나. 교육활동과 영광의 순간

- 1973년 군 체육대회 여자 송구부 우승
- 1996년 제2회 경남 초등학생 영어말하기·동극대회 은상 수상
- 2012년 초등종합학예대회 합주대회에서 최우수상 수상
- 2014년 아림예술제 초등락밴드분야 금상 수상
- 2022년 거창겨울연극제에서 동상 수상
- 2022년 9월, 제16회 경남교육감배 학교스포츠클럽대회 여자한궁팀 우승
- 2023년 제1회 거창학생연극제에 참가하여 동상 수상
- 2024년 아림예술제 중창분야 금상 수상

다. 학교특색

- 창의적 예술 경험을 통해 심미적 정서를 함양하는 창의융합교육 및 문화예술교육 실시
  (1~2학년은 난타, 3~4학년은 사물(장구), 5~6학년은 중창 수업 실시)
- 배움이 삶으로 이어지는 연극수업 실시 및 대회 참가

2022년 거창겨울연극제 2023년 제1회 거창학생연극제 2024년 제2회 거창학생연극제

마리초등학교
馬利初等學校

1960년

2024년

개교	1928년 10월 1일 마리공립보통학교 개교
위치	경상남도 거창군 마리면 빼재로 23
구분	공립

● **교육목표**

사랑과 신뢰, 꿈이 익어가는 행복한 학교

● **학교의 발자취 및 연혁**

　1928년 7월 13일 마리공립보통학교 4년제 설립 인가를 받아 1928년 10월 1일 마리보통학교로 개교하였으며 초대 이기영 교장이 부임하였다. 1932년 3월 25명의 최초 졸업식을 가졌고, 1938년 6년제 인가를 받았다.

　1941년 4월 1일 마리국민학교로 개칭하였고, 1981년 3월 1일 마리초등학교병설유치원 1학급을 개원하였으며 1986년 3월 1일 특수학급 1학급을 신설하였다. 1992년 3월 1일 율리분교장을 통폐합하였고, 1995년 3월 1일 시목국민학교가 통폐합되었다. 1996년 3월 1일 마리초등학교로 명칭을 변경하여 현재까지 총 졸업생 5,665명을 배출하였다.

- 1928. 7. 13.   마리보통학교 설립 인가
- 1928. 10. 1.   마리보통학교 개교(4년제)
- 1938. 4. 1.   6년제 인가
- 1941. 4. 1.   마리국민학교로 개칭
- 1981. 3. 1.   마리국민학교병설유치원 설립
- 1983. 12. 31.   자연과 우수학교 선정(도)
- 1986. 3. 1.   특수학급 신설(1학급)
- 1992. 3. 1.   율리분교장 통폐합
- 1995. 3. 1.   시목국민학교 통폐합
- 1996. 3. 1.   마리초등학교로 개칭
- 2024. 2. 7.   제93회 졸업(총 졸업생 수 5,665명)

● 옛 모습

1978년 학교 전경

1983년 학교 전경

1983년 책걸상 수리

1966년 운동회

1974년 수승대 소풍

1983년 조국순례대행진

제 3 장 거창교육의 주체

● 학교상징

교기	교표	교가

교목(히말라야시다) · 교화(장미)

● 대표 시설

기백 체육관 · 골프연습장 · 책사랑방

● 연도별 졸업생 수: 총 5,665명(93회)

회별	졸업일자	졸업생수	회별	졸업일자	졸업생수	회별	졸업일자	졸업생수
1	1932. 3. 21.	25	32	1963. 2. 15.	127	63	1994. 2. 21.	27
2	1933. 3. 24.	22	33	1964. 2. 15.	111	64	1995. 2. 20.	28
3	1934. 3. 24.	23	34	1965. 2. 15.	149	65	1996. 2. 17.	24
4	1935. 3. 20.	22	35	1966. 2. 18.	142	66	1997. 2. 20.	25
5	1936. 3. 20.	21	36	1967. 2. 20.	157	67	1998. 2. 19.	25
6	1937. 3. 22.	29	37	1968. 2. 17.	158	68	1999. 2. 19.	17
7	1938. 3. 23.	33	38	1969. 2. 21.	156	69	2000. 2. 21.	25
8	1939. 3. 25.	31	39	1970. 2. 17.	157	70	2001. 2. 20.	29
9	1940. 3. 23.	22	40	1971. 2. 17.	145	71	2002. 2. 20.	20
10	1941. 3. 24.	36	41	1972. 2. 17.	130	72	2003. 2. 22.	14
11	1942. 3. 21.	33	42	1973. 2. 24.	148	73	2004. 2. 14.	17
12	1943. 3. 25.	33	43	1974. 2. 16.	152	74	2005. 2. 17.	14
13	1944. 3. 25.	32	44	1975. 2. 17.	134	75	2006. 2. 18.	27
14	1945. 3. 27.	40	45	1976. 2. 17.	140	76	2007. 2. 15.	31
15	1946. 7. 1.	56	46	1977. 2. 14.	144	77	2008. 2. 15.	6
16	1947. 7. 16.	72	47	1978. 2. 17.	117	78	2009. 2. 17.	11
17	1948. 7. 16.	68	48	1979. 2. 16.	133	79	2010. 2. 18.	16
18	1949. 7. 20.	71	49	1980. 2. 19.	82	80	2011. 2. 18.	8
19	1950. 5. 8.	124	50	1981. 2. 20.	113	81	2012. 2. 18.	9
20	1951. 7. 15.	71	51	1982. 2. 20.	92	82	2013. 2. 15.	10
21	1952. 3. 30.	89	52	1983. 2. 19.	96	83	2014. 2. 18.	5
22	1953. 3. 27.	55	53	1984. 2. 20.	126	84	2015. 2. 28.	8
23	1954. 3. 22.	57	54	1985. 2. 18.	97	85	2016. 2. 17.	7
24	1955. 3. 22.	68	55	1986. 2. 20.	81	86	2017. 2. 28.	8
25	1956. 3. 17.	57	56	1987. 2. 23.	69	87	2018. 2. 14.	6
26	1957. 3. 16.	59	57	1988. 2. 22.	54	88	2019. 2. 22.	5
27	1958. 3. 15.	58	58	1989. 2. 21.	51	89	2020. 2. 29.	4
28	1959. 3. 25.	96	59	1990. 2. 20.	43	90	2021. 1. 19.	8
29	1960. 3. 23.	97	60	1991. 2. 20.	39	91	2022. 1. 19.	6
30	1961. 3. 18.	101	61	1992. 2. 21.	39	92	2023. 2. 8.	9
31	1962. 2. 10.	95	62	1993. 2. 19.	44	93	2024. 2. 7.	5

● 역대교장

대수	성명	재임기간	대수	성명	재임기간
1	이기영	1928. 7. 13.~미상	22	장 준	1973. 9. 1.~1979. 2. 28.
2	中山義明	미상	23	백성기	1979. 3. 1.~1984. 8. 31.
3	三山建夫	미상	24	신기범	1984. 9. 1.~1986. 8. 31.
4	崎義人	1928. 11. 3.~1937. 7. 31.	25	김창렬	1986. 9. 1.~1991. 8. 31.
5	古谷吉之	1937. 8. 1.~1938. 3. 31.	26	강신언	1991. 9. 1.~1993. 8. 31.
6	松島五郎	1938. 4. 1.~1941. 10. 31.	27	김재수	1993. 9. 1.~1997. 8. 31.
7	土方□造	1941. 11. 1.~1943. 6. 29.	28	백상기	1997. 3. 1.~1998. 2. 28.
8	田中明	1943. 6. 30.~1945. 8. 14.	29	김병영	1998. 3. 1.~1999. 2. 28.
9	김수용	1945. 8. 15.~1947. 9. 30.	30	박성근	1999. 3. 1.~2000. 2. 29.
10	이기선	1947. 10. 1.~1950. 9. 30.	31	변희명	2000. 3. 1.~2002. 8. 31.
11	정응환	1948. 10. 1.~1950. 10. 30.	32	백풍길	2002. 9. 1.~2005. 2. 28.
12	정수천	1950. 11. 1.~1950. 11. 19.	33	조기열	2005. 3. 1.~2009. 2. 28.
13	이정하	1950. 11. 20.~1953. 2. 18.	34	정봉효	2009. 3. 1.~2011. 8. 31.
14	이구중	1953. 2. 19.~1956. 6. 9.	35	이상진	2011. 9. 1.~2013. 2. 28.
15	임성택	1956. 2. 10.~1956. 9. 3.	36	한갑수	2013. 3. 1.~2015. 2. 28.
16	정상근	1956. 9. 4.~1957. 5. 24.	37	오사홍	2015. 3. 1.~2016. 8. 31.
17	김순명	1957. 5. 25.~1959. 5. 28.	38	조은희	2016. 9. 1.~2018. 2. 28.
18	이강제	1959. 5. 29.~1960. 9. 29.	39	장회경	2018. 3. 1.~2020. 2. 29.
19	이주영	1960. 9. 28.~1961. 10. 4.	40	변명규	2020. 3. 1.~2024. 2. 29.
20	이창우	1961. 10. 5.~1967. 1. 20.	41	오정식	2024. 3. 1.~
21	이용백	1967. 1. 21.~1973. 8. 31.			

● 학교현황

가. 학급편성 및 학생 수(2024)

구분		1학년	2학년	3학년	4학년	5학년	6학년	계
학급수		1	1	1	1	1	1	6
학생수 (명)	남	3	4	1	4	1	2	15
	여	1	3	3	4	2	2	15
계		4	7	4	8	3	4	30

나. 교직원 수(2024)

구분		교장	교감	부장교사	교사	유치원교사	원어민강사	행정실장	일반직	교육공무직	기간제교사	계
인원	남	1	·	·	1	·	·	·	3	·	·	5
	여	·	1	2	4	1	1	1	2	6	1	19
	계	1	1	2	5	1	1	1	5	6	1	24

다. 시설현황(2024)

(규모 단위 : ㎡)

구분	교지	운동장	실습지	학교림
규모	19,407	8,110	2,237	25,000

● 교육과정

비전	사랑과 신뢰, 꿈이 익어가는 행복한 학교			
바라는 인간상	건강하고 착하고 지혜로운 어린이			
	R	O	S	E
교육목표	Right Personality 마음이 따뜻한 바름이	Obdurability 심신이 튼튼한 건강이	Study 배움이 성실한 깊음이	Endowment 삶이 행복한 재능이
핵심역량	공동체역량 의사소통역량	자기관리역량 공동체역량	지식정보처리역량 창의적사고역량	심미적감성역량 창의적사고역량
중점과제	인성향기 ▶ 등굣길 인사 나누기 ▶ 바른말 고운말 쓰기 생활화 운동 ▶ 학교폭력예방교육 ▶ 학생 중심의 다모임	건강향기 ▶ 1110 건강달리기 ▶ 학교 스포츠클럽 활동 ▶ 골프 교육 ▶ 자전거 안전교육 ▶ 클린 테이블 운영	지성향기 ▶ 기초학력 향상 프로그램 ▶ 온책읽기 ▶ 원어민영어보조교사 협력 영어교육 ▶ 1대1 맞춤교육	재능향기 ▶ 연극,동아리 ▶ 방과후 프로그램 ▶ 문화예술 체험 ▶ 계절별 특색에 맞는 교외체험학습
교육태도	학생 자신감을 갖고 노력하는 학생	학부모 칭찬과 격려로 지원하는 학부모	교사 사랑과 열정으로 가르치는 교사	
특색교육	특별한 향기가 있는 ROSE마리 특색교육			
	나와 세상과의 play 문화예술체험		친구와 함께 스윙 마리 골프렌즈	

● 교육활동

가. 주요 행사

2023년 재능발표회

2023년 다모임

2023학년도 제93회 졸업식

2024년 현장체험학습

2024년 텃밭생태교육

2024년 가족사랑 운동회

나. 교육활동과 영광의 순간

- 1991. 9. 10.   체육과 우수학교 지정
- 1995. 11. 25. 아름다운 학교가꾸기 우수학교 선정
- 2006. 9. 1.   체육과 경상남도우수학교 선정

다. 학교특색

- 나와 세상과의 play 문화예술체험
  - 문화시민의 역량을 기르는 문화예술 체험활동(공연 전시 관람)
  - 3~4학년 중심의 연극동아리 운영 및 거창학생연극제 참여
  - 문화예술강사 지원사업을 통한 단소, 가야금 등의 국악 전 영역에 걸친 알찬 수업 실시
  - 문화예술체육 방과후프로그램 운영(그림책, 미술, 우쿨렐레, 피아노, 합창, 댄스)

뮤지컬 관람　　　　방과후 음악수업　　　　제2회 거창학생연극제

- 친구와 함께 스윙 마리 골프렌즈
  - 집중력 및 정신관리 능력 신장, 체력 신장, 인성 및 예절교육 등에 중점을 두고 운영되는 프로그램
  - 2015년 처음 교내 골프연습시설을 갖춘 이래 10년째 지속적으로 운영
  - 학생 개인별 골프용품 및 클럽 무상 지원, 전문지도 강사지도, 필드까지 이어지는 원스톱 골프교육

학교 골프연습 4타석(좌)　　　신나는주말체육학교 골프교육　　　골프체험시설 교육

북상초등학교
北上初等學校

1960년

2024년

개교	1928년 7월 1일 북상공립보통학교 개교
위치	경상남도 거창군 북상면 송계로 731-18
구분	공립

● 교육목표

함께 성장하는 배움터! 꿈과 끼가 자라는 즐거운 놀이터!

● 학교의 발자취 및 연혁

 북상초등학교는 1928년 7월 1일 북상공립보통학교로 설립 인가를 받아 개교하였으며 이후, 1990년대 소정분교장, 월성분교장, 병곡분교장을 통폐합 하며 100년에 가까운 기간 동안 지역사회와 학생들에게 큰 영향을 미쳐 온 교육기관이다.

 현재 학교부지는 학생수 감소로 위천중학교에 통폐합된 기존 북상중학교 건물을 북상초등학교에서 활용하고 있다. 2022년 경남작은학교살리기 사업에 선정되면서 학교 주변에 LH임대주택이 10호가 들어섰고 학교주변도 대대적인 정비가 이루어졌으며, 중앙현관에서 2층까지 공간을 재구성하여 학생들의 창작, 놀이, 표현공간으로 재탄생 되었다.

- 1928. 7. 1.   북상공립보통학교 설립 인가(개교)

- 1981. 3. 5.　병설유치원 개원(1학급)
- 1992. 3. 1.　소정분교장 통폐합
- 1993. 3. 1.　월성분교장 통폐합
- 1996. 3. 1.　북상초등학교로 개명
- 1998. 3. 1.　병곡분교장 통폐합
- 2002. 3. 1.　군지정 독서교육시범학교 운영
- 2007. 11. 22.　북상학교마을도서관 개관
- 2013. 3. 1.　거창교육지원청 지정 다문화교육 중심학교 운영
- 2014. 3. 1.　상호문화이해교육 경상남도지정 연구시범학교 운영
- 2019. 3. 1.　행복맞이학교, 학교협력형 마을학교 운영, 교육부 인가 자율학교 지정
- 2020. 3. 1.　경남형 혁신학교 행복학교 지정
- 2022. 3. 1.　경남 작은학교 살리기 사업 선정(2022~2026)
- 2024. 1. 9.　제91회 졸업식(총 졸업생수 3,395명)
- 2024. 3. 1.　경남형 혁신학교 행복학교 재지정(2024. 3. 1.~2028. 2. 29.)

● 옛 모습

1964년 벼 베기 실습

1964년 학교 대청소

1964년 교실 바닥 청소

● 대표 시설

꿈실꿈실 - 꿈끼충전소

꿈실꿈실 - 잼잼충전소

야외테라스

제 3 장 거창교육의 주체

중앙현관 내부 　　　중앙현관 외부　　　야외놀이터

● 학교 상징

교기　　　　　　　　교표　　　　　　　　교가

작사 미상
작곡 미상

교목(금송)　　　　　교화(장미)

● 연도별 졸업생 수: 총 3,395명(91회)

회별	졸업년도	졸업생수	회별	졸업년도	졸업생수	회별	졸업년도	졸업생수
1	1934	17	32	1965	73	63	1996	23
2	1935	21	33	1966	69	64	1997	18
3	1936	18	34	1967	58	65	1998	18
4	1937	17	35	1968	72	66	1999	14
5	1938	37	36	1969	86	67	2000	11
6	1939	27	37	1970	69	68	2001	7
7	1940	31	38	1971	86	69	2002	12
8	1941	26	39	1972	76	70	2003	10
9	1942	29	40	1973	93	71	2004	10
10	1943	33	41	1974	95	72	2005	13
11	1944	29	42	1975	93	73	2006	10
12	1945	36	43	1976	96	74	2007	6
13	1946	49	44	1977	77	75	2008	7
14	1947	31	45	1978	105	76	2009	3
15	1948	26	46	1979	79	77	2010	6
16	1949	35	47	1980	57	78	2011	9
17	1950	70	48	1981	87	79	2012	7
18	1951	34	49	1982	71	80	2013	2
19	1952	43	50	1983	58	81	2014	11
20	1953	30	51	1984	60	82	2015	3
21	1954	55	52	1985	55	83	2016	3
22	1955	31	53	1986	59	84	2017	5
23	1956	36	54	1987	28	85	2018	8
24	1957	51	55	1988	41	86	2019	5
25	1958	52	56	1989	34	87	2020	5
26	1959	47	57	1990	51	88	2021	7
27	1960	61	58	1991	36	89	2022	5
28	1961	68	59	1992	37	90	2023	5
29	1962	35	60	1993	34	91	2024	6
30	1963	40	61	1994	28	총 졸업생 수		3,395
31	1964	44	62	1995	24			

● 역대 교장

대수	성명	재임기간	대수	성명	재임기간
1	부송충정	1928. 7. 1.~	16	정기욱	1991. 9. 1.~1993. 8. 31.
2	강원희	1931.~	17	최태환	1993. 9. 1.~1997. 8. 31.
3	대야	1938.~	18	정봉근	1997. 9. 1.~1999. 2. 28.
4	희전	1939.~	19	하병수	1999. 3. 1.~1999. 8. 31.
5	이두화	1941.~1943.	20	임맹종	1999. 9. 1.~2002. 2. 28.
6	임규희	1943. 4. 30.~1950. 6. 26.	21	최종석	2002. 3. 1.~2004. 2. 29.
7	김순명	1950. 6. 27.~1952. 9. 15.	22	고광운	2004. 3. 1.~2007. 8. 31.
8	허쌍춘	1952. 9. 16.~1955. 8. 31.	23	김찬경	2007. 9. 1.~2009. 8. 31.
9	임규희	1955. 9. 1.~1960. 10. 28.	24	오중환	2009. 9. 1.~2011. 8. 31.
10	신종영	1960. 10. 29.~1964. 5. 15.	25	최지영	2011. 9. 1.~2015. 2. 28.
11	임규희	1964. 5. 16.~1972. 6. 29.	26	장재영	2015. 3. 1.~2019. 2. 28.
12	신종영	1972. 6. 30.~1977. 8. 31.	27	전영태	2019. 3. 1.~2021. 2. 28.
13	유태진	1977. 9. 1.~1988. 2. 28.	28	박희자	2021. 3. 1.~2022. 8. 31.
14	이삼우	1988. 3. 1.~1989. 8. 29.	29	이연이	2022. 9. 1.~2024. 2. 29.
15	신경범	1989. 8. 30.~1991. 8. 31.	30	신인영	2024. 3. 1.~

● 학교현황

가. 학급편성 및 학생 수(2024)

구분		1학년	2학년	3학년	4학년	5학년	6학년	계
학급수		1	1	1	1	1	1	6
학생수 (명)	남	3	3	1	1	3	4	15
	여	1	3	6	4	3	2	19
계		4	6	7	5	6	6	34

나. 교직원 수(2024)

직급 성별	교원					지방공무원				시설대체	교육공무직			기타		계
	교장	교감	교사	유치원	유치원시간제	행정실장	주무관	조리사	운전		교무행정원	조리보조	돌봄전담사	환경미화	통학차량보호탑승자	
남	·	1	4	·	·	·	·	·	1	1	·	·	·	·	·	7
여	1	·	4	1	1	1	1	1	·	·	2	1	1	1	1	16
계	1	1	8	1	1	1	1	1	1	1	2	1	1	1	1	23

다. 학교시설 현황(2024)

(규모 단위 : ㎡)

구분	대지	운동장	학습원	학교림
규모	1946	12,360	6,890	231,174

● 교육과정

비전	함께 성장하는 **배움터!** 꿈과 끼가 자라는 즐거운 **놀이터!**

바라는 인간상	새롭게 생각하고 바르게 행동하며 건강한 생활을 실천하는 어린이

교육목표 및 중점교육활동	삶의 지혜를 터득하는 어린이	서로 소통하며 스스로 성장하는 어린이	몸과 마음이 건강한 어린이
	■ 기초·기본교육 ■ 배움중심 프로젝트형 학습 ■ 에듀테크 활용 교육 ■ 영어교육	■ 민주시민교육 ■ 인성교육 ■ 생태전환교육 ■ 진로교육	■ 문화예술교육 ■ 놀이중심 신체활동·체육교육 ■ 안전·보건·영양교육 ■ 돌봄 및 방과후 활동

핵심역량	자기관리역량 지식정보처리역량 창의적사고역량	협력적소통역량, 공동체역량, 생태시민역량, 자기관리역량	창의적사고역량 심미적감성역량 공동체역량

행복학교철학	공공성, 미래성	민주성, 지역성	민주성, 미래성, 지역성

북상 특색 교육 활동
교육공동체와 함께하는 문화예술 감성 씨앗 키우기

● 교육활동

가. 주요행사

1990년대 운동회

2022년 제주도 수학여행

2023년 코딩캠프

2024년 3학년 수업

2024년 학생다모임

2024년 북상가족한마당

나. 교육활동과 영광의 순간

- 1990년 기초교육의 내실을 인정받아 군 우수학교 선정
- 1991년 학교 운영 개선 분야에서 우수학교 선정
- 1993년, 1994년 기초학력 분야에서 우수학교 선정
- 1996년 환경보전실천 및 생활화 태도 함양 분야 표창 수상
- 2010년 풍물경연대회 우수상 수상
- 2023년 거창겨울연극제 대상 수상('피터팬')
- 2024년 거창역사퀴즈대회 1, 2, 3위 수상

다. 학교특색

- 학생들 스스로 학교 규칙을 정하고 기획, 관리하는 등 민주적인 학교 문화를 만들어 가는 자치활동
- 감수성 신장 및 표현능력을 기르는 문화예술 공연, 전시회 관람
- 자연이 살아있는 학교 운동장과 학교 옆 '갈계숲'을 활용한 생태교육
- 교내 인라인 트랙을 활용한 인라인교육 및 대회 참가

학생자치(부스체험 행사 기획과 운영)

문화예술교육('행복한 북상초' 공연)

생태교육(생태 동아리 활동)

인라인교육(인라인 방과후 활동)

신원초등학교
神院初等學校

1973년

2024년

개교	1926년 6월 10일 신원공립보통학교 설립 인가
위치	경상남도 거창군 신원면 신차로 3053
구분	공립

● 교육목표

꿈을 가꾸며 더불어 살아가는 실력 있고 창의적인 어린이

● 학교의 발자취 및 연혁

1926년 6월 10일 신원공립보통학교 설립 인가(4년제, 남학생 120명, 여학생 20명)를 받아 일본인(日本人) 교장이 부임하였고, 학급은 2학급에 담당교사(당시 훈도(訓導)라고 불렀음) 2명이었다. 1933년 3월 32명의 최초 졸업식을 비롯하여 1935년 4월 10일 2년제 단기 초등교육기관인 본교 분실 양지간이학교가 설립 인가를 받았고, 1939년 4월 1일 신원심상소학교로 개칭하여 1942년 3월 제10회까지 총 135명이 4년제 졸업을 하였다.

1942년 4월 1일 신원 제1공립국민학교로 개칭하여 1943년 6년제 첫 졸업식을 실시하였고, 1945년 일본 패망과 8·15광복을 맞게 되었다. 한국전쟁(6·25 사변)으로 1950년 7월 15일 휴교하였고, 1951년 12월 5일 공비가 침입하여 학교 문서와 비품을 방화하여 소실된 자료들이 많았다. 이후 1952년 1월 7일 재개교하였다.

1986년 1월 1일 벽지학교로 지정되었다가 2001년 1월 18일 벽지학교가 해제되었으나, 2014년 1월 1일 경상남도교육청에서 준벽지학교로 지정되었다. 1991년 3월 1일 산수국민학교를 시작으로 1992년 3월 1일 용현, 중유국민학교를 1996년 3월 1일 율원국민학교를 본교에 통폐합하였고, 2024년 10월 현재 개교 이래 98주년이 되었다.

- 1926. 6. 10. 신원공립보통학교 설립 인가(4년제, 남학생 120명, 여학생 20명)
- 1935. 4. 10. 본교분실 양지 간이학교 설립 인가
- 1939. 4. 1. 신원 심상소학교로 개명
- 1942. 4. 1. 신원 제1공립국민학교로 개칭
- 1960. 11. 17. 신원국민학교 중유분교장으로 설립 인가
- 1960. 11. 17. 신원국민학교 용현분교장 인가
- 1973. 12. 22. 신원국민학교 산수분교 개교
- 1986. 1. 1. 벽지 학교로 지정(2001. 1. 18. 벽지 해제)
- 1991. 3. 1. 산수국민학교를 본교로 통폐합
- 1992. 3. 1. 용현, 중유국민학교를 본교로 통폐합
- 1996. 3. 1. 율원국민학교를 본교로 통폐합, 신원초등학교로 개칭
- 2024. 2. 8. 제92회 졸업(졸업생 누계 2,675명)
- 2024. 9. 1. 제39대 김임선 교장 부임

● 옛 모습

1980년 전교 조회

1987년 학교 전경

1987년 학교 사택

● 학교 상징

교기	교표	교가

작사 미상
작곡 미상

교목(은행나무)   교화(목련)

● 대표 시설

별꽃마루(교육용복합시설)   밤마루(체육관)   영어체험실

● 연도별 졸업생 수: 총 2,675명(92회)

회별	졸업일자	졸업생수	회별	졸업일자	졸업생수	회별	졸업일자	졸업생수
1	1933.	32	32	1964. 2. 18.	58	63	1995. 2. 18.	29
2	1934.	37	33	1965. 2. 19.	122	64	1996. 2. 17.	24
3	1935.	4	34	1966. 2. 7.	88	65	1997. 2. 20.	20
4	1936.	5	35	1967. 2. 23.	45	66	1998. 2. 19.	15
5	1937.	5	36	1968. 2. 16.	54	67	1999. 2. 20.	26
6	1938.	12	37	1969. 2. 20.	72	68	2000. 2. 20.	17
7	1939.	7	38	1970. 2. 28.	62	69	2001. 2. 19.	15
8	1940.	11	39	1971. 2. 18.	68	70	2002. 2. 21.	6
9	1941.	10	40	1972. 2. 18.	71	71	2003. 2. 22.	12
10	1942.	12	41	1973. 2. 18.	79	72	2004. 2. 18.	15
11	1943.	24	42	1974. 2. 20.	73	73	2005. 2. 18.	9
12	1944.	23	43	1975. 2. 17.	71	74	2006. 2. 21.	9
13	1945.	20	44	1976. 2. 19.	64	75	2007. 2. 15.	8
14	1946.	35	45	1977. 2. 18.	50	76	2008. 2. 15.	10
15	1947.	39	46	1978. 2. 21.	70	77	2009. 2. 19.	3
16	1948.	30	47	1979. 2. 16.	31	78	2010. 2. 18.	6
17	1949.	27	48	1980. 2. 20.	31	79	2011. 2. 18.	8
18	1950.	43	49	1981. 2. 20.	39	80	2012. 2. 17.	4
19	1951.	32	50	1982. 2. 18.	26	81	2013. 2. 8.	0
20	1952.	56	51	1983. 2. 20.	28	82	2014. 2. 14.	12
21	1953. 3. 23.	18	52	1984. 2. 20.	25	83	2015. 2. 13.	4
22	1954. 3. 24.	30	53	1985. 2. 18.	20	84	2016. 2. 12.	4
23	1955. 3. 19.	14	54	1986. 2. 20.	25	85	2017. 2. 12.	4
24	1956. 3. 17.	22	55	1987. 2. 20.	19	86	2018. 1. 10.	3
25	1957. 3. 16.	40	56	1988. 2. 23.	20	87	2019. 2. 15.	2
26	1958. 3. 17.	76	57	1989. 2. 20.	15	88	2020. 2. 14.	6
27	1959. 3. 20.	34	58	1990. 2. 20.	13	89	2021. 2. 10.	3
28	1960. 3. 23.	50	59	1991. 2. 20.	9	90	2022. 1. 10.	3
29	1961. 3. 18.	46	60	1992. 2. 20.	19	91	2023. 2. 10.	7
30	1962. 2. 9.	66	61	1993. 2. 18.	48	92	2024. 2. 8.	5
31	1963. 2. 16.	84	62	1994. 2. 18.	25	총 졸업생 수		2,675

제 3 장 거창교육의 주체

● 역대교장

대수	성명	재임기간	대수	성명	재임기간
1	마에다타게오	1926. 6. 10.~1930. 3. 31.	21	김병영	1984. 3. 1.~1989. 2. 28.
2	이현정	1930. 4. 1.~1933. 3. 31.	22	김정석	1989. 3. 1.~1991. 2. 28.
3	강원희	1933. 4. 1.~1938. 3. 31.	23	김삼수	1991. 3. 1.~1992. 8. 31.
4	이기영	1938. 4. 1.~1941. 3. 31.	24	황진덕	1992. 9. 1.~1993. 3. 17.
5	스즈키마사오	1941. 4. 1.~1945. 9. 30.	25	이장영	1993. 3. 18.~1994. 8. 31.
6	이기영	1945. 10. 1.~1947. 10. 1.	26	정봉근	1994. 9. 1.~1997. 8. 31.
7	신의재	1947. 10. 2.~1949. 9. 30.	27	최태환	1997. 9. 1.~1999. 8. 31.
8	김재만	1949. 10. 1.~1950. 9. 30.	28	백상현	1999. 9. 1.~2000. 8. 31.
9	이구중	1950. 10. 1.~1951. 3. 31.	29	정창덕	2000. 9. 1.~2002. 2. 28.
10	이오영	1951. 4. 1.~1952. 3. 31.	30	정종석	2002. 9. 1.~2004. 2. 29.
11	이현만	1952. 4. 1.~1954. 3. 31.	31	조기열	2004. 3. 1.~2005. 2. 28.
12	백성기	1954. 4. 1.~1956. 3. 31.	32	최현옥	2005. 3. 1.~2006. 2. 28.
13	오원수	1956. 4. 1.~1958. 8. 10.	33	손봉호	2007. 9. 1.~2009. 8. 31.
14	허삼성	1958. 8. 11.~1959. 5. 29.	34	전성태	2009. 9. 1.~2012. 8. 31.
15	신종영	1959. 5. 30.~1960. 9. 28.	35	이상룡	2012. 9. 1.~2016. 8. 31.
16	허쌍춘	1960. 9. 29.~1962. 9. 18.	36	최진순	2016. 9. 1.~2020. 8. 31.
17	이명옥	1962. 9. 19.~1967. 1. 21.	37	제인식	2020. 9. 1.~2023. 2. 28.
18	오기한	1967. 1. 22.~1972. 8. 31.	38	조현우	2023. 3. 1.~2024. 8. 31.
19	한명만	1972. 9. 1.~1979. 2. 28.	39	김임선	2024. 9. 1.~
20	정순옥	1979. 3. 1.~1984. 2. 29.			

● 학교현황

가. 학급편성 및 학생 수(2024)

구분		1학년	2학년	3학년	4학년	5학년	6학년	계
학급수		1	1	1	1	1	1	6
학생수 (명)	남	2	4	1	·	6	1	14
	여	3	·	2	3	5	2	15
계		5	4	3	3	11	3	29

나. 교직원 수(2024)

구분	교장	교감	부장교사	교사	일반직	교육공무직	유치원교사	대체주무관	원어민영어보조	합계
남	·	1	·	3	3	·	·	2	·	9
여	1	·	2	2	·	8	2	·	1	16
계	1	1	2	5	3	8	2	2	1	25

다. 학교시설 현황(2024)

(규모 단위: ㎡)

구분	교사(校舍)	교육용복합시설 (별꽃마루)	체육관 (밤마루)	운동장	차고	창고
규모	1,094(1,452)	145	362	4,275	69	17

● 교육과정

비전	학생에게 꿈을, 학부모에게 만족을, 교사에게 보람을 주는 **모두가 행복한 신원 신바람 교육**			
바라는 인간상	꿈을 가꾸며 더불어 살아가는 실력 있고 창의적인 어린이			
교육 목표	**신**나는 배움 **지성인** 스스로 공부하는 실력 있는 어린이	**바**른 몸과 마음 **덕성인** 바르게 생각하고 실천하는 어린이	**바**른 몸과 마음 **체력인** 몸과 마음이 건강한 어린이	**보람**이 있는 생활 **창의인** 소질과 특기를 기르는 어린이
핵심 역량	자기관리역량 지식정보처리역량	의사소통 역량 공동체 역량	자기관리 역량 공동체 역량	창의적사고 역량 심미적감성 역량
주요 교육 활동	기초·기본 교육 강화를 통한 **배움 신바람** ■ 배움중심 수업 실천 ■ 과정중심 평가 내실화 ■ 기초 학력 강화 ■ 미래 역량 함양 창 의 융합 교육	배려와 나눔, 자기 이해를 통한 **인성 신바람** ■ 실천 중심 인성교육 ■ 소통과 공감의 학생 자치 활동 ■ 꿈을 그리는 진로교육 ■ 생태전환교육	신체활동과 체험중심 교육을 통한 **건강 신바람** ■ 틈새운동 활성화를 통한 체력증진 ■ 재미와 배움이 함 께하는 놀이 교육 ■ 참여하며 배우는 체험활동 ■ 안전하고 건강한 학교	문화예술을 통한 창의·감성 **신바람** ■ 독서교육 내실화 ■ 연극교육 활성화 ■ 아름다움을 그리는 문화예술 교육 ■ 끼를 키우는 문화 예술 동아리 운영
중점 교육	'I Can Do It!' 자신감 향상 **체험 중심 영어 교육**		'너의 끼를 보여줘' **연극 교육 활성화**	
특색교육	**미래 핵심 역량을 키우는 디지털 기반 교육 실천**			

● **교육활동**

가. 주요 행사

- 호연지기를 기르는 교내 체육대회와 야영 수련 활동 개최

1982년 야영수련활동 　　　　1988년 운동회　　　　2019년 야영수련활동

- 애향심과 환경 감수성, 예술적 감성을 기르는 마을 연계 교육과정, 생태환경교육, 연극 및 합주 교육

1980년 학예발표회 　　　　1980년 동극발표회　　　　2018년 학예발표회

나. 교육활동과 영광의 순간

- 1986년 교육장배 초·중종합체육대회에서 핸드볼부 초등(여) 우승
- 1996년 거창학생예술제 경연대회에서 예술상패(제1호 종합상) 수상
- 1998년 거창학생예술제 전통놀이(풍물)부문에 참가하여 대상 수상
- 2005년 거창겨울연극제에 참가하여 개인연기상, 지도자상, 단체 은상 수상
- 2009년 교육장배 초·중 배구대회에 참가하여 면부 우승
- 2013년 거창교육지원청 주최 초등종합학예발표회에서 최우수상 수상
- 2019년 제32회 대한민국학생발명전시회 한국발명진회장상(장려상)을 수상

- 2023년 제1회 거창학생연극제에서 개인상(우수연기상), 단체상(대상) 수상
- 2024년 제37회 대한민국학생발명전시회 교육부 장관상(금상)을 수상

다. 학교특색

- 디지털사회를 살아갈 학생들의 꿈의 실현을 돕는 디지털 역량 함양교육
    - 2020년부터 꾸준한 SW교육 실시, AI교육 선도학교 운영
    - 1인 1스마트기기 보유 및 디지털 교과서 및 AI코스웨어 활용 교육, 코딩, 로봇, 드론 활용 교육

- 글로벌 시대의 인재양성을 위한 영어 교육
    - 원어민 교사와 함께 일상생활에 필요한 회화를 익혀 연 1회 숙박형 영어캠프 실시
    - 스마트 기기와 영어 코스웨어를 통한 꾸준한 회화 학습

- 자기 표현 능력과 감수성을 기르는 연극 교육
    - 교과 활동 및 역할극 등 자연스러운 놀이와 소통의 형식으로 실시
    - 독서 교육과 연계하여 인문학적 상상력과 창의성을 키우는 연극교육

디지털 교육 체험활동

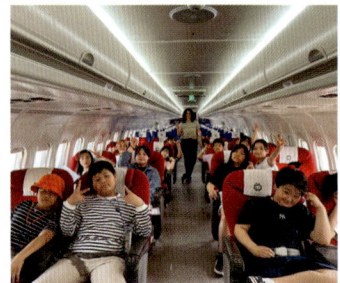
2024년 영어캠프

2023년 연극발표회

아림초등학교
娥林初等學校

2004년

2024년

개교	2004년 3월 1일 아림초등학교 개교
위치	경상남도 거창군 거창읍 거열로6길 12
구분	공립

● 교육목표

학생중심·배움중심의 A.R.I.M. 행복교육

● 학교의 발자취 및 연혁

2004년 3월 1일 거창초등학교로부터 통학구역이 분리되어 아림초등학교가 18학급 584명으로 제1회 입학식 및 개교기념식을 가지고 새로운 학교 역사가 시작되었다.

20여년의 짧은 역사이지만 다양한 영역에서 경상남도교육청 지정 선도학교 및 시범학교를 운영하였고 각종 우수 표창을 받았으며 2024년 현재 거창에서 제일 학생 수가 많은 학교로 2024년 2월 7일 제20회 졸업식에서 159명이 졸업하여 총 2,838명의 졸업생을 배출하였다.

- 2004. 3. 1. 초대 이해진 교장 부임, 18학급 편성(584명)
- 2006. 3. 1. 경상남도교육청지정 YP시범학교 운영(2년)
- 2008. 3. 1. 경상남도교육청지정 과학교육선도학교 운영(2년)

- 2008. 12. 31. 100대 교육과정 우수학교 교육감 표창
- 2009. 3. 1. 경상남도교육청 교원능력개발평가 선도학교 운영(1년)
- 2010. 11. 30. 학부모 학교참여 우수사례 교육과학기술부장관 표창
- 2010. 12. 6. 경상남도 학교평가 우수학교 교육감 표창
- 2010. 12. 10. 경상남도교육청 특성화교육 우수학교 교육감 표창
- 2011. 3. 2. 사교육절감형 창의경영학교 운영
- 2011. 9. 1. 주 5일 수업제 시범학교 운영
- 2012. 3. 1. 사교육절감형창의경영학교 운영
- 2013. 3. 1. 경상남도교육청 지정 연구학교 운영(꿈을 키우는 학교 함께하는 교육)
- 2014. 4. 1. 학생 건강한 체중관리 중점학교 운영
- 2016. 3. 1. 쌀 중심 학교 운영
- 2017. 3. 1. 소프트웨어 선도학교 운영(4년)
- 2018. 3. 1. 쌀 중심 학교 운영
- 2018. 3. 19. 흡연예방 기본형 학교 선정
- 2018. 3. 28. 거창군 예체능 우수학생 육성 사업 선정
- 2020. 3. 1. 자율학교 지정(3년)
- 2021. 3. 1. 생태환경미래학교 운영
- 2022. 3. 1. 여학생 체육활성화 학교 운영
- 2023. 3. 1. 이음교실 선도학교 운영(2년)
- 2024. 2. 7. 제20회 졸업식(졸업생 159명, 총 졸업생 2,838명)

● 옛 모습

2004년 개교기념식

2004년 제1회 입학식

2009년 수학경시대회

● 학교 상징

● 연도별 졸업생 수: 총 2,838명(20회)

회 별	졸업일자	졸업생수	회 별	졸업일자	졸업생수
1	2005. 2. 16.	25	11	2015. 2. 13.	164
2	2006. 2. 16.	45	12	2016. 2. 16.	136
3	2007. 2. 15.	142	13	2017. 2. 15.	143
4	2008. 2. 16.	167	14	2018. 2. 14.	147
5	2009. 2. 19.	129	15	2019. 2. 14.	130
6	2009. 2. 19.	180	16	2020. 2. 7.	166
7	2011. 2. 16.	171	17	2021. 2. 1.	140
8	2012. 2. 17.	171	18	2022. 2. 11.	143
9	2013. 2. 19.	175	19	2023. 2. 10.	137
10	2014. 2. 18.	166	20	2024. 2. 7.	159

● 역대교장

대수	성명	재임기간	대수	성명	재임기간
1	이해진	2004. 3. 1.~2007. 8. 31.	6	임채열	2017. 9. 1.~2019. 8. 31.
2	김학준	2007. 9. 1.~2009. 2. 28.	7	김동섭	2019. 9. 1.~2020. 8. 31.
3	박성채	2009. 3. 1.~2013. 2. 28.	8	최진순	2020. 9. 1.~2024. 8. 31.
4	신원범	2013. 3. 1.~2015. 2. 28.	9	원숙민	2024. 9. 1.~
5	이충렬	2015. 3. 1.~2017. 8. 31.			

● 학교현황

가. 학급편성 및 학생 수(2024)

구분		1학년	2학년	3학년	4학년	5학년	6학년	계
학급수		5	6	6	6	5	6	22(1)
학생수 (명)	남	59	71	66	67	78	73	414
	여	47	64	70	87	54	80	402
계		106	135	136	154	132	153	816

나. 교직원 수(2024)

직급 성별	교장	교감	교사 부장	교사 일반	교사 특수	교사 보건	교사 영양	교사 상담	일반직 행정실장	일반직 주무관	보결전담교사	영어회화전문강사	원어민교사	특수교육실무사	스포츠강사	교무행정원	사무행정원	방과후학교실무원	돌봄전담사	조리사	조리실무사	당직	환경미화	계
남	·	·	6	5	·	·	·	·	1	1	·	·	·	1	1	·	·	·	·	·	·	1	·	16
여	1	1	4	25	1	1	1	1	·	2	1	1	1	·	·	1	1	1	6	1	6	·	1	57
계	1	1	10	30	1	1	1	1	1	3	1	1	1	1	1	1	1	1	6	1	6	1	1	73

다. 학교시설 현황(2024)

(규모 단위 : ㎡)

구분	교사(校舍)	체력장	총 대지규모
규모	9,190	4,000	13,190

● 교육과정

비전	학생중심·배움중심의 A.R.I.M. 행복교육			
바라는 인간상	창의와 성실로 꿈을 키우는 어린이			
교육 목표	행복한 교양인 **A**ccomplished	반듯한 인성인 **R**ighteous	꿈꾸는 자주인 **I**nitiative	상상하는 창의인 **M**arvelous creativity
핵심 역량	창의적사고 역량 지식정보처리 역량	공동체 역량 협력적소통 역량	자기관리 역량 지식정보처리 역량	창의적사고 역량 심미적감성 역량
중점 교육 활동	오래 들여다보고 느끼는 느림 교육	함께 어울려 깊이가 더해지는 어울림교육	가슴을 두드리는 꿈을 향한 끌림교육	내 안의 힘을 키우는 올림교육
실천 전략	■ 배움중심수업 및 과정중심평가 실시 ■ 기초기본학습능력 강화 ■ 외국어 교육 강화 ■ 독서교육을 통한 사고력 신장	■ 실천중심 인성교육 ＊ 이음교실 선도학교 ■ 안전하고 건강한 학교문화 조성 ■ 체험 중심의 어울림교육 ■ 지역사회와 연계한 마을교육과정	■ 체험·탐구 중심의 수학·과학 교육 ■ 미래세대 교육기반 정보(AI·SW)교육 강화 ■ 자기주도적 진로교육 활성화 ■ 더 큰 꿈을 키우는 현장체험학습	■ 주도성을 키우는 학생자치 활성화 ■ 문화예술교육 활성화 ■ 소질계발을 위한 방과후학교 활성화 ■ 모두가 참여하는 학교체육 활성화
특색 교육	'행복한 책 읽기' 아림 책꿈이 ■ 독서 문화 조성 ■ 독서 생활화 ■ 독서 문화 축제		'고운 인성 기르기' 신나는 예술 한마당 ■ 신나는 음악여행 ■ 연극 교육활동 ■ 예술 체험활동	

● 교육활동

가. 주요행사

2014년 영재학급 입학식

2014년 아림꿈나무 한마당

2017년 교실 수업 공개의 날

2017년 운동회

2018년 아림 글로벌 페스티벌

2023년 학급 배움 발표회

나. 영광의 순간

2023년 제16회 전국학교스포츠클럽축전 축구부 우승

웅양초등학교
熊陽初等學校

1992년

2024년

개교	1920년 5월 1일 웅양공립보통학교 개교
위치	경상남도 거창군 웅양면 웅양로 1403
구분	공립

● 교육목표

꿈을 향해 함께 성장하는 행복한 웅양 어린이

● 학교의 발자취 및 연혁

1920년 4월 26일 웅양공립보통학교 설립 인가, 같은 해 5월 1일 웅양공립보통학교로 개교하였다. 1925년 3월 31일 수업연한 6년으로 연장하여 1926년 3월 24일 6년제 제1회 졸업생(18명)을 배출하였다. 1946년 4월 1일 웅양공립국민학교로 개칭, 1949년 10월 1일 웅양국민학교로 개칭하였다.

1979년 4월 2일 웅양국민학교 병설유치원 개원하였고, 1984년 3월 1일 특수학급 1학급을 포함 총 10학급으로 편성되었다. 1996년 3월 1일 웅양초등학교로 명칭 변경, 1999년 9월 1일 하성초등학교 폐교로 통합되었다. 또한 웅양초등학교 병설유치원 1학급 증설되어 2학급으로 편성되었다.

2020년 5월 1일 웅양초등학교 개교 100주년을 맞아 웅양초등학교 100년사를 편찬하였고, 2024년 10월 현재 개교 이래 104주년을 맞이하게 되었다.

- 1920. 5. 1. 웅양공립보통학교 개교
- 1949. 10. 1. 웅양국민학교 명칭 변경
- 1979. 4. 2. 웅양국민학교병설유치원 개원
- 1996. 3. 1. 웅양초등학교로 개명
- 1999. 9. 1. 하성초등학교 통폐합
- 2020. 5. 1. 웅양초등학교 개교 100주년

● 옛 모습

1979년 학교전경

1983년 학교전경

1985년 학교전경

● 대표 시설

체육관

곰볕놀이터

제 3 장 거창교육의 주체

● 학교 상징

교기	교표	교가
		작곡 신용호
교목(반송)	교화(목련)	

● 연도별 졸업생 수: 총 6,103명(104회)

회별	졸업일자	졸업생수	회별	졸업일자	졸업생수	회별	졸업일자	졸업생수
1	1921. 3. 25.	1	36	1956. 3. 17.	71	71	1991. 2. 20.	34
2	1922. 3. 24.	10	37	1957. 3. 16.	73	72	1992. 2. 20.	36
3	1923. 3. 23.	10	38	1958. 3. 19.	72	73	1993. 2. 19.	29
4	1924. 3. 19.	34	39	1959. 3. 17.	56	74	1994. 2. 22.	29
5	1925. 3. 18.	21	40	1960. 3. 22.	153	75	1995. 2. 20.	23
6	1926. 3. 24.	18	41	1961. 3. 20.	110	76	1996. 2. 23.	16
7	1927. 3. 19.	25	42	1962. 3. 13.	90	77	1997. 2. 20.	18
8	1928. 3. 20.	31	43	1963. 2. 15.	129	78	1998. 2. 19.	12
9	1929. 3. 20.	31	44	1964. 2. 11.	130	79	1999. 2. 20.	12
10	1930. 3. 20.	28	45	1965. 2. 17.	153	80	2000. 2. 19.	23
11	1931. 3. 20.	20	46	1966. 2. 16.	142	81	2001. 2. 22.	13
12	1932. 3. 24.	24	47	1967. 2. 20.	120	82	2002. 2. 20.	15
13	1933. 3. 21.	20	48	1968. 2. 15.	116	83	2003. 2. 21.	6
14	1934. 3. 21.	28	49	1969. 2. 20.	176	84	2004. 2. 20.	21
15	1935. 3. 23.	38	50	1970. 2. 20.	159	85	2005. 2. 21.	14
16	1936. 3. 20.	29	51	1971. 2. 16.	169	86	2006. 2. 16.	20
17	1937. 3. 20.	42	52	1972. 2. 17.	141	87	2007. 2. 15.	17
18	1938. 3. 21.	33	53	1973. 2. 16.	194	88	2008. 2. 15.	16
19	1939. 3. 24.	42	54	1974. 2. 18.	193	89	2009. 2. 13.	18

20	1940. 3. 23.	56	55	1975. 2. 17.	176	90	2010. 2. 12.	221
21	1941. 3. 20.	56	56	1976. 2. 16.	169	91	2011. 2. 15.	17
22	1942. 3. 25.	59	57	1977. 2. 16.	162	92	2012. 2. 15.	19
23	1943. 3. 25.	42	58	1978. 2. 22.	154	93	2013. 2. 19.	15
24	1944. 3. 24.	52	59	1979. 2. 16.	158	94	2014. 2. 14.	8
25	1945. 3. 22.	55	60	1980. 2. 23.	115	95	2015. 2. 13.	7
26	1946. 6. 29.	35	61	1981. 2. 20.	114	96	2016. 2. 15.	9
27	1947. 7. 19.	41	62	1982. 2. 19.	128	97	2017. 2. 16.	7
28	1948. 7. 20.	53	63	1983. 2. 19.	103	98	2018. 2. 14.	6
29	1949. 7. 20.	39	64	1984. 2. 20.	104	99	2019. 2. 13.	5
30	1950. 5. 6.	98	65	1985. 2. 23.	67	100	2020. 2. 12.	10
31	1951. 7. 15.	41	66	1986. 2. 20.	61	101	2021. 1. 25.	7
32	1952. 3. 27.	81	67	1987. 2. 20.	58	102	2021. 12. 28.	14
33	1953. 3. 23.	48	68	1988. 2. 22.	47	103	2023. 2. 10.	7
34	1954. 3. 23.	53	69	1989. 2. 20.	33	104	2024. 2. 9.	7
35	1955. 3. 23.	74	70	1990. 2. 20.	52	총 졸업생 수		6,103

● **역대교장**

대수	성명	재임기간	대수	성명	재임기간
1	中野廣	1920. 5. 1.~1926. 2. 15.	10	이용백	1977. 9. 1.~1980. 8. 31.
2	川上英一	1926. 2. 16.~1926. 3. 28.	11	신일권	1980. 9. 1.~1982. 8. 31.
3	久間嘉隆	1926. 3. 29.~1930. 7. 8.	12	강우석	1982. 9. 1.~1987. 8. 31.
4	見野浩	1930. 7. 9.~1931. 3. 30.	13	이용백	1987. 9. 1.~1990. 2. 28.
5	難波一郎	1931. 3. 31.~1936. 7. 31.	14	형시욱	1990. 3. 1.~1992. 8. 31.
6	出元朝郎	1936. 8. 1.~1938. 6. 23.	15	신석범	1992. 9. 1.~1996. 2. 29.
7	永井久南	1938. 6. 24.~1941. 3. 31.	16	송순목	1996. 3. 1.~1999. 8. 31.
8	淸塚久平	1941. 4. 1.~1943. 3. 8.	17	김종석	1999. 9. 1.~2000. 2. 29.
9	渡邊信	1943. 3. 9.~1945. 8. 15.	18	박일규	2000. 3. 1.~2004. 2. 29.
1	이현만	1945. 12. 31.~1947. 12. 31.	19	정창덕	2004. 3. 1.~2008. 8. 31.
2	이현정	1948. 1. 1.~1948. 5. 31.	20	이종주	2008. 9. 1.~2011. 2. 28.
3	이기영	1948. 6. 1.~1958. 9. 12.	21	박만종	2011. 3. 1.~2015. 2. 28.
4	이용운	1958. 9. 13.~1961. 10. 5.	22	정남석	2015. 3. 1.~2016. 8. 31.
5	김순명	1961. 10. 6.~1962. 3. 9.	23	제인식	2016. 9. 1.~2020. 8. 31.
6	이현정	1962. 3. 10.~1968. 6. 20.	24	김두지	2020. 9. 1.~2022. 2. 28.
7	강신문	1968. 6. 21.~1971. 8. 31.	25	신정희	2022. 3. 1.~2024. 8. 31.
8	김순명	1971. 9. 1.~1974. 8. 31.	26	전영태	2024. 9. 1.~
9	백영종	1967. 1. 22.~1972. 8. 31.			

제 3 장 거창교육의 주체

● 학교현황

가. 학급편성 및 학생 수(2024)

구분		1학년	2학년	3학년	4학년	5학년	6학년	계
학급수		1	1	1	1	1	1	6
학생수 (명)	남	·	2	2	4	1	2	11
	여	3	1	6	8	2	6	26
계		3	3	8	12	3	8	37

나. 교직원 수(2024)

구분	교장	교감	교사			일반직	합계
			남	여	계		
인원	1	1	3	8	11	13	26

다. 학교시설 현황(2024)   (규모 단위 : ㎡)

구분	교사동	체육관	운동장
규모	1,696.95	819.99	6,270

● 교육과정

교육비전	서로 사랑하며 함께 배우는 행복한 학교		
바라는 어린이상	꿈을 향해 함께 성장하는 행복한 웅양 어린이		
교육목표	앎을 채우는 어린이	삶을 나누는 어린이	꿈을 가꾸는 어린이
중점 교육활동	- 배움중심프로젝트 - 독서교육 - 맞춤형 학력 향상 프로그램 - SW, 태블릿PC 활용 교육	- 다모임 활성화 - 생태환경교육 - 바른인성·정서프로그램 - 안전, 건강, 위생 교육	- 연극교육 - 다채로운 체험활동 - 체험형 진로교육 - 특기적성교육 활성화
핵심역량	지식정보처리역량 의사소통역량	공동체역량 자기관리역량	심미적감성역량 창의적사고역량

● 교육활동

가. 중점교육

- 책 읽는 바른 독서습관 형성 및 독서 생활화로 이끄는 독서 교육
  - 매일 아침 활동 시간(30분) 모든 학년이 도서실에서 사제동행 책 읽기 실시
  - 다양한 온책읽기 방법을 적용하여 학생들의 독서 흥미 증진
  - 학기별 독서행사주간을 활용하여 '책 나눔 DAY', 다양한 놀이와 연계한 독서 프로그램 운영
  - 학년별 학생 정서 및 발달 수준을 고려한 인증 도서 목록 선정 및 학년말 인증 도서 읽기 수료증 발급

사제동행 아침 책읽기

다양한 독서체험

- 예술적 감수성 및 건전한 정서발달을 돕는 연극 교육
  - 창의적체험활동 동아리 시간(연간 30시간) 활용, 연극전문강사와 연극 수업 및 연극 놀이 활동 실시
  - 다양한 공연 관람(연극, 뮤지컬 등)을 통한 문화, 예술의 경험 확대 및 진로 탐색 기회 제공
  - 매년 교내연극발표회, 거창겨울연극제, 거창학생연극제 연극공연 참가

교내 연극발표회

연극제 참가

나. 특색교육

- 배움중심 수업 실현을 위한 프로젝트 학습

배움중심 수업 실현을 위한 미래리더 핵심역량 프로젝트 학습

함께 영그는 숲 프로젝트

무학년제
숲 탐구, 숲 놀이, 숲 요리, 숲 보호

- 자연의 변화를 느끼며 생명 존중의 가치를 기르는 '함께 영그는 숲 프로젝트'
  - 매년 학교 인근 숲과 학교 안 곰볕숲놀이터를 활용한 무학년제 체험형 숲 프로젝트 실시
  - 연간 네 가지 주제(숲 탐구/숲 놀이/숲 요리/숲 보호)로 숲 관련 체험활동
  - 학생 다모임과 연계하여 학생들이 주도적으로 숲 프로젝트 참여

숲 탐구

숲 놀이

거창교육 100년사

월천초등학교
月川初等學校

1973년

2024년

개교	1932년 9월 13일 월천공립보통학교 개교
위치	경상남도 거창군 거창읍 주곡로 207
구분	공립

● 교육목표

꿈과 사랑을 가진 창의적인 어린이

● 학교의 발자취 및 연혁

일제강점기의 어려운 환경에서도 신교육 실시를 목적으로 1932년 7월 14일에 월천공립보통학교 설립 인가(4년제)를 받아 1932년 9월 13일에 동변리 임시교사에서 개교하여 오늘에 이르고 있다.

- 1932. 7. 14. 월천공립보통학교 설립 인가(4년제)
- 1932. 9. 13. 월천공립보통학교(4년제) 개교
- 1938. 3. 30. 수업연한 6년으로 연장(6년제)
- 1947. 10. 1. 가지리분교 설립 인가
- 1955. 4. 1. 가지리분교가 화산국민학교로 독립 인가
- 1979. 3. 1. 월천국민학교병설유치원 설립 인가

- 1996. 3. 1. 월천초등학교로 개명
- 2022. 3. 1. 경상남도교육감 지정 자율학교 운영(3년)
- 2023. 3. 1. 건강증진 시범학교, 수준별 교내 학교스포츠클럽 리그 운영
- 2024. 1. 12. 제90회 졸업(졸업생 누계 5,924명)
- 2024. 3. 1. 제31대 정찬식 교장 취임

● 옛 모습

1972년 교무실

1972년 교사 뒤 상수도

1974년 교문 전경

1995년 학교 전경

1996년 교무실 회의

2019년 학교 전경

● 대표시설

돌봄교실

돌봄 야외 쉼터

실내 체육관

급식소

과학실

야외 놀이터

● 학교 상징

교기

교표

교가

교목(소나무)

교화(개나리)

제 3 장 거창교육의 주체

● 연도별 졸업생 수: 총 5,924명(90회)

회별	졸업일자	졸업생수	회별	졸업일자	졸업생수	회별	졸업일자	졸업생수
1	1935. 3.	10	31	1965. 2. 17.	173	61	1995. 2. 20.	53
2	1936. 3. 20.	25	32	1966. 2. 17.	124	62	1996. 2. 22.	34
3	1937. 3. 24.	27	33	1967. 2. 20.	163	63	1997. 2. 21.	30
4	1938. 3. 23.	40	34	1968. 2. 17.	111	64	1998. 2. 20.	22
5	1939. 3.	35	35	1969. 2. 20.	152	65	1999. 2. 19.	19
6	1940. 3.	38	36	1970. 2. 17.	135	66	2000. 2. 21.	14
7	1941. 3. 21.	28	37	1971. 2. 17.	150	67	2001. 2. 21.	13
8	1942.	35	38	1972. 2. 17.	136	68	2002. 2. 21.	12
9	1943.	34	39	1973. 2. 17.	176	69	2003. 2. 20.	8
10	1944.	45	40	1974. 2. 18.	163	70	2004. 2. 28.	14
11	1945.	39	41	1975. 2. 18.	141	71	2005. 2. 19.	15
12	1946.	45	42	1976. 2. 17.	162	72	2006. 2. 18.	12
13	1947. 7. 15.	53	43	1977. 2. 14.	146	73	2007. 2. 15.	9
14	1948.	74	44	1978. 2. 17.	158	74	2008. 2. 16.	11
15	1948. 7. 20.	110	45	1979. 2. 10.	133	75	2009. 2. 13.	14
16	1950. 5. 6.	169	46	1980. 2. 20.	121	76	2010. 2. 11.	8
17	1951. 7. 28.	71	47	1981. 2. 20.	106	77	2011. 2. 18.	11
18	1952. 3. 31.	100	48	1982. 2. 19.	115	78	2012. 2. 20.	8
19	1953. 3. 21.	90	49	1983. 2. 19.	84	79	2013. 2. 28.	15
20	1954. 3. 20.	91	50	1984. 2. 20.	118	80	2014. 2. 13.	9
21	1955. 3. 19.	83	51	1985. 2. 18.	74	81	2015. 2. 28.	7
22	1956. 3. 15.	80	52	1986. 2. 20.	79	82	2016. 2. 17.	4
23	1957. 3. 19.	57	53	1987. 2. 23.	79	83	2017. 2. 16.	9
24	1958. 3. 18.	90	54	1988. 2. 23.	81	84	2018. 2. 14.	3
25	1959. 3. 17.	68	55	1989. 2. 18.	65	85	2019. 2. 15.	4
26	1960. 3. 24.	110	56	1990. 2. 23.	57	86	2020. 1. 10.	1
27	1961. 3. 18.	120	57	1991. 2. 23.	62	87	2021. 1. 8.	8
28	1962. 2. 14.	90	58	1992. 2. 22.	59	88	2022. 1. 12.	12
29	1963. 2. 18.	126	59	1993. 2. 19.	54	89	2023. 1. 13.	5
30	1964. 2. 17.	110	60	1994. 2. 22.	56	90	2024. 1. 12.	14

거창교육 100년사

● 역대교장

대수	성명	재임기간	대수	성명	재임기간
1	伊藤愛造	1933. 3. 31.~1935. 3. 30.	17	김병영	1989. 3. 1.~1993. 2. 28.
2	橘高積	1935. 3. 31.~1941. 11. 16.	18	백상기	1993. 3. 1.~1997. 2. 28.
3	小林淸夫	1941. 11. 17.~1945. 9. 30.	19	김재수	1997. 3. 1.~1999. 8. 31.
4	정수천	1945. 10. 31.~1948. 8. 14.	20	백홍기	1999. 9. 1.~2001. 3. 31.
5	김수용	1948. 8. 15.~1952. 9. 14.	21	이해진	2001. 4. 1.~2004. 2. 29.
6	이현정	1952. 9. 15.~1954. 4. 28.	22	박일규	2004. 3. 1.~2007. 2. 28.
7	전병선	1954. 4. 29.~1956. 2. 28.	23	이종영	2007. 3. 1.~2008. 8. 31.
8	이주영	1956. 3. 31.~1960. 9. 27.	24	이도순	2008. 9. 1.~2009. 8. 31.
9	전병선	1960. 9. 28.~1968. 11. 15.	25	이상진	2009. 9. 1.~2011. 8. 31.
10	강태희	1968. 11. 16.~1969. 12. 3.	26	이충렬	2011. 9. 1.~2015. 2. 28.
11	유인협	1969. 12. 4.~1975. 8. 31.	27	박만종	2015. 3. 1.~2016. 8. 31.
12	전갑식	1975. 9. 1.~1980. 8. 31.	28	김유학	2016. 9. 1.~2018. 2. 28.
13	이용백	1980. 9. 1.~1982. 8. 31.	29	백남순	2018. 3. 1.~2020. 2. 29.
14	김정락	1982. 9. 1.~1984. 2. 29.	30	김미경	2020. 3. 1.~2024. 2. 29.
15	이창우	1984. 3. 1.~1987. 8. 31.	31	정찬식	2024. 3. 1.~
16	이병근	1987. 9. 1.~1989. 2. 28.			

가. 학급편성 및 학생 수(2024)

구분		1학년	2학년	3학년	4학년	5학년	6학년	사랑반	계
학급수		1	1	1	1	1		2	7(2)
학생수 (명)	남	4	6	5	5	2	1	5	23(5)
	여	·	5	8	5	1	·	1	19(1)
계		4	11	13	10	3	1	6	42(6)

나. 교직원 수(2024)

구분 직급 성별	교원								직원									계
	교장	교감	부장교사	초등교사	특수교사	보건교사	영양교사	유치원교사	취원방과후교사	행정실장	행정주무관	조리사	조리실무사	교무행정원	방과후실무원	돌봄전담사	특수실무원	환경사	시설대체	
남	1	·	1	1	·	·	·	·	·	1	1	1	·	·	·	·	·	·	1	7
여	·	1	1	3	2	1	1	1	1	·	·	·	1	1	1	1	1	1	·	17
계	1	1	2	4	2	1	1	1	1	1	1	1	1	1	1	1	1	1	1	24

다. 학교시설 현황(2024)   (규모 단위 : ㎡)

구분	교사(校舍)	체육관 및 급식소	운동장
규모	1,822.5	399.1	4,681

● 교육과정

비전	새로움과 따뜻함으로 꿈을 여는 행복한 월천교육
바라는 인간상	꿈과 사랑을 가진 창의적인 어린이

교육목표	배움이	나눔이	자람이	가꿈이
	즐겁게 배우며 꿈을 가꾸는 어린이	더불어 살아가는 어린이	몸과 마음이 건강한 어린이	자연과 예술을 사랑하는 어린이
	지식정보처리 역량 창의적 사고 역량	공동체 역량 협력적 소통 역량	자기관리 역량	생태시민 역량 심미적 감성 역량
실천과제	기초학력 책임교육 배움중심교육과정 운영 행복한 책읽기 소질을 키우는 진로교육	존중과 배려 어울림교육 학생자치 활성화 안전한 학교 더불어 사는 민주시민교육	기본생활습관 교육 건강증진 활동 학생중심 동아리활동 보건·영양교육	생태전환교육 폭넓은 체험학습 감성키움 예술교육 신나는 방과후학교

중점교육	중점 1	중점 2
	꼭꼭 씹어 읽자! 온책읽기	건강·감성을 키우는 BE HEALTHY, BE HAPPY!

특색교육	달가람어울림한마당을 통한 행복한 교육공동체

교육기반	학교	학생	교사	학부모
	모두가 행복한 학교	미래를 꿈꾸는 학생	꿈을 길러주는 선생님	신뢰로 함께하는 학부모

● 교육활동

가. 주요 행사

2017년 봄 현장체험학습

2017년 학예발표회

2024년 학생다모임 임원 선거

2024년 운동회

2024년 텃밭교육(감자캐기)

2024년 방과후학교(드론)

나. 교육활동과 영광의 순간

- 육상대회 관련 성과(1963년 거창군 연합체육대회 우승 외 다수 수상)
- 구기종목 대회 참가 성과
  - 1982년 제4회 부산지방법원장기 쟁탈 군내 국민학교 대항 축구대회 우승
  - 1991년 거창군소년체육대회 탁구 국민학교 남자 우승, 여자 우승
  - 2015년 제9회 교육장배 초·중학생 배구대회에서 초등 면2부 준우승
- 씨름대회 성과(제11회 거창단오제 초등학생 씨름대회에서 장사급 1위 외 다수 수상)
- 연극 관련 수상(1976년 학생학예발표대회 동극 최우수상, 2024년 제2회 거창학생연극제 우수공감상)
- 과학 분야 성과(2012년 경남정보올림피아드대회 동상, 2015년 제37회 경남과학발명품 경진대회 동상)
- 2012년 제42회 아림예술제, 제22회 전국국악경연대회에서 초등부 우수 외 다수 수상
- 도우수학교 선정(1987년 기초와 기본, 1994년 체육 활동, 2011년 학력향상)

다. 학교특색

- 달가람 칭찬교육
    - 2020년부터 학급별 생활지도와 연계한 칭찬스티커 활용 인성교육
    - 학기말 '달가람칭찬데이' 운영(칭찬스티커에 따른 선물 수여)
    - 행사 준비에서 운영까지 학생 다모임을 통해 학생 주도로 참여로 실시
- 달가람어울림 놀이한마당
    - 건강한 놀이문화 정착을 위해 모래놀이터 조성 및 함께하는 놀이, 선후배 팀활동, 학부모 참여놀이 등 실시
    - 5월 달가람어울림 놀이한마당을 통해 학부모가 함께 참여하는 행복한 교육공동체 문화 조성
- 달가람어울림 체험한마당
    - 월천의 주변 자연환경과 연계한 체험활동과 거창 지역의 자연환경을 활용한 사계 체험활동 실시
    - 교육과정과 연계한 다양한 체험, 스마트기기 활용, 코딩, 로봇, 드론 활용 교육 등 실시

| 달가람칭찬데이 | 달가람어울림 놀이한마당 | 2024년 은행나무길 걷기 |

위천초등학교
渭川初等學校

1966년

2024년

개교	1912년 4월 1일 사립고북학교 창립, 1919년 4월 11일 위천공립보통학교 인가
위치	경상남도 거창군 위천면 창말1길 10
구분	공립

● 교육목표

예절 바른 덕성인, 실력 있는 지성인, 상상하는 창의인, 멋있는 건강인

● 학교의 발자취 및 연혁

위천초등학교는 1913년 사립고북학교로 창립되어 1919년에 위천공립보통학교로 4년제 인가를 받았다. 1924년 3월 25일에 4년제 제4회 졸업식을 가졌으며 1926년 3월 11일 6년제 인가를 받았다.

1941년 4월 1일 위천공립보통학교에서 위천국민학교로 변경되었고, 1979년 3월 1일 위천국민학교병설유치원 1학급을 개원하였다.

1990년에서 2000년대에는 다양한 영역의 시범학교를 운영하여 알찬 교육과정으로 학교의 위상을 높였다. 1996년 3월 1일 위천초등학교로 명칭이 변경되었고 1999년 3월 1일은 모동초등학교가 통폐합 되었으며 2024년 현재까지 총 졸업생 6,860명을 배출하였다.

- 1912. 4. 1. 사립고북학교 창립
- 1919. 4. 11. 위천공립보통학교 인가
- 1941. 4. 1. 위천국민학교로 개칭
- 1996. 3. 1. 위천초등학교로 개칭
- 1999. 3. 1. 모동초등학교 통폐합
- 2010. 3. 1. 농산어촌 전원학교 친환경교실 개선사업 완공
- 2024. 2. 8. 제98회 졸업(총 졸업생 수 6,860명)

● 옛 모습

1940년 목도훈련　　1940년 교실수업　　1970년 학생 등교

● 대표시설

다모임실　　　　　　　상상자람터

● 학교상징

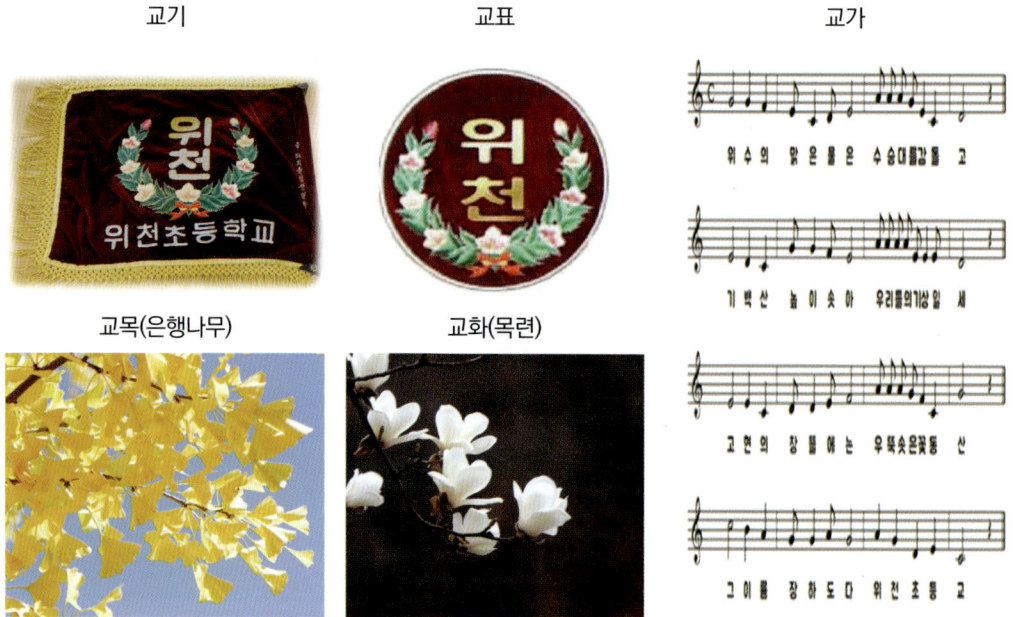

● 연도별 졸업생 수: 총 6,860명(98회)

회별	졸업일자	졸업생수	회별	졸업일자	졸업생수	회별	졸업일자	졸업생수
1	1927. 3. 20.	37	34	1960. 3. 24.	140	67	1993. 2. 19.	53
2	1928.	31	35	1961. 3. 18.	123	68	1994. 2. 21.	52
3	1929.	12	36	1962. 2. 10.	116	69	1995. 2. 20.	40
4	1930. 3. 20.	13	37	1963. 2. 19.	160	70	1996. 2. 22.	36
5	1931. 3. 22.	22	38	1964. 2. 19.	123	71	1997. 2. 20.	21
6	1932. 3. 22.	27	39	1965. 2. 18.	152	72	1998. 2. 20.	39
7	1933. 3. 20.	26	40	1966. 2. 18.	143	73	1999. 2. 19.	21
8	1934. 3. 20.	11	41	1967. 2. 21.	163	74	2000. 2. 19.	22
9	1935.	33	42	1968. 2. 17.	173	75	2001. 2. 19.	21
10	1936.	45	43	1969. 2. 20.	176	76	2002. 2. 20.	18
11	1937. 3.	37	44	1970. 2. 18.	160	77	2003. 2. 20.	19
12	1938. 3.	37	45	1971. 2. 16.	155	78	2004. 2. 19.	16
13	1939. 3.	40	46	1972. 2. 18.	190	79	2005. 2. 17.	22
14	1940. 3.	37	47	1973. 2. 16.	213	80	2006. 2. 18.	26
15	1941. 3.	37	48	1974. 2. 19.	217	81	2007. 2. 16.	13
16	1942. 3.	32	49	1975. 2. 17.	175	82	2008. 2. 16.	20
17	1943.	56	50	1976. 2. 16.	160	83	2009. 2. 13.	24

18	1944.	58	51	1977. 2. 15.	202	84	2010. 2. 22.	12
19	1945.	68	52	1978. 2. 14.	145	85	2011. 2. 19.	7
20	1946.	65	53	1979. 2. 16.	174	86	2012. 2. 16.	16
21	1947.	73	54	1980. 12. 19.	138	87	2013. 2. 15.	13
22	1948.	79	55	1981. 2. 26.	156	88	2014. 2. 14.	17
23	1949.	97	56	1982. 2. 20.	133	89	2015. 2. 17.	12
24	1950.	71	57	1983. 2. 19.	120	90	2016. 2. 16.	11
25	1951.	55	58	1984. 2. 20.	137	91	2017. 2. 17.	10
26	1952.	82	59	1985. 2. 18.	112	92	2018. 2. 14.	7
27	1952.	66	60	1986. 2. 20.	120	93	2018. 12. 28.	11
28	1954. 3. 20.	46	61	1987. 2. 20.	85	94	2020. 2. 14.	11
29	1955. 3. 18.	61	62	1988. 2. 22.	103	95	2021. 2. 10.	11
30	1956. 3. 17.	50	63	1989. 2. 18.	61	96	2022. 2. 11.	8
31	1957. 3. 15.	60	64	1990. 2. 20.	75	97	2023. 2. 10.	7
32	1958. 3. 18.	69	65	1991. 2. 20.	52	98	2024. 2. 8.	6
33	1959. 3. 26.	98	66	1992. 2. 20.	55	총 졸업생 수		6,860

● **역대교장**

대수	성명	재임기간	대수	성명	재임기간
1	정상근	1945. 12. 1.~1946. 2. 28.	16	김재동	1991. 3. 1.~1995. 8. 31.
2	강용근	1946. 3. 1.~1947. 3. 31.	17	신주선	1995. 9. 1.~1999. 8. 31.
3	정응환	1947. 4. 1.~1948. 9. 30.	18	김태연	1999. 9. 1.~2000. 8. 31.
4	김재만	1948. 10. 1.~1952. 9. 3.	19	이재봉	2000. 9. 1.~2002. 8. 31.
5	김준명	1952. 10. 1.~1953. 3. 30.	20	조덕명	2002. 9. 1.~2005. 8. 31.
6	오원주	1953. 4. 1.~1956. 9. 30.	21	이진우	2005. 9. 1.~2008. 2. 29.
7	백성기	1956. 10. 1.~1960. 9. 27.	22	이상영	2008. 3. 1.~2010. 2. 28.
8	임규희	1960. 9. 28.~1964. 5. 14.	23	정태식	2010. 3. 1.~2012. 2. 29.
9	이용백	1964. 5. 15.~1967. 1. 9.	24	박명의	2012. 3. 1.~2013. 8. 31.
10	강태희	1967. 1. 10.~1967. 11. 15.	25	정종찬	2013. 9. 1.~2015. 8. 31.
11	백영종	1967. 11. 16.~1975. 8. 31.	26	박상훈	2015. 9. 1.~2016. 2. 29.
12	하봉균	1975. 9. 1.~1979. 2. 28.	27	배병화	2016. 3. 1.~2018. 2. 28.
13	이창우	1979. 3. 1.~1984. 2. 29.	28	천진숙	2018. 3. 1.~2021. 8. 31.
14	장준	1984. 3. 1.~1986. 8. 31.	29	김동섭	2021. 9. 1.~2023. 8. 31.
15	신기범	1986. 9. 1.~1991. 2. 28.	30	양은진	2023. 9. 1.~

● 학교 현황

가. 학급편성 및 학생 수(2024)

구분		1학년	2학년	3학년	4학년	5학년	6학년	계
학급수		1	1	1	1	1	1	6
학생수 (명)	남	2	1	3	1	5	5	17
	여	1	·	1	1	5	2	10
계		3	1	4	2	10	7	27

나. 교직원 수(2024)

구분	교장	교감	교사			일반직	기타	합계
			남	여	소계			
인원	1	1	2	8	10	5	8	23

다. 학교시설 현황(2024) (규모 단위 : ㎡)

시설명	교사(校舍)	체육관	운동장
규모	2,794	670	12,790

● 교육과정

제 3 장 거창교육의 주체

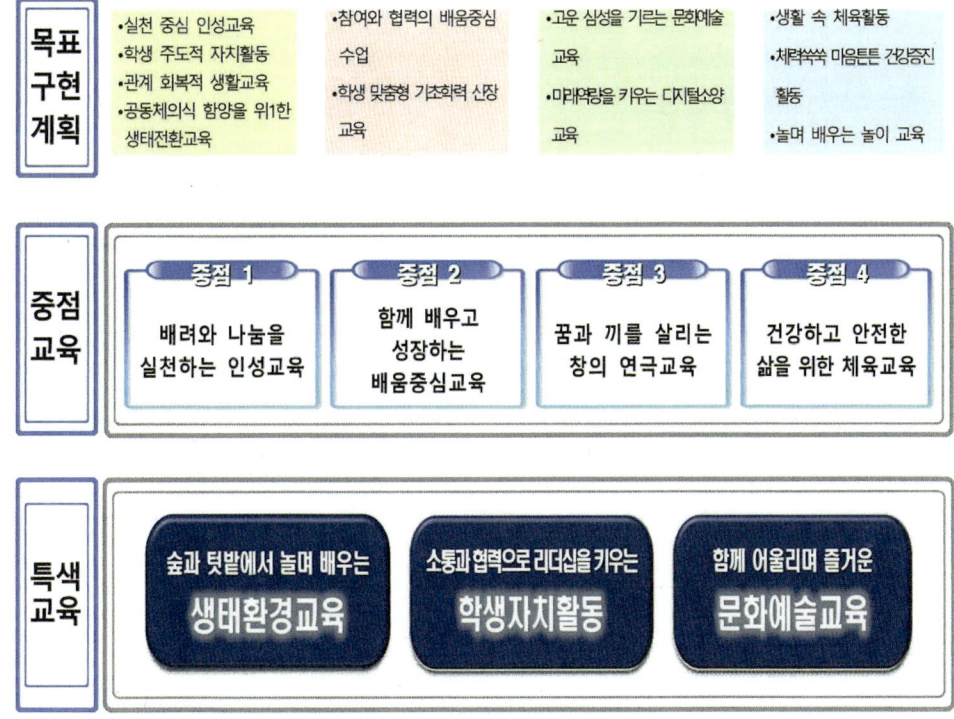

● 교육활동

가. 주요행사

- 매년 교내 체육대회 및 학예 행사 실시
- 아림제(거창), 개천예술제(진주) 등 각종 대외 문화행사에 참가하여 우수한 성과 거양

1982년 가을운동회

2024년 가을운동회

1993년 학예발표회

2023년 학예발표회

나. 교육활동과 영광의 순간

- 1976. 6. 6.　　제5회 전국소년체전 여자배구 우승
- 2004. 11. 15.　제7회 전국 게이트볼대회 2연승
- 2005. 10.　　　제2회 경남 청소년 게이트볼대회 우승
- 2010. 12. 27.　경상남도거창교육지원청 학교특성화교육활동 으뜸학교 선정
- 2011. 3. 1.　　경상남도거창교육지원청 지정 교육과정 편성·운영 지역중심학교
- 2022. 11. 24.　학교체육활성화 우수학교 교육감 표창

2004년 전국 게이트볼대회 우승

2005년 경남청소년게이트볼대회 우승

다. 학교특색

- 숲과 텃밭에서 놀며 배우는 생태환경교육
- 소통과 협력으로 리더십을 키우는 학생자치활동
- 함께 어울리며 즐거운 문화예술교육

제 3 장 거창교육의 주체

주상초등학교
主尙初等學校

1979년

2024년

개교	1933년 4월 15일 주상국민보통학교 개교
위치	경상남도 거창군 주상면 도평 1길 60
구분	공립

● 교육목표

자율과 협력의 바탕 위에 민주시민으로 성장하는 어린이

● 학교의 발자취 및 연혁

 1933년 3월 25일에 주상국민보통학교(4년제) 설립 인가를 받고 1933년 4월 15일에 주상보통 학교를 개교하였다. 광복이 되던 1945년 11월부터 한국인 교장이 부임을 하게 되었고 1946년 9월 1일 주상국민학교로 개칭하였다.

 1981년 1월 30일, 병설유치원 인가를 받았으며 1981년도에는 교사를 새로 개축하였고, 1996년 3월 1일에는 주상초등학교로 개칭하였다. 1997년 2월 20일에 완대분교장을 본교로 통폐합하였으며, 1999년 3월 1일 보해분교장도 본교로 통폐합하였다.
2023년도에 모듈러교사동을 설치하여 교육여건을 개선하였다. 2022년도에 지역과 학교가 힘을 합하여 작은학교 살리기 사업 추진위를 만들어 노력한 결과 2023년도에 작은학교 살리기 사업 대상 학교로 선정되어 향후 LH 임대주택공급을 통하여 10가구가 이주할 계획이다.

- 1933. 3. 25.   주상국민보통학교 4년제 설립 인가
- 1997. 2. 20.   완대분교장 본교로 통폐합
- 1999. 3. 1.   보해분교장 본교로 통폐합
- 2000. 10. 19. 도지정 인성교육 자율시범학교 운영 보고
- 2009. 3. 1.   희망키움학교 운영
- 2010. 12. 28. 경상남도교육청 학력우수학교 선정
- 2011. 12. 31. 학력평가 우수 교육과학기술부장관 표창
- 2012. 3. 1.   전원학교(B형) 및 꿈나르미학교 운영
- 2015. 3. 1.   2015학년도 행복맞이학교 지정
- 2016. 3. 1.   2016학년도 행복맞이학교 지정
- 2017. 3. 1.   행복학교 지정(2017. 3. 1.~2022. 2. 28.)
- 2021. 3. 1.   행복학교 재지정(2021. 3. 1.~2025. 2. 28.)
- 2023. 10. 19. 모듈러 교실 3칸 준공
- 2024. 2. 8.   제89회 졸업(총 3,522명, 남 1,863명, 여 1,659명)
- 2024. 3. 1.   제28대 조윤주 교장 취임

● **옛 모습**

1968년 여자반 수업모습

1976년 체육수업

1987년 식목일 행사

제 3 장 거창교육의 주체

● **학교상징**

● **대표시설**

● 연도별 졸업생 수: 총 3,522명(89회)

회별	졸업일자	졸업생수	회별	졸업일자	졸업생수	회별	졸업일자	졸업생수
1	1936. 3. 20.	27	31	1966. 3. 17.	60	61	1996. 2. 17.	24
2	1937.	26	32	1967. 2. 22.	71	62	1997. 2. 20.	25
3	1938.	29	33	1968. 2. 15.	98	63	1998. 2. 20.	18
4	1939.	29	34	1969. 2. 20.	95	64	1999. 2. 20.	17
5	1940.	37	35	1970. 2. 17.	91	65	2000. 2. 18.	17
6	1941.	48	36	1971. 2. 15.	77	66	2001. 2. 20.	12
7	1942. 3. 24.	22	37	1972. 2. 17.	86	67	2002. 2. 20.	22
8	1943. 3. 24.	35	38	1973. 2. 23.	102	68	2003. 2. 19.	7
9	1944. 3. 25.	35	39	1974. 2. 18.	92	69	2004. 2. 14.	12
10	1945. 3. 24.	37	40	1975. 2. 15.	107	70	2005. 2. 19.	5
11	1946. 7. 3.	31	41	1976. 2. 17.	85	71	2006. 2. 18.	9
12	1947. 7. 19.	45	42	1977. 2. 20.	93	72	2007. 2. 16.	8
13	1948. 7. 21.	32	43	1978. 2. 17.	83	73	2008. 2. 15.	9
14	1949. 7. 20.	43	44	1979. 2. 15.	81	74	2009. 2. 13.	3
15	1950. 5. 5.	67	45	1980. 2. 19.	64	75	2010. 2. 12.	6
16	1951. 7. 20.	41	46	1981. 2. 20.	76	76	2011. 2. 18.	4
17	1952. 3. 31.	47	47	1982. 2. 19.	57	77	2012. 2. 16.	3
18	1953. 3. 27.	33	48	1983. 2. 19.	50	78	2013. 2. 19.	5
19	1954. 3. 22.	31	49	1984. 2. 22.	52	79	2014. 2. 14.	3
20	1955. 3. 19.	32	50	1985. 2. 18.	38	80	2015. 2. 17.	4
21	1956. 3. 23.	43	51	1986. 2. 20.	58	81	2016. 2. 16.	3
22	1957. 3. 20.	20	52	1987. 2. 20.	42	82	2017. 2. 10.	5
23	1958. 3. 18.	32	53	1988. 2. 22.	45	83	2018. 2. 14.	4
24	1959. 3. 20	62	54	1989. 2. 18.	26	84	2019. 2. 15.	3
25	1960. 3. 22.	69	55	1990. 2. 20.	24	85	2020. 2. 14.	4
26	1961. 3. 22.	55	56	1991. 2. 20.	37	86	2021. 2. 9.	12
27	1962. 2. 12.	49	57	1992. 2. 20.	27	87	2022. 2. 11.	5
28	1963. 2. 20.	69	58	1993. 2. 20.	30	88	2022. 12. 19.	8
29	1964. 2. 18.	68	59	1994. 2. 19.	32	89	2024. 2. 8.	9
30	1965. 2. 18.	87	60	1995. 2. 18.	27	총 졸업생 수		3,522

● 역대교장

대수	성명	재임기간	대수	성명	재임기간
4	이현만	1950. 9. 30.~1954. 4. 28.	17	이현희	1995. 9. 1.~1999. 8. 31.
5	김정하	1954. 4. 29.~1955. 10. 17.	18	윤종협	1999. 9. 1.~2003. 8. 31.
6	강원희	1955. 12. 1.~1961. 8. 31.	19	김재욱	2003. 9. 1.~2005. 2. 28.
7	강태희	1961. 10. 5.~1967. 10. 21.	20	송영희	2005. 3. 1.~2007. 2. 28.
8	김순명	1967. 10. 22.~1969. 6. 21.	21	최락근	2007. 3. 1.~2009. 2. 28.
9	하봉균	1969. 6. 22.~1975. 8. 31.	22	문동식	2009. 3. 1.~2012. 9. 14.
10	김순명	1975. 9. 1.~1976. 12. 26.	23	염석일	2012. 9. 29.~2014. 8. 31.
11	강우석	1977. 1. 16.~1982. 8. 31.	24	정시균	2014. 9. 1.~2016. 2. 29.
12	정인호	1982. 9. 1.~1984. 7. 25.	25	임형섭	2016. 3. 1.~2017. 8. 31.
13	조석봉	1984. 9. 1.~1988. 7. 22.	26	박판돌	2017. 9. 1.~2020. 2. 29.
14	정기욱	1988. 9. 1.~1990. 2. 28.	27	송성동	2020. 3. 1.~2024. 2. 29.
15	곽도섭	1990. 3. 1.~1992. 2. 29.	28	조윤주	2024. 3. 1.~
16	임한섭	1992. 3. 1.~1995. 8. 31.			

● 학교현황

가. 학급편성 및 학생 수(2024)

구분		1학년	2학년	3학년	4학년	5학년	6학년	계
학급수		1	1	1	1	1	1	6
학생수 (명)	남	2	6	2	4	2	5	21
	여	1	1	4	3	3	2	14
계		3	7	6	7	5	7	35

나. 교직원 수(2024)

구분	교장	교감	교사		일반직	합계
			남	여		
인원	1	1	2	6	11	21

다. 학교시설 현황(2024)

(규모 단위 : ㎡)

구분	교사(校舍)		운동장
	토리관	나리관	
규모	1,559.22	398.6	2,920

● 교육과정

비전	스스로 주인되고(主) 서로 섬기는(尙) 주상 행복교육
바라는 인간상	자율과 협력의 바탕 위에 민주시민으로 성장하는 어린이

교육목표	즐겁게 배우는 우리	배려하고 공감하는 우리	힘차게 도전하는 우리	건강한 우리
핵심역량	창의적사고역량 지식정보처리역량	공동체역량 의사소통역량	창의적사고역량 자기관리역량	공동체역량 심미적감성역량
실천과제	• 기초·기본교육 • 배움중심교육 • 자기 주도적 학습 • 방과후학교	• 회복적 생활교육 • 생태환경교육 중점 • 마을 연계 교육	• 책 읽기와 글쓰기 • 우리답게 동아리 중점 • 문화예술교육 • 진로교육	• 놀이연계교육 • 건강안전교육 • 학생 상담활동
행복학교 중점과제	참여와 존중의 학교 민주주의	학습자 중심의 미래형 교육과정	실천 중심의 전문적 학습 공동체	자율과 협력의 교육생태계

특색교육	세계 속 민주시민으로 성장하는 국내·외교류교육
슬로건	걸어서 마을 속으로 걸어서 세계 속으로

제 3 장 거창교육의 주체

● **교육활동**

가. 주요행사

1954년 가을운동회

1987년 걸스카우트 야영

1988년 봄소풍

2024년 체육대회

2024년 야영

2024년 봄소풍

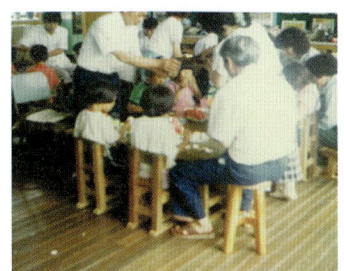
1988년 학급 생일잔치

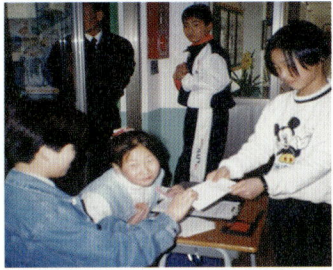
1998년 전교어린이회 임원 선거

1987년 방과후학습(서예)

2024년 학급 생일잔치

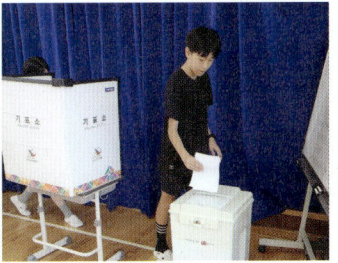
2024년 전교어린이회 임원 선거

2024년 방과후학습(드론)

나. 교육활동과 영광의 순간

- 1997년 3월 경상남도 교육청지정 인성교육 자율시범학교 운영
- 2000년 10월 경상남도교육청 지정 인성교육 자율 시범학교 운영 보고회 개최
- 2009학년도부터 2011학년도까지 3년간 희망 키움 학교 운영
- 2009학년도, 2010학년도 경상남도교육청으로부터 학력 우수 학교로 선정
- 2011년 12월 31일 학교평가 우수 교육과학기술부 장관 표창 수상
- 2012학년도부터 2014학년도까지 3년간 전원 학교[B형] 및 꿈나르미 학교 운영
- 2013학년도부터 2014학년도까지 농산어촌 ICT 시범학교 운영
- 2015학년도 경남형 혁신학교인 행복맞이 학교를 시작, 2024년 현재까지 10년차 행복(맞이)학교 운영

다. 특색교육

- 거창 최초의 행복학교(2017. 지정)를 운영하며 스스로 주인 되고 스스로 섬기는 민주시민 교육 실천
  - 주상행복교육 실현을 위해 학교 특색교육인 학생 자치 및 동아리 활동 내실 있게 운영
  - 학생 다모임을 통해 학교의 크고 작은 행사를 기획·실행·반성하며 문제해결능력 신장
  - 수영, 탁구, 볼링 등 적성과 특기에 맞는 동아리 부서 개설

창남초등학교
昌南初等學校

1950년

2024년

개교	1944년 4월 25일 거창남국민학교로 개교
위치	경상남도 거창군 거창읍 거함대로4길 24
구분	공립

● 교육목표

소통하고 공감하며 STORY를 실천하는 행복한 창남교육

● 학교의 발자취 및 연혁

창남초등학교는 1944년 4월 1일 '거창남국민학교(居昌南國民學校)'로 설립 인가 되어, 거창읍 금천동 제사공장에서 개교식을 거행하였다.

1945년 12월 전병선 교장이 부임하였으며, 전 일일 소학교로 이교하였다. 1946년 창남국민학교로 개칭하였으며, 1947년 9월 거창국민학교로부터 본 학구 내 아동을 분리하였다.

1950년 9월, 6·25 전쟁으로 전교사가 소실되었으나, 1950년 10월 각 학년 2개 반씩 12학급 전교생 769명으로 재개교하였다. 그 후 학생 수와 학급 수는 점차 증가하였으며 1976년 특수학급이 설치되고, 1984년 병설유치원이 개원하였다.

1996년 3월 1일 창남초등학교로 개칭하였으며, 체육관(1998년), 급식소(2009년), 실내놀이터 '꿈자락'(2018년), 가상현실(VR) 스포츠실(2018년) 등이 설치되었으며, 2024년 그린스마트 미래학교가 완공되며 현재의 모습을 가지고 가지게 되었다.

1949년 6월 25일 63명이 제1회 졸업을 했고, 현재까지 79회의 졸업식을 가졌으며 2024년 2월 7일 49명이 졸업하여 총 졸업생 13,399명을 배출하였다.

- 1944. 4. 1.　거창남국민학교 설립 인가
- 1944. 4. 25.　거창읍 금천동 제사공장에서 개교
- 1945. 12.　전 일일 소학교로 이교
- 1946. 4.　창남국민학교로 개칭
- 1946. 9.　전 명덕학교로 이교
- 1947. 9.　거창국민학교로부터 본 학구내 아동 분리
- 1950. 9.　6.25전쟁으로 인하여 전교사 소실
- 1950. 10.　재개교
- 1976. 3. 1.　특수학급 설치
- 1984. 9. 5.　병설유치원 개원
- 1996. 3. 1.　창남초등학교로 개칭, 교육부 지정 인성교육 자율시범학교 운영
- 2009. 8. 24.　급식소 개관
- 2018. 3. 21.　가상현실(VR) 스포츠실 개관
- 2018. 12. 7.　어디든 놀이터 공모 선정(실내놀이터 '꿈다락' 조성)
- 2024. 12.　그린스마트 미래학교 완공

● **옛 모습**

1956년 운동회

1964년 일제고사

1973년 개교기념잔치

학교상징

대표시설

● 연도별 졸업생 수: 총 13,399명(76회)

회별	졸업일자	졸업생수	회별	졸업일자	졸업생수	회별	졸업일자	졸업생수
1	1949. 6. 25.	63	27	1975. 2. 25.	350	53	2001. 2. 19.	127
2	1950. 5. 8.	164	28	1976. 2. 25.	324	54	2002. 2. 19.	88
3	1951. 7. 25.	116	29	1977. 2. 16.	281	55	2003. 2. 15.	103
4	1952. 3. 31.	128	30	1978. 2. 18.	324	56	2004. 2. 21.	131
5	1953. 3. 25.	136	31	1979. 2. 23.	306	57	2005. 2. 19.	255
6	1954. 3. 22.	106	32	1980. 2. 20.	268	58	2006. 2. 15.	257
7	1955. 3. 18.	120	33	1981. 2. 20.	294	59	2007. 2. 15.	123
8	1956. 3. 17.	145	34	1982. 2. 19.	275	60	2008. 2. 19.	112
9	1957. 3. 19.	142	35	1983. 2. 19.	252	61	2009. 2. 19.	124
10	1958. 3. 18.	146	36	1984. 2. 20.	241	62	2010. 2. 18.	109
11	1959. 3. 25.	170	37	1985. 2. 18.	239	63	2011. 2. 17.	93
12	1960. 3. 23.	174	38	1986. 2. 20.	247	64	2012. 2. 16.	98
13	1961. 3. 17.	232	39	1987. 2. 20.	249	65	2013. 2. 15.	76
14	1962. 2. 12.	187	40	1988. 2. 22.	201	66	2014. 2. 18.	60
15	1963. 2. 18.	234	41	1989. 2. 18.	198	67	2015. 2. 13.	61
16	1964. 4. 1.	206	42	1990. 2. 23.	188	68	2016. 2. 12.	40
17	1965. 2. 18.	263	43	1991. 2. 23.	183	69	2017. 2. 17.	57
18	1966. 2. 18.	214	44	1992. 2. 20.	211	70	2018. 2. 14.	48
19	1967. 2. 20.	274	45	1993. 2. 19.	185	71	2019. 1. 10.	42
20	1968. 2. 17.	278	46	1994. 2. 21.	194	72	2020. 2. 6.	60
21	1969. 2. 21.	317	47	1995. 2. 20.	194	73	2021. 2. 5.	48
22	1970. 2. 18.	305	48	1996. 2. 22.	167	74	2022. 1. 13.	50
23	1971. 2. 17.	285	49	1997. 2. 21.	139	75	2023. 1. 10.	51
24	1972. 2. 17.	338	50	1998. 2. 19.	138	76	2024. 2. 7.	49
25	1973. 2. 15.	386	51	1999. 2. 19.	152	총 졸업생 수		13,399
26	1974. 2. 25.	332	52	2000. 2. 18.	133			

제 3 장 거창교육의 주체

● 역대교장

대수	성명	재임기간	대수	성명	재임기간
1	전병선	1945. 1. 2.~1947. 9. 30.	15	김창렬	1991. 9. 1.~1996. 2. 29.
2	신중철	1947. 10. 1.~1948. 7. 31.	16	신석범	1996. 3. 1.~2000. 2. 29.
3	전병선	1948. 8. 1.~1952. 8. 31.	17	신종수	2000. 3. 1.~2003. 8. 31.
4	김재만	1952. 9. 1.~1954. 1. 31.	18	윤종협	2003. 9. 1.~2005. 2. 28.
5	이구중	1954. 2. 1.~1955. 8. 31.	19	백풍길	2005. 3. 1.~2007. 8. 31.
6	이현정	1955. 9. 1.~1957. 4. 30.	20	정승호	2007. 9. 1.~2009. 8. 31.
7	김수용	1957. 5. 1.~1959. 5. 31.	21	손봉호	2009. 9. 1.~2012. 8. 31.
8	장준	1959. 6. 1.~1962. 2. 27.	22	신계성	2012. 9. 1.~2016. 8. 31.
9	이양호	1962. 2. 28.~1965. 10. 30.	23	박만종	2016. 9. 1.~2018. 2. 28.
10	노외주	1965. 11. 1.~1972. 8. 31.	24	양창호	2018. 3. 1.~2022. 2. 28.
11	이창우	1972. 9. 1.~1979. 2. 28.	25	김보권	2022. 3. 1.~2023. 8. 31.
12	장준	1979. 3. 1.~1984. 2. 29.	26	김미경	2023. 9. 1.~2025. 2. 28.
13	강태희	1984. 3. 1.~1989. 2. 28.	27	최대영	2025. 3. 1.~
14	윤동수	1989. 3. 1.~1991. 8. 31.			

● 학교현황

가. 학급편성 및 학생 수(2024)

구분		1학년	2학년	3학년	4학년	5학년	6학년	특수학급	계
학급수		3	2	2	2	3	3	2	17
학생수 (명)	남	21	16	18	30	26	40	4	151
	여	26	28	31	26	33	19	2	163
계		47	44	49	56	59	59	6	314

나. 교직원 수(2024)

구분	교장	교감	교사		일반직	합계
			남	여		
인원	1	1	12	17	22	53

다. 학교시설 현황(2024)   (규모 단위 : ㎡)

시설명	교사(校舍)		체육관	운동장
	A동	B동		
규모	2,368.8	1,587.6	732.4	2,887.0

● 교육과정

교육비전 및 교육목표

새로운 가치를 창출할 수 있는 역량을 길러 미래 사회의 행복한 삶을 준비하는 학교, 바라는 인간상을 구현하기 위해 교육목표 STORY를 실천하여 '감사와 배려로 꿈을 가꾸는 창의적인 창남어린이'를 기른다.

- **슬로건** ➡ 소통하고 공감하며 STORY를 실천하는 행복한 창남교육
- **교육비전** ➡ 자유로운 생각과 바른 인성으로 꿈을 가꾸는 행복한 창남교육
- **바라는 인간상** ➡ 감사와 배려로 꿈을 가꾸는 창의적인 어린이

지성인 Study	창조인 Talent	협동인 Obliges	덕성인 Respect	건강인 Youth
문제를 발견하고 스스로 해결하는 어린이	새롭게 생각하고 끝까지 탐구하는 어린이	감사와 배려로 더불어 살아가는 어린이	가치를 같이 하며 올곧은 생활을 하는 어린이	밝고 명랑한 생활로 몸과 마음이 건강한 어린이
지식정보처리역량 창의적사고역량	창의적사고역량 심미적감성역량	자기관리역량 의사소통역량	공동체 역량 자기관리역량	공동체역량 의사소통역량

구현 계획

- 교실 수업 개선을 통한 기초학력 향상
- 미래 역량 신장을 위한 AI·SW교육

- 앎과 삶이 하나되는 체험학습
- 꿈과 끼를 키우는 다양한 프로그램 운영

- 배려와 나눔을 실천하는 봉사활동
- 지구공동체를 위한 생태전환교육 강화

- 바른 품성을 심어주는 인성교육 강화
- 나라사랑 교육을 통한 정체성 확립

- 실천 중심의 안전 교육 강화
- 건강교육으로 튼튼한 몸과 마음 가꾸기

중점 교육	❖ 깊이 있는 학습을 위한 체험 - 자연을 만나다(생태, 환경) - 역사가 깃들다(역사, 문화) - 언제나 즐겁다(여가, 축제) - 내일로 나아가다(진로)	❖ 디지털 역량 강화 미래교육 - 디지털 선도학교 운영 - 미래융합형(STEAM) 선도학교 운영 - 에듀테크 활용 수업 실시 - 디지털 리터러시 교육	❖ 배려와 나눔을 실천하는 인성교육 - Wee클래스 상담프로그램 운영 - 회복적 생활교육으로 공공의 문화 형성 - 학생자치회 주도 봉사활동 실시 - 교육복지우선지원 사업
특색 교육	❖ Talent-Up 아이들의 꿈과 끼를 키우는 연극 교육 ❖ Power-up 아이들이 무럭무럭 자라는 (중점)학교스포츠클럽 운영		
과제	❖ 그린스마트 미래학교 준공 및 연계 교육과정 편성·운영		

● 교육활동

가. 주요행사

한들 축제

학부모 초청 공개수업

유·초 이음 운동회

우리가 만드는 나눔장터

봄·가을 현장체험학습

함께하는 교육 캠페인

나. 교육활동과 영광의 순간

- 1971. 5. 1. 학교운영심사 문교부장관 최우수상 수상
- 1977. 6. 4. 전국소년체육대회 여자배구 3위 입상
- 배드민턴 부 운영 및 대회 성과
  - 2001년 11월 창단하여 2024년 현재까지 운영, 전교생이 함께 하는 운동

[전국대회 입상 실적]

구분	08년	09년	10년	11년	12년	13년	15년	16년	17년	19년	21년	22년	23년	24년	계
1위	2	0	0	1	0	0	0	0	0	0	0	1	0	0	4
2위	0	1	2	1	0	0	1	1	0	0	0	0	1	1	8
3위	0	0	2	1	1	2	0	0	1	1	1	2	1	0	12
계	2	1	4	3	1	2	1	1	1	1	1	3	2	1	24

2008년 제37회 전국소년체육대회 금메달   2024년 제53회 전국소년체육대회 은메달

다. 학교특색

- Talent-Up 아이들의 꿈과 끼를 키우는 연극 교육
    - 교과 및 창의적체험활동 시간 활용 연극교육(1~4학년 전문강사 활용, 5~6학년 학생 연극 동아리 구성)
    - 거창韓 예술(연극) 동아리 사업 연계하여 운영되며 방학 중 연극 캠프 실시
    - 겨울연극제, 거창 학생연극제 참가 및 겨울연극제 관람

- Power-up 아이들이 무럭무럭 성장하는 중점 학교스포츠클럽 운영
    - 방과후학교의 체육 영역 배치 확대, 학습과 운동의 균형 있는 생활습관 형성
    - 다양한 종목으로 여학생 체육 활동 활성화
    - 방과후 배드민턴 운영 활성화를 통한 운동하는 학교 만들기
    - 중점 학교스포츠클럽 배드민턴부 운영

창동초등학교
昌東初等學校

1979년

2024년

개교	1976년 3월 2일 창동국민학교 개교
위치	경상남도 거창군 거창읍 동동1길 42
구분	공립

● 교육목표

배려와 나눔을 실천하며 큰 꿈을 가꾸는 어린이

● 학교의 발자취 및 연혁

1975년 7월 19일 창동국민학교 설립 인가(18학급), 1976년 2월 창동국민학교 학구를 동동 전역, 양평(금용, 노혜)로 정하였으며, 1976년 3월 2일 거창국민학교 내에서 1~4학년 12학급으로 개교하였다.

1976년 10월 본관 교사(정규교실 4개, 특별교실 2개, 현관 1개, 관리실 2개) 및 부속 건물(숙직실 1개, 창고 1개, 변소 2개) 신축 공사 착공하여 1977년 1월 1차 공사를 완공하였고, 1977년 2월 26일 2층 교사 7교실 증축 공사를 착공하여 그 해 5월 26일 준공하였다.

1977년 3월 2일 15학급으로 편성, 1977년 4월 2일 거창국민학교에서 분리 수용해서 [거창읍 동동 102-1번지]로 이전하였고, 4월 2일을 개교기념일로 지정하였다. 1978년 3월 1

일 3학급을 증설하여 18학급으로 편성하였다. 이에 1978년 4월 1일, 3층 3교실 증축 공사 착공하여 1978년 8월 31일에 준공하였다. 1979년 2월 20일 제1회 졸업식에서 남 92명, 여 70명, 총 162명의 졸업생을 배출하였다.

1976년 12학급으로 개교하여 1978년 18학급, 1987년 17학급, 1993년 16학급으로 편성되었고, 1996년 3월 1일 창동초등학교로 개칭하였다. 2020년 29학급까지 편성되었고, 2024년 현재 22학급으로 개교 이래 49주년을 맞이하게 되었다.

- 1975. 7. 19. 창동국민학교 설립 인가(18학급)
- 1976. 3. 2. 창동국민학교 개교(1~4학년 12학급 편성)
- 1977. 4. 2. 거창국민학교에서 분리, 현 위치로 이전
- 1984. 9. 1. 창동국민학교 병설유치원(1학급) 개원
- 1986. 3. 1. 특수학급 1학급 배정, 유치원 1학급 증설
- 2005. 3. 1. 유치원 폐원, 거창유치원으로 분리
- 2024. 2. 8. 제46회 졸업식(총 졸업생 수 5,041명)

● **옛 모습**

1977년 낙성식

1978년 중앙현관

1978년 학교 정문

제 3 장 거창교육의 주체

● 학교상징

● 대표시설

거창교육 100년사

● 연도별 졸업생 수: 총 5,041명(46회)

회별	졸업일자	졸업생수	회별	졸업일자	졸업생수	회별	졸업일자	졸업생수
1	1979. 2. 20.	162	17	1995. 2. 20.	104	33	2011. 2. 17.	126
2	1980. 2. 20.	130	18	1996. 2. 22.	84	34	2012. 2. 16.	120
3	1981. 2. 24.	163	19	1997. 2. 20.	83	35	2013. 2. 15.	125
4	1982. 2. 19.	137	20	1998. 2. 19.	100	36	2014. 2. 14.	85
5	1983. 2. 19.	162	21	1999. 2. 19.	85	37	2015. 2. 13.	86
6	1984. 2. 20.	152	22	2020. 2. 19.	73	38	2016. 2. 16.	91
7	1985. 2. 23.	142	23	2001. 2. 20.	84	39	2017. 2. 16.	81
8	1986. 2. 20.	141	24	2002. 2. 20.	76	40	2018. 2. 13.	87
9	1987. 2. 20.	125	25	2003. 2. 21.	85	41	2019. 2. 15.	95
10	1988. 2. 22.	111	26	2004. 2. 20.	96	42	2020. 2. 14.	102
11	1989. 2. 18.	118	27	2005. 2. 16.	109	43	2021. 1. 15.	119
12	1990. 2. 24.	95	28	2006. 2. 15.	100	44	2022. 2. 11.	121
13	1991. 2. 23.	95	29	2007. 2. 15.	104	45	2023. 2. 10.	102
14	1992. 2. 20.	110	30	2008. 2. 15.	110	46	2024. 2. 8.	119
15	1993. 2. 19.	115	31	2009. 2. 17.	106	총 졸업생 수		5,041
16	1994. 2. 22.	114	32	2010. 2. 19.	111			

● 역대교장

대수	성명	재임기간	대수	성명	재임기간
1	신일권	1975. 9. 1.~1980. 8. 31.	10	최종석	2007. 3. 1.~2008. 8. 31.
2	김재천	1980. 9. 1.~1984. 8. 31.	11	이종영	2008. 9. 1.~2010. 2. 28
3	하봉균	1984. 9. 1.~1988. 8. 31.	12	신재철	2010. 3. 1.~2011. 8. 31
4	신중민	1988. 9. 1.~1990. 8. 31.	13	정봉효	2011. 9. 1.~2016. 2. 29.
5	이현희	1990. 9. 1.~1995. 8. 31.	14	정시균	2016. 3. 1.~2018. 2. 28.
6	김재동	1995. 9. 1.~1999. 8. 31.	15	김유학	2018. 3. 1.~2020. 2. 29.
7	김삼수	1999. 9. 1.~2000. 8. 31.	16	박은우	2020. 3. 1.~2022. 8. 31.
8	김태연	2000. 9. 1.~2005. 2. 28.	17	최대영	2022. 9. 1.~2025. 2. 28.
9	김효근	2005. 3. 1.~2007. 2. 28.	18	권성복	2025. 3. 1.~

● 학교현황

가. 학급편성 및 학생 수(2024)

구분		1학년	2학년	3학년	4학년	5학년	6학년	특수학급	계
학급수		3	3	3	4	4	4	1	22(1)
학생수 (명)	남	28(2)	46	39(1)	48(2)	54(1)	53	(6)	268(6)
	여	27	25	25	45	50	48	·	220
계		55(2)	71	64(1)	93(2)	104(1)	101	(6)	488(6)

나. 교직원 수(2024)

직급\성별	교장	교감	교사(부장)	특수	보건	영양	상담	보결전담	원어민	스포츠강사	행정실장	주무관	기타	계
남	1	·	7(3)	·	·	·	·	·	·	1	1	·	3	13
여	·	1	18(3)	1	1	1	1	1	1	·	·	2	15	42
계	1	1	25(6)	1	1	1	1	1	1	1	1	2	18	55

※기타: 교무행정원 1명(여), 방과후실무원 1명(여), 특수교육실무원 1명(여), 전담사서 1명(여), 조리사 및 실무원 6명(여), 돌봄전담사 3명(여), 사무행정원 1명(여), 시설관리 1명(남), 청소원 1명(여), 당직주임 1명(남), 배움터지킴이 1명(남)

다. 학교시설 현황(2024)   (규모 단위 : ㎡)

구분	교사(校舍)	창고1	운동장	창고2	체육관
규모	7,747	40	5,000	38	976

● 교육과정

 꿈과 끼를 살리며 신명 나게 돌아가는 바람개비 창동 행복교육

배려와 나눔을 실천하며 큰 꿈을 가꾸는 어린이

교육목표 및 역량

바 바른 배움으로 지혜를 키워요
- 지식정보처리 역량
- 문해력, 수리력, 디지털 리터러시

람 남을 배려하고 행복을 나누어요
- 공동체 역량
- 의사소통 역량

개 개성을 존중하고 건강을 길러요
- 자기관리 역량
- 건강 리터러시

비 비범하게 생각하고 창의력을 키워요
- 창의적 사고 역량
- 심미적 감성 역량

교육목표 구현 계획

01 스스로 공부하는 실력 있는 어린이
미래역량을 함양하는 교육과정 혁신, 개별맞춤형수업 실천

02 바르게 생각하고 실천하는 어린이
실천중심의 학교폭력예방교육, 민주시민교육, 생태전환교육

03 몸과 마음이 건강한 어린이
학생 주도성을 높이는 기본생활습관 형성, 건강 교육

04 소질과 특기를 기르는 어린이
꿈과 끼를 살리는 진로교육, 디지털 소양 교육, 문화예술 교육

독서 연계 교육으로 행복한 책 읽기 생활화

중점과제 및 교육활동

배려와 나눔의 인성교육
- ♥ 서로 존중하는 평화로운 학교 실현
- ♥ 학생 주도형 프로젝트 생태환경 교육 운영
- ♥ 배려와 존중의 학생 생활 문화 조성

미래핵심 역량을 키우는 교육과정
- ♥ 학생 주도성을 키우는 역량 중심 교육과정 운영
- ♥ 기초 학력 기반 학생 개별 성장 맞춤형 교육과정 운영
- ♥ 에듀테크를 활용하는 미래지향적 교육과정 운영

꿈을 키우는 진로교육
- ⭐ 꿈과 끼를 살리는 창의적체험활동 강화
- ⭐ 참여와 소통의 학생자치활동 활성화
- ⭐ 관계지향적 학습 동행 프로그램 강화

제 3 장 거창교육의 주체

● 교육활동

가. 주요행사

1981년 가을 대운동회 모습

1981년 학예작품발표회

1983년 2월 졸업식

2023년 학급교육과정 발표회

2024년 2월 졸업 문화제

2024년 어울림 놀이 한마당

나. 교육활동과 영광의 순간

- 2011년 초등학교 합창부 최우수상, 같은 해 12월 제31회 군민독서경진대회 단체부 최우수상 수상
- 2017년 경남 초·중학생 종합체육대회 인라인 롤러 분야 금메달 5개, 은메달 1개, 동메달 1개
- 2023년 제52회 전국소년체전 남자 초등학교 400m 계주 금메달

다. 특색교육

- 학생의 안전한 등하교 환경 조성
  - 매일 등하교 안전 지킴 및 자전거 안전교육, 학교 앞 주정차 금지 캠페인 실시

자전거 안전교육

학교 앞 주정차 금지 캠페인

- 지역의 자연환경을 토대로 한 생태환경 교육
  - 텃밭 식물 가꾸기, 서출 동류길 체험, 천적생태관 탐방, 고구마 캐기, 알밤 줍기 등의 체험 활동
- 2024년에는 학교공간혁신 사업을 통해 운동장 환경을 녹색 친화적인 공간으로 조성 노력

서출동류길 체험

학교공간혁신 학생 워크숍

텃밭 식물 가꾸기

샛별초등학교
샛별初等學校

1964년 개교 당시

2024년

개교	1964년 3월 10일 개교
위치	경상남도 거창군 거창읍 죽전4길 28
구분	사립

● 교육목표

바르게 생각하고 실천하는 어린이

● 학교의 발자취 및 연혁

- 1964. 2. 28.   샛별국민학교 설립 인가 (12학급)
- 1964. 3. 10.   개교, 초대 전영창 교장 취임
- 1970. 2. 17.   제 1회 졸업식 (44명 졸업)
- 1970. 12. 14.   한얼채 4교실 지음
- 1972. 12. 10.   호주 선교사가 쓰던 2층 임시건물에서 옛 거창고등학교 건물로 옮김
- 1984. 3. 1.   학교에서 주는 '개인 상 제도'를 없앰
- 1989. 3. 15.   KBS 교육특집 '들꽃은 스스로 자란다.' 방영
- 1995. 4. 14.   샛별국민학교 건물 신축
- 1999. 8. 30.   제5대 전성은 교장 취임(샛별중학교 겸임)
- 2003. 12. 16.   '학교 숲 가꾸기 시범학교'로 선정 (생명의 숲)

- 2010. 3. 1. 특수학급 신설 (도움반)
- 2011. 4. 14. 급식소 신축 (하늘샘)
- 2013. 3. 1. 특수학급 1학급 증설
- 2013. 3. 4. 2013년도 학생 뮤지컬 운영 학교로 선정
- 2021. 3. 10. 샛별 체육관 개관
- 2022. 3. 1. 제9대 전기환 교장 취임
- 2023. 12. 29. 제55회 졸업식 (51명 졸업, 모두 3,803명 졸업)
- 2024. 3. 4. 제61회 입학 (2학급, 46명)

● **학교상징**

교기 　　　　　　　　　　　교가

교기

* 노래 신정환 학생 (2008년 3학년 2반 학생)
* 반주 최유정 선생님(2008년 3학년 2반 담임)
* 녹음 2008년.

● 졸업생 현황: 총 3,803명(제55회)

● 역대 교장

대수	성명	재임기간	대수	성명	재임기간
초대	전영창	1964. 3. 10.~1976. 5. 21.	6	주중식	2001. 8. 29.~2009. 2. 28.
2	천세욱	1976. 5. 22.~1981. 11. 17.	7	강태수	2009. 3. 1.~2014. 8. 31.
3	전성은	1981. 11. 18.~1990. 2. 28.	8	서성애	2014. 9. 1.~2022. 2. 28.
4	이하수	1990. 3. 1.~1999. 8. 29.	9	전기환	2022. 3. 1.~
5	전성은	1999. 8. 30.~2001. 8. 28.			

● 학교현황

가. 학급편성 및 학생수(2024)

구분	1학년	2학년	3학년	4학년	5학년	6학년	특수학급	계
학급수	2	2	2	2	2	2	2	12(2)
학생수	48	51	52	52	47	51	12	301(12)

나. 교직원 수(2024)

구분	교장	교감	담임교사	교과전담	특수교사	보건교사	행정실장	주무관	교육공무직	합계
남	1	·	6	2	·	·	1	1	·	11
여	·	1	6	·	2	1	·	2	12	24
계	1	1	12	2	2	1	1	3	12	35

다. 시설현황(2024)

구분	건축면적	운동장	자연학습원	급식소
규모(㎡)	2,920	1,946	913	270

구분	교실	관리실	강당	도서실	어학실	과학실	미술실	피아노실	현악실	보건실	돌봄실	준비실	상담실	창고	체육관
실	14	4	1	1	1	1	1	1	1	1	2	1	2	3	1

● 교육과정

건학이념 ▶ 기독교 신앙을 바탕으로 민주 시민을 양성한다

교육목표 ▶ 바르게 생각하고 실천하는 어린이

- **만남**: 더불어 살아가는 어린이
- **배움**: 배우고 실천하는 어린이
- **자람**: 소질과 개성을 발전시키는 어린이

핵심가치 ▶

- **평화**: 하나님·이웃·자연과 바른 관계 맺기, 평화 공동체 만들기
- **정의**: 기독교 신앙 이해, 바른 가치관 확립, 실천하는 힘
- **생명**: 생명 존중, 소질 계발, 관심 영역 넓히기, 건강한 몸

공동체상 ▶ **학교상**: 사랑으로 가르치고 믿음으로 배우는 학교

교사상
- 어린이를 사랑하고 섬기는 선생님
- 삶과 믿음(기독교 신앙)이 굳건한 선생님
- 꾸준히 연구하고 정성껏 가르치는 선생님

어린이상
- 이웃과 나라를 사랑하는 어린이
- 생각이 바르고 정직한 어린이
- 스스로 새로움을 찾아내는 어린이
- 실력을 갖춘 건강한 어린이

학부모상
- 사랑으로 가르치는 학부모
- 아이와 함께 배우는 학부모
- 귀 기울여 들어주는 학부모
- 기다려주는 학부모
- 샛별 교육에 이바지하는 학부모

제 3 장 거창교육의 주체

● **교육활동**

- 만남(더불어 살아가는 어린이를 기르는 교육)
  - 예배와 성경, 회복적 생활교육과 비폭력대화, 노래와 놀이, 상담, 다모임, 생태교육, 봉사활동 등
- 배움(배우고 실천하는 어린이를 기르는 교육)
  - 교육과정 재구성, 행복한 통지표, 옹달샘 도서관 운영, 삶을 가꾸는 글쓰기 등
- 자람(소질과 개성을 발전시키는 교육)
  - 특기적성교실, 열매나눔 작품 전시회, 바른 먹거리 먹기 운동, 외발자전거 타기, 진로교육 등

1970년대 기악합주 발표

1980년대 법원 현장학습

1980년 구기대회

1992년 가을운동회

1993년 성가발표회

1994년 교실 수업

1997년 삼일절 기념예배

2011년 작품전시회

2023년 가을달빛운동회

3절
중학교

거창교육 100년사

가조중학교
加祚中學校

1950년대

2024년

개교	1953년 5월 7일
위치	경상남도 거창군 가조면 가조가야로 1101-23
구분	공립

● 교육목표

미래 사회의 주역이 될 창의적인 한국인 육성

● 옛 모습

1950년대 수업 모습

1974년 아침조회

1983년 운동회

제 3 장 거창교육의 주체

● **학교의 연혁**

- 1953. 4. 15. 가조중학교 설립 인가(6학급)
- 1953. 5. 7. 가조중학교 개교
- 1975. 1. 15. 학칙변경 18학급 인가
- 1986. 2. 24. 학칙변경 12학급(특수학급 1학급) 인가
- 1990. 2. 27. 학칙변경 9학급(특수학급 1학급) 인가
- 1996. 3. 1. 학칙변경 6학급(특수학급 1학급) 인가
- 2005. 3. 1. 학교수용계획 변경 4학급 인가
- 2010. 3. 1. 학교수용계획 변경 특수학급 1학급 인가
- 2011. 3. 1. 학교수용계획 변경 3학급 인가
- 2024. 3. 4. 신입생 8명 입학

● **학교상징**

거창교육 100년사

● 연도별 졸업생 수: 총 9,360명(69회)

회별	졸업일자	졸업생수	회별	졸업일자	졸업생수	회별	졸업일자	졸업생수
1	1956. 3. 3.	59	25	1980. 2. 28.	389	49	2004. 2. 14.	46
2	1957. 3. 5.	70	26	1981. 2. 13.	352	50	2005. 2. 15.	43
3	1958. 3. 5.	60	27	1982. 2. 12.	420	51	2006. 2. 15.	44
4	1959. 3. 5.	45	28	1983. 2. 16.	344	52	2007. 2. 15.	32
5	1960. 3. 5.	43	29	1984. 2. 15.	316	53	2008. 2. 14.	32
6	1961. 3. 25.	57	30	1985. 2. 15.	319	54	2009. 2. 13.	38
7	1962. 2. 9.	85	31	1986. 2. 15.	276	55	2010. 2. 11.	31
8	1963. 2. 28.	114	32	1987. 2. 18.	273	56	2011. 2. 10.	36
9	1964. 2. 29.	127	33	1988. 2. 20.	240	57	2012. 2. 14.	23
10	1965. 2. 9.	115	34	1989. 2. 17.	216	58	2013. 2. 15.	33
11	1966. 2. 8.	120	35	1990. 2. 15.	206	59	2014. 2. 7.	31
12	1967. 2. 28.	122	36	1991. 2. 13.	180	60	2015. 2. 13.	27
13	1968. 2. 28.	159	37	1992. 2. 14.	155	61	2016. 2. 5.	27
14	1969. 2. 28.	145	38	1993. 2. 16.	142	62	2017. 2. 10.	25
15	1970. 2. 28.	156	39	1994. 2. 15.	120	63	2018. 2. 9.	25
16	1971. 2. 28.	164	40	1995. 2. 15.	142	64	2019. 2. 1.	21
17	1972. 2. 25.	163	41	1996. 2. 15.	123	65	2020. 1. 8.	21
18	1973. 2. 28.	235	42	1997. 2. 18.	102	66	2021. 2. 5.	12
19	1974. 2. 28.	279	43	1998. 2. 14.	101	67	2022. 2. 11.	19
20	1975. 2. 17.	279	44	1999. 2. 12.	78	68	2023. 2. 9.	19
21	1976. 2. 28.	335	45	2000. 2. 16.	91	69	2024. 2. 8.	16
22	1977. 2. 28.	305	46	2001. 2. 19.	72	총 졸업생 수		9,360
23	1978. 2. 28.	382	47	2002. 2. 15.	67			
24	1979. 2. 28.	362	48	2003. 2. 17.	54			

● 역대교장

대수	성명	재임기간	대수	성명	재임기간
1	김병혁	1953. 7. 2.~1960. 7. 4.	16	송호조	1997. 3. 1.~1999. 8. 31.
2	윤봉주	1960. 7. 5.~1962. 4. 24.	17	김갑곤	1999. 9. 1.~2000. 8. 31.
3	박차갑	1962. 4. 25.~1967. 7. 31.	18	김영범	2000. 9. 1.~2002. 2. 28.

4	최영수	1967. 8. 1.~1969. 11. 24.	19	정선우	2002. 3. 1.~2003. 2. 28.
5	정시원	1969. 11. 25.~1973. 3. 19.	20	변규영	2003. 3. 1.~2006. 2. 28.
6	김영두	1973. 3. 20.~1976. 2. 29.	21	백광석	2006. 3. 1.~2009. 8. 31.
7	이규해	1976. 3. 1.~1977. 10. 9.	22	김동주	2009. 3. 1.~2011. 2. 28.
8	최필영	1977. 10. 10.~1980. 2. 29.	23	정엉혜	2011. 3. 1.~2012. 8. 31.
9	석대진	1980. 3. 1.~1981. 2. 28.	24	변정주	2012. 9. 1.~2014. 2. 28.
10	김동열	1981. 3. 1.~1983. 2. 28.	25	김재식	2014. 3. 1.~2016. 2. 29.
11	정시원	1983. 3. 1.~1987. 8. 31.	26	문삼종	2016. 3. 1.~2018. 8. 31.
12	이강욱	1987. 9. 1.~1989. 2. 28.	27	서종희	2018. 9. 1.~2021. 2. 28.
13	김재덕	1989. 3. 1.~1991. 8. 31.	28	임정희	2021. 3. 1.~2024. 2. 29.
14	신용식	1991. 9. 1.~1994. 2. 28.	29	박재득	2024. 3. 1.~
15	김근영	1994. 3. 1.~1997. 2. 28.			

● 학교현황

가. 학급편성 및 학생 수(2024)

구분	1학년	2학년	3학년	계
학급수	1	1	1	3
학생수	9	14	14	37

나. 교직원 수(2024)

구분	교장	교무			행정				계
		교사		교무행정원	실장	교육행정	시설관리	청소원	
		남	여						
정원	1	10		1	1	1	1	1	16
현원	1	3	7	1	1	1	1	1	16

다. 학교시설 현황(2024)

구분	관리실				교실			특별실										기타			
	교장실	교무실	행정실	계	일반교실	교과교실	계	어학실	과학실	강당	도서실	가사실	미술실	보건실	방송실	정보실	계	학생탈의실	남자화장실	여자화장실	계
현황	1	1	1	3	4	1	5	1	1	1	1	1	1	1	1	1	9	1	2	2	5

● 교육과정

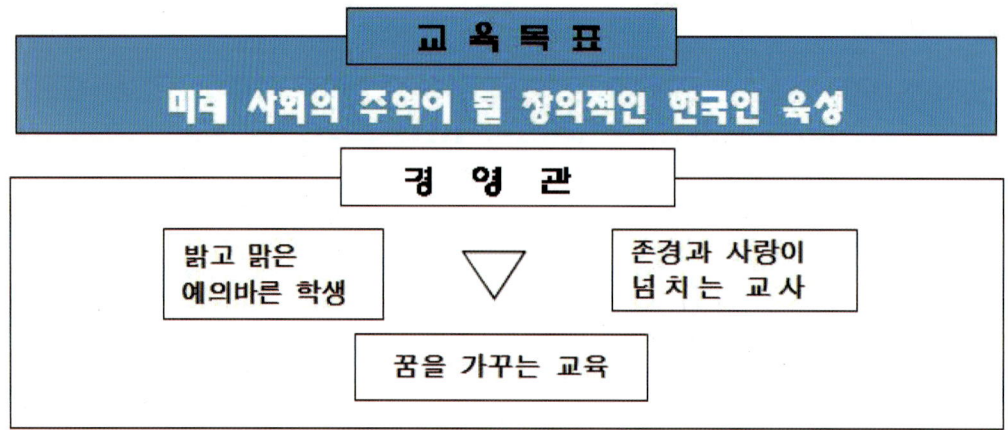

교육목표
미래 사회의 주역이 될 창의적인 한국인 육성

경영관
- 밝고 맑은 예의바른 학생
- 존경과 사랑이 넘치는 교사
- 꿈을 가꾸는 교육

경영방침
- 꿈을 가진 전인적인 인간 교육
- 가슴이 따뜻하며 창의적인 학생
- 존경받는 교사상 정립
- 선진화된 교육환경 조성

역점과제
1. 활동중심의 독서 교육 실시
2. 음악이 울려 퍼지는 학교 조성
3. 운동으로 건강한 몸과 마음 가꾸기
4. 진로교육 활성화

| 특색과제 | 음악과 독서를 통한 인성교육 |

구분			1학년				2학년		3학년	
			1학기편성	편성시수	조정시수	2학기	1학기	2학기	1학기	2학기
교과	국어		68	51	-17	68	68	68	68	68
	사회 (역사포함)/ 도덕	사회	34	34	0	34	0	0	34	34
		역사	0	0	0	0	68	68	0	0
		도덕	0	0	0	0	68	68	0	0
	수학		51	51	0	68	68	68	68	68
	과학/ 기술가정/ 정보	과학	51	51	0	51	68	68	68	51
		기술가정	68	68	0	68	0	0	68	68
		정보	0	0	0	0	0	0	17	17
	체육	체육	51	17	-34	51	34	34	51	51
		학교스포츠 클럽	0	0	0	0	17	17	0	0
	예술 (음악/미술)	음악	51	17	-34	34	34	34	0	0
		미술	0	0	0	0	34	34	34	34
	영어		68	51	-17	68	51	51	68	68
	선택	한문	0	0	0	0	0	0	0	0
		생활외국어	0	0	0	0	0	0	0	0
		보건	0	0	0	0	0	0	0	0
		진로와직업	51	17	-34	0	0	0	0	0
		환경	0	0	0	0	0	0	34	34
	교과합계 (A)		493	357	-136	493	510	510	510	493

창의적 체험 활동	자율활동			17	17	0	17	17	17	17	17
	봉사활동			6	6	0	4	10	0	6	4
	진로활동			11	11	0	13	7	0	11	13
	동아리	동아리활동		17	0	−17	17	0	17	0	17
		학교 스포 츠클 럽	창체 활용	0	0	0	0	17	17	17	0
			교과 감축	17	0	−17	17	0	0	0	17
	창의적체험활동 합계(B)			68	34	−34	68	51	51	51	68
자유 학기 활동	진로탐색활동				34	34					
	주제선택활동				34	34					
	동아리활동				34	34					
	예술체육활동				68	68					
	자유학기활동 합계(C)			0	170	170	0	0	0	0	0
총계(A+B+C)				561	561	0	561	561	561	561	561

● **교육활동**

1985년 학예회

2023년 샛들제

2024년 체육대회

제 3 장 거창교육의 주체

거창여자중학교
居昌女子中學校

1980년경

2024년

개교	1945년 6월 30일
위치	경상남도 거창군 거창읍 죽전4길 39
구분	공립

● 교육목표

꿈을 키우며 사랑과 우정을 나누는 학교

● 옛 모습

1974년 아침조회

1978년 봉사활동

1978년 새마을교실

● 학교의 연혁

- 1945. 6. 30.　　거창여자전수학교 2년제 인가
- 1945. 9. 1.　　거창여자초급중학교 인가
- 1950. 8. 23.　　한국전쟁으로 중앙리 51번지 교사 전소
- 1950. 9. 1.　　거창읍 상림리로 교사 이전
- 1951. 11. 1.　　현 위치 교사로 이전
- 2024. 2. 8.　　제77회 졸업(졸업생 96, 총12,723)
- 2024. 3. 4.　　신입생 101명 입학, 학급편성 12학급

● 학교상징

교기

교표

교가

교목(소나무)

교화(덩굴장미)

● 연도별 졸업생 수: 총 12,723명

회별	졸업일자	졸업생수	회별	졸업일자	졸업생수	회별	졸업일자	졸업생수
1	1948. 6. 26.	70	27	1974. 2. 28.	232	53	2000. 2. 15.	144
2	1949. 6. 23.	41	28	1975. 2. 28.	232	54	2001. 2. 15.	139
3	1950. 7. 20.	44	29	1976. 2. 28.	257	55	2002. 2. 16.	112
4	1951. 7. 20.	33	30	1977. 2. 28.	279	56	2003. 2. 14.	129
5	1952. 3. 29.	50	31	1978. 2. 28.	270	57	2004. 2. 12.	125
6	1953. 3. 21.	70	32	1979. 2. 28.	270	58	2005. 2. 18.	125
7	1954. 3. 19.	45	33	1980. 2. 28.	260	59	2006. 2. 16.	101
8	1955. 3. 22.	52	34	1981. 2. 28.	310	60	2007. 2. 15.	170
9	1956. 3. 5.	139	35	1982. 2. 12.	324	61	2008. 2. 16.	166
10	1957. 3. 5.	112	36	1983. 2. 18.	321	62	2009. 2. 12.	168
11	1958. 3. 3.	107	37	1984. 2. 15.	285	63	2010. 2. 11.	149
12	1959. 3. 25.	91	38	1985. 2. 16.	274	64	2011. 2. 11.	162
13	1960. 3. 5.	97	39	1986. 2. 15.	262	65	2012. 2. 10.	132
14	1961. 3. 9.	105	40	1987. 2. 18.	241	66	2013. 2. 8.	178
15	1962. 2. 7.	109	41	1988. 2. 19.	277	67	2014. 2. 11.	159
16	1963. 2. 28.	142	42	1989. 2. 15.	287	68	2015. 2. 13.	138
17	1964. 2. 10.	182	43	1990. 2. 15.	223	69	2016. 2. 5.	167
18	1965. 2. 28.	119	44	1991. 2. 13.	212	70	2017. 2. 9.	125
19	1966. 2. 28.	131	45	1992. 2. 14.	192	71	2018. 2. 8.	129
20	1967. 2. 28.	113	46	1993. 2. 13.	206	72	2019. 2. 15.	81
21	1968. 2. 28.	124	47	1994. 2. 15.	222	73	2020. 2. 7.	122
22	1969. 2. 28.	120	48	1995. 2. 15.	239	74	2021. 2. 5.	103
23	1970. 2. 28.	173	49	1996. 2. 15.	232	75	2022. 1. 4.	98
24	1971. 2. 28.	183	50	1997. 2. 18.	231	76	2023. 2. 10.	106
25	1972. 2. 29.	185	51	1998. 2. 17.	197	77	2024. 2. 8.	96
26	1973. 2. 28.	239	52	1999. 2. 12.	184	총 졸업생 수		12,723

● 역대교장

대수	성명	재임기간	대수	성명	재임기간
1	윤봉주	1952. 8. 27.~1957. 9. 30.	15	문암우	1998. 3. 1.~1999. 8. 31.
2	김정홍	1957. 9. 30.~1961. 3. 31.	16	신성기	1999. 9. 1.~2000. 8. 31.
3	한봉대	1961. 3. 31.~1961. 9. 4.	17	이준영	2000. 9. 1.~2003. 8. 31.
4	김병혁	1961. 9. 4.~1965. 9. 30.	18	강문석	2003. 9. 1.~2005. 2. 28.
5	이석화	1965. 10. 1.~1970. 5. 20.	19	정종완	2005. 3. 1.~2006. 8. 31.
6	김기욱	1970. 5. 21.~1976. 2. 29.	20	김윤태	2006. 9. 1.~2009. 8. 31.
7	김영두	1976. 3. 1.~1979. 8. 31.	21	백광석	2009. 9. 1.~2011. 2. 28.
8	정시원	1979. 9. 1.~1983. 2. 28.	22	이재엽	2011. 3. 1.~2012. 8. 31.
9	김동렬	1983. 3. 1.~1984. 2. 29.	23	이홍국	2012. 9. 1.~2014. 8. 31.
10	이진영	1984. 3. 1.~1987. 2. 28.	24	윤찬영	2014. 9. 1.~2016. 8. 31.
11	정성환	1987. 3. 1.~1991. 8. 31.	25	조삼제	2016. 9. 1.~2018. 8. 31.
12	김재덕	1991. 9. 1.~1993. 8. 31.	26	문삼종	2018. 9. 1.~2022. 2. 28.
13	김진석	1993. 9. 1.~1996. 8. 31.	27	하현욱	2022. 3. 1.~2025. 2. 28.
14	하덕수	1996. 9. 1.~1998. 2. 28.	28	김복순	2025. 3. 1.~

● 학교현황

가. 학급편성 및 학생수 현황(2024)

구분	1학년	2학년	3학년	계
학급수	4	4(1)	4	12(1)
학생수	103	105(1)	96	304(1)
비고	일반학급 12학급, 특수학급 1학급 운영			

나. 교직원 현황(2024)

구분	교장	교감	교무 - 교사 남	교무 - 교사 여	교무 - 원어민	교무 - 교무행정원	행정 - 실장	행정 - 교육행정	행정 - 시설관리	행정 - 사무행정원	행정 - 영양사	행정 - 조리사	행정 - 조리실무사	행정 - 당직전담사	행정 - 청소원	계
정원	1	1	23		1	2	1	1	1	1	1	1	3	2	1	40
현원	1	1	5	18	1	2	1	1	1	1	1	1	3	2	1	40

제 3 장 거창교육의 주체

다. 시설 현황(2024)

구분	관리실						교과교실										특별실						기타					
기준	교장실	교무실	교사연구실	행정실	숙직실	계	국어실	수학실	영어실	사회실	과학실	공용실	미술실	음악실	기술가정실	도움실	계	Wee-class	u-class	도서실	진로활동실	평가관리실	체육관	계	화장실	회의실	문서고	인쇄실	급식소	창고
현황	1	1	3	1	1	7	2	3	3	2	2	2	1	1	1	1	18	1	1	1	1	1	1	6	6	1	1	1	1	2

● 교육과정

구분			기준 시수	1학년						2학년		3학년		이수 시수	
				1학기			2학기			1학기	2학기	1학기	2학기		
				편성 시수	조정 시수	증감 시수	편성 시수	조정 시수	증감 시수						
교과 (군)	국어	국어	442	68	51	-17	68	68	0	68	68	68	68	391	
	사회 (역사) /도덕	사회	510	170	51	34	-17	51	51	0	0	0	34	34	136	408
		역사		170						34	34	34	34	136	
		도덕		170						34	34	34	34	136	
	수학	수학	374	68	68	0	68	68	0	68	68	68	68	391	
	과학/ 기술· 가정	과학	680	374	68	51	-17	68	68	0	68	68	68	68	374	629
		기술· 가정		272	34	17	-17	34	34	0	34	34	51	51	221	
		정보		34						0	17	17			34	
	체육	체육	272	51	34	-17	51	51	0	51	51	34	34	255	
	체육 대체	학교 스포 츠클 럽	34						0			17	17	34	
	예술	음악	272	136	34	17	-17	34	34	0	34	34			119	238
		미술		136	34	17	-17	34	34	0			34	34	119	
	영어	영어	340	51	51	0	51	51	0	51	51	51	51	306	
	선택	보건	170	17	17	0	17	17	0	17	17			68	170
		진로 와직 업		34	0	-34	17	17	0	17	17		17	68	
교과시수 소계			3060	510	357	-153	493	493	0	493	493	493	510	2788	

제 3 장 거창교육의 주체

영역														
창의적 체험활동	자율활동				25	25		25	25	0	25	25	25	25	135
	동아리	동아리		306 (136)			17	17	0	17	17	17		51	51
		스포츠 클럽	창체활용		17		-17	17	17	0	17	17			51	85
			교과감축							0			17	17	34
	봉사활동				5	5		5	5	0	5	5	5	5	30
	진로활동				4	4		4	4	0	4	4	4	4	24
	창체활동 소계			306	51	0	0	0	0	0	0	0	68	0	357
자유학년활동	진로탐색활동			221		34	34			0					51	221
	주제선택활동					34	34			0					68
	동아리활동					34	34			0					34
	예술체육활동					68	68			0					68
	자유학기활동 소계					170	170		0	0					221
	학기별 총 이수 시간				561	561		561	561		561	561	561	561	3366
	학년별 총 시간 수						1122				1122		1122		3366
	학기별 이수 과목 수					6		6			8	8	8	8	

● 교육활동

1979년 합창대회

1978년 모심기 봉사활동

1979년 반공안보 시국강연회

거창교육 100년사

거창중학교
居昌中學校

1964년

2024년

개교	1951년 8월 31일
위치	경상남도 거창군 거창읍 동동6길 9
구분	공립

● 교육목표

나를 알고 바르게 실천하자

● 옛 모습

1979년 체육한마당

1995년 체육한마당

2017년 솔숲제

● 학교의 연혁

- 1951. 8. 31. 교육법 개정으로 거창농업중학교에서 거창중학교로 분리 인가
- 1953. 6. 20. 거창농림고등학교에서 현 위치로 이전
- 1971. 3. 5.   중학교 평준화로 15학급 편성
- 1985. 3. 1.   특수학급 인가
- 2021. 6. 16. 그린스마트 미래학교 선정(개축)
- 2022. 3. 1.   행복학교 선정
- 2024. 3. 4.   신입생 98명 입학

● 학교상징

● 연도별 졸업생 수: 총 17,088명(74회)

회별	졸업일자	졸업생수	회별	졸업일자	졸업생수	회별	졸업일자	졸업생수
1	1951. 7. 10.	233	26	1976. 2. 28.	205	51	2001. 2. 16.	177
2	1952. 3. 26.	191	27	1977. 2. 28.	313	52	2002. 2. 9.	159
3	1953. 3. 19.	234	28	1978. 2. 28.	306	53	2003. 2. 14.	164
4	1954. 3. 20.	217	29	1979. 2. 28.	328	54	2004. 2. 20.	163
5	1955. 3. 3.	243	30	1980. 2. 28.	312	55	2005. 2. 15.	173
6	1956. 3. 3.	224	31	1981. 2. 28.	327	56	2006. 2. 14.	161
7	1957. 3. 2.	253	32	1982. 2. 12.	321	57	2007. 2. 13.	171
8	1958. 3. 4.	237	33	1983. 2. 17.	311	58	2008. 2. 15.	191
9	1959. 3. 6.	190	34	1984. 2. 15.	295	59	2009. 2. 13.	171
10	1960. 3. 7.	192	35	1985. 2. 15.	275	60	2010. 2. 12.	206
11	1961. 3. 10.	203	36	1986. 2. 15.	243	61	2011. 2. 11.	210
12	1962. 2. 7.	192	37	1987. 2. 18.	236	62	2012. 2. 14.	165
13	1963. 2. 9.	192	38	1988. 2. 20.	255	63	2013. 2. 7.	201
14	1964. 2. 8.	239	39	1989. 2. 18.	271	64	2014. 2. 7.	173
15	1965. 2. 28.	211	40	1990. 2. 16.	275	65	2015. 2. 10.	171
16	1966. 2. 24.	248	41	1991. 2. 13.	257	66	2016. 2. 12.	166
17	1967. 2. 24.	201	42	1992. 2. 14.	199	67	2017. 2. 10.	131
18	1968. 2. 25.	218	43	1993. 2. 13.	200	68	2018. 2. 8.	115
19	1969. 2. 24.	204	44	1994. 2. 15.	246	69	2019. 2. 13.	121
20	1970. 2. 24.	235	45	1995. 2. 15.	239	70	2020. 2. 7.	108
21	1971. 2. 24.	217	46	1996. 2. 15.	224	71	2021. 2. 5.	103
22	1972. 2. 29.	336	47	1997. 2. 17.	243	72	2022. 2. 11.	103
23	1973. 2. 28.	348	48	1998. 2. 13.	197	73	2023. 2. 10.	108
24	1974. 2. 28.	300	49	1999. 2. 13.	226	74	2024. 1. 5.	110
25	1975. 2. 28.	276	50	2000. 2. 15.	159	총 졸업생 수		17,088

● 역대교장

대수	성명	재임기간	대수	성명	재임기간
1	김강민	1952. 3. 3.~1953. 7. 30.	13	문암우	1996. 3. 1.~1998. 2. 28.
2	이석화	1953. 7. 31.~1995. 12. 29.	14	정동환	1998. 3. 1.~1999. 8. 31.
3	심상환	1955. 12. 31.~1965. 3. 31.	15	신창성	1999. 9. 1.~2000. 8. 31.
4	박태우	1965. 4. 1.~1968. 5. 21.	16	김숙자	2000. 9. 1.~2002. 8. 31.
5	이병문	1968. 5. 21.~1973. 3. 20.	17	김동군	2002. 9. 1.~2003. 8. 31.
6	정시원	1973. 4. 1.~1976. 8. 31.	18	강임석	2003. 9. 1.~2006. 2. 28.
7	정우순	1976. 9. 1.~1981. 2. 28.	19	강영희	2006. 3. 1.~2010. 2. 28.
8	김종호	1981. 3. 1.~1987. 2. 28.	20	오세창	2010. 3. 1.~2015. 2. 28.
9	이진영	1987. 3. 1.~1988. 7. 31.	21	고병길	2015. 3. 1.~2020. 2. 10.
10	오환숙	1988. 9. 1.~1991. 8. 31.	22	허덕수	2020. 3. 1.~2021. 8. 31.
11	정성환	1991. 9. 1.~1993. 8. 31.	23	김인수	2021. 9. 1.~2024. 2. 29.
12	김재덕	1993. 9. 1.~1996. 2. 26.	24	정권일	2024. 3. 1.~

● 학교현황

가. 학급 편성 및 학생 현황

구분	1학년	2학년	3학년	계
학급수	4	5(1)	4	13(1)
학생수	100(1)	100(3)	109(2)	309(6)
비고	일반학급 13학급, 특수학급 1학급 운영			

나. 교직원 현황

구분	교무실									행정실									총계
	교장	교감	교사	소계	교무행정	원어민	사서	지킴이	코치	소계	실장	주무관	행정원	영양사	조리사	조리실무	당직전담	청소원	소계	
현원	1	1	23	25	2	1	1	1	1	6	1	2	2	1	1	3	1	1	12	43
남	1	1	8	10	·	1	·	1	1	3	·	1	1	·	·	·	1	·	3	16
여	·	·	15	15	2	·	1	·	·	3	1	1	1	1	1	3	·	1	9	27

다. 시설 현황

구분 기준	수업실																교과연구실				관리실				기타				
	학급교실	컴퓨터실	We e-class	도움반	보건실	수학실	도서관	체육관	기술가정	과학실	음악실	미술실	영어실	진로실	역사실	계	연구실	학년실(1)	학년실(2,3)	계	경영자실	행정실	당직실	계	휴게실	화장실	급식소	전산실	창고
현황	12	1	1	1	1	1	1	1	1	1	1	1	1	1	1	26	1	1	1	3	1	1	1	3	1	6	1	1	1

● 교육과정

| 교육목표 | | 나를 알고 바르게 실천하자 |

| 교육방침 | | ● 수업 혁신을 통한 기초 학력 증진 및 학력 향상
● 미래를 여는 창의·인재 육성
● 존중과 배려의 올바른 인성교육
● 교육 공동체가 신뢰하는 학교 경영 |

| 중점과제 | | ● 「행복가득」「꿈가득」 거창한(欄) 배움터
● '솔푸름' 그린스마트 미래학교
● 존중과 배려가 있는 인성 문화
● 감성 있는 미래형 창의인재 육성 |

| 특색교육 | | ● 책으로 그리는 마음 동심원
● 「꿈키움」「끼세움」으로 '나' 찾기
● '솔푸름'으로 채우는 건강 다짐터 |

제 3 장 거창교육의 주체

바라는 상

학생상
- 인간의 기본을 갖춘 바른 품성의 학생
- 기초 학력이 튼튼한 능력 있는 학생
- 창의적인 미래형 학생

학부모상
- 건전한 교육관이 확립된 학부모
- 교육 활동에 적극적으로 참여하는 학부모
- 학교 발전에 함께하는 학부모

교사상
- 교직에 보람과 긍지를 갖는 존경받는 교사
- 가르치는 일에 전념하는 교수·학습 전문가
- 경쟁력 있는 직업교육을 실시하는 진로교육 전문가

학교상
- 교육과정 중심의 자율적, 창의적인 학교
- 미래지향적인 교육환경을 갖춘 쾌적한 학교
- 교육 공동체가 만족하는 열린 학교

구분			1학년				2학년		3학년	
			1학기 편성	편성 시수	조정 시수	2학기	1학기	2학기	1학기	2학기
교과	국어		68	51	-17	68	68	68	68	68
	사회 (역사포함)/ 도덕	사회	51	34	-17	51	0	0	34	34
		역사	0	0	0	0	34	34	34	34
		도덕	34	34	0	34	34	34	0	0
	수학		68	51	-17	68	68	68	68	68
	과학/ 기술·가정/ 정보	과학	68	51	-17	51	68	68	68	68
		기술·가정	34	34	0	51	34	34	34	34
		정보	0	0	0	0	0	0	17	17
	체육	체육	51	34	-17	51	34	34	51	51
		학교스포츠 클럽대체체육	0	0	0	0	0	0	0	0
	예술 (음악/미술)	음악	17	0	-17	17	17	17	34	34
		미술	17	0	-17	17	34	34	17	17
	영어		51	51	0	51	51	51	68	68
	선택	한문	0	0	0	0	0	0	0	0
		생활 외국어	0	0	0	0	0	0	0	0
		보건	0	0	0	0	17	17	0	0
		진로와 직업	17	0	-17	17	17	17	0	0
		환경	34	17	-17	34	0	0	0	0
			0	0	0	0	0	0	0	0
	교과 합계 (A)		510	357	-153	510	476	476	493	493

창의적체험활동		자율활동		24	24	0	24	24	24	24	24
		봉사활동		4	4	0	4	4	4	4	4
		진로활동		6	6	0	6	6	6	6	6
	동아리	동아리활동		0	0	0	0	17	17	17	17
		학교 스포츠 클럽	창체활용	17	0	-17	17	17	17	0	0
			순증	0	0	0	0	0	0	0	0
			교과감축	0	0	0	0	17	17	17	17
	창의적체험활동 합계 (B)			51	34	-17	51	85	85	68	68
자유학기활동	진로탐색활동			0	34	34	0	0	0	0	0
	주제선택활동			0	34	34	0	0	0	0	0
	동아리 활동			0	34	34	0	0	0	0	0
	예술체육활동			0	68	68	0	0	0	0	0
	자유학기활동 합계(C)			0	170	170	0	0	0	0	0
총 계 (A+B+C)				561	561	0	561	561	561	561	561
학기별 이수과목 수				7		7		7	7	8	8

● **교육활동**

2023년 체육한마당

2023년 솔숲제

2024년 솔숲 생태교육

제 3 장 거창교육의 주체

거창중학교고제분교장
居昌中學校高梯分校場

1971년

2024년

개교	1971년 3월 11일
위치	경상남도 거창군 고제면 고제로 48
구분	공립

● 교육목표

슬기롭고 창의적인 미래 사회의 주인을 기른다.

● 옛 모습

1975년 수학여행

1989년 하계야영

1994년 체력장

317

● **학교의 연혁**

- 1971. 1. 14. 거창중학교고제분교 설립 인가
- 1971. 3. 11. 개교(1학년 2학급)
- 1972. 3. 1. 고제중학교 독립 인가(6학급)
- 1985. 12. 2. 현 위치로 교사 이전(구 농산초)
- 1999. 9. 1. 거창중학교고제분교장으로 개편(3학급)
- 2024. 1. 9. 제51회 졸업(졸업생 2명, 총 졸업생 2,921명)
- 2024. 3. 4. 신입생 1명 입학

● **학교상징**

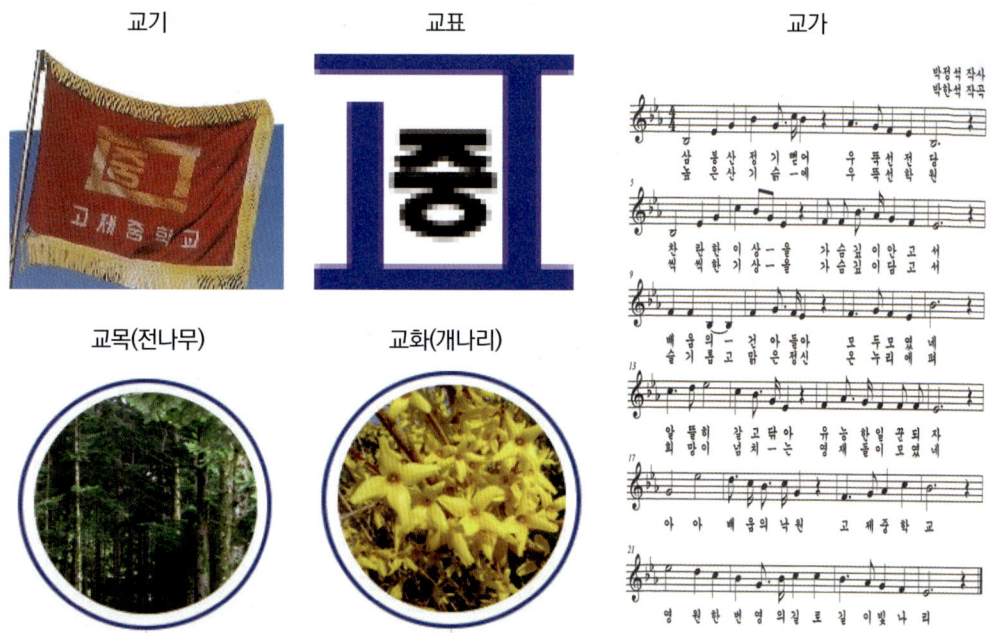

● 연도별 졸업생 수: 총 2,921명(51회)

회별	졸업일자	졸업생수	회별	졸업일자	졸업생수	회별	졸업일자	졸업생수
1	1974. 2.	123	19	1992. 2.	63	37	2010. 2.	6
2	1975. 2.	109	20	1993. 2.	61	38	2011. 2.	8
3	1976. 2.	139	21	1994. 2.	43	39	2012. 2.	9
4	1977. 2.	136	22	1995. 2.	35	40	2013. 2.	8
5	1978. 2.	116	23	1996. 2.	39	41	2014. 2.	13
6	1979. 2.	162	24	1997. 2.	35	42	2015. 2.	7
7	1980. 2.	171	25	1998. 2.	31	43	2016. 2.	3
8	1981. 2.	173	26	1999. 2.	19	44	2017. 2.	7
9	1982. 2.	171	27	2000. 2.	23	45	2018. 2.	6
10	1983. 2.	186	28	2001. 2.	13	46	2019. 2.	2
11	1984. 2.	172	29	2002. 2.	19	47	2020. 2.	3
12	1985. 2.	136	30	2003. 2.	16	48	2021. 2.	5
13	1986. 2.	117	31	2004. 2.	11	49	2022. 2.	1
14	1987. 2.	130	32	2005. 2.	11	50	2023. 2.	3
15	1988. 2.	75	33	2006. 2.	7	51	2024. 1.	2
16	1989. 2.	119	34	2007. 2.	7	총 졸업생 수		2,921
17	1990. 2.	78	35	2008. 2.	9			
18	1991. 2.	72	36	2009. 2.	11			

● 역대 교장

대수	성명	재임기간	대수	성명	재임기간
1	박정석	기간 미상	13	유효영	기간 미상
2	최용백	기간 미상	14	정동환	기간 미상
3	박봉흠	기간 미상	15	김상규	1998. 3. 1.~2000. 8. 31.
4	황기주	기간 미상	16	김숙자	2000. 9. 1.~2002. 8. 31.
5	미상	기간 미상	17	김동균	2002. 9. 1.~2003. 8. 31.
6	문봉수	기간 미상	18	강임석	2003. 9. 1.~2005. 2. 28.
7	김상복	기간 미상	19	강영희	2006. 3. 1.~2010. 2. 28.
8	김사중	기간 미상	20	오세창	2010. 3. 1.~2015. 2. 28.
9	문종배	기간 미상	21	고병길	2015. 3. 1.~2020. 2. 29.
10	김두철	기간 미상	22	허덕수	2020. 3. 1.~2021. 8. 31.
11	임수영	기간 미상	23	김인수	2021. 9. 1.~2024. 2. 29.
12	김동삽	기간 미상	24	정권일	2024. 3. 1.~

● 학교현황

가. 학급편성 및 학생 수(2024)

구분	1학년	2학년	3학년	계
학급수	1	1	1	3
학생수	1	2	4	7

나. 교직원 수(2024)

구분 \ 직별	교 원				행 정			총계
	교장	교감	교사	소계	시설직	공무직	소계	
인원	1(겸임)	1	8	9	1	1	2	11

다. 학교시설 현황(2024)

구분	교실	관리실			특별실						기타		
		교장실	교무실	행정실	체육실	도서관	과학실	급식실	어학실	상담실	사택	창고	화장실
보유수	3	0.5	1	0.5	1	2	1	1	1	0.5	2	2	2

● 교육과정

교육목표 ➡ 나를 알고 바르게 실천하자

교육방침 ➡
- 수업 혁신을 통한 기초 학력 증진 및 학력 향상
- 미래를 여는 창의·인재 육성
- 존중과 배려의 올바른 인성교육
- 교육 공동체가 신뢰하는 학교 경영

중점과제 ➡
- 「행복가득」「꿈가득」 거창한(憪) 배움터
- '솔푸름' 그린스마트 미래학교
- 존중과 배려가 있는 인성 문화
- 감성 있는 미래형 창의인재 육성

특색교육 ➡
- 책으로 그리는 마음 동심원
- 「꿈키움」「끼세움」으로 '나' 찾기
- '솔푸름'으로 채우는 건강 다짐터

⬇

바라는 상

학생상	학부모상	교사상	학교상
· 인간의 기본을 갖춘 바른 품성의 학생 · 기초 학력이 튼튼한 능력 있는 학생 · 창의적인 미래형 학생	· 건전한 교육관이 확립된 학부모 · 교육 활동에 적극적으로 참여하는 학부모 · 학교 발전에 함께하는 학부모	· 교직에 보람과 긍지를 갖는 존경받는 교사 · 가르치는 일에 전념하는 교수·학습 전문가 · 경쟁력 있는 직업교육을 실시하는 진로교육 전문가	· 교육과정 중심의 자율적·창의적인 학교 · 미래지향적인 교육환경을 갖춘 쾌적한 학교 · 교육 공동체가 만족하는 열린 학교

구분			기준시수	편성시수		1학년					2학년		3학년	
						1학기	편성	조정	2학기	편성	조정	1학기	2학기	1학기	2학기
교과(군)	국어		442	391		68	51	-17	68	68		68	68	68	68
	사회(역사포함)/도덕	사회	510	136	408							68	68		
		역사		136										68	68
		도덕		136		68	68		68						
	수학		374	391		68	51	-17	68	68		68	51	68	68
	과학/기술·가정	과학	680	374	646	68	51	-17	68	68		68	51	68	68
		기술.가정		238		51	51		51	51		34	34	34	34
		정보		34										17	17
	체육		272	272		51	17	-34	51	51		51	51	51	51
	예술(음악/미술)	음악	272	136	255							34	34	34	34
		미술	272	119	255	34	17	-17	34	34		34	34		
	영어		340	374		68	51	-17	68	68		51	68	68	68
	선택	진로	170	68	136	34	0	-34	34	34		17	17		
		보건		68								17	17	17	17
교과시수 합계 (A)			3,060	2,873		510	357	-153	510	442		510	510	493	493

창의적 체험 활동	자율활동				10	10		10	10		10	10	10	10
	동아리 활동	동아리활동	306		17		−17	17	17		17	17	34	34
		스포츠클럽			17	17		17	17		17	17	17	17
	봉사활동				5	5		5	5		5	5	5	5
	진로활동				2	2		2	2		2	2	2	2
창·체 활동 합계 (B)			306	323	0	0	−17	51	51		0	0	0	0
자유 학기 활동	진로탐색 활동					34	34							
	동아리 활동					17	17							
	예술·체육 활동					51	51							
	주제선택활동					68	68							
자유학기 활동 합계(B)						170	170							
총 계 (A+B)			3,366	3,366	561	561		561	561		561	561	561	561

● **교육활동**

2022년 스키캠프

2023년 프로젝트 학습

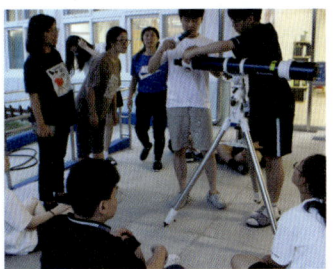

2024년 생태독서캠프

거창교육 100년사

거창덕유중학교
居昌德裕中學校

2016년

2024년

개교	2016년 3월 1일
위치	경상남도 거창군 위천면 화리골1길 56
구분	공립

● 교육목표

따뜻한 마음과 미래 역량으로 꿈을 찾아가는 행복한 학교

● 학교의 연혁

- 2012. 8. 2.   기숙형공립중학교 설립 추진계획 수립
- 2012. 12. 20. 기숙형거점중학교 설립 추진위원회 개최
- 2016. 3. 1.   거창덕유중학교 개교(구 위천중학교, 6학급)
- 2016. 3. 2.   제1회 입학식(남 10명, 여 10명, 계 20명)
- 2016. 9. 1.   신축교로 이전
- 2017. 2. 10.   제1회 졸업식(남 16명, 여 13명, 계 29명)
- 2024. 1. 10.   제8회 졸업식(남 14명, 여 16명, 계 30명, 누계 222명)

제 3 장 거창교육의 주체

● 학교상징

● 연도별 졸업생 수: 총 222명(8회)

회별	졸업일자	졸업생수(명)	회별	졸업일자	졸업생수(명)
1	2017. 2. 10.	29	5	2021. 1. 7.	27
2	2018. 2. 9.	24	6	2022. 1. 12.	36
3	2019. 2. 8.	24	7	2023. 1. 6.	25
4	2020. 2. 7.	27	8	2024. 1. 10.	30

● 역대교장

대수	성명	재임기간
1	허덕수	2016. 3. 1.~2020. 2. 29.
2	신현배	2020. 3. 1.~2022. 2. 28.
3	차수범	2022. 3. 1.~

● 학교현황

가. 학급편성 및 학생 수(2024)

구분	1학년	2학년	3학년	계
학급수	2	2	2	6
학생수	38	34	32	104
비고	일반학급 6학급			

나. 교직원 수(2024)

구분 \ 직별	교원				행정				총계
	교장	교감	교사	소계	일반직	공무직	사감	소계	
인원	1	1	18	9	5	6	2	2	33

다. 시설현황(2024)

시설명	교사(校舍)	기숙사	체육관	학교용지
개소	1	1	1	1

● 교육과정

구분			기준시수	1학년(2학급)				2학년(2학급)		3학년(2학급)		이수시수	
				1학기			2학기	1학기	2학기	1학기	2학기		
				편성시수	자유학기제	증감시수							
교과(군)	국어	국어	442	68	17	-17	68	68	68	68	68	391	
	사회(역사)/도덕	사회	510	170	34		34			34	34	136	408
		역사		170				34	34	34	34	136	
		도덕		170	34		34	34	34			136	
	수학	수학	374	68	17	-17	68	68	68	68	68	391	
	과학/기술·가정/정보	과학	680	374	51		51	68	68	68	68	374	629
		기술·가정		272	17		34	51	51	34	34	221	
		정보		34						17	17	34	
	체육	체육	272	51	34	-34	51	51	51	34	34	238	
	체육대체	학교스.클											
	예술	음악	272	136	34	17	-17	34	17	17	17	17	119	238
		미술		136	34	17	-17	34	17	17	17	17	119	
	영어	영어	340	68	17	-17	68	68	68	68	68	391	
	선택	보건	170	17				17	17	17	17	85	170
		진로와 직업		17	17	-17	17	17	17	17	17	85	
		환경											
교과 시수 합계			2,890	493	136	-136	493	510	510	493	493		
창의적 체험활동	자율활동		306 (136스클)	10			14	10	14	10	14	72	340
	동아리활동	동아리		17	17	-17	17		17		17	51	
		학교스포츠클럽 / 창체활용						17	17	17	17	68	
		학교스포츠클럽 / 순증											
		학교스포츠클럽 / 교과감축		17			17			17	17	68	
	봉사활동			7			3	7	3	7	3	30	
	진로활동			17	17	-17	17	17		17		51	
창체활동소계			306	68	34	-34	51	51	51	68	68	306	

자유학기활동	진로탐색활동	170		34	34						34	170
	동아리활동			34	34						34	
	예술체육활동			68	68						68	
	주제선택활동			34	34						34	
자유학기활동 소계		170	0	170	170	0	0	0	0	0	170
학기별 총 이수 시간		561	561	0	561	561	561	561	561	3366
학년별 총 시간수		1122			1122			1122		3366
총 이수 과목수		12			11	12	12	10	10	
8개과목 해당 과목수		7			7	7	7	8	8	

● **교육활동**

2022년 독서골든벨

2023년 미니콘서트

2024년 스포츠데이

거창교육 100년사

웅양중학교
熊陽中學校

1955년

2024년

개교	1955년 9월 20일
위치	경상남도 거창군 웅양면 원촌3길 39-13
구분	공립

● 교육목표

正直, 誠實, 奉仕

● 옛 모습

1959년 교사들의 집무 모습

1975년 경주 수학여행

1988년 체육대회

● 학교의 연혁

- 1955. 9. 20. 웅양중학교 개교
- 1960. 2. 20. 거창중학교웅양분교로 개편
- 1967. 3. 1. 웅양중학교로 승격 독립
- 2023. 2. 10. 제66회 졸업생 9명 (총 4,412명)
- 2024. 3. 4. 신입생 7명 입학

● 학교상징

교기

교표

교가
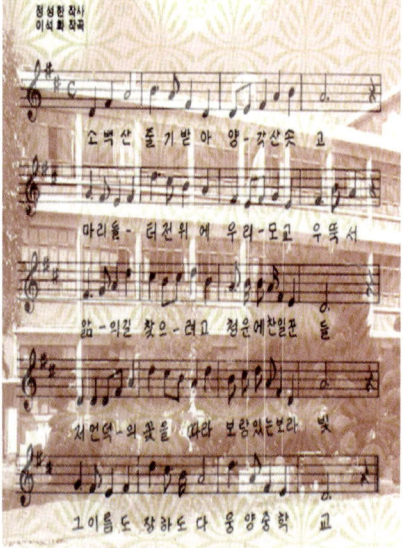

교목(소나무)

교화(목련)

● 연도별 졸업생 수

회별	졸업 일자	졸업생 수(명)	회별	졸업 일자	졸업생 수(명)
48	2005. 2. 19.	17	58	2015. 2. 12.	17
49	2006. 2. 16.	8	59	2016. 2. 12.	14
50	2007. 2. 16	21	60	2017. 2. 10.	8
51	2008. 2. 16.	15	61	2018. 2. 9.	9
52	2009. 2. 13.	21	62	2019. 2. 12.	11
53	2010. 2. 12.	18	63	2020. 2. 11.	7
54	2011. 2. 15.	16	64	2021. 1. 26.	6
55	2012. 2. 13.	18	65	2022. 12. 28.	6
56	2013. 2. 15.	21	66	2023. 2. 10.	9
57	2014. 2. 13.	20	67	2024. 2. 8.	7

● 역대 교장

대수	성명	재임기간	대수	성명	재임기간
1	-	-	15	김숙자	1999. 3. 1.~2000. 2. 29.
2	김상근	1959. 3. 1.~1967. 2. 28.	16	정선우	2000. 3. 1.~2002. 2. 28.
3	박태우	1967. 3. 1.~1971. 2. 28.	17	정종완	2002. 3. 1.~2003. 2. 28.
4	강도식	1971. 3. 1.~1973. 2. 28.	18	김상엽	2003. 3. 1.~2006. 2. 28.
5	변재덕	1973. 3. 1.~1977. 2. 28.	19	남기종	2006. 3. 1.~2008. 2. 29.
6	허종주	1977. 3. 1.~1978. 2. 28.	20	송광섭	2008. 3. 1.~
7	이진영	1978. 3. 1.~	21	-	-
8	-	-	22	류운수	2013. 3. 1.~2015. 2. 28.
9	정성환	1984. 3. 1.~1987. 2. 28.	23	최관식	2015. 3. 1.~2018. 2. 28.
10	오환숙	1987. 3. 1.~1988. 2. 29.	24	고일생	2018. 3. 1.~2019. 2. 28.
11	김사중	1988. 3. 1.~1991. 2. 28.	25	하현욱	2019. 3. 1.~2022. 2. 28.
12	이종구	1991. 3. 1.~1993. 2. 28.	26	서화식	2022. 3. 1.~2024. 2. 29.
13	문계동	1993. 3. 1.~1995. 2. 28.	27	이성민	2024. 3. 1.~
14	신창성	1995. 3. 1.~1999. 2. 28.			

제 3 장 거창교육의 주체

● 학교현황

가. 학급편성 및 학생 수(2024)

구분	1학년	2학년	3학년	계
학급수	1	1	1	3
학생수	7	8	6	21

나. 교직원 수(2024)

구분 \ 직별	교 원			행 정				총계
	교장	교사	소계	실장	주무관	공무직	소계	
인원	1	8	9	1	2	3	6	15

다. 시설현황(2024)

인원	보통교실	관리실			특별교실								화장실	급식실
		교장실	행정실	교무실	과학실	도서실	음악실	기가실	다목적실	보건실	문서고	컴퓨터실		
현황	3	0.5	0.5	1	1	1	1	1	1	0.5	1	0.5	1	1

● 교육과정

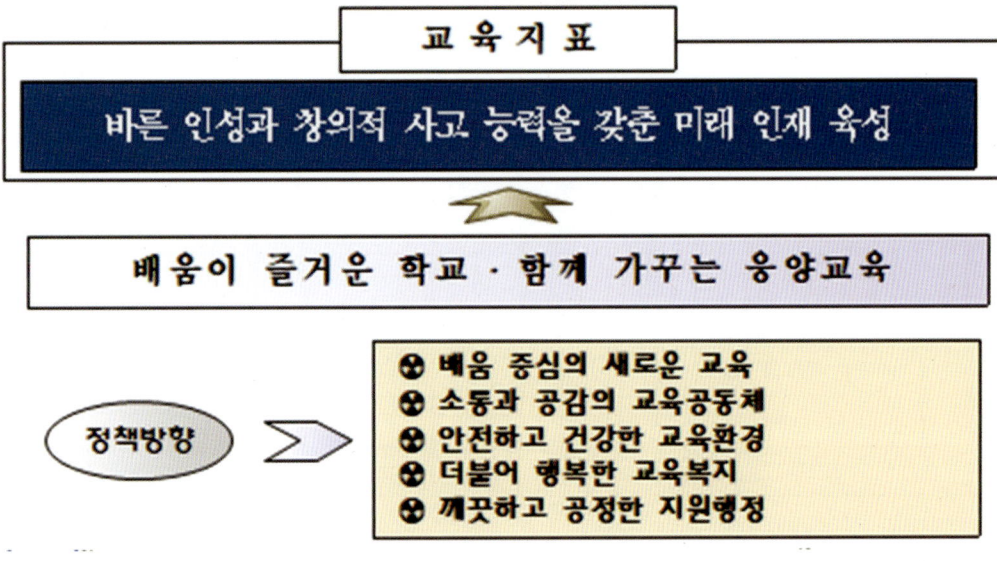

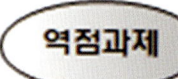 
- 미래를 준비하는 수업혁신
- 인성과 특기를 기르는 특기적성교육
- 위기를 기회로 바꾸는 작은학교

"세 박자가 어우러지는 웅양교육"
- 함께 독서노래하고 운동하는 행복한 학교 만들기

구분			1학년				2학년		3학년	
			1학기 편성	편성 시수	조정 시수	2학기	1학기	2학기	1학기	2학기
교과	국어		68	51	-17	68	68	68	68	68
	사회 (역사포함) /도덕	사회	0	0	0	51	0	85	0	0
		역사	0	0	0	0	85	0	51	0
		도덕	68	68	0	0	0	0	0	68
	수학		68	51	-17	51	68	68	68	68
	과학/ 기술·가정/ 정보	과학	51	34	-17	51	68	68	68	68
		기술·가정	34	34	0	68	34	34	51	34
		정보	0	0	0	0	0	0	17	17
	체육	체육	51	17	-34	51	51	51	34	34
		학교스포츠클럽 대체	0	0	0	0	0	0	17	17
	예술 (음악/미술)	음악	34	17	-17	34	34	0	0	34
		미술	34	17	-17	34	0	34	34	0
	영어		51	34	-17	51	68	68	68	68
	선택	한문	0	0	0	0	0	0	0	0
		생활 외국어	0	0	0	0	0	0	0	0
		보건	17	17	0	17	17	17	17	17
		진로와 직업	17	0	-17	17	17	17	17	17
		환경	0	0	0	0	0	0	0	0
	교과 합계 (A)		493	340	-153	493	510	510	510	510

창의적 체험 활동	자율활동			17	17	0	17	7	7	7	7
	봉사활동			5	5	0	5	5	5	5	5
	진로활동			12	12	0	12	5	5	5	5
	동아리	동아리활동		17	0	-17	17	17	17	17	17
		학교 스포츠 클럽	창체 활용	0	0	0	0	17	17	17	17
			순증	0	0	0	0	0	0	0	0
			교과 감축	17	17	0	17	0	0	0	0
	창의적체험활동 합계 (B)			68	51	-17	68	51	51	51	51
자유 학기 활동	진로탐색활동				17	17		0	0	0	0
	주제선택활동				68	68		0	0	0	0
	동아리 활동				17	17		0	0	0	0
	예술체육활동				68	68		0	0	0	0
	자유학기활동 합계(C)			0	170	170	0	0	0	0	0
총 계 (A+B+C)				561	561	0	561	561	561	561	561
학기별 이수과목 수					6		6	6	6	7	7

● 교육활동

2012년 남해야영수련회

2024년 사제동행 물놀이

2024년 제과제빵 체험

거창교육 100년사

거창대성중학교
居昌大成中學校

1951년 개교 당시

2024년

개교	1951년 3월 21일
위치	경상남도 거창군 거창읍 성산길 1
구분	사립

● 교육목표

함께 꿈꾸며 미래를 준비하는 인재 육성

● 옛 모습

1954년 교련 수업

1954년 아침조례

1975년 체험활동

제 3 장 거창교육의 주체

● **학교의 연혁**

- 1950. 7. 10. 거창향교에서 중학교 운영(학생 80명)
- 1951. 3. 21. 거창대성중학교 인가
- 1951. 10. 12. 명륜학원 설립 인가
- 1959. 4. 6.   명륜학원 인수 및 거창대성중학교 인수
- 1979. 9. 26. 학교법인 덕봉학원으로 정관 변경
- 2013. 3. 1.   교과교실제 선진형학교 지정
- 2024. 2. 7.   제72회 졸업

● **학교상징**

교기   교표   교가

교목(히말라야시다)   교화(개나리)

● 연도별 졸업생 수: 총 17,193명(72회)

회별	졸업일자	졸업생수	회별	졸업일자	졸업생수	회별	졸업일자	졸업생수
1-17	1953.	3282	43	1995. 2. 14.	285	59	2011. 2.	177
18-25	1970.	3217	44	1996. 2. 14.	225	60	2012. 2.	164
26-29	1978.	1764	45	1997. 2. 13.	201	61	2013. 2.	168
30	1982. 2. 24.	454	46	1998. 2. 13.	247	62	2014. 2.	174
31	1983. 2. 15.	439	47	1999. 2. 12.	182	63	2015. 2.	172
32	1984. 2. 15.	414	48	2000. 2. 11.	173	64	2016. 2.	134
33	1985. 2. 15.	377	49	2001. 2. 13.	179	65	2017. 2.	127
34	1986. 2. 12.	368	50	2002. 2. 15.	157	66	2018. 2.	113
35	1987. 2. 14.	349	51	2003. 2.	168	67	2019. 2.	121
36	1988. 2. 20.	318	52	2004. 2.	164	68	2020. 2.	107
37	1989. 2. 15.	274	53	2005. 2.	138	69	2021. 2.	101
38	1990. 2. 15.	271	54	2006. 2.	128	70	2022. 2.	77
39	1991. 2. 9.	254	55	2007. 2.	172	71	2023. 2.	107
40	1992. 2. 14.	248	56	2008. 2.	161	72	2024. 2.	108
41	1993. 2. 12.	202	57	2009. 2.	170	총 졸업생 수		17,193
42	1994. 2. 14.	192	58	2010. 2.	170			

● 역대교장

대수	성명	재임기간	대수	성명	재임기간
1	변경식	1951.~1957. 9.	14	박삼용	2000. 9. 1.~2001. 8.
2	정시원	1957. 10.~1958.	15	전병익	2001. 9.~2001. 10.
3	강동희	1959.~1963.	16	변문효	2001. 11.~2003. 2.
4	정시원	1964.~1965.	17	한영식	2003. 3.~2007. 2.
5	양 락	1966.~1973. 11.	18	변문효	2007. 3.~2008. 2.
6	백보인	1973. 12.~1975.	19	한영식	2008. 3.~2009. 2.

7	김한영	1976.~1980.	20	서정원	2009. 3.~2010. 2.
8	백보인	1981.~1985, 1990.~1992.	21	신진철	2010. 3.~2016. 2.
9	김진근	1986.~1988.	22	김종구	2016. 3.~2017. 2.
10	이용해	1989.	23	박홍재	2017. 3.~2020. 8.
11	신동성	1993.~1995.	24	김동권	2020. 9.~2023. 2.
12	이용해	1996.~1999. 8.	25	정종훈	2023. 3.~2025. 2.
13	이재의	1999. 9.~2000. 8.	26	박용대	2025. 3. ~

● 학교현황

가. 학급편성 및 학생수(2024)

구분	1학년	2학년	3학년	계
학급수	5	4	4	13
학생수	122	100	108	330

나. 교직원 수(2024)

구분	교원							일반직			교육공무직							기타		합계
	교장	교감	교사	진로진학교사	전문상담교사	보건교사	소계	행정실장	일반직	소계	영양사	조리사	조리실무사	교무행정	사무행정	운동부지도자	소계	배움터지킴이	소계	
남	1	1	12	·	1	·	15	1	2	3	·	·	·	·	·	1	1	1	1	20
여	·	·	8	1	·	1	10	·	·	·	1	1	4	2	1	·	9	·	·	19
계	1	1	20	1	1	1	25	1	2	3	1	1	4	2	1	1	10	1	1	39

다. 시설현황(2024)

구분	교과교실											홈베이스
	국어	수학	영어	사회	과학	정보	환경	기술가정	특별실	미래형 컴퓨터실	
보유	3	3	2	2	2	1	1	1	1	1	2.5

구분	직원실					특별실						기타		총계
	교장실	교무센터	휴게실	과학준비실	정보준비실·학부모회의실	방송실	행정실	음악실	미술실	다목적실	학생자치회실·학생상담실	진로활동실·상담실	보건실	평가실	Wee클래스	문서고	
보유	1	2	1	0.5	0.5	0.5	1	1	1	1.5	0.5	1.5	0.5	0.5	0.5	0.25	13.75

● 교육과정

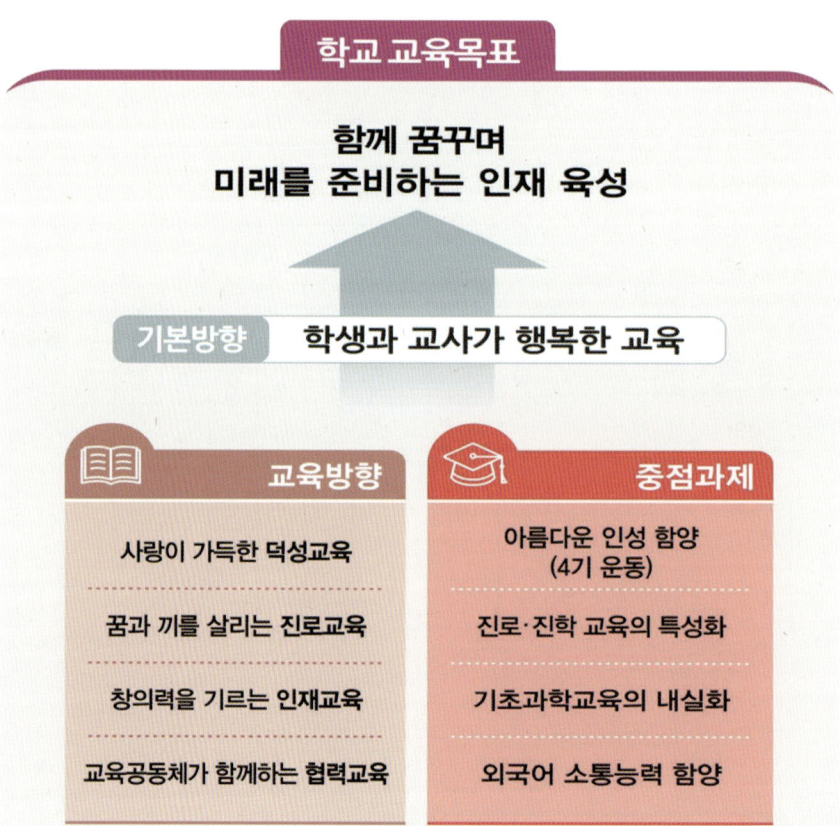

제 3 장 거창교육의 주체

구분			1학년				2학년		3학년	
			1학기 편성	편성 시수	조정 시수	2학기	1학기	2학기	1학기	2학기
교과		국어	68	68	0	68	68	68	68	68
	사회 (역사 포함)/ 도덕	사회	0	0	0	0	0	0	68	0
		역사	0	0	0	0	51	51	34	34
		도덕	34	34	0	34	51	51	0	68
		수학	51	51	0	51	68	68	68	68
	과학/ 기술· 가정/ 정보	과학	68	51	-17	68	68	68	51	51
		기술·가정	51	34	-17	51	0	0	68	68
		정보	0	0	0	0	17	17	0	0
	체육	체육	51	17	-34	51	34	34	51	51
		학교스포츠클럽 대체 체육	0	0	0	0	17	17	0	0
	예술 (음악/ 미술)	음악	34	17	-17	34	0	0	34	34
		미술	34	17	-17	34	34	34	0	0
		영어	68	51	-17	68	68	68	51	51
	선택	한문	0	0	0	0	0	0	0	0
		생활 외국어	0	0	0	0	0	0	0	0
		보건	17	0	-17	17	0	0	0	0
		진로와 직업	17	0	-17	17	17	17	17	17
		환경	0	0	0	0	17	17	0	0
	교과 합계 (A)		493	340	-153	493	510	510	510	510

창의적 체험 활동	자율활동		24	24	0	24	10	9	10	9
	봉사활동		5	5	0	5	5	5	5	5
	진로활동		5	5	0	5	2	3	2	3
	동아리	동아리활동	17	0	−17	17	17	17	17	17
		학교 스포츠 클럽 창체 활용	0	0	0	0	17	17	17	17
		순증	0	0	0	0	0	0	0	0
		교과 감축	17	17	0	17	0	0	0	0
	창의적체험활동 합계 (B)		68	51	−17	68	51	51	51	51
자유학기 활동	진로탐색활동			17	17					
	주제선택활동			34	34					
	동아리 활동			51	51					
	예술체육활동			68	68					
	자유학기활동 합계(C)		0	170	170	0	0	0	0	0
총 계 (A+B+C)			561	561	0	561	561	561	561	561
학기별 이수과목 수				6		6	7	7	7	7

● 교육활동

1994년 체력장

2024년 체육대회

2024년 동아리 활동

제 3 장 거창교육의 주체

샛별중학교
샛별中學校

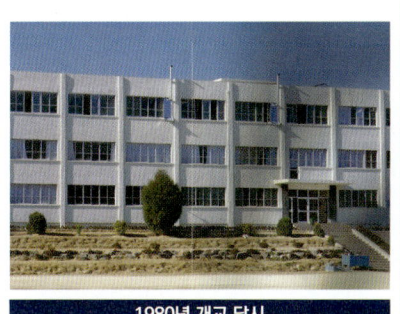

1980년 개교 당시

2024년

개교	1981년 3월 4일
위치	경상남도 거창군 거창읍 죽전4길 92
구분	사립

● 교육목표

기독교 신앙을 바탕으로 한 민주시민 양성

● 옛 모습

1984년 샛별 예술제　　　　1985년 봄 야영　　　　1994년 샛별 연극제

343

● 학교의 연혁

- 1980. 12. 11. 학교법인 거창고등학회 샛별중학교 설립 인가
- 1981. 3. 4.   개교식 및 입학식. 초대교장 전성은 선생 취임
- 1984. 2. 15. 제1회 졸업식
- 1985. 11. 28. 신축교사로 이전(3층 연건평 750평)
- 2008. 3. 3.   특수학급 1개반 신설
- 2016. 3.   전영창체육관 개관
- 2024. 1. 3.   제41회 졸업식

● 학교상징

교기

교표

교가

● 역대교장

대수	성명	재임기간	대수	성명	재임기간
1	전성은	1981. 3.~1985. 11.	6	최영진	2015. 9.~2019. 2.
2	도재원	1985. 12.~1990. 2.	7	이상갑	2019. 3.~2021. 8.
3	전성은	1990. 3.~2005. 2.	8	임채선	2021. 9.~2024. 8.
4	이형원	2005. 3.~2009. 8.	9	최희자	2024. 9.~
5	조현주	2009. 9.~2015. 8.			

● 연도별 졸업생 수: 총 3,409명(41회)

회별	졸업일자	졸업생수	회별	졸업일자	졸업생수	회별	졸업일자	졸업생수
1	1984. 2. 15.	123	15	1998. 2. 14.	97	29	2012. 2. 10.	66
2	1985. 2. 15.	108	16	1999. 2. 13.	91	30	2013. 2. 7.	72
3	1986. 2. 15.	128	17	2000. 2. 15.	84	31	2014. 2. 12.	70
4	1987. 2. 18.	120	18	2001. 2. 15.	89	32	2015. 2. 11.	71
5	1988. 2. 15.	120	19	2002. 2. 28.	77	33	2016. 2. 12.	71
6	1989. 2. 15.	116	20	2002. 12. 31.	81	34	2017. 2. 10.	65
7	1990. 2. 15.	110	21	2004. 1. 2.	83	35	2018. 2. 9.	62
8	1991. 2. 13.	104	22	2005. 1. 4.	65	36	2019. 2. 13.	58
9	1992. 2. 15.	99	23	2006. 2. 16.	69	37	2020. 2. 5.	61
10	1993. 2. 13.	104	24	2007. 2. 16.	72	38	2021. 2. 4.	52
11	1994. 2. 15.	95	25	2008. 2. 15.	67	39	2022. 2. 10.	55
12	1995. 2. 15.	98	26	2009. 2. 13.	68	40	2023. 2. 9.	54
13	1996. 2. 15.	92	27	2010. 2. 12.	69	41	2024. 1. 3.	53
14	1997. 2. 15.	99	28	2011. 2. 11.	71		총 졸업생 수	3,409

● 학교현황

가. 학급편성 및 학생 수(2024)

구분	1학년	2학년	3학년	특수학급	계
학급수	2	2	2	2	6(2)
학생수	51	48	51	17	150
비고	일반학급 6학급, 특수학급 2학급 운영				

나. 교직원 수(2024)

구분	교무				행정				합계
	교장	교감	교사	계	실장	행정	보조원	계	
인원	1	1	15	17	1	2	2	5	22

다. 학교시설 현황(2024)

구분	교실	교무실	상담실	과학실	어학실	기술실	특수교육	미술실	음악실	체육실	교과교실	컴퓨터실	전산실	시청각실	방송실	보건실	학생부주모실	자료실	도서실	발간실	관리실	휴게실	준비실	탈의실	샤워실	협의실	급식실	조리실	창고
현황	22	4	2	2	1	1	2	1	1	2	3	1	1	1	1	1	1	1	1	1	2	1	2	2	1	1	3	1	

● 교육과정

**창의와 도전, 배려와 존중으로
미래의 꿈과 희망을 키우는 행복한 학교**

성실·창의·도전

학생상
- 성실한 학생
- 창의적인 학생
- 진취적인 학생

교사상
- 열정있는 교사
- 연구하는 교사
- 존경받는 교사

학교상
- 신뢰받는 학교
- 아름다운 학교
- 감동주는 학교

성실인	꾸준히 성실하게 노력하여 더불어 살아갈 줄 아는 학생
실력인	학업에 열중하며 자기주도적 학습능력을 지닌 학생
창조인	창의적으로 사고하고 꿈을 키우며 생활하는 학생
개척인	개성을 신장하며 자신의 진로를 개척하는 학생
세계인	글로벌 인재로서의 기본자질과 국제이해 능력을 지닌 학생

구분			1학년				2학년		3학년	
			1학기 편성	편성 시수	조정 시수	2학기	1학기	2학기	1학기	2학기
교과	국어		68	51	-17	68	85	68	68	68
	사회 (역사포함)/ 도덕	사회	51	34	-17	51	0	0	0	51
		역사	0	0	0	0	51	51	51	17
		도덕	34	34	0	34	34	34	34	0
	수학		68	51	-17	68	68	68	51	51
	과학/ 기술·가정/ 정보	과학	51	34	-17	51	68	68	68	68
		기술·가정	34	17	-17	34	51	51	34	51
		정보	0	0	0	0	0	0	17	17
	체육	체육	51	34	-17	51	51	34	51	34
		학교스포츠클럽 대체 체육	0	0	0	0	0	17	0	17
	예술 (음악/미술)	음악	34	17	-17	34	17	17	17	17
		미술	17	0	-17	17	17	17	34	34
	영어		51	51	0	51	51	68	51	51
	선택	한문	17	17	0	17	0	0	0	0
		생활 외국어	0	0	0	0	0	0	0	0
		보건	0	0	0	0	0	0	0	0
		진로와 직업	34	17	-17	34	17	17	34	34
		환경	0	0	0	0	0	0	0	0
			0	0	0	0	0	0	0	0
			0	0	0	0	0	0	0	0
			0	0	0	0	0	0	0	0
교과 합계 (A)			510	357	-153	510	510	510	510	510

창의적 체험 활동		자율활동		6	6	0	19	6	19	6	19
		봉사활동		5	5	0	5	5	5	5	5
		진로활동		6	6	0	10	6	10	6	10
	동아리	동아리활동		17	0	-17	17	17	17	17	17
		학교스포츠 클럽	창체활용	17	17	0	17	17	0	17	0
			순증	0	0	0	0	0	17	0	17
			교과감축	0	0	0	0	0	0	0	0
		창의적체험활동 합계 (B)		51	34	-17	68	51	68	51	68
자유학기 활동		진로탐색활동			17	17					
		주제선택활동			68	68					
		동아리활동			17	17					
		예술체육활동			68	68					
		자유학기활동 합계(C)		0	170	170	0	0	0	0	0
총 계 (A+B+C)				561	561	0	578	561	578	561	578

● **교육활동**

2023년 샛별예술제

2024년 학생회 리더십 캠프

2024년 봄 야영

제 3 장 거창교육의 주체

혜성여자중학교
惠星女子中學校

1964년 개교 당시

2024년

개교	1964년 1월 25일
위치	경상남도 거창군 거창읍 새동네2길 40
구분	사립

● 교육목표

깨우고 돋움하며 성장하는 인재 육성

● 옛 모습

1960년대 전교자치회

1970년대 어버이날 행사

1980년대 학부모 간담회

● 학교의 연혁

- 1964. 1. 24. 학교법인 혜성학원 인가
- 1964. 1. 25. 제1대 이영훈 이사장 취임
- 1964. 1. 25. 혜성여자중학교 개교
- 1978. 7. 8.   본관 신축
- 1981. 5. 8.   서쪽 교실 증축
- 2006. 7. 13. 영훈관, 급식실 준공
- 2014. 3. 3.   선진형 교과교실제 운영
- 2024. 3. 4.   신입생 100명 입학

● 학교상징

● 연도별 졸업생 수: 총 11,383명 (58회)

회별	졸업일자	졸업생수	회별	졸업일자	졸업생수	회별	졸업일자	졸업생수
1-14	1967.-1980.	3,138	30	1996. 2. 15.	236	46	2012. 2. 10.	135
15	1981. 2. 28.	364	31	1997. 2. 27.	231	47	2013. 2. 8.	145
16	1982. 2. 12.	368	32	1998. 2. 13.	238	48	2014. 2. 7.	127
17	1983. 2. 28.	389	33	1999. 2. 12.	184	49	2015. 2. 6.	139
18	1984. 2. 15.	344	34	2000. 2. 15.	143	50	2016. 2. 3.	132
19	1985. 2. 15.	323	35	2001. 2. 15.	180	51	2017. 2. 10.	94
20	1986. 2. 15.	320	36	2002. 2. 15.	149	52	2018. 2. 9.	98
21	1987. 2. 18.	300	37	2003. 2. 25.	127	53	2019. 2. 15.	84
22	1988. 2. 20.	285	38	2004. 2. 13.	124	54	2020. 1. 15.	94
23	1989. 2. 24.	283	39	2005. 2. 16.	123	55	2021. 1. 13.	78
24	1990. 2. 15.	278	40	2006. 2. 15.	136	56	2022. 1. 5.	74
25	1991. 2. 21.	253	41	2007. 2. 14.	135	57	2023. 1. 6.	101
26	1992. 2. 14.	238	42	2008. 2. 14.	136	58	2024. 1. 8.	93
27	1993. 2. 13.	200	43	2009. 2. 13.	136			
28	1994. 2. 15.	180	44	2010. 2. 12.	119	총 졸업생 수		11,383
29	1995. 2. 15.	198	45	2011. 2. 11.	131			

● 역대교장

대수	성명	재임기간	대수	성명	재임기간
1	강동희	1964. 11. 17.~1966. 11. 16.	8	노상기	1997. 3. 1.~1999. 2. 28.
2	정시원	1966. 11. 17.~1967. 11. 12.	9	이형구	1999. 3. 1.~2012. 8. 31.
3	변대식	1967. 11. 13.~1969. 1. 17.	10	김근호	2012. 9. 1.~2018. 2. 28.
4	강동희	1969. 1. 18.~1970. 10. 29.	11	이응석	2018. 3. 1.~2020. 2. 29.
5	이영훈	1970. 10. 30.~1983. 3. 29.	12	이구용	2020. 3. 1.~2022. 2. 28.
6	최영조	1983. 3. 30.~1994. 3. 31.	13	정현종	2022. 3. 1.~
7	강진희	1994. 4. 1.~1997. 2. 28.			

● 학교현황

가. 학급편성 및 학생 수(2024)

구분	1학년	2학년	3학년	계
학급수	4	3	4	11
학생수	101	77	97	275

나. 교직원 수(2024)

직명	교무							행정							계
	교장	교감	부장교사	교사	보건교사	전문상담사	교무행정원	계	행정실장	행정주무관	사무행정원	배움터지킴이	영양사	조리사	조리원	계	
현원	1	1	5	13	1	1	2	24	1	2	1	1	1	1	3	10	34

다. 시설현황(2024)

구분	교과교실												부대시설												계
	국어교과실	사회교과실	도덕교과실	수학교과실	과학교과실	과학실험실	과학자료실	기가교과실	음악교과실	미술교과실	영어교과실	정보교육실	계	교장실	교무실	행정실	교무회의실	평가실	진로상담실	위클래스	급식실	도서실	체육관	홈베이스	휴게실	보건실	창고	계	계
현황	2	2	1	2	1	1	1	1	1	1	2	1	16	1	1	1	1	1	1	1	1	1	2	1	1	1	15	31

● 교육과정

학교비전 배움이 즐겁고 함께 행복한 예성교육

교육목표 깨우고 돋움하며 성장하는 인재육성

교육방향
- 기본에 충실한 배움중심 기초교육
- 경청하고 공감하는 인성교육
- 가능성을 실현하는 미래교육
- 행동하고 실천하는 환경교육

중심과제
- 개별 맞춤형 교실 수업 개선을 통한 기초학력향상 교육
- 존중하고 배려하는 관계 중심 생활 교육
- 창의력 신장을 위한 체험 중심 문화예술교육
- 삶의 질 향상을 위한 생태전환교육

특색과제
- 창의융합형 미래 인재 육성을 위한 선진형 교과교실제 운영

구분			기준 시수	1학년 1학기			1학년 2학기			2학년 1학기	2학년 2학기	3학년 1학기	3학년 2학기	이수시수	
				편성시수	조정시수	증감시수	편성시수	조정시수	증감시수						
교과(군)	국어	국어	442	68	51	-17	68	68	0	68	68	68	68	391	
	사회(역사)/도덕	사회	510	170	51	34	-17	51	51	0	0	0	34	34	136	408
		역사		170							34	34	34	34	136	
		도덕		170							34	34	34	34	136	
	수학	수학	374	68	68	0	68	68	0	68	68	68	68	391	
	과학/기술·가정	과학	680	374	68	51	-17	68	68	0	68	68	68	68	374	629
		기술·가정		272	34	17	-17	34	34	0	34	34	51	51	221	
		정보		34						0	17	17			34	
	체육	체육	272	51	34	-17	51	51	0	51	51	34	34	255	
	체육대체	학교스포츠클럽	34						0			17	17	34	
	예술	음악	272	136	34	17	-17	34	34	0	34	34			119	238
		미술		136	34	17	-17	34	34	0			34	34	119	
	영어	영어	340	51	51	0	51	51	0	51	51	51	51	306	
	선택	보건	170	17	17	0	17	17	0	17	17			68	170
		진로와 직업		34	0	-34	17	17	0	17	17		17	68	
	교과시수 소계		3060	510	357	-153	493	493	0	493	493	493	510	2788	
창의적 체험활동	자율활동		306 (136)	25	25		25	25	0	25	25	25	25	135	
	동아리	동아리					17	17	0	17	17	17		51	51
		스포츠클럽 창체활용		17		-17	17	17	0	17	17			51	85
		교과감축							0			17	17	34	
	봉사활동			5	5		5	5	0	5	5	5	5	30	
	진로활동			4	4		4	4	0	4	4	4	4	24	
	창체활동 소계		306	51	34	-17	68	68	0	68	68	68	51	357	

자유학년활동	진로탐색활동	221	34	34		0					51	221
	주제선택활동		34	34		0					68	
	동아리활동		34	34		0					34	
	예술체육활동		68	68		0					68	
자유학기활동 소계			0	0	0	0					221	
학기별 총 이수 시간			561	561	561	561	561	561	561	561	3366	
학년별 총 시간 수			1122				1122		1122		3366	
학기별 이수 과목 수			6		6		8	8	8	8		

● **교육활동**

2024년 학교스포츠클럽

2024년 영산홍제

2024년 혜성예술제

나절
고등학교

거창교육 100년사

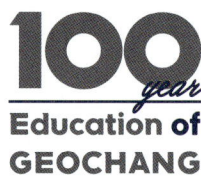

거창승강기고등학교
居昌昇降機高等學校

1978년 개교 당시

2024년

개교	1978년 3월 10일 가조익천종합고등학교 개교
위치	경상남도 거창군 가조면 마상3길 33-20
구분	공립

● 교육목표

인성과 창의성을 겸비한 글로벌 기능인 양성

● 학교의 연혁

- 1977. 12. 16.   가조익천고등학교 인가(보통1, 상업2, 총 9학급)
- 1978. 3. 10.   가조익천종합고등학교 개교
- 1980. 10. 17.   학급 증설 인가(보통과3, 상업과2, 총 15학급)
- 1995. 9. 13.   학과 개편 인가(보통과1, 상업과1, 정보처리과1, 총 9학급)
- 2000. 3. 1.   가조익천고등학교로 교명 변경
- 2004. 3. 1.   학급 개편 인가(보통과1, 정보처리과1, 총 6학급)
- 2013. 3. 1.   특성화고 체제 개편(로봇제어전자과1, 정보처리과1, 총 6학급)
- 2015. 3. 1.   학과 개편(컴퓨터응용기계과1, 전기전자과1) 거창공업고등학교로 교명 변경
- 2020. 12. 15.   거창승강기고등학교로 교명 변경

제 3 장 거창교육의 주체

● 학교상징

교기   교표   교가

교목(수양버들)   교화(목련)

● 역대교장

대수	성명	재임기간	대수	성명	재임기간
1	최필형	1978. 3. 1.~1981. 2. 28.	12	강영희	2003. 9. 1.~2006. 2. 28.
2	윤영준	1981. 3. 1.~1983. 2. 28.	13	김석권	2006. 3. 1.~2009. 8. 31.
3	황직수	1983. 3. 1.~1988. 2. 29.	14	우성호	2009. 9. 1.~2011. 1. 29.
4	송선조	1988. 3. 1.~1989. 2. 28.	15	추문갑	2011. 3. 1.~2012. 2. 29.
5	이강옥	1989. 3. 1.~1993. 8. 31.	16	최재만	2012. 3. 1.~2016. 2. 29.
6	최현모	1993. 9. 1.~1994. 12. 21.	17	김정호	2016. 3. 1.~2018. 8. 31.
7	조석래	1995. 1. 18.~1997. 2. 28.	18	최재만	2018. 9. 1.~2020. 2. 29.
8	김근영	1997. 3. 1.~1999. 8. 31.	19	안병규	2020. 3. 1.~2024. 2. 29.
9	이철순	1999. 9. 1.~2000. 8. 31.	20	정해양	2024. 3. 1.~2025. 2. 28.
10	정무길	2000. 9. 1.~2002. 2. 28.	21	이재현	2025. 3. 1. ~
11	강문석	2002. 3. 1.~2003. 8. 31.			

● 연도별 졸업생 수 : 총 1,674명(44회)

회별	졸업년도	졸업생수	회별	졸업년도	졸업생수	회별	졸업년도	졸업생수
1	1981	171	16	1996	93	31	2011	41
2	1982	207	17	1997	85	32	2012	31
3	1983	230	18	1998	116	33	2013	35
4	1984	272	19	1999	130	34	2014	31
5	1985	289	20	2000	81	35	2015	31
6	1986	291	21	2001	83	36	2016	46
7	1987	274	22	2002	69	37	2017	37
8	1988	279	23	2003	58	38	2018	41
9	1989	234	24	2004	48	39	2019	25
10	1990	208	25	2005	37	40	2020	18
11	1991	206	26	2006	35	41	2021	25
12	1992	207	27	2007	22	42	2022	19
13	1993	177	28	2008	24	43	2023	27
14	1994	149	29	2009	22	44	2024	22
15	1995	112	30	2010	36	총 졸업생 수		1,674

● 학교현황

가. 학급편성 및 학생 수(2024)

구분		1학년			2학년			3학년			계		
		전기전자과	컴퓨터응용기계과	계	전기전자과	컴퓨터응용기계과	계	전기전자과	컴퓨터응용기계과	계	전기전자과	컴퓨터응용기계과	총계
학급 수		1	1	2	1	1	2	1	1	2	3	3	6
학생 수	남	16	9	25	16	11	27	13	11	24	45	31	76
	여	·	1	1	1	2	3	1	2	3	2	5	7
	계	16	10	26	17	13	30	14	13	27	47	36	83

나. 교직원 수(2024)

구분	교장	교감	교무 교사 남	교무 교사 여	원어민	교무행정원	실장	차장	사무행정원	급식관계자	그외직종	배움터지킴이	계
정원	1	1	17		1	1	1	1	1	4	4	1	33
현원	1	1	9	8	1	1	1	1	1	4	4	1	33

다. 시설현황(2024)

구분	보통교실	관리실	과학실	도서실	진로교실	영어전용실	홈베이스(미소관)	체력단련실
실수	6	3	1	1	1	1	1	1

구분	기숙사	음악실	Wee클래스	문서관리실	평가관리실	방송실	보건실	화장실
실수	1	1	1	1	1	1	1	5

구분	급식소	교사휴게실	체육관	사택	숙직실	NCS CAD실	NCS특수용접실	NCS내선공사실
실수	1	2	1	1	1	1	1	1

구분	NCS선반가공실	NCS자동제어시스템실	NCS전자기기개발실	NCS컴퓨터활용생산실
실수	1	1	1	1

● 교육과정

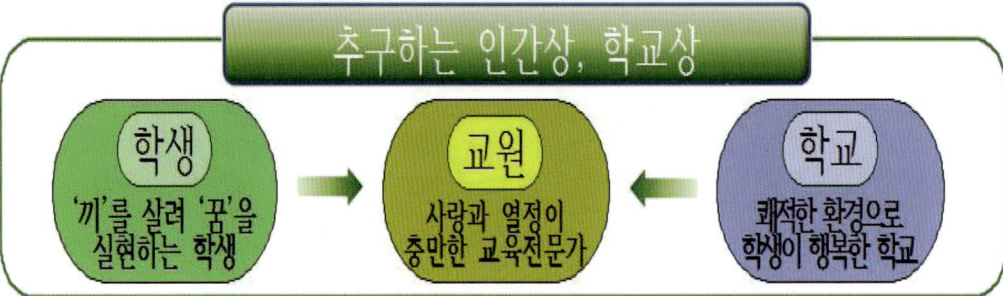

넉넉한 품성과 탄탄한 실력으로 꿈을 실현하는 행복 특성화고

추구하는 인간상, 학교상

- **학생**: '끼'를 살려 '꿈'을 실현하는 학생
- **교원**: 사랑과 열정이 충만한 교육전문가
- **학교**: 쾌적한 환경으로 학생이 행복한 학교

교육 목표 추진 전략

인성교육
- '인사 잘하는 학교' 만들기
- 즐거운 학교를 위한 꿈키움교실 프로그램 내실화
- 창의적 체험활동을 통한 인성교육 강화
- 모두의 학교를 위한 학교 문화 책임규약 운영

기능교육
- '자격증 취득 취득장려금 제도' 운영
- 학생수요에 맞는 진로 연계 방과후학교
- 산업구조 변화에 맞춰가는 현장학습
- 취업 지원 강화를 위한 취업지원관 배치

창의성 교육
- 학생들의 예술 체험활동 기회 확대
- 교육과정과 연계한 독서교육 내실화
- 체험중심 생태환경교육 활성화
- 고교학점제 운영으로 과목 선택권 확대

혁신 교육
- 전문적학습공동체 운영을 통한 배움중심 교육
- 글로벌 승강기 전문가 양성을 위한 산학협력
- 혁신지원사업 운영으로 '오고 싶은 학교' 만들기
- 취업 맞춤형 공무원/공기업/대기업반 운영

전기전자과

교과 영역	교과 (군)	세부과목	기준 학점	운영 학점	1학년 1학기	1학년 2학기	2학년 1학기	2학년 2학기	3학년 1학기	3학년 2학기	이수 학점	필수 이수 학점
기초	국어	국어	8	6	3	3					34	24
		실용 국어	5	4			3	2				
	수학	수학	8	6	3	3						
		실용 수학	5	5			2	3				
	영어	영어	8	6	3	3						
		실용 영어	5	6			3	3				
	한국사	한국사	6	6	3	3					6	6
탐구	사회(역사/도덕)	통합사회	8	6			3	3			16	12
	과학	통합과학	8	6	3	3						
		생명과학 I	5	4			2	2				
체육 예술	체육	체육	5	4	2	2					10	8
		운동과 건강	5	4			2	2				
		스포츠 생활	5	2					1	1		
	예술(음악/미술)	음악	5	4	2	2					12	6
		음악 연주	5	4			2	2				
		미술	5	4			2	2				
생활 교양	기술·가정 제2외국어 한문.교양	진로와 직업	5	4	2	2					8	
		기술가정(기초제도)	6이하	4	2	2						
전문 교과	전문공통	성공적인직업생활	6이하	6					3	3	88 기초제도 포함 92	86
	기초과목	전기설비	20이하	4	3	3						
		전기회로	20이하	8	3	3						
		전자회로	20이하	6			3	3				
		전기기기	20이하	5			2	2				
		디지털논리회로	20이하	8					4	4		
전문 교과	실무과목	코스1-1 내선공사	40이하	4			택4				88 기초제도 포함 92	86
		코스1-1 피복아크용접		4								
		코스1-2 내선공사	40이하	4				택4				
		코스1-2 승강기설치정비		4								
		코스2-1 내선공사	40이하	10					택5	택5		
		코스2-1 이산화탄소·가스 메탈 아크 용접		10								
		내선공사	40이하	10					4	6		
		코스2-2 자동제어시스템운영	20이하	8					택4	택4		
		코스2-2 기계요소설계		8								
		전자제품생산	40이하	8					4	4		
		승강기설치정비	40이하	8					4	4		
		이수학점 소계		166	30	31	29	30	29	31	262	228
		창의적 체험활동		18	3	3	4	4	3	1	18	18
		학기별 총 이수 학점			30	31	29	30	33	35	192	
		학기당 과목수			11	11	11	11	8	8		
		학년별 총 이수 학점			64		64		64		192	

거창교육 100년사

● **교육활동**

1978년 개교식

1980년 운동회

1981년 제1회 졸업식

1982년 봉사활동

2024년 입학식

2024년 체육대회

2024년 현장체험학습

2024년 승강기 전문가양성 프로그램

제 3 장 거창교육의 주체

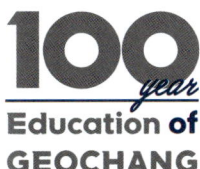

거창여자고등학교
居昌女子高等學校

1980년대

2024년

개교	1960년 4월 1일
위치	경상남도 거창군 거창읍 죽전1길 72
구분	공립

● 교육목표

바른 인성과 창의성을 갖춘 인재교육
가. 학교 비전: 자립과 공존으로 삶의 힘을 키우는 학교
나. 교훈: 성실(誠實)하고 지혜(智惠)로우며 예절(禮節) 바른 사람

● 옛 모습

1960~1970년대

1988년 88올림픽
성화 봉송 환영 합창

1981년 한복 입는 날 신문 기사

● 학교의 연혁

- 1959. 12. 16. 거창여자고등학교 인가(3학급)
- 1960. 4. 1. 거창여자고등학교 개교
- 1972. 2. 28. 현 교사로 신축 이전
- 1979. 9. 1. 중·고교 분리
- 1984. 11. 18. 체육관 신축
- 1989. 12. 11. 생활관 신축
- 2007. 4. 26. 청솔관(자기주도학습실) 준공, 생활관 리모델링(목련관으로 개칭)
- 2008. 3. 1. 기숙형고등학교 지정
- 2010. 2. 25. 청람관(기숙사) 완공
- 2020. 2. 29. 2019 학교도서관 시설환경 개선지원사업 도서관(북카페 도란마루) 구축 완료

● 학교상징

제 3 장 거창교육의 주체

● 기념 식수

거창여고 설립을 위해
온 힘을 다한
윤봉주 교장의
은혜를 기리기 위해
전기 동문 선배들과 함께 정성 모아 금송 식수

2013. 4. 25.
거창여자고등학교
동문회 일동

● 연도별 졸업생 수: 총 10,966명(64회)

회별	졸업일자	졸업생수	회별	졸업일자	졸업생수	회별	졸업일자	졸업생수
1	1961. 3. 9.	38	23	1983. 2. 10.	290	45	2005. 2. 15.	144
2	1962. 2. 7.	41	24	1984. 2. 11.	291	46	2006. 2. 15.	144
3	1963. 2. 28.	53	25	1985. 2. 14.	299	47	2007. 2. 14.	148
4	1964. 2. 10.	60	26	1986. 2. 12.	301	48	2008. 2. 15.	144
5	1965. 2. 28.	52	27	1987. 2. 14.	307	49	2009. 2. 13.	139
6	1966. 2. 28.	59	28	1988. 2. 15.	333	50	2010. 2. 11.	136
7	1967. 2. 28.	67	29	1989. 2. 11.	338	51	2011. 2. 11.	135
8	1968. 2. 28.	43	30	1990. 2. 13.	321	52	2012. 2. 10.	132
9	1969. 2. 28.	63	31	1991. 2. 9.	316	53	2013. 2. 7.	132
10	1970. 2. 28.	94	32	1992. 2. 14.	316	54	2014. 2. 13.	132
11	1971. 2. 28.	106	33	1993. 2. 12.	304	55	2015. 2. 12.	124
12	1972. 2. 28.	115	34	1994. 2. 14.	304	56	2016. 2. 4.	149
13	1973. 2. 28.	112	35	1995. 2. 13.	289	57	2017. 2. 15.	138
14	1974. 2. 28.	120	36	1996. 2. 13.	295	58	2018. 2. 12.	135
15	1975. 2. 28.	123	37	1997. 2. 14.	280	59	2019. 2. 13.	131
16	1976. 2. 28.	119	38	1998. 2. 13.	244	60	2020. 2. 12.	119
17	1977. 2. 28.	123	39	1999. 2. 11.	242	61	2021. 1. 5.	107
18	1978. 2. 28.	160	40	2000. 2. 11.	244	62	2022. 1. 4.	95
19	1979. 2. 28.	177	41	2001. 2. 13.	221	63	2023. 1. 6.	97
20	1980. 2. 28.	174	42	2002. 2. 15.	198	64	2024. 2. 6.	64
21	1981. 2. 28.	175	43	2003. 2. 12.	170	총 졸업생 수		10,966
22	1982. 2. 28.	240	44	2004. 2. 13.	178			

● 역대교장

대수	성명	재임기간	대수	성명	재임기간
1	김정홍	1960. 2. 9.~1961. 3. 31	12	이무진	1996. 3. 1.~1997. 3. 1.
2	한봉대	1961. 3. 31.~1961. 9. 3.	13	이종구	1997. 3. 1.~1999. 2. 28.
3	김병혁	1961. 9. 4.~1965. 10. 15.	14	강병준	1999. 3. 1.~2001. 8. 31.
4	이석화	1965. 10. 15.~1970. 5. 20.	15	이무진	2001. 9. 1.~2003. 2. 28.
5	김기욱	1970. 5. 21.~1979. 8. 31.	16	정무길	2003. 3. 1.~2005. 2. 28.
6	김영두	1979. 9. 1.~1983. 2. 28.	17	민관식	2005. 3. 1.~2009. 8. 31.
7	정우순	1983. 3. 1.~1986. 8. 31.	18	김석권	2009. 9. 1.~2012. 2. 21.
8	김동렬	1986. 9. 1.~1987. 2. 28.	19	한광수	2012. 3. 1.~2014. 8. 31.
9	김홍안	1987. 3. 1.~1991. 8. 31.	20	문상곤	2014. 9. 1.~2017. 8. 31.
10	오환숙	1991. 9. 1.~1993. 8. 31.	21	이상옥	2017. 9. 1.~2021. 8. 31.
11	유상희	1993. 9. 1.~1996. 2. 29.	22	하미남	2021. 9. 1. ~

● 학교현황

가. 학급편성 및 학생 수(2024)

구분	1학년	2학년	3학년	계
학급 수	5	5	5	15
학생 수(명)	111	107	92	310

나. 교직원 수(2024)

구분	교원					교육행정직	교육공무직								배움터지킴이	계
	교장	교감	수석	교사 남	교사 여	원어민		영양사	조리사	조리실무사	사무행정원	교무행정원	생활지도원	당직전담	청소원	
현원	1	1	1	11	21	1	4	1	1	4	1	1	2	1	1	1	53

과목	수석	국어	수학	사회역사	과학	체육	음악	미술	외국어	진로	상담	보건	계
인원	1	5	5	5	5	2	1	1	5	1	1	1	33

다. 시설현황(2024)

구분	교지	건물면적	보통교실	특별실	관리실	보건위생	기타실	부속건물	사택면적
현황	16,255	9,533	15개	14개	6개	12개	7개	5개	48.42

제 3 장 거창교육의 주체

구분	보통교실	관리실				특별실													보건위생실			기타실						청솔관				기숙사	체육관	창고	사택
		교장실	교무실	학년실	행정실	도서실	국어실	수학실	어학실	미술실	음악실	Wee Class	물리지구과학실	화학생물실	역사지리실	컴퓨터실	수업나눔실	진로진학상담실	자기주도학습실	보건실	일시적관찰실	화장실	휴게실	학부모상담실	평가실	방송실	전산실	당직실	시설관리실	급식소	학습카페	소강당	자기주도학습실				
현황	15	1	1	3	1	1	1	1	1	1	1	1	1	1	1	1	1	1	1	1	1	8	2	1	1	1	1	1	1	1	1	1	4	2	1	2	1

라. 대표시설

기숙사

북카페 도란마루

학습카페

● 교육과정

구분	교과영역	교과(군)	과목유형	과목	기본학점(단위)	운영학점(단위)	1학년		2학년		3학년		개설 여부	
							1학기	2학기	1학기	2학기	1학기	2학기	1학기	2학기
학교지정과목	기초	국어	공통	국어	8	8	4	4					O	O
			일반	문학	5	3			3				O	
			일반	독서	5	7					3	4	O	O
		수학	공통	수학	8	7	4	3					O	O
			일반	수학 I	5	4			4				O	
			일반	수학 II	5	4				4				O
			일반	확률과 통계	5	3					3			O
		영어	공통	영어	8	8	4	4					O	O
			일반	영어 I	5	4			4				O	
			일반	영어독해와 작문	5	4				4				O
			일반	영어 II	5	6					3	3	O	O
		한국사	공통	한국사	6	6	3	3					O	O
	탐구	사회	공통	통합사회	8	6	3	3					O	O
		과학	공통	통합과학	8	6	3	3					O	O
			공통	과학탐구실험	2	2	1	1					O	O
	체육·예술	체육	일반	체육	5	4	2	2					O	O
			일반	운동과 건강	5	3			1	2				
			진로	스포츠 생활	5	3					2	1	O	O
		예술	일반	음악	5	4	2	2					O	O
			진로	음악 감상과 비평	5	2					1	1	O	O
			일반	미술	5	4	2	2					O	O
	생활교양	교양	일반	진로와 직업	5	3	1	2					O	O
			일반	논술	5	6					3	3	O	O
	학교 지정 과목 교과 이수 학점(단위) 소계						29	29	12	13	12	12		

369

학생선택과목	선택군A	국어	일반	언어와 매체	5	3			3			O
			일반	화법과 작문	5	3						O
	선택군B	사회	일반	사회·문화	5	6			3	3	O	O
			일반	생활과 윤리	5	6			3	3	O	O
			일반	세계지리	5	6			3	3	O	O
			일반	동아시아사	5	6					O	O
		과학	일반	생명과학Ⅰ	5	6					O	O
			일반	화학Ⅰ	5	6					O	O
			일반	물리Ⅰ	5	6					O	O
			일반	지구과학Ⅰ	5	6					O	O
	선택군C	교양	일반	보건	5	3			3		O	
			일반	환경	5	3					O	
			일반	철학	5	3					X	
			일반	교육학	5	3					O	
			일반	심리학	5	3					O	
	선택군D	제2외국어	일반	일본어Ⅰ	5	4			2	2	O	O
			일반	한문Ⅰ	5	4					X	X
	선택군E	수학	진로	인공지능 수학	5	3			3		O	
		수학	진로	기하	5	3					O	
		국어	진로	고전 읽기	5	3					O	
		영어	진로	진로 영어	5	3					O	
	선택군F	체육	진로	체육 전공 실기 기초	5	2				2		O
		미술	진로	미술 창작	5	2						O
		예술	진로	연극의 이해	5	2						O
		제2외국어	진로	일본 문화	5	2						O
		교양	일반	실용 경제	5	2						O
	선택군G	수학	진로	수학과제 탐구	5	6					3	3	O	O
			일반	미적분	5	6					3	3	O	O
			진로	기하	5	6					3	3	O	O
		국어	진로	현대문학 감상	5	6							X	X
			진로	심화 국어	5	6							O	O
		영어	진로	영어권 문화	5	6							O	O
			진로	영미 문학 읽기	5	6							O	O
	선택군H	사회	진로	고전과 윤리	5	6					3	3	O	O
			일반	정치와 법	5	6					3	3	O	O
			일반	한국지리	5	6					3	3	X	X
			일반	경제	5	6							X	X
			진로	사회방법탐구	5	6							O	O
			진로	지역 이해	5	6							O	O
			진로	사회문제탐구	5	6							O	O
			진로	여행지리	5	6							O	O
		과학	진로	생명과학Ⅱ	5	6							O	O
			진로	화학Ⅱ	5	6							O	O
			진로	물리Ⅱ	5	6							O	O
			진로	지구과학Ⅱ	5	6							O	O
			진로	생활과 과학	5	6							O	O
학교내 소인수 선택과목 또는 학교연합 공동교육과정 (증배운영 과목)			일반	(소인수)동아시아사	5	6			3	3			O	O
			일반	(소인수)정치와 법	5	6					3	3	O	O
			진로	(소인수)진로 영어	5	3			3				O	
학생 선택 과목 교과 이수 학점(단위) 소계							0	0	17	16	18	18	
총 교과 이수 학점(단위) 소계							29	29	29	29	30	30	
창의적 체험활동							3	3	3	3	4	4	
이수 학점(단위) 총계							32	32	32	32	34	34	

● 교육 활동

가. 주요 행사

1) 진정한 리더십의 산실! 학교올림픽
- 전과정 학생 주도의 체육 활동으로 건전한 정서 함양과 체력 향상 도모
- 학생들의 자발적 참여로 공동체 의식, 애교심, 경쟁심, 협동심 고취

2) 재능과 끼, 열정의 결실! 목련제
- 1년 동안 연마한 각종 교육 활동과 학예 활동의 결과물인 학생들의 창의력과 창작 능력 발표

1981년 학예발표회 　　　　1995년 목련제 　　　　2004년 목련제

3) 기후 위기 대응을 위한 '친환경 그린 카페' 운영
- 교내 학습카페 시설을 이용해 학생들이 메뉴 선정, 판매, 카페 관리
- 일회용품 사용 금지 등 친환경 실천 방법을 생활화하여 기후 위기에 대응

학생들이 그린 카페를 운영하고 이용하는 모습

4) 동아리 박람회
- 선배에서 후배로 이어지는 동아리의 1년 활동 내용을 학생 주도로 지역사회에 소개
- 다양하고 특색있는 체험활동으로 구성

5) 교육과정 박람회
- 고교학점제 시행에 따라 개별 학생 맞춤형 선택 교육과정을 실현하기 위하여 시행

나. 학교 특색

1) 진로·진학 프로젝트

학년	프로젝트명	내용
1학년	드림북(Dream Book) 프로젝트	진로 관심 분야가 비슷한 학생들이 모여 관심 분야의 '책'을 선정하여 함께 읽고, 이를 통해 진로를 탐색하고 이를 확장하여 관심 분야에 대하여 팀원들이 소통하며 마음을 모아 해당 진로군별 확장된 생각들을 정리 발표하는 프로젝트
2학년	해몽(Do Dream) 프로젝트	진로 관심 분야가 비슷한 학생들이 팀을 이루어 지역사회 문제와 같은 '현실의 문제점을 개선'하는 데 초점을 맞춘 탐구 질문을 선정하고 전문가를 섭외, 협업을 통해 문제를 해결함으로써 관심 분야에 대하여 심층적으로 탐구하는 프로젝트
3학년	소집단 공동연구	진로 관심 분야가 서로 다른 학생들이 융합하여 팀을 조직하고 연구 주제를 설정하여 연구 절차를 협의한 후 함께 참여하여 창의적인 연구 결과를 다양한 형태로 제작해 보는 프로젝트
전학년	사제동행 진로(교과 심화) 체험 프로그램	교사(1~2명)와 학생(4~8명)이 팀을 이루어 지역사회를 벗어난 활동을 학생들이 스스로 기획하고 예산부터 이동 경로, 계획부터 실행까지 주도한다. 관심 분야에 관한 대화와 교류, 특색있는 체험을 통해 자신의 진로를 깊이 있게 탐색해 보는 프로그램

2) 기숙사 아카데미 및 문화 체험활동
- 경남 유일 기숙형 공립 여고로서, 기숙사 학생들을 위한 아카데미 운영
- 교과 보충 및 교과 심화반, 다양한 교양 및 예술 프로그램 개설 통한 학생의 전인적 성장 도모
- 연 2회 다양한 문화 체험활동 기회 제공

제 3 장 거창교육의 주체

거창연극고등학교
居昌演劇高等學校

2020년 개교 당시

2024년

개교	2020년 3월 1일 개교
위치	경상남도 거창군 위천면 모동길 11-15
구분	공립

● **교육목표**

깨침으로 성장하는 행복한 민주시민 (건강한 몸, 밝은 마음, 실천하는 삶)

● **학교의 연혁**

- 2020. 3. 1. 거창연극고등학교 개교(3개학년, 6학급 인가)
- 2020. 3. 1. 거창연극고등학교 초대 서용수 교장 취임
- 2022. 12. 27. 거창연극고등학교 제1회 졸업식(27명)
- 2023. 3. 1. 거창연극고등학교 제2대 강만호 교장 취임
- 2024. 3. 4. 거창연극고등학교 제5회 입학식(30명)

● 학교상징

교표 교목(주목) 교화(들국화)

● 연도별 졸업생 수: 총 83명(3회)

회별	졸업일자	졸업생수	회별	졸업일자	졸업생수	회별	졸업일자	졸업생수
1	2022. 12. 27.	27	2	2023. 12. 28.	29	3	2024. 12. 24.	27

● 역대교장

대수	성명	재임기간	대수	성명	재임기간
1	서용수	2020. 3. 1.~2023. 2. 28.	2	강만호	2023. 3. 1.~

● 학교현황

가. 학급편성 및 학생 수(2024)

구분		1학년	2학년	3학년	계
학급수		2	2	2	6
학생수	남	11	14	12	25
	여	19	13	15	32
	계	30	27	27	57

나. 교직원 수(2024)

구분	교장	교감	남	여	일반직	계
현원	1	1	11	5	11	29

다. 학교시설 현황(2024)   (규모 단위: ㎡)

시설명	교사(校舍)	운동장	강당	도서관	식당	생활관
개소	1	1	1	1	1	2
규모	5,332.33	2,160		56	205	589

● 교육과정

영역	교과(군)	교과	선택구분	운영단위	1학년 1학기	1학년 2학기	2학년 1학기	2학년 2학기	3학년 1학기	3학년 2학기	필수단위	이수단위
기초	국어	국어	공통	6	3	3					4	18(9)
		문학	일선	6			2	2				
		언어와 매체	일선	6					4	4		
	영어	영어	공통	4	2	2						12
		영어 I	일선	4			2	2				
		영어2	일선	4					2	2		
	한국사	한국사	공통	4	2	2					3	
탐구	사회	통합사회	공통	2			2	2				12
		사회문화	일선	4					2	2		
예술	음악	공연실습	진선	4	2	2						12
		공연실습1	진선	4			2	2				
		공연실습2	진선	2					2	2		
	미술	미술	일선	2	1	1						10
		미술창작	진선	4			2	2				
		미술감상과비평	진선	4					2	2		
보통교과 소계				60	10	10	10	10	12	12		64
대안교과	진로	LTI(1)/인턴십1(진.체.포)	공통	6	3	3						6
		LTI(2)/인턴십2(진.체.포)	공통	6			3	3				6
		LTI(3)/인턴십3(진.체.포)	공통	6					3	3		6
자율편성교과 소계				18	3	3	3	3	3	3		18

전문교과	연극뮤지컬	연극	일선	4	4						4
		연기	전문	4		4					4
		연극의 이해	전문	4			4				4
		연극감상과비평	전문	4				4			4
		기초연기	전문	4	2	2					4
		독백연기	전문	4			2	2			4
		뮤지컬 이해	전문	8	4	4					8
		보컬 트레이닝과 음원녹음	전문	4			2	2			4
		무용	전문	4			2	2			4
		종합연기	전문	8					4	4	8
		연극제작실습	전문	8					4	4	8
		무대기술	전문	24	4	4	4	4	4	4	24
	전문교과 소계			80	14	14	14	14	12	12	80
창의적 체험활동	자율활동(공동체회의)			12	2	2	2	2	2	2	12
	동아리활동(LTI 동아리)			6	1	1	1	1	1	1	6
	봉사활동										
	진로활동(내이들)			6	1	1	1	1	1	1	6
창의적 체험활동 소계				24	4	4	4	4	4	4	24
총 이수 단위 수				182	31	31	31	31	31	31	186
평가 교과수					8	8	9	9	7	7	

● 교육 활동

가. 주요 행사

1) 신입생 적응 주간과 새내기 축제
 - 선배들이 신입생들이 학교 철학을 이해하고, 잘 적응하도록 돕는 행사
 - 신입생이 선배의 공연을 참관하며 자신의 미래를 긍정적으로 꿈꾸도록 돕는 행사

2) 진로 체험 이동학습 주간
 - 일정한 기간에 직업 현장과 멘토를 만날 수 있는 진로 체험 기회
 - 2024년부터 매년 2학년은 해외 진로 체험학습 실시

3) 졸업 주간 및 졸업 축제
 - 졸업생이 학교생활을 마무리하는 시간을 갖기 위해 기획된 행사
 - 졸업생은 후배들과 '졸업생 회고의 밤'을 통해 재학 기간 3년을 회고함
 - 졸업 공연은 3년의 배움을 총정리하는 행사로, 학생들은 공연, 전시, 논문 및 희곡집 발간 등 다양한 방법 중 하나를 선택

4) 일상에서 할 말 하는 '공·체'

공·체(공적 책임과 회복을 체험하는 공동체 회의)는 학생들이 일상에서 해야 할 말과 하고 싶은 말을 하도록 도움. 자신이 가장 약자라 할지라도 해야 할 말과 하고 싶은 말을 함. 자신과 관계한 문제를 직접 해결하는 경험을 통해 학생들은 '정의로운 공동체'에서 살아가는 힘을 기름

5) 갈등을 풀어내는 '서클' 운영

서클(Circle)은 '동그라미 대화'라고도 하며, 갈등이 생기기 전이나, 생긴 후에 둥글게 둘러앉아 이야기를 나누는 것. 학생들이 좋은 관계를 맺고, 관계가 깨어지면 회복할 수 있도록 도와줌

6) 자존감을 높이는 '내·이·들' 프로젝트

- '내·이·들(내 이야기 들어줄래)'은 학생들이 타인 앞에서 말하는 훈련
- 조리 있게 말하기, 자신 있게 말하기, 성찰하기 등을 통해 자신감을 기르고 자존감을 향상함

7) 꿈을 찾고 키우는 LTI(진로 성찰 배움) 활동

- '자발적 진로 찾기' 활동으로 스스로 꿈을 찾고 키워가는 모든 과정
- 다양한 진로 성찰 배움 활동을 하여 성공과 실패를 경험하며 학생 스스로 꿈을 찾고 키우는 도전을 함

8) 졸업생과 함께하는 진로 진학 멘토링

- 졸업생과 재학생, 그리고 교직원이 함께 대안 교육의 방향성 및 교육 철학을 검토
- 진로와 진학에 대한 멘토링과 자유로운 토론 문화를 통해 공연 예술교육의 경험을 상호 교환

졸업생 회고의 밤

공·체

내·이·들

나. 학교 특색

1) 학교 철학과 비전
　나를 알고 너를 받아들여 더불어 사는 우리
　거침없이 상상하고 색다름으로 빛나자

2) 공연의 품격을 높이는 '꿈·별' 한마당
- 수업 시간에 활동한 내용을 학기 말에 부모, 교사, 동료 학생에게 공연
- 공연을 통해 학생의 성장을 확인하고, 학생을 격려, 지지, 칭찬하는 날
- 공동체 속에서 학생 개개인의 성장을 이끌어 냄

'꿈·별' 한마당

3) 개인의 성장을 칭찬하고 격려하는 품격 높은 '다·날·다' 한마당
- '다·날·다'는 '다른 몸짓으로, 날아 보자. 다 함께!'라는 뜻이며, 한 학기 LTI 활동과 진로 체험활동을 정리하여 발표하고 공유하는 장
- '한 번에 한 아이씩'의 철학으로, 주인공의 발표를 깊이 들어주고, 공감, 지지, 격려하며 축하함
- 한 학생의 배움에 관계한 부모, 담임교사, 멘토 교사, 동료 학생이 참여하여 학생의 성장을 확인하고, 긍정적인 피드백을 보내줌

'다·날·다' 한마당

제 3 장 거창교육의 주체

아림고등학교
娥林高等學校

1960년대

2024년

개교	1929년 4월 20일 거창공립보습학교 인가
위치	경상남도 거창군 거창읍 정장길 19
구분	공립

● 교육목표

자신을 꿈을 지닌 예의 바른 인간 육성

● 학교의 연혁

- 1929. 4. 20. 거창보습학교 2년제 2학급 인가
- 1938. 3. 1.   거창공립농업실습학교 2년제 인가
- 1941. 3. 31. 거창공립농업 전수학교 2년제 인가
- 1944. 3. 31. 거창농업학교 5년제 인가
- 1951. 8. 31. 교육법 개정으로 거창중학교와 분리, 거창농림고등학교 3년제 6학급 인가
- 1969. 11. 21. 거창종합고등학교 개칭(학년별 농업1, 농토목1, 보통2→12학급 인가)
- 1974. 3. 1.   거창농림고등학교로 개칭(학년별 농업2, 농토목1, 축산1→12학급 인가)
- 1989. 3. 1.   거창종합고등학교로 개칭(학년별 농업1, 농토목1, 축산1, 보통2→15학급 인가)
- 1999. 7. 21. 학교 위치 이전(현 거창대학 자리에서 현 위치로)

거창교육 100년사

- 2000. 3. 1. 거창산업과학고등학교로 개칭(학년별 전자2, 기계2, 농토목1→15학급 인가)
- 2006. 7. 12. 기계과 1학급 폐지, 보통과 1학급 설치 인가
- 2008. 3. 1. 아림고등학교로 개칭(학년별 전자2, 기계1, 농토목1, 보통1→15학급 인가)
- 2013. 3. 1. 일반계 고등학교로 체제 개편

● 학교상징

● 연도별 졸업생 수: 총 13,221명(91회)

회별	졸업일자	졸업생수	회별	졸업일자	졸업생수	회별	졸업일자	졸업생수
1	1931. 3. 21.	22	32	1965. 2. 28.	149	63	1996. 2. 13.	166
2	1932. 3. 24.	24	33	1966. 2. 28.	148	64	1997. 2. 14.	167
3	1933. 3. 18.	13	34	1967. 2. 28.	141	65	1998. 2. 13.	219
4	1934. 3. 22.	6	35	1968. 2. 28.	113	66	1999. 2. 11.	228
5	1935. 3. 19.	9	36	1969. 2. 28.	160	67	2000. 2. 11.	197
6	1936. 3. 19.	25	37	1970. 2. 28.	124	68	2001. 2. 13.	172

7	1937. 3. 21.	17	38	1971. 2. 28.	148	69	2002. 2. 15.	141
8	1938. 3. 18.	19	39	1972. 2. 28.	101	70	2003. 2. 12.	160
9	1938. 3. 18.	23	40	1973. 2. 28.	189	71	2004. 2. 13.	120
10	1939. 2. 25.	49	41	1974. 2. 28.	155	72	2005. 2. 18.	113
11	1940. 2. 28.	47	42	1975. 2. 28.	224	73	2006. 2. 15.	118
12	1941. 2. 28.	32	43	1976. 2. 28.	225	74	2007. 2. 14.	129
13	1942. 3. 21.	20	44	1977. 2. 28.	204	75	2008. 2. 15.	94
14	1943. 3. 25.	54	45	1978. 2. 28.	216	76	2009. 2. 11.	81
15	1944. 3. 18.	51	46	1979. 2. 28.	225	77	2010. 2. 11.	141
16	1945. 3. 20.	44	47	1980. 2. 29.	278	78	2011. 2. 11.	140
17	1950. 5. 2.	36	48	1981. 2. 12.	267	79	2012. 2. 9.	145
18	1951. 7. 10.	195	49	1982. 2. 10.	280	80	2013. 2. 7.	150
19	1952. 3. 25.	104	50	1983. 2. 10.	337	81	2014. 2. 7.	158
20	1953. 3. 19.	145	51	1984. 2. 11.	420	82	2015. 2. 12.	145
21	1954. 3. 9.	140	52	1985. 2. 14.	416	83	2016. 2. 4.	147
22	1955. 3. 31.	134	53	1986. 2. 12.	428	84	2017. 2. 9.	118
23	1956. 3. 31.	182	54	1987. 2. 14.	406	85	2018. 2. 8.	98
24	1957. 3. 25.	220	55	1988. 2. 15.	359	86	2019. 2. 7.	98
25	1958. 3. 25.	244	56	1989. 2. 11.	291	87	2020. 2. 13.	67
26	1959. 3. 25.	237	57	1990. 2. 13.	280	88	2021. 1. 13.	79
27	1960. 3. 25.	222	58	1991. 2. 13.	172	89	2022. 2. 8.	44
28	1961. 3. 7.	147	59	1992. 2. 14.	252	90	2023. 2. 8.	75
29	1962. 2. 7.	111	60	1993. 2. 12.	226	91	2024. 2. 8.	65
30	1963. 2. 28.	109	61	1994. 2. 14.	229	총 졸업생 수		13,221
31	1964. 2. 28.	126	62	1995. 2. 13.	162			

거창교육 100년사

● 역대교장

대수	성명	재임 기간	대수	성명	재임 기간
1	노태식	1945. 10. 1.~1947. 5. 29.	16	김동열	1984. 3. 1.~1986. 8. 31.
2	여규만	1947. 5. 30.~1947. 8. 31.	17	이용덕	1986. 9. 1.~1989. 8. 31.
3	지수성	1947. 9. 1.~1951. 7. 24.	18	유상희	1989. 9. 1.~1993. 8. 31.
4	김강민	1951. 7. 25.~1953. 9. 22.	19	최필형	1993. 9. 1.~1996. 2. 29.
5	김융규	1953. 9. 23.~1956. 2. 23.	20	김재덕	1995. 3. 1.~1999. 8. 31.
6	민영현	1956. 2. 24.~1959. 5. 30.	21	박종락	1999. 9. 1.~2002. 2. 28.
7	이경진	1959. 5. 1.~1960. 7. 4.	22	정무길	2002. 3. 1.~2003. 2. 28.
8	김정수	1960. 7. 5.~1961. 9. 3.	23	정선우	2003. 3. 1.~2005. 8. 31.
9	양락	1961. 9. 4.~1962. 6. 26.	24	최준홍	2005. 9. 1.~2009. 2. 28.
10	박상률	1962. 6. 27.~1965. 10. 14.	25	한광수	2009. 9. 1.~2012. 2. 29.
11	김병혁	1965. 10. 15.~1970. 11. 15.	26	이현재	2012. 3. 1.~2015. 8. 31.
12	윤봉주	1970. 11. 16.~1974. 2. 28.	27	이정현	2015. 9. 1.~2018. 8. 31.
13	성순영	1974. 3. 1.~1981. 2. 23.	28	천두희	2018. 9. 1.~2023. 8. 31.
14	최필형	1981. 3. 1.~1983. 2. 28.	29	정현술	2023. 9. 1.~2025. 2. 28.
15	윤영준	1983. 3. 1.~1984. 2. 29.	30	옥철종	2025. 3. 1.~

● 학교현황

가. 학급편성 및 학생 수(2024)

구분		1학년	2학년	3학년	특수학급	계
학급 수		4	4	3	2	11
학생 수	남	33	41	21	6	95
	여	43	33	32	2	108
	계	76	74	53	8	203

나. 교직원 수(2024)

구분	교원				행정				기타					계
	교장	교감	교사		행정실	영양사	조리사	조리실무사	교무행정원	사서	특수행정실무원	청소전담	당직전담	배움터지킴이	
			남	여											
현원	1	1	8	18	3	1	1	3	3	1	1	1	2	1	45

다. 시설현황 (규모 단위: ㎡)

시 설 명	학교 부지	총 건평	교실(14실)	특별실(49실)
건축 연도	1999	1999	1999	1999
규모	24,401	13,160	1,335	2,693

라. 대표시설

한울관(학생 카페)

아림 학당(학생 자습실)

바리스타실

● 교육과정

구분	교과영역	교과(군)	과목유형	과목	기본학점	운영학점	1학년 1학기	1학년 2학기	2학년 1학기	2학년 2학기	3학년 1학기	3학년 2학기	편성학점 합 교과군	편성학점 합 영역
학교지정과목	기초	국어	공통	국어	8	8	4	4					24	62
			일반	문학	5	4			4					
			일반	독서	5	4				4				
			일반	언어와 매체	5	4					4			
			일반	화법과 작문	5	4						4		
		수학	공통	수학	8	8	4	4					16	
			일반	수학 I	5	4			4					
			일반	수학 II	5	4				4				
		영어	공통	영어	8	8	4	4					16	
			일반	영어 I	5	4			4					
			일반	영어 II	5	4				4				
	탐구	한국사	공통	한국사	6	6	3	3					6	14
		사회	공통	통합사회	8	6	3	3					6	
		과학	공통	통합과학	8	6	3	3					8	
			공통	과학탐구실험	2	2	1	1					8	
	체육·예술	체육	일반	체육	5	4	2	2					10	22
			일반	운동과 건강	5	4			2	2				
			진로	스포츠 생활	5	2					1	1		
		예술	일반	음악	5	4	2	2					12	
			진로	음악감상과 비평	5	2					1	1		
			일반	미술	5	4			2	2				
			진로	미술창작	5	2					1	1		
	생활·교양	기술·가정	일반	정보	5	4	2	2					4	8
			일반	진로와 직업	5	2	1	1					2	
			진로	인공지능기초	5	2					1	1	2	
학교 지정 과목 교과 이수 학점 소계							29	29	16	16	8	8	106	

학생선택과목	선택군A (탐구)	사회	일반	생활과 윤리	5	4			택2				16	16
			일반	정치와 법	5	4								
			진로	고전과 윤리	5	4								
		과학	일반	생명과학 I	5	4								
			진로	생활과 과학	5	4								
	선택군B (탐구)	사회	일반	동아시아	5	4				택2				
			일반	세계지리	5	4								
			진로	사회문제탐구	5	4								
		과학	일반	화학 I	5	4								
			일반	지구과학 I	5	4								
	선택군C (탐구)	수학	일반	미적분	5	6					택5		30	30
		수학	진로	기하	5	6								
		영어	일반	영어독해와 작문	5	6								
		사회	일반	사회·문화	5	6								
			일반	한국지리	5	6								
			일반	윤리와 사상	5	6								
			일반	세계사	5	6								
		과학	진로	생명과학 II	5	6								
		과학	진로	화학 II	5	6								
		과학	진로	지구과학 II	5	6								
	선택군D	국어	진로	고전읽기	5	4					택2		8	8
		영어	진로	영어권 문화	5	4								
		사회	진로	여행지리	5	4								
		과학	진로	과학사	5	4								
		과학	진로	화학실험	5	4								
	선택군E	수학	일반	확률과 통계	5	4			택1				4	4
		기·가	진로	정보과학	5	4								
	선택군F	교양	일반	보건	5	2					택2		4	4
			일반	심리학	5	2								
			일반	교육학	5	2								
			일반	환경	5	2								
		제2	진로	일본문화	5	2								
		예술	진로	드로잉	5	2								
	선택군G	제2외국어	일반	일본어 I	5	3			택1				6	6
			일반	중국어 I	5	3								
	선택군H		진로	일본어 II	5	3					택1			
			진로	중국어 II	5	3								
	교내 소인수 선택과목		진로	(소인수)물리학 I	5	3			3			3	3	3
학생 선택 과목 교과 이수 학점 소계							0	0	13	13	21	21	68	
총 교과 이수 학점 소계							29	29	29	29	29	29	174	
창의적 체험활동							3	3	3	3	3	3	18	
이수 학점 총계							32	32	32	32	32	32	192	

● 교육 활동

가. 학교 특색

1) 행복나눔학교 운영(행복학교 4대 과제 운영)

　　가) 참여와 존중의 학교 민주주의 실천　　나) 학습자 중심의 미래형 교육과정 운영

　　다) 실천 중심의 전문적 학습공동체 구축　라) 자율과 협력의 교육 생태계 조성

2) 만학도 반 운영: 학년별로 평균 연령 70대인 만학도 반 1반씩 운영

만학도 반 아림올림픽 행사

만학도 반 둘레길 걷기 행사

나. 주요 행사

1972년 주산부

1974년 대의원 회의

1974년 교문지도

2024년 논 프로젝트-벼 수확

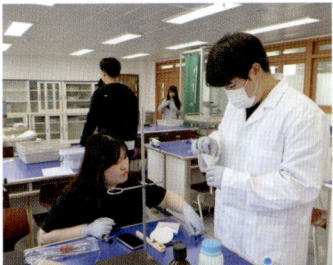
2024년 과학부

2024년 대의원 캠프

거창교육 100년사

거창고등학교
居昌高等學校

1957년

2024년

개교	1953년 4월 23일 개교
위치	경상남도 거창군 거창읍 죽전4길 36
구분	사립

● 교육목표

건학이념	기독교 신앙을 바탕으로 한 민주 시민 양성
교훈	빛과 소금
교육관	여호와를 경외하는 것이 지식의 근본이다. (잠언 1장 7절)
교육 목표	• 세상에서 빛과 소금의 역할을 할 수 있는 사람을 기른다 • 신앙교육, 만남의 교육, 자율성 교육을 통한 인성교육에 힘쓴다 • 직업 선택의 십계명과 거고인 헌장을 실천하는 거고인을 기른다 • 타고난 능력을 최대한 발휘할 수 있도록 학교 분위기를 조성한다

● 옛 모습

1957년 초기 학교와 학생

1961년 신축한 교사 모습

1961년 신축 교사 앞에서

● 학교상징

직업 선택의 십계명

하나, 월급이 적은 쪽을 택하라.
둘, 내가 원하는 곳이 아니라 나를 필요로 하는 곳을 택하라.
셋, 승진 기회가 거의 없는 곳을 택하라.
넷, 모든 조건이 갖추어진 곳을 피하고 처음부터 시작해야 하는 황무지를 택하라.
다섯, 앞을 다투어 모여드는 곳은 절대 가지 마라. 아무도 가지 않는 곳으로 가라.
여섯, 장래성이 전혀 없다고 생각되는 곳으로 가라.
일곱, 사회적 존경 같은 건 바라볼 수 없는 곳으로 가라.
여덟, 한 가운데가 아니라 가장자리로 가라.
아홉, 부모나 아내나 약혼자가 결사 반대를 하는 곳이면 틀림이 없다. 의심치 말고 가라.
열, 왕관이 아니라 단두대가 기다리고 있는 곳으로 가라.

교가

● 학교의 연혁

- 1953. 4. 23.   학교 법인 거창고등학회 설립 인가
- 1953. 6. 16.   거창고등학교 설립 인가
- 1965. 5. 15.   부속 농장 설치(42만㎡)
- 1973. 1. 23.   교사 신축(본관 2,478㎡, 강당 358㎡)
- 1990. 3. 2.   학생 식당 신축(658㎡, 240석)
- 2004. 6. 7.   농어촌 자율학교 지정

- 2004. 12. 11.　도서관 개관
- 2009. 2. 11.　여자기숙사 준공(3층 1,385㎡)
- 2021. 3. 1.　제10대 교장 김예진 취임
- 2022. 2. 10.　제69회 졸업식(92명)

● 연도별 졸업생 수: 총 10,400명(71회)

회별	졸업일자	졸업생수	회별	졸업일자	졸업생수	회별	졸업일자	졸업생수
1	1954. 3. 10.	16	25	1978. 1. 8.	236	49	2002. 2. 12.	165
2	1955. 3. 20.	23	26	1979. 2. 25.	266	50	2003. 2. 12.	151
3	1956. 3. 10.	76	27	1980. 2. 25.	289	51	2004. 2. 13.	148
4	1957. 2. 26.	83	28	1981. 2. 12.	239	52	2005. 2. 15.	149
5	1958. 3. 24.	53	29	1982. 2. 10.	237	53	2006. 2. 15.	134
6	1959. 2. 24.	47	30	1983. 2. 10.	238	54	2007. 2. 15.	137
7	1960. 2. 24.	68	31	1984. 2. 11.	240	55	2008. 2. 14.	126
8	1961. 2. 25.	80	32	1985. 2. 13.	232	56	2009. 2. 12.	117
9	1962. 2. 7.	77	33	1986. 2. 12.	236	57	2010. 2. 10.	123
10	1963. 2. 28.	64	34	1987. 2. 14.	224	58	2011. 2. 15.	120
11	1964. 1. 24.	103	35	1988. 2. 16.	230	59	2012. 2. 10.	113
12	1965. 1. 22.	101	36	1989. 2. 11.	228	60	2013. 2. 7.	118
13	1966. 1. 13.	109	37	1990. 2. 13.	227	61	2014. 2. 13.	121
14	1967. 1. 20.	119	38	1991. 2. 9.	229	62	2015. 2. 10.	120
15	1968. 1. 16.	123	39	1992. 2. 14.	220	63	2016. 2. 4.	117
16	1969. 1. 15.	121	40	1993. 2. 12.	208	64	2017. 1. 25.	119
17	1970. 1. 15.	107	41	1994. 2. 14.	197	65	2018. 2. 8.	113
18	1971. 1. 2.	141	42	1995. 2. 13.	196	66	2019. 2. 12.	116
19	1972. 1. 12.	107	43	1996. 2. 13.	191	67	2020. 2. 5.	98
20	1973. 1. 9.	100	44	1997. 2. 14.	196	68	2021. 2. 3.	92
21	1974. 1. 10.	116	45	1998. 2. 13.	198	69	2022. 2. 10.	92
22	1975. 1. 9.	122	46	1999. 2. 12.	194	70	2023. 2. 9.	97
23	1976. 1. 15.	176	47	2000. 2. 11.	196	71	2023. 12. 29.	88
24	1977. 1. 18.	163	48	2001. 2. 13.	184	총 졸업생 수		10,400

제 3 장 거창교육의 주체

● 역대 교장

대수	성명	재임기간	대수	성명	재임기간
1	김용해	1955. 4. 1.~1955. 10. 31.	6	전성은	2005. 3. 2.~2006. 2. 28.
2	임길용	1955. 11. 1.~1956. 3. 14.	7	김선봉	2006. 3. 2.~2014. 2. 28.
3	전영창	1955. 3. 15.~1976. 5. 20.	8	박치용	2014. 3. 3.~2019. 2. 28.
4	전성은	1976. 11. 3.~1990. 2. 28.	9	박종원	2019. 3. 1.~2021. 2. 28.
5	도재원	1990. 3. 2.~2005. 2. 28.	10	김예진	2021. 3. 1.~

● 학교현황

가. 학급편성 및 학생 수(2024)

구분		1학년	2학년	3학년	계
학급 수		4	4	4	12
학생수	남	49	53	46	148
	여	45	42	44	131
	계	94	95	90	279

나. 교직원 수(2024)

구분	교장	교감	교사		일반직			계
			남	여	일반직	기능직	영양사	
현원	1	1	18	8	1	2	2	33

다. 학교시설 현황(2024) (규모 단위: ㎡)

시 설 명	교사(校舍)	운동장	강당	도서관	식당	생활관	
건축 연도	1973	1973	1973	2004	1990	1975(남)	2009(여)
개소	1	1	1	1	1	1	1
규모	2,475	18,454	359	749	659	2,385	

● 교육과정

구분	교과 영역	교과(군)	과목 유형	과목	기본 학점 (단위)	운영 학점 (단위)	1학년 1학기	1학년 2학기	2학년 1학기	2학년 2학기	3학년 1학기	3학년 2학기
학교지정과목	기초	국어	공통	국어	8	7	3	4				
			일반	화법과 작문	5	3			3			
			일반	언어와 매체	5	3				3		
			일반	독서	5	3					3	4
			진로	심화 국어	5	4					4	
			진로	고전 읽기	5	3						4
		수학	공통	수학	8	6	6					
		영어	공통	영어	8	6	3	3				
			일반	영어I	5	4			4			
			일반	영어II	5	4				4		
			진로	심화 영어I	5	5					5	
			진로	심화 영어II	5	5						5
		한국사	공통	한국사	6	6	3	3				
	탐구	사회	공통	통합사회	8	6	3	3				
		과학	공통	통합과학	8	6	3	3				
			공통	과학탐구실험	2	2	1	1				
	체육·예술	체육	일반	체육	5	4	2	2				
			진로	스포츠 생활	5	2			1	1		
			일반	운동과 건강	5	4					2	2
		예술	일반	음악↔미술	5	3	3	3				
	생활·교양	기술·가정	일반	정보	5	4	2	2				
		교양	일반	보건	5	2			1	1		
			일반	논술	5	7					2	4
	학교 지정 과목 교과 이수 단위 소계						29	24	9	9	16	19
학생선택과목	선택군A	수학	일반	수학I	5	5		5				
			진로	심화 수학I	5	5						
	선택군B	수학	일반	수학II	5	4			4			
			진로	심화 수학II	5	4						
	선택군C	수학	일반	확률과 통계	5	3				3		
			일반	미적분	5	3						
	선택군D	수학	진로	수학적 사고와 통계	5	4					5	
			진로	수학적 사고와 적분	5	4						
			진로	고급 수학	5	4						
	선택군E	수학	진로	통합 수학I	5	5						5
			진로	통합 수학II	5	5						5
			진로	고급 수학II	5	5						5
	선택군F	예술	진로	음악 감상과 비평	5	2				2		
			진로	미술 감상과 비평	5	2						
	선택군G		진로	음악 연주	5	2				2		
			진로	미술 창작	5	2						
	선택군H	기술·가정	진로	인공지능 기초	5	2				2		
			진로	지식 재산 일반	5	2						
			진로	공학 일반	5	2						

제 3 장 거창교육의 주체

구분	선택군	교과	구분	과목	기준단위	운영단위	1-1	1-2	2-1	2-2	3-1	3-2
학생선택과목	선택군I	제2외국어	일반	한문I	5	3					3	
			일반	중국어I	5	3						
	선택군J	제2외국어	진로	한문II	5	3						3
			진로	중국어II	5	3						
	선택군K	영어	진로	영어 독해와 작문	5	2					2	
		수학	진로	경제 수학	5	2						
			진로	기하	5	2						
			진로	인공지능 수학	5	2						
	선택군L	사회	일반	경제	5	3				3		
			일반	정치와 법	5	3				3		
			일반	세계지리	5	3				3		
			일반	윤리와 사상	5	3				3		
		과학	일반	물리학I	5	3						
			일반	화학I	5	3						
			일반	생명과학I	5	3						
			일반	지구과학I	5	3						
	선택군M	사회	진로	국제 경제	5	3					3	
			진로	지역 이해	5	3						
		과학	진로	물리학II	5	3						
			진로	생명과학II	5	3						
	선택군N	사회	진로	국제 관계와 국제기구	5	3					3	
			진로	고전과 윤리	5	3						
		과학	진로	화학II	5	3						
			진로	지구과학II	5	3						
	선택군O	사회	일반	사회·문화	5	3					3	
			일반	세계사	5	3						
		과학	진로	고급 물리학	5	3						
			진로	고급 생명과학	5	3						
	선택군P	사회	일반	생활과 윤리	5	3					3	
			일반	한국지리	5	3						
		과학	진로	고급 화학	5	3						
			진로	고급 지구과학	5	3						
	선택군Q	사회	진로	한국 사회의 이해	5	3						3
			진로	세계 문제와 미래 사회	5	3						
		과학	진로	물리학 실험	5	3						
			진로	생명과학 실험	5	3						
	선택군R	사회	진로	현대 세계의 변화	5	3						3
			진로	비교 문화	5	3						
		과학	진로	화학 실험	5	3						
			진로	지구과학 실험	5	3						
	선택군S	과학	진로	과학사	5	2					2	
		사회	진로	여행지리	5	2						
	선택군T	수학	진로	수학과제 탐구	5	2						2
		사회	진로	사회문제 탐구	5	2						
		과학	진로	과학과제 연구	5	2						
		기술·가정	진로	정보과학	5	2						
학생 선택 과목 교과이수단위 소계							0	5	20	20	14	11
총 교과이수단위 소계							29	29	29	29	30	30
창의적 체험활동							3	3	3	3	4	4
이수단위 총계							32	32	32	32	34	34

● 교육 활동

가. 학교 특색

1) 예술제
2) 신앙교육: 전교생 예배 시간과 신앙집회
   - 학교 교육의 핵심을 선포하고, 계발하고, 재창조하고, 방향을 잡고, 이끌어 가는 기관실과 같은 지위의 핵심 교육 활동
   - 전교생과 전 교사가 함께 모여 예배를 드리는 예배 시간은 거창고 정신을 나누는 시간
   - 신앙집회는 매년 6월 초 사흘간 시행. 해마다 다양한 신앙적인 주제를 선정하여 집회를 열고, 학생 개인의 삶의 좌표를 신앙 안에서 설계하는 기회를 만들어 주는 행사
3) 한 학급 한 생명 돌보기
   한 학급이 매월 성금을 모아 월드비전을 통해 아프리카와 아시아권 빈국의 아동과 결연하여 후원하는 프로그램
4) 다양한 선택 과목 개설
   거창고등학교 교육과정은 학생이 듣고 싶어 하는 과목은 모두 개설한다는 철학으로 학생 맞춤형 교육과정 운영
5) 수준별 이동 수업
   - 60년 이상 수학과 영어과 과목에서 시행 중인 수준별 이동 수업은 일반적인 우월반과는 다름
   - 입시 결과를 높이는 목적이 아니라 학생들의 학습 동기와 의욕을 고취하고 학생의 수준에 맞는 수업을 학생이 선택하여 자기 주도적 학습 능력을 신장하게 하는 것이 목적이므로 학생의 만족도와 성취도가 높음
6) 다양한 진로 프로그램
   가) 졸업생 멘토링
      졸업생 중 분야별로 멘토를 선정하여 학교로 초청, 학생들이 자신의 진로에 따라 멘토를 선택하고 진로에 관한 정보를 듣고 질문하는 시간
   나) 초청 강연회
      다양한 분야의 전문가와의 만남을 통하여 학생들이 자기 내면에 잠재되어 있으나 보지 못했던 관심과 재능을 자극하여 끌어내어 주는 동기유발을 촉진

1995년 지휘자 정명훈 강연회 　　2003년 교수 김순권 강연회 　　2019년 시인 나태주 강연회

나. 주요 행사

1) 봄 예술제
- 모든 의사 결정권이 학생회에 있어 학생이 주인인 학생들의 축제를 통해 학생들은 자주 의식, 자립심, 배려와 우정을 키움
- 개교기념일을 전후하여 3일간 진행되며, 전교생이 1인 1종목 이상 출전하는 운동, 예능, 민속놀이, 입장식 등 문화, 예술, 체육이 어우러진 행사

1970년 봄 예술제 　　1970년대 봄 예술제 자전거 경기 　　2006년 봄 예술제 대동 놀이

2) 봄 야영
5월경 지리산이나, 덕유산에서 텐트를 치고 1박 2일 야영을 하는 행사

3) 가을 예술제
첫날은 연극제, 둘째 날은 합창제로 구성된 개교 이래 계속된 축제

4) 한나눔터
12월에 실시하는 이웃돕기 바자회 행사
- 초등학생을 대상으로 게임이나 다양한 주제 카페를 열어서 수익금을 기아 대책 기구와 사회복지단체, 장학금으로 기부

5) 토끼몰이
겨울에 첫눈 오는 날 전교생이 거고 농장에 가서 눈밭에서 눈싸움도 하며 즐겁게 시간을 보내는 행사

6) 학생회 선거
학생회는 자율 조직으로, 학생회 선거는 민주시민 축제. 학생회는 학교행사를 주도적으로 계획, 진행하고 학생들의 의견을 반영하여 학교의 문화를 바꾸어 나감

거창대성고등학교
居昌大成高等學校

1964년

2024년

개교	1964년 3월 6일 개교
위치	경상남도 거창군 거창읍 거열로 81
구분	사립

● 교육목표

自立·協同·前進하는 창의·융합형 인재 육성

● 학교의 연혁

- 1951. 10. 12.   재단법인 명륜학원 설치 인가, 초대 이사장 변경식 선생 취임
- 1963. 12. 16.   거창대성종합고등학교 인가(9학급 450명)
- 1964. 3. 6.   거창대성종합고등학교 개교 및 제1회 입학식(인문, 상업, 양잠 9학급 150명)
- 1971. 10. 10.   현 위치에 본관 이전 신축 준공
- 1973. 10. 1.   거창대성고등학교로 교명 변경, 상업과 및 여학생 모집 폐지
- 1979. 9. 26.   덕봉학원으로 학교 법인 정관 변경
- 1982. 10. 12.   덕봉체육관 겸 강당 준공, 개관
- 2005. 3. 2.   현대식 기숙사 개관 및 자습실 개설
- 2007. 8. 2.   중국 고우시 제일중학교와 자매결연
- 2019. 11. 6.   신 기숙사 준공, 개장(4인 25실, 자습소 3개소, 100명 수용)

- 2024. 1. 5. 제58회 졸업식(졸업생 154명, 총 16,872명 졸업)

● 학교상징

● 연도별 졸업생 수: 총 16,872명(58회)

회별	졸업년도	졸업생수	회별	졸업년도	졸업생수	회별	졸업년도	졸업생수
1	1967	170	21	1987	405	41	2007	205
2	1968	156(여:24)	22	1988	453	42	2008	195
3	1969	176(여:29)	23	1989	461	43	2009	197
4	1970	149(여:25)	24	1990	454	44	2010	194
5	1971	213(여:28)	25	1991	442	45	2011	200
6	1972	290(여:44)	26	1992	429	46	2012	196
7	1973	288(여:62)	27	1993	398	47	2013	196
8	1974	286(여:59)	28	1994	398	48	2014	186
9	1975	291(여:59)	29	1995	393	49	2015	192
10	1976	417(여:118)	30	1996	390	50	2016	208

11	1977	292	31	1997	378	51	2017	190
12	1978	340	32	1998	330	52	2018	185
13	1979	413	33	1999	335	53	2019	196
14	1980	413	34	2000	331	54	2020	169
15	1981	407	35	2001	323	55	2021	151
16	1982	427	36	2002	286	56	2022	149
17	1983	417	37	2003	242	57	2023	149
18	1984	423	38	2004	250	58	2024	154
19	1985	426	39	2005	238	총 졸업생 수		16,872
20	1986	419	40	2006	211			

● 역대교장

대수	성명	재임기간	대수	성명	재임기간
1	강동희	1964. 2. 29.~1964. 10. 11.	13	신인오	1997. 7. 1.~2001. 8. 31.
2	정시원	1964. 10. 12.~1966. 5. 5.	14	전병익	2001. 11. 1.~2007. 2. 28.
3	양 락	1966. 5. 6.~1973. 11. 4.	15	한영식	2007. 3. 1.~2008. 2. 29.
4	백보인	1973. 11. 5.~1974. 2. 1.	16	윤부근	2008. 3. 1.~2012. 2. 29.
5	김한영	1974. 2. 2.~1975. 2. 28.	17	이순철	2013. 3. 1.~2014. 8. 31.
6	양 락	1975. 3. 1.~1977. 2. 3.	18	정원태	2014. 9. 1.~2016. 2. 29.
7	백보인	1977. 2. 4.~1981. 2. 28.	19	김종준	2016. 3. 1.~2018. 8. 31.
8	성순영	1981. 3. 1.~1985. 2. 28.	20	김종준	2018. 9. 1.~2020. 2. 29.
9	백보인	1985. 3. 1.~1989. 2. 28.	21	정용학	2020. 3. 1.~2021. 2. 28.
10	이용해	1989. 3. 1.~1992. 2. 29.	22	박우상	2021. 3. 1.~2025. 2. 28.
11	김한영	1992. 3. 1.~1995. 2. 28.	23	정종훈	2025. 3. 1. ~
12	김진근	1995. 3. 1.~1997. 6. 30.			

제 3 장 거창교육의 주체

● 학교현황

가. 학급편성 및 학생 수(2024)

구분	1학년	2학년	3학년	계
학급수	7	7	7	21
학생수	168	167	144	479

나. 교직원 수(2024)

| 구분 | 교원 | | 교사 | | 행정 | | | | 기숙사 | | 기타 | | 계 |
	교장	교감	남	여	행정실장	일반직일반직	행정실무원	행정지원	급식종사원	사감	종사원	원어민	상담사	
현원	1	1	20	22	1	4	1	2	11	4	7	1	1	76

다. 시설현황(2024) (면적 단위: ㎡)

시설명	대지	체육장	계
면 적	19,419	10,547	29,966

라. 기본 시설 (단위: 실)

구분 \ 시설	보통교실	특별교실	교과교실	교원편의실	관리실	도서실	방송실	보건실
현황	21	7	4	3	4.5	1	0.5	0.5

구분 \ 시설	체육관	자율학습실	학생회실	급식소	기숙사	샤워실	화장실	교직원 화장실
현황	1관	3실	1실	1개소	2동	1실	5실	3실

● 교육과정

교과 영역	교과(군)	과목 유형	과목	기본 학점	운영 학점	1학년 1학기	1학년 2학기	2학년 1학기	2학년 2학기	3학년 1학기	3학년 2학기	편성 학점 합 교과군	편성 학점 합 교과 영역
기초	국어	공통	국어	8	7	4	3					15	52
		일반	문학	5	4			4					
		일반	독서	5	4				4				
	수학	공통	수학	8	6	6						16	
		일반	수학 I	5	6		6						
		일반	수학 II	5	4			4					
	영어	공통	영어	8	7	4	3					15	
		일반	영어 I	5	4			4					
		일반	영어 II	5	4				4				
	한국사	공통	한국사	6	6	2	2	1	1			6	
탐구	사회	공통	통합사회	8	6	3	3					6	14
	과학	공통	통합과학	8	6	3	3					8	
		공통	과학탐구실험	2	2		2						
체육·예술	체육	일반	체육	5	4	2	2					12	22
		진로	체육 탐구	5	4			2	2				
		일반	운동과 건강	5	4					2	2		
	예술	일반	음악	5	3	3						10	
		진로	음악 연주	5	2				2				
		일반	미술	5	3		3						
		진로	미술 창작	5	2			2					
생활·교양	기술·가정	진로	정보	5	4	2	2					4	10
	교양	일반	진로와 직업	5	2	1	1			1	1	6	
		일반	보건	5	2			1	1				
학교 지정 과목 교과 이수 단위 소계						30	30	18	14	3	3		98
선택군 2A	사회	일반	한국지리	5	4			4				8	
		일반	사회·문화	5									
		일반	정치와 법	5									
		일반	윤리와 사상	5									
	과학	일반	물리학 I	5				4					
		일반	화학 I	5				4					
		일반	생명과학 I	5									
		일반	지구과학 I	5									
선택군 2B	수학	일반	미적분	5	4							12	26
		일반	확률과 통계	5									
	사회	일반	세계지리	5									
		일반	세계사	5									
		일반	경제	5									
		일반	생활과 윤리	5									
		진로	사회문제 탐구	5									
	과학	일반	물리학 I	5					4				
		일반	화학 I	5					4				
		일반	생명과학 I	5					4				
		일반	지구과학 I	5									
		진로	물리학 II	5									
		진로	화학 II	5									
		진로	생명과학 II	5									
		진로	과학사	5									
선택군 2C	제2외국어	일반	일본어 I	5	3			3				3	
		일반	중국어 I	5									
	한문	일반	한문 I	5									
선택군 2D	제2외국어	진로	일본어 II	5	3				3			3	
		진로	중국어 II	5									
	한문	진로	한문 II	5									

제 3 장 거창교육의 주체

선택군	교과	구분	과목	단위	1-1	1-2	2-1	2-2	3-1	3-2	계
선택군 3A	국어	일반	화법과 작문	5							
	국어	일반	언어와 매체	5							
	수학	일반	미적분	5							
		일반	확률과 통계	5							
		진로	기하	5							
		진로	경제 수학	5							
		진로	고급 수학 I	5							
		진로	통합 수학 I	5	4				4		20
	영어	일반	영어 독해와 작문	5					4		
		진로	심화 영어 I	5					4		
	사회	일반	세계사	5					4		
		일반	경제	5					4		
		진로	여행지리	5							
		진로	고전과 윤리	5							
	과학	진로	물리학 II	5							
		진로	화학 II	5							
		진로	생명과학 II	5							
		진로	지구과학 II	5							
선택군 3B	국어	진로	고전문학 감상	5	3				3		3
	수학	진로	심화 수학 I	5							
	영어	진로	심화 영어 독해 I	5							
선택군 3C	국어	진로	심화 국어	5							54
		진로	현대문학 감상	5							
	수학	진로	수학과제 탐구	5							
		진로	고급 수학 II	5							
		진로	통합 수학 II	5							
	영어	진로	영미 문학 읽기	5	4					4	20
		진로	심화 영어 II	5						4	
	사회	진로	사회문제 탐구	5						4	
		진로	국제경제	5						4	
		진로	지역 이해	5						4	
		진로	한국 사회의 이해	5							
	과학	진로	고급 물리학	5							
		진로	고급 화학	5							
		진로	고급 생명과학	5							
		진로	고급 지구과학	5							
선택군 3D	국어	진로	고전 읽기	5	3					3	3
	수학	진로	인공지능 수학	5							
		진로	심화 수학 II	5							
	영어	진로	심화 영어 독해 II	5							
선택군 3E	교양	일반	철학	5	4				4	4	8
		일반	심리학	5							
		일반	환경	5							
		일반	실용 경제	5							
학생 선택 과목 교과 이수 단위 소계					0	0	11	15	27	27	80
총 교과 이수 단위 소계					30	30	29	29	30	30	178
창의적 체험활동					3	3	3	3	4	4	20
이수 단위 총계					33	33	32	32	34	34	198

● 교육 활동

가. 학교 특색

2024년 교육비전
- 교육공동체 구성원이 행복한 학교

| 전인교육 자아실현 | 학생선택 교육과정 | 신뢰받는 교육환경 | 민주적인 학교문화 |

학생은 가고싶고, 부모는 보내고 싶고, 교사는 머무르고 싶은 학교

나. 주요 행사

1) 인성교육 프로그램

가) 대성 아카데미

1997년부터 시작된 대표 문화 행사로 명사나 전문가를 초빙하는 강연 프로그램. 김춘수 시인, 조정래 소설가, 황수관 교수, 윤무부 교수, 유시민 작가, 정재환 방송인, 전인삼 명창, 황영조 선수, 허영호 탐험가 등의 명사들이 함께 했음

나) 대성 하모니 페스티벌

학급별로 자유롭게 노래, 연주, 율동 등을 준비해서 멋진 무대를 선보이는 공연 행사

다) 태권도 교실

2022년부터 운영하는 체육 활동. 태권도 정신을 수련하며, 승품단 심사를 통해 진로·진학에 활용 가능

라) 극기 훈련

지리산, 덕유산, 가야산 등 학교 인근의 명산과 남한 최고봉인 한라산을 오르는 체험 프로그램

2) 자기 주도적 활동 프로그램

가) 야간·주말 자기주도 학습

나) 공동 탐구 활동

- '대성 아고라 프로젝트'(그룹스터디)를 통해 교과 토론, 과제 해결
- 선후배나 동료 간 멘토링 프로그램을 통해 학습 효과 극대화
- 특정 주제에 대해 긴 시간 동안 공동 연구하여 논문 작성 및 발표하는 R&E(과제 연구) 활동
- 학급별 정기 토론: 사회 현안이나 전공 분야에 대해 토론

다) 학생회와 동아리 활동
- 학생들이 관심 분야와 진로에 따라 자유롭게 동아리를 구성하고, 전 교사가 각각 1~2개의 동아리를 담당하여 학생 지도

라) 국제 이해 교육
- 2007년부터 중국 고우 제일중학교, 일본 오사카 건국고등학교와 총 20회의 교류 행사를 개최
- 2024년 1월 대만 지룽시 성심고등학교 방문, 교과 프로그램 참여와 문화 탐방 활동

3) 학력 증진 프로그램

가) 신입생 두드림

나) 주제 탐구 활동 및 독서 토론
학년 '롤모델 탐구', 2학년 '드림 나래 주제 탐구', 3학년 '자유 주제 진로 탐구 프로젝트'의 학년 간 연계 개인별 주제 탐구 프로그램을 통해 학생들이 흥미와 적성을 확인, 진로와 전공 구체화

다) 진로 체험 및 대학 탐방
가을에 2학년은 진로 체험과 대학 탐방을 위해 3일 동안 서울 등지에서 직업 체험 센터나 주요 대학 캠퍼스를 방문 및 교수 및 대학 관계자와 인터뷰 진행. 학생이 수개월 전부터 탐방을 준비함

4) 특색 사업 프로그램: 즐겁고 행복한 학교 만들기

가) 디지털 기반 교육 혁신 선도학교
2024학년도 디지털 기반 교육 혁신 선도학교로 지정되어 교수·학습 과정을 혁신하고 학생들에게 최적화된 맞춤 교육을 제공. 교과별로 AI 수업 플랫폼을 활용하고 있으며, AI 사제동행 전문적학습공동체와 메타버스 동아리 운영

나) 해피 타임
아침 뇌 깨우기 활동으로 2014년에 시작된 대표 특색 프로그램. 매일 아침 7시 50분부터 30분간 전교생이 체육관에 모여 노래와 춤으로 정신을 맑게 하고 스트레칭을 하며, '3분 스피치'에 참가해 자기표현 능력을 향상함

다) 신입생 환영음악회 및 호반 축전
- 동문 후원으로 2005년부터 매년 봄 신입생 환영음악회 개최. 명성 있는 음악인들을 초대하여 클래식과 대중음악이 어우러지는 공연을 학생들에게 선사
- 연말에 개최되는 호반 축전은 학생들이 직접 기획하고 연출하는 학교 축제. 학생들이 호반 축전을 즐기면서 한 해 동안의 학교생활을 돌아봄

거창교육 100년사

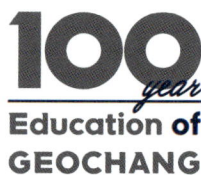

거창중앙고등학교
居昌中央高等學校

1970년대

2024년

개교	1954년 2월 27일 거창대성상업고등학교 설립 인가
위치	경상남도 거창군 거창읍 성산길 36
구분	사립

● 교육목표

바른 인성과 실력을 갖춘 창의적인 인재 육성

● 학교의 연혁

- 1953. 5. 29.   학교법인 거창대성고등학회 설립 인가
- 1954. 2. 27.   거창대성상업고등학교 설립 인가(6학급)
- 1954. 4. 15.   개교식 거행
- 1955. 8. 9.   학칙 변경(거창상업고등학교로 교명 변경)
- 1983. 11. 14. 24학급으로 학칙 변경(상과4, 회계과2, 무역과1, 정보처리과1)
- 1999. 7. 13.   과별 학칙 인가(보통과3, 정보처리과4)
- 2000. 3. 1.   거창중앙고등학교로 교명 변경
- 2003. 7. 15.   과별 학칙 변경 인가(인문고로 전환)
- 2021. 3. 1.   공간 혁신 사업(진로진학정보센터 개관)

제 3 장 거창교육의 주체

● 학교상징

교기   교표   교가

교목(은행나무)   교화(철쭉)

● 연도별 졸업생 수: 총 16,091명(68회)

회별	졸업년도	졸업생수	회별	졸업년도	졸업생수	회별	졸업년도	졸업생수
1	1957	118	24	1980	341	47	2003	229
2	1958	133	25	1981	337	48	2004	245
3	1959	72	26	1982	365	49	2005	177
4	1960	77	27	1983	345	50	2006	207
5	1961	95	28	1984	445	51	2007	199
6	1962	95	29	1985	450	52	2008	202
7	1963	83	30	1986	445	53	2009	194
8	1964	83	31	1987	473	54	2010	196
9	1965	119	32	1988	434	55	2011	195
10	1966	135	33	1989	433	56	2012	195
11	1967	82	34	1990	445	57	2013	198
12	1968	102	35	1991	441	58	2014	195

13	1969	90	36	1992	415	59	2015	194
14	1970	105	37	1993	401	60	2016	208
15	1971	103	38	1994	381	61	2017	192
16	1972	109	39	1995	367	62	2018	198
17	1973	136	40	1996	356	63	2019	194
18	1974	165	41	1997	361	64	2020	168
19	1975	175	42	1998	330	65	2021	157
20	1976	227	43	1999	314	66	2022	158
21	1977	236	44	2000	311	67	2023	162
22	1978	268	45	2001	304	68	2024	139
23	1979	316	46	2002	271	총 졸업생 수		16,091

● 역대교장

대수	성명	재임기간	대수	성명	재임기간
1	표현태	1954. 4. 10.~1967. 12. 5.	7	윤연묵	2009. 3. 1.~2016. 2. 29.
2	박선정	1969. 11. 1.~1970. 7. 24.	8	류청렬	2016. 3. 1.~2020. 8. 31.
3	김보	1970. 7. 24.~1992. 8. 8.	9	김명호	2020. 9. 1.~2021. 8. 31.
4	백보인	1992. 9. 1.~1999. 2. 28.	10	구교훈	2021. 9. 1.~2024. 2. 29.
5	정찬호	1999. 9. 1.~2002. 2. 28.	11	한성환	2024. 3. 1.~
6	이일형	2002. 3. 1.~2009. 2. 28.			

● 학교현황

가. 학급편성 및 학생 수(2024)

구분		1학년	2학년	3학년	특수학급	계
학급수		7	7	7	21	11
학생수	남	85	70	84	239	95
	여	65	76	70	211	108
	계	150	146	154	450	203

나. 교직원 수(2024)

(괄호는 원어민)

구분	교원			일반직								계
	교장	교감	교사	행정실장	행정계장	주무관	교육공무직				배움터지킴이	
							주임	영양사	조리사	조리원		
현원	1	1	42(1)	1	1	3	3	1	1	6	1	61(1)

다. 시설현황(2024)

(면적 단위: ㎡)

시 설 명	대지	운동장	건물	학교림
면적	7,339	26,773	7,502	10ha

라. 기본시설

구분	보통교실	관리실				특별교실											
		교장실	행정실	상담실	평가관리실	체육관	음악실	과학실	영어전용실	다목적실	일본어실	미술실	무한상상실	진로진학정보센터	선택교과실	정보실	스터디카페	소강당
실수	21	1	1	1	1	1	1	2	1	1	1	1	1	1	3	1	1	1

구분	교원편의실			학생편의실					체육	급식		기타	합계
	교무실	헬스실	휴게실	도서실	진로검색실	학생회실	학습관	학생휴게실	강당	조리장	식당	창고	
실수	4	1	2	1.5	1.5	1	1	1	1	1	1	0.5	57.5

● 교육과정

구분	교과영역	교과(군)	과목유형	과목	기본학점	운영학점	1학년 1학기	1학년 2학기	2학년 1학기	2학년 2학기	3학년 1학기	3학년 2학기	편성 학점합 교과군	편성 학점합 교과영역
학교지정과목	기초	국어	공통	국어	8	6	3	3					22	71
			일반	문학	5	4			4					
			일반	언어와 매체	5	4				4				
			일반	독서	5	4					4			
			일반	화법과 작문	5	4						4		
		수학	공통	수학	8	6	3	3					19	
			일반	수학 I	5	4			4					
			일반	수학 II	5	4				4				
			진로	심화 수학 I	5	4						5		
		영어	공통	영어	8	8	4	4					24	
			일반	영어 I	5	4			4					
			일반	영어 II	5	4				4				
			일반	영어 독해와 작문	5	4					4			
			진로	심화 영어 독해 I	5	4						4		
		한국사	공통	한국사	6	6	3	3					6	
	탐구	사회	공통	통합사회	8	6	3	3					11	24
			일반	사회·문화	5	5			2	3				
		과학	공통	통합과학	8	6	3	3					13	
			공통	과학탐구실험	2	2	1	1						
			일반	생명과학 I	5	5			3	2				
	체육·예술	체육	일반	체육	5	4	2	2					10	20
			일반	운동과 건강	5	3			2	1				
			진로	스포츠 생활	5	3					1	2		
		예술	일반	음악	5	3	1	2					10	
			진로	음악 연주	5	2			1	1				
			일반	미술	5	3	2	1						
			진로	미술 창작	5	2			1	1				
	생활·교양	한문	일반	한문 I	5	3	2	2					4	10
		교양	일반	보건	5	2					1	1	2	
			일반	논술	5	3	1	1					3	
			일반	진로와 직업	5	2	1	1					2	
학교 지정 과목 교과 이수 학점 소계							29	29	21	20	10	16		125
학생선택과목	선택군A	국어/수학/영어	진로	고전문학 감상	5	2			2				11	11
			진로	수학과제 탐구	5	2								
			진로	영어권 문화	5	2								
	선택군B	국어/수학/영어	진로	현대문학 감상	5	3				3				
			진로	기하	5	3								
			진로	진로 영어	5	3								
	선택군C	국어/수학/영어	진로	심화 국어	5	2					2			
			진로	경제 수학	5	2								
			진로	영미 문학 읽기	5	2								
	선택군D	수학	일반	확률과 통계	5	3					4			
			일반	미적분	5	3								

학생선택과목	선택군E	사회/과학	일반	한국지리	5	4			2	2			
			일반	윤리와 사상	5	4			2	2			
			일반	물리학 I	5	4			택2	학년제			
			일반	화학 I	5	4							
	선택군F	사회/과학	진로	여행지리	5	4					4		32	32
			진로	사회문제탐구	5	4					4			
			일반	생활과 윤리	5	4					4			
			진로	생활과 과학	5	4								
			일반	지구과학 I	5	4								
			진로	물리학 II	5	4								
			진로	화학 II	5	4								
			진로	생명과학 II	5	4								
	선택군G	사회/과학	진로	고전과 윤리	5	4						4		
			일반	세계지리	5	4						4		
			진로	비교문화	5	4						4		
			진로	융합과학	5	4								
			진로	과학사	5	4								
			진로	지구과학 II	5	4								
	선택군H	제2외국어	일반	일본어 I	5	4			2	2				
			일반	중국어 I	5	4			택1	학년제				
	선택군I	한문	진로	한문 II	5	2					2			
		교양	일반	교육학	5	2							8	8
			일반	심리학	5	2								
			일반	실용 경제	5	2								
			일반	환경	5	2								
	선택군J	한문	진로	한문 II	5	2						2		
		교양	일반	교육학	5	2						1학기		
			일반	심리학	5	2								
			일반	실용 경제	5	2								
			일반	환경	5	2								
학생 선택 과목 교과이수학점 소계							0	0	8	9	20	14		51
총 교과이수학점 소계							29	29	29	29	30	30		176
창의적체험활동							3	3	3	3	4	4		20
이수학점 총계							32	32	32	32	34	34		196

● 교육 활동

가. 주요 행사

1) 청소년 국제교류
2) 기아 나눔 축제
   학교 주변에 기아 문제와 관련된 각종 시각 자료를 만들어 전시하며, 동아리별로 다양한 나눔 체험 부스 운영 및 바자회 실시
3) 진로 탐색 프로그램 '꿈을 디자인하는 밤'
   가) 내 삶의 진주(진로 주제) 찾기: 다양한 진로를 희망하는 학생이 모여 진로, 시사 관련 주제에 대해 생각을 공유하는 시간을 가지고, 비슷한 진로를 희망하는 학생끼리 모여 탐구 주제에 대해 발표
   나) 숨은 직업 찾기: 다양한 직업인들의 일상을 보여주는 프로그램을 함께 시청하며 직업 탐구
   다) 열정에 기름 붓기: 꿈을 이루기 위해 노력하는 영화를 함께 보는 동기부여 프로그램
4) 선택 과목 박람회
5) 아이좋아 대학진학 박람회 운영
6) 대학 전공 설명회
7) 진로 캠프
   최신 과학기술을 탐구·조사하는 활동. 집단지성으로 어려운 자료를 탐구 및 해석하여 이해하고, 활용도를 예측하며, 이를 통해 공동연구의 가치 인식
8) 인문학을 겸비한 과학기술 학술축제
9) 독서 토론 캠프 및 독서 토론회

나. 학교 특색

1) 학생 생활 오륜
   인성 덕목으로 '학생 생활 오륜'을 제정하여 인성교육의 기본을 다짐. '학생 생활 오륜'은 '삼강오륜'의 '오륜'을 오늘에 맞게 재해석하고 변형하여 만듦. 첫째, 부자유친은 부모님의 은혜에 감사하는 마음을 가지기. 둘째, 붕우유신은 친구를 소중히 여기기. 셋째, 사제유애는 선생님과 학생은 사랑으로 가르치고 배움. 넷째, 인향만리는 사람의 향기는 만리를 가듯, 생활 속 이웃사랑을 실천하기. 다섯째, 선후유정은 선후배 간에 형제 같은 정을 나눔
2) 선후배 학습 멘토·멘티
   고등학교 진학 후 학교생활에 어려움을 겪을 수 있는 1학년의 교과 학습을 선배가 도와

줌으로써 학교생활에 적응하고, 꿈을 가지도록 도움

3) 중앙 학습관 운영

4) 진로진학정보센터 운영

5) 온라인 진로 사람책 및 원격 영상 진로 멘토링

6) 졸업생 디딤돌 진로 멘토링

7) 기초 학력 향상반 운영

8) 진로개척단 운영

진로를 결정한 학생들에게 더 심화된 진로활동을 제공하여 학생들이 진로 성취에 대한 의지를 다지고, 진로 역량을 함양하는 기회를 갖도록 함. 주요 활동음 진로매거진 제작, 진로패스파인더 활동, 진로커뮤니케이션, 진로 세미나 활동

9) 보건 의학 계열 진로역량 프로그램 운영

범교과적 탐구 실험을 토대로 학생들이 자기주도적 탐구 설계를 하여 탐구할 수 있는 역량을 키우는 프로그램

10) 드림 렉쳐(Dream Lecture): 너만의 꿈을 가져라!

다양한 분야를 전공한 재단 석학들이 전국의 중·고등학교를 방문하여 전공 소개, 전공 심화, 진로, 시사, 교양 등의 주제로 강연하고 학생들과 함께 토론하는 프로그램

11) 이음교실

12) 청출어람(1학년)·청진기(2학년)

가) 1학년을 대상의 '청출어람' 프로그램은 학생이 진로를 다양하게 탐색할 수 있는 시간을 제공하고, 2학년을 대상의 '청진기' 프로그램은 학생이 진로를 깊이 있게 구체적으로 탐구할 수 있는 시간 제공

나) 또래 과목: 품앗이 공부 활동을 통해 학습과 자기성찰의 기회 제공

다) 학생들이 가진 꿈과 끼를 마음껏 발산하는 다양한 기회의 장을 마련하여 경쟁과 협력을 통해 리더쉽과 공동체 의식을 키우고, 합리적인 의사결정 능력과 인성을 키움

13) 사람책 도서관

14) 예술·체육 진로 찾기 활동

다양한 직업군의 사람책과의 대화

거창교육 100년사

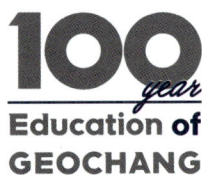

대성일고등학교
大成一高等學校

1974년

2024년

개교	1974년 3월 2일
위치	경상남도 거창군 거창읍 거열로7길 57
구분	사립

● **교육목표**

인성과 미래 사회의 핵심 역량을 갖춘 창의·융합형 인재 양성

● **학교의 연혁**

- 1951. 10. 12. 학교 법인 명륜학원 설립 인가
- 1959. 4. 6. 명륜학원 인수(故 양재원 이사장 취임)
- 1974. 1. 5. 거창대성여자상업고등학교 6학급 360명 인가
- 1974. 3. 2. 거창대성여자상업고등학교 개교
- 1979. 9. 26. 학교 법인 덕봉학원으로 정관 변경
- 2000. 3. 1. 거창대성환경정보고등학교로 교명 변경
- 2009. 3. 1. 대성일고등학교로 교명 변경
- 2012. 3. 1. 대성일고등학교 특성화고에서 일반고(인문계)로 전환

● 학교상징

● 연도별 졸업생 수: 총 11,015명 (48회)

회별	졸업일자	졸업생수	회별	졸업일자	졸업생수	회별	졸업일자	졸업생수
1	1977. 2.	115	17	1993. 2. 12.	356	33	2009. 2. 13.	135
2	1978. 2.	166	18	1994. 2. 14.	342	34	2010. 2. 11.	140
3	1979. 2.	243	19	1995. 2. 13.	338	35	2011. 2. 11.	143
4	1980. 2.	228	20	1996. 2. 14.	338	36	2012. 2. 10.	148
5	1981. 2. 28	247	21	1997. 2. 13.	304	37	2013. 2. 7.	145
6	1982. 2. 12.	244	22	1998. 2. 13.	276	38	2014. 2. 13.	155
7	1983. 2. 10.	351	23	1999. 2. 12.	265	39	2015. 2. 12.	144
8	1984. 2. 10.	348	24	2000. 2. 11.	266	40	2016. 2. 4.	148
9	1985. 2. 14.	358	25	2001. 2. 13.	249	41	2017. 2. 9.	148
10	1986. 2. 12.	349	26	2002. 2. 15.	220	42	2018. 2. 8.	144
11	1987. 2. 14.	359	27	2003. 2. 18.	194	43	2019. 2. 15.	147
12	1988. 2. 15.	388	28	2004. 2. 13.	203	44	2020. 1. 8.	118
13	1989. 2. 10.	402	29	2005. 2. 15.	147	45	2021. 2. 4.	105
14	1990. 2. 14.	392	30	2006. 2. 15.	147	46	2022. 2. 10.	106
15	1991. 2. 9.	378	31	2007. 2. 15.	154	47	2023. 1. 4.	106
16	1992. 2. 14.	369	32	2008. 2. 15.	148	48	2023. 12. 28.	99

● 역대교장

대수	성명	재임기간	대수	성명	재임기간
1	백보인	1974~1976	12	허은	2003~2006
2	양락	1977~1979	13	윤부근	2007
3	김한영	1980. 2. 11.~1980. 2. 25.	14	서정원	2008
4	양락	1980	15	박종성	2009~2013
5	백보인	1981	16	김종준	2014~2015
6	이용해	1982~1987	17	김정일	2016~2017
7	김진근	1989~1994	18	이선화	2018~2019
8	신동성	1995~1996	19	박홍재	2020~2021
9	김진근	1997	20	류지홍	2022
10	신용래	1998~2000	21	박윤수	2023~
11	박삼룡	2001~2002			

● 학교현황

가. 학급편성 및 학생 수(2024)

구분		1학년	2학년	3학년	특수학급	계
학급 수		5	5	5	2	15
학생수	남	65	62	54	6	181
	여	37	41	44	4	122
	계	102	103	98	10	303

나. 교직원 수(2024)

구분	교장	교감	남	여	일반직		계
					일반직	기능직	
현원	1	1	19	14	4	10	49

다. 시설현황(2024) (규모 단위: ㎡)

시설명	교사	급식실	체육관	운동장
건축 연도	1973년	2000년	2013년	1973년
개소	1	1	1	1
규모	1,639	363	841	6,680

제 3 장 거창교육의 주체

● 교육과정

구분	교과영역	교과(군)	과목유형	과목	1학년 1학기	1학년 2학기	2학년 1학기	2학년 2학기	3학년 1학기	3학년 2학기
학교지정과목	기초	국어	공통	국어	4	4				
			일반	문학			4			
			일반	독서				4		
			일반	화법과 작문					4	
		수학	공통	수학	4	4				
			일반	수학Ⅰ			4			
			일반	수학Ⅱ				4		
			진로	심화 수학Ⅰ					4	
		영어	공통	영어	4	4				
			일반	영어Ⅰ			4			
			일반	영어Ⅱ				4		
			일반	영어 독해와 작문					4	
		한국사	공통	한국사	3	3				
	탐구	사회	공통	통합사회	3	3				
		과학	공통	통합과학	3	3				
			공통	과학탐구실험	1	1				
	체육·예술	체육	일반	체육	2	2				
			진로	스포츠 생활			2	2		
		예술	일반	미술↔음악	3	3				
			진로	미술 감상과 비평↔음악 감상과 비평			2	2		
	생활·교양	기술·가정	일반	정보	3					
			진로	인공지능 기초		3				
		교양	일반	진로와 직업					1	1
			일반	심리학					1	1
학생선택과목	선택군A			언어와 매체, 심화 영어 회화Ⅰ, 확률과 통계, 한국지리, 윤리와 사상, 사회·문화, 동아시아사, 물리학Ⅰ, 화학Ⅰ, 생명과학Ⅰ, 지구과학Ⅰ, 중국어Ⅰ, 일본어Ⅰ			3 3 3 3			
	선택군B			문학과 매체, 심화 영어 회화Ⅰ, 기하, 세계지리, 생활과 윤리, 경제, 세계사, 물리학Ⅰ, 화학Ⅰ, 생명과학Ⅰ, 지구과학Ⅰ, 중국어Ⅱ, 일본어Ⅱ				3 3 3 3		
	선택군C			한문Ⅰ, 한문Ⅱ			2	2		
	선택군D			실용 경제, 철학			1	1		
	선택군F			고전 읽기, 경제수학, 기하, 영어 회화, 여행지리, 고전과 윤리, 세계사, 정치와 법, 물리학Ⅱ, 화학Ⅱ, 생명과학Ⅱ, 지구과학Ⅱ, 생활과 과학, 개인·대인 운동, 드로잉, 보건 간호, 교육학					3 3 3 3	
	선택군G			언어와 매체, 심화 국어, 심화 수학Ⅱ, 심화 영어 독해Ⅰ, 지역 이해, 사회문제 탐구, 국제 정치, 물리학 실험, 화학 실험, 생명과학 실험, 지구과학 실험, 생활과 과학, 음악 연주, 보건 간호						3 (택8)
	선택군H			일본어Ⅰ, 일본어Ⅱ					2	2
	선택군I			스포츠 생활, 운동과 건강, 체육 탐구					2	2
	총 교과 이수 학점(단위) 소계				30	30	31	31	30	30
	창의적 체험활동				3	3	3	3	4	4
	이수 학점(단위) 총계				33	33	34	34	34	34

● 교육 활동

가. 주요 행사

체육대회, 극기 정신 함양을 위한 사제동행 걷기 대회, 글로벌 인재 양성을 위한 국제교류 행사, 수학여행, 꿈과 끼를 키우는 일고올거제 예술제, 동아리 박람회

1985년 춘추계행군

2012년 국제교류 일본 방문

2013년 일고올거제

1978년 수학여행

1981년 동아리 영어회화반

2023년 동아리 박람회

나. 학교 특색

 1) 고교학점제 준비 학교 운영

  가) 고교학점제 수강 신청 프로그램을 활용한 학생 선택중심 수강 신청 및 수업 시간표 작성
  나) 기초 학력 향상을 위한 학습 지원형 프로그램 지원
  다) 독서 지도 프로그램 관련 지원   라) 예체능 교과 수업 교구 지원

 2) 교과교실제 선진형 학교 운영

  가) 학생 선택 중심 교육과정 운영을 위한 이동수업 지원
  나) 학생 참여 중심 수업 활성화 및 교사와의 상호작용 도모
  다) 교과 교실 운영을 위한 기자재와 정보화기기 보수·교체
  라) 수업자료 제작 지원 및 교과 운영에 필요한 교구, 컴퓨터 프로그램 지원

 3) 고교학점제 도입 역량 강화 사업

  가) 최소 성취수준 보장 지도 프로그램 운영

나) 학생 맞춤형 진로·학업 설계 지도
 (1) 담임교사 위주로 교육과정 이수 지도팀을 구성 운영
 (2) 교육과정 박람회: 선택과목 교과 내용·성취수준 설명, 진학계열에 맞는 선택과목 안내
 (3) 교육과정 설명회: 학부모 대상으로 본교 교육과정 설명, 진학계열별 선택과목 안내
 (4) 동아리 박람회: 진로와 관련된 동아리 중심으로 박람회를 통해 결과물 전시 및 발표

다) 맞춤형 진로 교육 프로그램
 (1) 전문 직업인과 만남
 (2) 전공학과 탐색을 위한 대학 학과 탐방
 (3) 진로 교과 연계 교육과정 안내 및 진로 진학 교육

4) 자율학교 운영
 가) 학년별·교과별로 19가지 교내 대회를 개최하고 이에 대해 시상
 나) 교내 대회 결과물을 책자로 제작 및 배부
 다) 자연을 품은 사제동행   라) 대일밴드 음악 동아리 강사 지원

5) 학력 향상 프로그램
 가) 입학 전 신입생 OT를 통해 고등학교 생활에 적응할 수 있도록 정보 제공
 나) 지속적인 학업 상담 지도   다) 수능 대비반 운영
 라) 방과후학교 운영   마) 학력상 시상

6) 기초 학력 향상 프로그램: 가) 두드림학교 운영   나) 누리 교실 운영

7) 꿈과 끼를 통한 동아리 활동
 가) 3년간 6개 동아리 가입 및 활동 등 동아리 학기제 운영
 나) 11월 중, 부스 운영 형태로 동아리 박람회 운영
 다) 11월 중, 동아리 부스를 운영

8) 수업량 유연화에 따른 학교 자율교육 과정 실시
 가) 전학년 대상, 교과 융합형 주제 중심, 교과 연계 심화형,
 나) 주제별 희망 학생 신청을 받아 반을 재구성하여 프로젝트를 준비

9) 독서교육
 가) 독서 멘토-멘티 교육: 1학년 대상 행복한 책 읽기 운영학교, 2~3학년 대상 독서 인문 프로그램
 나) 학부모 독서 동아리 운영: 학기별 3회 도서관을 개방, 작가 초청 강연, 대입 전형 등

10) 글쓰기 교육: 표현 결과로써의 글보다는 글을 쓰는 과정에 초점

11) 생태환경 미래학교: 농업농촌이해 교육, 생물 다양성 및 생태계 보호, 환경·지속가능발전교육, 탄소중립 교육

5절
특수학교

거창교육 100년사

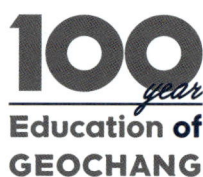

거창나래학교
居昌나래學校

2019년

2024년

개교	2019년 3월 1일
위치	경상남도 거창군 마리면 송림길 52
구분	공립

● 교육목표

행복·인성·자립을 추구하는 나래 교육

● 학교의 연혁

- 2018. 12. 27.　거창나래학교 설립 인가(경상남도 조례 4515호)
- 2019. 1. 25.　신축 교사 준공
- 2019. 3. 1.　거창나래학교 개교(9학급)
- 2019. 3. 4.　제1회 입학식 및 시업식(신입생 27명, 전입생 9명, 총 36명)

제 3 장 거창교육의 주체

● **학교상징**

● **연도별 졸업생 수: 총 81명(5회)**

회 별	졸업일자	유치원	초등학교	중학교	고등학교	전공과	계
1	2020. 2. 7.	4	1	·	1	·	6
2	2021. 2. 10.	2	1	2	1	8	14
3	2022. 2. 11.	6	3	7	5	5	26
4	2023. 2. 10.	·	2	8	·	10	20
5	2024. 2. 26.	·	·	3	3	9	15
계		12	7	20	10	32	81

● 역대교장

대수	성명	재임기간
1	김영미	2019. 3. 1.~2020. 8. 31.
2	함영희	2020. 9. 1.~2022. 8. 31.
3	송미진	2022. 9. 1.~2025. 2. 28.
4	박일성	2025. 3. 1. ~

● 학교현황

가. 학급편성 및 학생 수(2024)

구분	유치원	초등학교							중학교				고등학교					전공과			합계
		1	2	3	4	5	6	소계	1	2	3	소계	1	2	3	순회	소계	1	2	소계	
학급수	1	·	1	2	1	1	2	7	1	1	1	3	1	2	1	1	11	1	2	3	19
학생수	1	·	2	6	4	2	9	23	4	2	6	12	4	9	6	3	22	12	6	18	76

나. 교직원 수(2024)

구분	교장	교감	교사			일반직				총계
			소계	남	여	지방공무원	교육공무직	기타	소계	
인원	1	1	31	7	24	5	26	6	37	70

다. 시설현황(2024)   (면적 단위 : ㎡)

구분	교사 대지 및 기타	운동장	합계
면적	15,939	1,058	16,997

나) 기본 시설

교육 시설	수량	교육 시설	수량	교육 시설	수량
교장실	1 실	보건실	1 실	방송실	1 실
교무실	1 실	조리가공실	1 실	전산실	1 실
행정실	1 실	컴퓨터실	1 실	급식실	1 실
행정실장실	1 실	도서실	1 실	시청각실	1 실
유치원 교실	1 실	상상체험실	1 실	생활예절실	1 실
유치원 교사실	1 실	음악실	1 실	특수교육실무원실	1 실
초등학교 교실	7 실	가사실	1 실	지원인력대기실	1 실
초등학교 교사실	2 실	실내놀이터	1 실	교직원 휴게실	2 실
초등학교 전담실	1 실	공예실	1 실	다목적 강당	1 실
중학교 교실	3 실	공동작업실	1 실	학습자료실	1 실
중학교 교사실	1 실	나래 cafe&bakery	1 실	상담실	1 실
고등학교 교실	4 실	창의교육실	1 실	회의실	1 실
고등학교 교사실	2 실	언어·심리 치료실	1 실	심리안정실	1 실
전공과 교실	3 실	건강증진실	1 실	진로상담실	1 실
전공과 교사실	1 실	돌봄교실	2 실	행동중재실	1 실

● 교육과정

가. 유치원

연간 수업일을 180일 이상 확보하며 하루 교육 시간을 4시간(240분)으로 융통성 있게 편성하고, 3~5세 연령별 누리교육과정을 적용하여, 5개 영역 내용을 균형 있게 통합적으로 편성

시 간	수업일수	영 역
09:00~13:00(240분)	190일	신체운동건강, 의사소통, 사회관계, 예술경험, 자연탐구

나. 초등학교

2022 개정 특수교육 교육과정 1~2학년(군)				1학년	2학년	학년군 합계
구분		기준시수	편성시수			
교과(군)	국어	352	352	176	176	352
	수학	204	204	102	102	204
	바른생활	116	116	58	58	116
	슬기로운 생활	180	180	90	90	180
	즐거운 생활	320	320	160	160	320
	소계	1,172	1,172	586	586	1,172
창의적 체험활동		272	272	136	136	272
일상생활 활동		300	300	150	150	300
학년군별 총 수업 시간 수		1,744	1,744	872	872	1,744

구분		3~4학년			5~6학년		
		기준시수	3학년	4학년	기준시수	5학년	6학년
교과(군)	국어	408	170	170	408	170	170
	사회	272	136	136	272	136	136
	수학	272	136	136	272	119	119
	과학	238	102	102	340	102	102
	실과					68	68
	체육	204	132	132	204	119	119
	예술 음악	272	85	85	272	102	102
	예술 미술		72	72		68	68
	소계	1,666	833	833	1768	884	884
창의적 체험활동		306	153	153	408	204	204
학년군별 총 수업 시간 수		1,972	986	986	2,176	1,088	1,088

다. 중학교

2015 개정 적용			기준시수	편성시수	1학년				2학년		3학년	
					1학기(자유학기)			2학기	1학기	2학기	1학기	2학기
구분					1학기	편성시수	조정시수					
교과(군)		국어	442	374	68	34	-34	68	68	68	68	68
		사회	442	357	51	51		68	51	51	68	68
		수학	374	306	51	51		51	51	51	51	51
		과학	238	204	34	34		34	34	34	34	34
		진로와 직업	612	561	102	51	-51	102	102	102	102	102
	체육		340	425	391	68	51	-17	68	68	68	68	68
	학교스포츠클럽 대체 체육				34				17	17		
	예술	음악	306	272	170	34	0	-34	34	34	34	34	34
		미술			102	34	17	-17	17	17	17	17	17
	선택	재활	204	187	51	34	17	-17	34				
		여가활용			68					34	34		
		정보통신활용			68							34	34
교과 시수 계			2,958	2,686	476	306	-170	476	476	476	476	476
창의적 체험활동	자율 활동		408		68			68	68	68	68	68
	봉사 활동											
	진로 활동											
	동아리 활동	동아리	102		17			17	17	17	17	17
		학교스포츠클럽(교과감축)										
창·체 시수 계			408 (102)		68 (17)			68 (17)	68 (17)	68 (17)	68 (17)	68 (17)
자유학기 활동	진로탐색 활동		170		51			51				
	주제선택 활동				34			34				
	예술·체육 활동				68			68				
	동아리 활동				17			17				
자유학기 시수 계			170		170							
총 수업 시간 수			3,366	3,366	561			561	561	561	561	561
					1,122				1,122		1,122	
학기별 이수 과목 수					6			6	6	6	6	6
학교스포츠클럽 시수 확보(136)					[1학년] 교과(군)20%감축 (사회/34시간) [2학년] 교과(군)20%감축 (국어/34시간), 체육으로 대체(34시간) [3학년] 교과(군)20%감축 (과학/34시간)							

라. 고등학교

2015 개정 적용		기준 학점	편성 학점	1학년		2학년		3학년		선택 과목 예시 (고시 과목)
구분				1학기	2학기	1학기	2학기	1학기	2학기	
교과(군)	국어	24	18	3	3	3	3	3	3	
	사회	22	16	2	2	3	3	3	3	
	수학	18	18	3	3	3	3	3	3	
	과학	10	10	2	2	2	2	1	1	
	진로와 직업 / 진로와 직업	44	36	7	7	5	5	6	6	전문교과Ⅲ 과목 직업준비, 정보처리 안정된 직업생활 기초작업기술 Ⅰ, Ⅱ 사무지원, 대인서비스 농생명, 외식서비스 직업현장실습 전문교과Ⅱ 과목 (교육과정 참조)
	A과목		4	-	-	2	2	-	-	
	B과목			-	-	[택1]		-	-	
	C과목		4	-	-	-	-	2	2	
	D과목			-	-	-	-	택1		
	체육	18	22	4	4	4	4	3	3	
	예술 / 음악	18	26	3	3	2	2	2	2	
	미술	18	26	2	2	2	2	2	2	
	선택 / 재활	12	4	2	2	-	-	-	-	
	여가 활용		4	-	-	2	2	-	-	
	정보통신활용		4	-	-	-	-	2	2	
소계		166	166	28	28	28	28	27	27	
창의적 체험	자율 활동 / 봉사 활동 / 진로 활동 / 동아리 활동	26 (442시간)	26 (442시간)	4(68)	4(68)	4(68)	4(68)	5(85)	5(85)	
총 이수 학점 수		192	192	32	32	32	32	32	32	
학기별 이수 과목 수				6	6	7	7	7	7	

마. 전공과

구분		미래생활융합과		스마트팜융합과		
		2학년	1학년	2학년	복지일자리	
기초교과 (9)	자기이해	2	2	·	·	·
	전환준비	7	7	7	7	7
	직업준비	·	·	2	2	2
전공교과 (8)	자립생활	6	6	·	·	·
	미래농업	·	·	6	6	6
	디지털 기술의 활용	2	2	2	2	2
선택교과 (13)	건강과 행복	4	4	·	·	·
	자연과 환경	2	2	·	·	·
	작업의 기초	5	5	2	2	직업실습 13
	조리·가공	2	2	2	2	
	대인서비스	·	·	4	4	
	카페관리	·	·	5	5	
	직업실습	·	·	·	·	
총수업시수(주당수업시수)		1,020(30)		1,020(30)		

● 교육 활동

가. 학교 특색

1) **학교 비전:** 행복한 나래를 달고 인성 UP 자립 UP

2) **생태환경 미래학교 운영**
- 2024년 5월 28일 경남교육청 생태환경 미래학교 사업으로 조성된 생태학습놀이터 그린나래 개장
- 그린나래 놀이터는 자연과 더불어 살아가는 지구생태시민 양성을 위한 기반 조성 및 통합교육과 생태환경교육 확산에 기여

3) **문화예술 중점학교 운영**
- 예술 강사 지원을 통해 국악동아리, 1인 1특기 각종 문화예술 동아리 활동 운영
- 다양한 공연 활동 실시

4) **스마트한 나래 컴퍼니 운영 및 지역사회 연계 진로교육**
- 가상 회사 환경인 '스마트한 나래 컴퍼니'를 구축해 실제 회사와 유사한 환경에서 직업 탐색 및 직업 교육의 장으로 활용
- 지역사회의 최신 직업 경향을 반영한 직종 및 직무 훈련 프로그램을 제공

- 지역사회 업체와 협약을 맺고 특수교육대상 학생들의 졸업 후 취업을 위해 다양한 업체들과 교류
- 지역사회 연계 진로 체험활동 실시
- 2020년 거창군 장애인 근로 사업장 업무협약 체결을 시작으로 2020년 거창군 사회복지협의회 업무협약, 2022년 경남도립거창대학 MOU, ㈜파머스펫 업무협약, (유)자연향 업무협약 체결

나. 대외 수상실적

1) 각종 장애학생 체육대회

가) 디스크 골프대회
- 2020년 대한장애인플라잉디스크협회장기 전국장애학생 온라인 디스크 골프대회: 중등부 복식 부분 금메달, 단체 부분 3등 입상
- 2021년 전국장애학생 온라인 디스크골프 퍼팅대회: 9명 참가, 초등부 복식 1위, 중등 단식 1위, 초등 단식 2위와 3위, 중등 복식 3위, 고등 단식 3위로 종합 우승
- 2022년 제7회 경상남도교육감기 장애학생 체육대회 디스크골프 부문 초등부 1위, 3위, 중등부 3위, 고등부 3위

나) 탁구
- 2022년 제7회 경상남도교육감기 장애학생 체육대회 탁구 부문 고등부 1위, 중등부 3위
- 2023년 제17회 전국 장애학생 체육대회 탁구 복식 부문 고등부 1위
- 2023년 제8회 경상남도교육감기 장애학생체육대회 탁구 부문 고등부 단식 1위, 중등부 단식 1위, 2위, 복식 1위
- 2024년 제18회 전국장애학생 체육대회 탁구 중등부 복식 및 단체전 금메달, 개인 단식 동메달
- 2024년 5월 제9회 경상남도 교육감기 장애학생 체육대회 중등부 탁구 단식 및 복식 금메달

다) 기타 종목
- 2023년 제8회 경상남도교육감기 장애학생체육대회 육상 부문 고등부 400m 1위, 200m 2위, 초등부 200m 3위
- 2024년 5월 제9회 경상남도 교육감기 장애학생 체육대회 조정 동메달, 육상 200m 동메달, 배드민턴 초등부 복식 동메달

제 3 장 거창교육의 주체

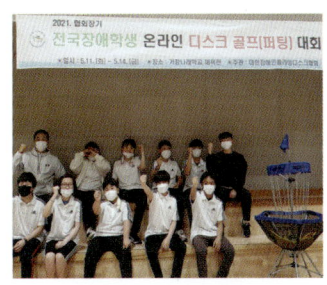  

2021년 전국장애학생　　　　2023년 제17회　　　　　　2024년 제9회
온라인 디스크골프대회　　　전국장애학생체육대회　　경남장애학생체육대회

다. 주요 행사

매년 학생 수련활동 및 다양한 현장체험활동을 실시하고 있다. 그리고, 각종 체육대회에 참가하여 우수한 성적을 거두어 왔으며, 학예발표회를 통해서 학생들의 꿈과 끼를 발휘하고 재능을 키울 수 있는 장을 마련하고 있다.

1) 학생수련활동 및 다양한 현장체험활동

2019년 지역사회연계 진로체험학습　　2021년 학생수련활동　　2024년 교내캠핑체험활동

2) 나래 꿈키움 마당(학예 발표회)

2019년 학예발표회　　　　2021년 나래 꿈키움 마당　　2023년 나래 꿈키움 마당

6월
대학교

거창교육 100년사

경남도립거창대학
慶南道立居昌大學

2000년대

2024년

개교	1996년 3월 8일
위치	경상남도 거창군 거창읍 거창대학로 72

● 교육목표

인성과 미래 사회의 핵심 역량을 갖춘 창의·융합형 인재 양성

● 학교의 연혁

- 1996. 3. 8. 거창전문대학 개교(4개 학과, 320명)
- 2002. 12.   평생교육원 개원
- 2004. 3.   산학협력단 법인 설립
- 2006. 12.   국제협력원 개원
- 2008. 7.   경남도립거창대학으로 교명 변경(12개 학과, 1,040명)
- 2015. 9.   간호학과 4년제 승인(1개 계열, 11개 학과, 1,020명)
- 2017. 7.   국토교통부 지정 드론교육원 개원
- 2023. 3.   스포츠재활운동관리과 신설(4개 학부, 6개 학과, 840명)
- 2024. 3.   2개 학과 → 2개 학부 변경(6개 학부, 4개 학과, 861명)

● 학교상징

교표　　교수(황소)　　교가

교목(소나무)　　교화(적장미)

● 역대총장

대수	성 명	재임 기간
1	강혜원	1996. 3. 1.~1999. 2. 24.
2	고영호	1999. 3. 26.~2002. 3. 7.
3	이수흠	2002. 7. 6.~2006. 6. 30.
4	오원석	2006. 8. 4.~2010. 1. 31.
5	이병호	2010. 3. 8.~2013. 2. 20.
6	최해범	2013. 3. 12.~2014. 11. 3.
7	김정기	2014. 12. 11.~2017. 8. 29.
8	박유동	2019. 3. 22.~2023. 3. 21.
9	김재구	2023. 11.~

거창교육 100년사

● **학교현황**

가. 기구(2024)

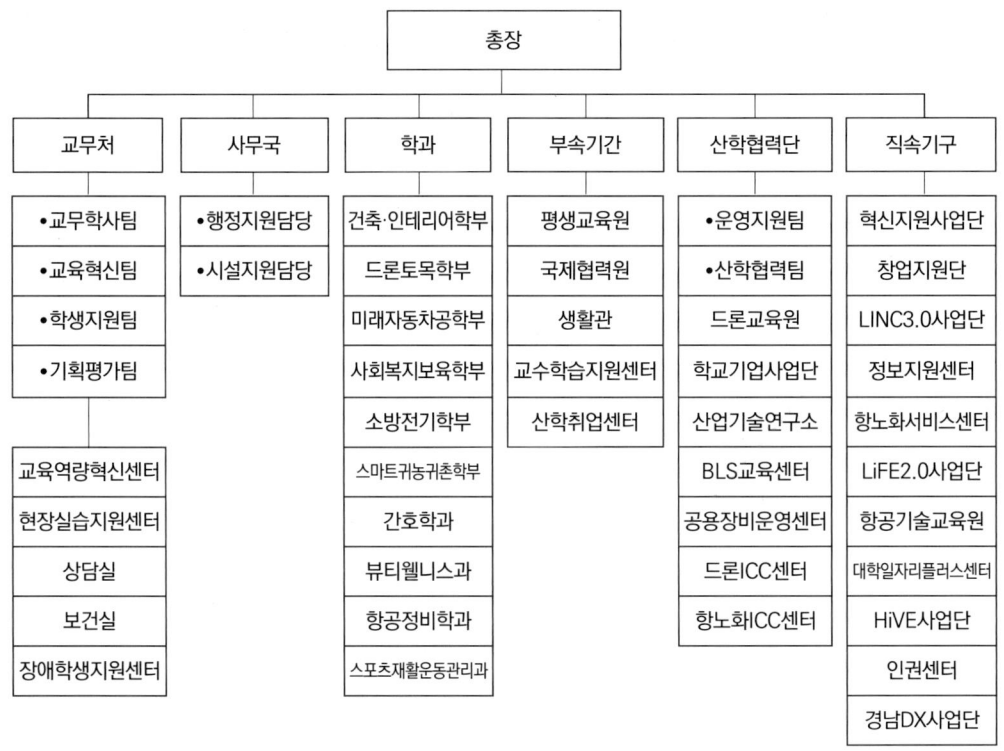

나. 교직원 수(2024)

계	교 원						일 반 직						대학회계직				
	소계	총장	교수	부교수	조교수	조교	소계	4급	5급	6급	7급	8급이하	소계	6급	7급	8급	9급
60	38	1	15	5	8	9	13	1	·	5	2	5	9	1	4	4	·

※ 공무직 및 기간제: 24명(공무직 12명, 기간제 12명)
※ 기타교원: 92명(초빙교원 14, 겸임교원 5, 산학협력중점교수 6, 명예교수 2, 강사 65)

다. 학과 및 학생 수(2024)

학과명		정원					현원												
		계	1	2	3	4	계	1학년			2학년			3학년			4학년		
								계	남	여	계	남	여	계	남	여	계	남	여
합 계		861	354	341	101	65	855	336	188	148	316	190	126	107	68	39	96	30	66
학과	소 계	861	354	341	101	65	909	336	188	148	316	190	126	132	91	41	125	48	77
	건축·인테리어학부	72	36	36			70	32	20	12	38	27	11						
	드론토목학부	72	36	36			69	31	24	7	38	32	6						
	미래자동차 공학부	47	27	20			49	28	27	1	21	21							
	사회복지 보육학부	66	34	32			70	37	5	32	33	8	25						
	소방전기학부	70	34	36			77	34	30	4	43	40	3						
	스마트 귀농귀촌학부	58	34	24			66	37	22	15	29	19	10						
	간호학과	280	75	75	65	65	254	74	25	49	62	16	46	51	16	35	67	12	55
	뷰티웰니스과	47	24	23			41	21	2	19	20	2	18						
	항공정비학과	102	30	36	36		73	23	23		19	17	2	31	29	2			
	스포츠재활 운동관리과	47	24	23			32	19	10	9	13	8	5						
전공심화	소 계						54							25	23	2	29	18	11
	건축인테리어학부						28							13	11	2	15	10	5
	드론토목학부						26							12	12	-	14	8	6

라. 시설현황(2024)

1) 교지

(규모 단위 : ㎡)

대지	건물	비고
98,738	35,408.03	건물 21개동 : 본관, 2~6호관, 생활관, 평생교육원, 국제협력원, 다목적체육관 등

2) 생활관

구 분	호실 수(개)			입사 정원(명)		
	계	남	여	계	남	여
열정관	100	53	47	400	212	188
도전관	25	10	15	50	20	30

3) 도서관

구 분	학술정보 자료실	멀티미디어 자료실	열람실
면 적	244㎡	188㎡	168.7㎡
좌석 수	90석	DVD룸(1실): 15석 검색용PC : 15대	93석
장서 수	41,776권	전자자료(도서) : 3,764권 비도서자료(DVD): 2,188점	

● 교육 활동

가. 주요 행사

1) 매년 대학 총학생회 주관으로 대학의 화합과 결속을 다지는 대동제(체육대회) 행사 개최
2) 간호학과에서 간호학도들이 전문직업인으로서 첫걸음을 내딛는 나이팅게일 선서식 개최

제1회 대동제

2011년 나이팅게일 선서식

2024년 나이팅게일 선서식

나. 학교 특색

1) 평생학습 거점대학 구축으로 지역 평생교육 기능 강화

2002년 12월 31일 평생교육원을 설립하여 거창군 위탁 및 자체 평생교육 과정 운영, 고령 친화 평생교육지원사업, 혁신지원사업, 지역민 자격증 취득과정, 과정별 평생학습전문강사 심화보수교육 운영, 거창평생학습축제 참가 및 체험부스 운영 등 다양한 평생학습 협력체계 구축을 통해 지자체-대학중심 평생학습을 확대

2) 외국어 역량 강화를 위한 글로벌 인재 양성

재학생을 위한 해외연수와 외국인 유학생 유치를 통해 대학의 글로벌경쟁력을 강화하고 지역민의 어학 능력 향상을 위한 다양한 외국어 교육 프로그램 개발 및 운영

경남도립거창대학 평생교육원　　경남도립거창대학 국제협력원　　2023년 동계방학 미국 해외어학연수

가) 지역민 대상 외국어 과정 운영(2024)

구분	과정 수	내용
영 어	6	원어민 영어회화(초급, 중급, 고급)
일본어	2	원어민 일본어회화(초급, 중급)
중국어	1	초급 중국어회화
프랑스어	1	초급 프랑스어회화(온라인)
토익	2	토익 대비반(500반, 700반)

나) 국제협력원 지역민 수강 현황 (단위: 명)

연도별	계	지역민				비고
		외국어교육	한국어교육	전화영어	영어캠프	
계	2,383	1,285	29	537	532	
2014	403	120	-	138	145	
2015	574	175	-	269	130	
2016	386	200	-	100	86	
2021	287	186	-	30	71	
2022	233	165	-	-	68	
2023	204	172	-	-	32	
2024	296	267	29	-	-	

다) 연도별 평생교육원 수강 및 수료 인원 (단위: 명)

연도별	기수	강좌수	수강인원	수료인원	수료율
합계		1학기/2학기	21,526명	16,840명	77.75%
2003	제1·2기	8개/11개	528	320	60.60%
2004	제3·4기	13개/9개	743	396	53.30%
2005	제5·6기	13개/14개	986	734	74.40%
2006	제7·8기	19개/15개	1,117	870	77.90%
2007	제9·10기	17개/17개	1,151	965	83.80%
2019	제33·34기	30개/28개	1,502	1,239	82.50%
2020	제35기	21개	365	311	85.20%
2021	제36·37기	25개/22개	754	681	90.00%
2022	제38·39기	24개/25개	924	837	90.58%
2023	제40·41기	27개/30개	1,176	1,070	90.99%

제 3 장 거창교육의 주체

한국승강기대학교
韓國昇降機大學校

2013년 / 2024년

개교	2010년 3월 2일
위치	경상남도 거창군 거창읍 운정1길 120

● 교육목표

현장실무형 승강기 전문인력 양성 지향

　승강기산업의 바탕을 이루고 있는 전기·전자·기계에 관련한 기초 학문 교육은 물론 산·학·연 간 교류 협력을 통한 맞춤형 교육을 통하여 국민의 생활안전과 승강기 산업을 선도하는 참된 인재상 구현

● 학교의 연혁

- 2009. 8. 21. 한국승강기대학 설립 인가
- 2010. 3. 2. 한국승강기대학교 개교
- 2015. 10. 20. 승강기 자격증 국가검정시험장 지정(한국산업인력공단)
- 2015. 12. 7. 학사학위 전공 심화 과정 교육부 인가
- 2020. 4. 9. 거창승강기밸리 산·학·연·관·금 상호 업무 협력 협약 체결
- 2022. 4. 19. 경남지방 중소벤처기업청과 중소기업 계약학과 설치 및 운영 협약 체결
- 2024. 6.　　태권도경호학과, 선샤인융합학부 등 학과·학부 신설 인가
- 2024. 8.　　'글로컬대학 30' 선정(국립창원대학교 연합)
- 2024. 9.　　마이스터 대학원 지원 사업 선정

거창교육 100년사

● 학교상징

교목(소나무)　　　　　교조(박새)　　　　　교가

교표　　　　　교화(적장미)

● 연도별 졸업생 현황: 총 2,772명(12회)

회별	졸업년도	졸업생수	회별	졸업년도	졸업생수	회별	졸업년도	졸업생수
1	2011	74	5	2015	171	9	2020	308
2	2012	39	6	2016	222	10	2021	317
3	2013	129	7	2017	305	11	2022	361
4	2014	141	8	2018	301	12	2023	404

● 역대총장

대수	성명	재임기간	대수	성명	재임기간
1	이성일	-	4	이현석	2019~2022
2	박영규	-	5	김승호	2022~2024
3	김천영	2018~2019	6	이현석	2024~

● 학교현황

가. 학과 및 학생 수(2024)

구분	1학년	2학년	전공심화 1학년	전공심화 2학년	전문기술 석사	계
계	191	237	31	29	20	508
남	185	231	29	29	19	493
여	6	6	2	·	1	15

나. 교직원 수(2024)

구분	총장	교원			직원			합계
		소계	남	여	소계	남	여	
현원	1	18	17	1	41	28	13	60

다. 대표 시설(2024)

승강기 실습동

승강기 실습동

승강기 실습동 신관

| 강의실 | 협약반 강의실 | 피트니스 센터 |

| 에스컬레이터 실습동 | 학생복지관 | 스터디 카페 |

● **교육활동**

승강기는 1910년 조선은행에 화폐 운반용으로 우리나라에 처음 들어와 114년이 지나는 사이 산업 규모와 기술 모두에서 꾸준한 성장을 이룬 분야이다. 2022년 말 기준으로 한국 승강기 시장 규모는 5조 원을 넘어섰고 81만여 대의 승객용, 화물용, 장애인용, 소방 구조용 등 각종 승강기가 전국 곳곳에서 운행되고 있다.

세계 승강기 업계를 살펴보면 시장 규모는 100조 원을 넘었고, 한국은 매년 5만여 대의 승강기가 새롭게 설치되며 이는 중국, 인도에 이어 세계 세 번째로 많다. 승강기 보유 대수 기준으로 보면 세계 7위, 다국적 기업들과의 치열한 경쟁 속에서 국산 승강기 기업인 현대엘리베이터가 글로벌 점유율 6위에 올라와 있는 사실까지 더하면 한국은 세계 승강기 분야에서 결코 무시할 수 없는 신흥 강국으로 주목받고 있다. 이는 한국이 세계에서 유일하게 승강기 안전 관리 부문을 법으로 정하고 있기 때문이다.

우리나라 승강기의 기술과 안전 분야에 걸쳐 공적 업무를 수행하는 한국승강기안전공단은 2000년대 중반에 이르러 승강기 분야 전문인력을 양성하는 교육 기관을 설립하고자 했다. 그리고 승강기 분야를 지역 특화 산업으로 육성하기 위해 2009년부터 승강기 산업 단지(승강기밸리)를 조성해 왔던 거창군과 함께 한국승강기대학교 설립을 결정해 2010년 문을 열었다. 세계 최초이자 유일한 승강기 특성화 대학교가 탄생한 순간이었다.

공공이 설립하고 사립재단이 운영하는 이색적인 이력을 가진 한국승강기대학교의 지난 14년을 돌아보면 처음의 의도가 성공적으로 실현되었음을 여러 지표를 통해 알 수 있다. 한국승강기대학교는 개교 이래 빠른 속도로 국내에서 손꼽히는 특성화 교육의 전당으로 자리매김했다. 승강기의 설계부터 설치, 유지보수, 관리, 감리, 검사, 법령 해석 등 승강기 관련 전 분야를 아우르는 통합형 교육을 통한 진정한 승강기 전문가를 양성하는 데 초점을 두고 있기 때문이다.

이를 위해 실제 엘리베이터와 에스컬레이터가 설치된 실습동과 더불어 설계, 용접, 유지보수, 감리 등의 실무 전반을 현장과 다름없는 수준으로 습득하는 인프라를 확보, '수업이 곧 현장'이라는 진정한 특성화 교육을 실현하고 있다. 최근에는 대표 학부인 승강기공학부를 대기업 취업 약정형 전공으로 세분화해 취업의 수준을 한층 더 높여가고 있다. 현대엘리베이터 설치, 현대엘리베이터 서비스, 미쓰비시엘리베이터 등과의 협약을 통해 해당 전공 이수 및 졸업 후 곧장 해당 기업에 입사하는 방식이다. 2년제 전문학사 학위를 취득한 뒤 곧장 대기업에 입사하는 보기 드문 사례이다.

2025학년도부터 승강기 외 다채로운 학과 학부를 개설해 미래 직업 환경에 선제 대응한다는 계획을 수립해 실행하고 있다. 스포츠 분야의 태권도경호학과와 함께 파크골프, 사회복지, 시니어모델·이미지메이킹, 외식조리 및 베이커리, 바리스타, 스마트팜, 요가심리상담, K토털뷰티 등 실무 실기를 기반으로 한 전공으로 이뤄진 선샤인융합학부가 그것이다. 미래 직업 환경은 어느 한 분야에만 한정되지 않은, 달리 말해 평생 유연한 직업을 가진 전문가만이 생존할 수 있다는 전망에서 출발한 도전이다. 이를 위해 복수 전공 이수와 복수 학위 취득이라는 파격적인 학사 운영을 할 계획이다. 예를 들어 태권도경호학과에서 국민의 안전을 지키거나 전문 선수로 성장하면서 동시에 먼 미래를 대비해 승강기 관련 자격증도 취득하는 일이 한국승강기대학교에서는 가능하다.

# 7월
도서관

거창교육 100년사

경상남도교육청 거창도서관
慶尙南道敎育廳 居昌圖書館

1993년

2024년

개관	1984년 10월 23일 거창군립도서관 개관
위치	경상남도 거창군 거창읍 하동1길 9

● 도서관 목표

미래지향적 도서관 지식정보 서비스 강화로 지역민들이 만족하는 도서관

● 도서관 역사

- 1984. 5. 10.   거창군립도서관 설치 조례 공포
- 1984. 10. 23. 거창군립도서관 개관
- 1986. 9. 12.   어린이 자료실 개실
- 1991. 3. 26.   거창도서관으로 명칭 변경(조례 제2037호)
- 2002. 7. 1.   디지털 자료실 개실
- 2008.   어린이 자료실(아이누리 도서관) 개실
- 2009. 9. 15.   도서관 본관 리모델링 후 재개관
- 2016.   경상남도교육청 공공도서관 자료관리시스템으로 홈페이지 통합
- 2019. 10. 11. 도서관 전면 환경 개선 사업 후 재개관

제 3 장 거창교육의 주체

● 도서관 상징

거창도서관의 영문 머리글자인 'G'를 이용해 독서하는 사람의 형태를 이미지화

가. 붉고 동그란 머리 : 거창의 특산물 사과와 사고의 열매
나. 녹색 몸통 : 줄기와 잎
다. 황갈색 책 : 흙의 이미지

● 역대관장

성명	재임기간	성명	재임기간
김근배	1997. 1. 1.~1999. 12. 31.	배태한	2012. 1. 1.~2013. 12. 31.
배향숙	2000. 1. 1.~2001. 12. 31.	박영서	2014. 1. 1.~2016. 12. 31.
강연희	2002. 1. 1.~2004. 12. 31.	이은경	2017. 1. 1.~2019. 12. 31.
김근배	2005. 1. 1.~2006. 6. 30.	전인찬	2020. 1. 1.~2022. 12. 31.
배향숙	2006. 7. 1.~2008. 12. 31.	곽혜영	2023. 1. 1.~
강연희	2009. 1. 1.~2011. 12. 31.		

가. 직원 수(2024)

구분	관장	사서직	행정직	교육공무직	총 계
인원	1	4	1	3	9

나. 시설현황(2024) (면적 단위 : ㎡)

시설명	층별	용도	좌석 수	면적
본관	1층	종합, 디지털 자료실	10	200
		유아, 어린이 자료실	15	117
		화장실(남)	·	13
	2층	시청각실	30	103
		문화강좌실	22	77
		소회의실	8	22
		북카페	22	58
		화장실(여)	·	13
		서고	·	24
별관	1층	관장실/행정실	·	90
		화장실(장애인)	·	13
	2층	자유 학습실	54	92
		문서고	·	14

● 2024년 추진 방향

가. 운영 지표

책으로 여는 행복한 미래, 거창도서관

나. 운영 방향

1) 도서관 지식정보 자원 활용 강화
2) 세대가 함께하는 독서문화 활동 강화
3) 배움이 즐거운 평생교육 문화 확산
4) 학생 미래역량교육 지원
5) 소통과 공감의 행정서비스 구현

다. 중점 사업

이웃을 잇는 행복한 독서, 한 책 읽기

● 주요 행사

가. 월별 독서문화 진흥 행사

- 다양한 독서 욕구 충족과 지역민들의 독서량 증대 및 이용 활성화를 위해 다양한 월별 독서문화 프로그램을 운영
- 도서관이 지역민에게 도움이 되며 지역민의 커뮤니티가 될 수 있도록 독서 트렌드에 맞는 북 큐레이션, 달마다 다양한 컨셉의 만들기 체험, 독서문화행사 실시

2010년 인형극

2024년 취약계층 프로그램

나. 평생학습 프로그램 운영

- 거창도서관은 경상남도교육감 지정 평생학습관으로 분류
- 거창군청과 사업 협의를 통해 방학 기간 아이들을 위한 짧은 특강부터 수채화, 캘리그라피, 민화 등의 미술 프로그램, 요가와 마사지 등의 운동 프로그램, 기타 악기 프로그램 등 다양한 종류의 독서 관련 프로그램을 운영함으로써 거창의 평생학습에 기여

다. 지역 인문학센터 운영

- 학생의 인문 소양 교육 강화 및 군민의 일상 속 인문 정신 고취를 위해 지역 인문학센터 운영
- 학교로 찾아가는 청소년 인문학 아카데미 운영, 어린이를 위한 생태 교실 운영, 지역작가 및 유명 인사를 초청하여 이용자가 원하는 트렌디한 인문학 프로그램 운영

라. 취약계층 프로그램 운영
- 지역민의 보편적 지식정보 접근과 독서 소외계층의 문화 향유 및 교육환경 변화에 대한 대처 능력 발전을 위해 취약계층 프로그램 운영
- 우수한 독서문화프로그램을 통해 군민의 행복한 책 읽기 문화 확산
- 지역아동센터와 다문화가정, 기타 소외계층을 지원하고 그에 맞는 독서프로그램 지원

2015년 취약계층 프로그램

2024년 취약계층 프로그램

마. 별밤도서관 프로그램 운영
- 평일 낮 도서관 이용이 어려운 직장인과 노인을 위해 야간 프로그램 별밤도서관 프로그램을 운영
- 지역민에게 학습 기회 부여와 야간에도 운영되는 지역 커뮤니티의 역할을 수행

바. 학교도서관 지원센터 운영
- 학교도서관에 전담 인력 미배치로 도서 관리와 운영이 어려울 때 실제 상황을 고려해 맞춤 지원
- 도서관 운영에 관한 컨설팅을 지원하여 학교도서관 운영의 내실 강화에 도움
- 학생들에게 책과 친해지는 기회 제공 및 독서교육을 통한 올바른 독서 습관 형성
- 다양한 학교도서관 활용 프로그램 및 자유학기제 프로그램을 진행

사. 계층별 독서동아리 운영
- 지역의 독서문화 조성을 위해 어린이, 청소년, 어른 대상의 계층별 독서동아리 운영
- 전문 강사의 지도와 정기적 모임 실시

아. 여름 및 겨울 독서교실 운영
- 방학 기간 동안 아이들의 독서 능력 향상과 올바른 책 읽기 습관을 위해 독서교실 운영
- 매년 방학 기간 중 3일 내외 운영

2010년 여름 독서교실

2024년 여름 독서교실

자. 1도서관 1특성화 프로그램 – 유아 프로그램
- 영유아와 보호자가 함께하는 독서문화 프로그램을 통해 독서 생애주기 형성에 기여
- 손유희 및 책 읽어주기 등을 통해 영유아와 보호자의 유대관계를 독서로써 증진하고, 도서관 방문 빈도를 높여 지역민의 독서 문화 형성에 기여

거창교육 100년사

거창군립 한마음도서관
居昌郡立 한마음圖書館

2024년

2024년

개관	2006년 3월 30일 개관
위치	경상남도 거창군 거창읍 거열로6길 11

● 도서관목표

책·쉼·문화가 있는 명품도서관

● 도서관 연혁

- 2006. 03. 30. 거창군립한마음도서관 개관
- 2019. 09. 01. 스마트도서관 1호관(스포츠파크) 개관
- 2019. 12. 12. 스마트도서관 2호관(승강기안전기술원) 개관
- 2020. 02. 04. 1층 북카페 개관
- 2021. 09. 06. 스마트도서관 3호관(수승대) 개관
- 2023. 02. 13. 스마트도서관 4호관(보건소) 개관
                 스마트도서관 5호관(웅양면) 개관
                 스마트도서관 6호관(북상면) 개관
- 2023. 03. 23. 공립 위천작은도서관 개관
- 2023. 10. 10. 스마트도서관 7호관(신원면) 개관
- 2019. 10. 11. 도서관 전면 환경 개선 사업 후 재개관

● 옛 모습

2006년 1층 로비

2019년 2층 로비

2020년 1층 북카페

● 도서관 현황

가. 직원 수(2024)

구분	관장	사서직	공무직	총계
인원	1	4	4	9

나. 도서관 시설 현황(2024) (면적 단위 : ㎡)

층	실별	좌석 수	면적
지하	지하서고	·	153.74
	실감형체험관(동화구연체험실)	40석	86.90
1층	어린이자료실	30석	121.53
	유아실	10석	20.34
	디지털자료실	일반컴퓨터 6석, 원문검색PC 2석 DVD열람대2석, 노트북코너8석	77.56
	북카페	53석	210.24
2층	전산실	·	24.83
	행정실	·	94.43
	신문열람대	10석	13.50
	자료정리실	·	12.38
	종합자료실	23석	263.38
	정기간행물실	16석	139.29
3층	시청각실	81석	147.52
	미디어창작실	4석	51.70
	자유열람실	자유106석, 노트북전용4석, 장애인전용4석	176.48
	휴게실	·	35.04

다. 대표시설

1층 북카페

미디어창작실

● 2024년 추진 방향

가. 운영 지표

상상력과 창의력이 공존하는 하이브리드도서관 운영

나. 운영 방향

1) 지식·정보의 사각지대 없는 맞춤형 도서 서비스
2) 안전하고 쾌적한 첨단 미디어도서관 환경 조성
3) 군민의 일상에 스미는 서문화 확산
4) 언제 어디서나 누리는 도서관 서비스 제공

다. 중점 사업

정보습득의 사각지대 없는 독서환경 조성으로 독서생활화 실현

● 주요 행사

가. 영·유아 및 초등 북스타트 운영

- '책과 함께 인생을 시작하자'라는 취지의 독서프로그램 「북스타트」를 운영
- 영유아에게 책꾸러미를 지원하고 보호자와 함께하는 특강 실시. 다양한 독후활동을 진행
- 초등학교 1학년을 대상으로 책꾸러미를 전달하고 독서감상화 전시회를 온·오프라인 개최하여 아이들의 독서흥미 유발과 독서습관 형성에 기여

영·유아 북스타트특강

독서감상화 온라인 전시

나. 어린이 동화구연 체험관 운영
- 대형스크린을 통해 동화 배경을 가상으로 제공하고, 그 배경을 바탕으로 어린이가 직접 동화 속 주인공이 되어보는 놀이형 독서콘텐츠
- 2014년 첫 운영을 시작으로 올해 10년째 운영 중이며, 관내 어린이 기관과 연계하여 5~7세 대상 진행
- 다양한 형태의 독서 경험 제공으로 아이들의 상상력과 창의력을 자극하여 독서의 즐거움을 제공

어린이 동화구연 체험관

다. 독서소외계층 프로그램 운영
- 독서소외계층을 위한 독서문화프로그램 「찾아가는 이야기 책방」을 운영
- 도서관 방문이 자유롭지 못한 노인을 위해 독서활동가가 직접 노인기관을 방문하여 책을 읽어드리고 만들기, 율동, 퀴즈 등 다양한 독후활동 실시
- 노년기 우울감 해소 및 삶의 만족도 향상에 기여

찾아가는 이야기 책방

라. 독서문화프로그램 문화강좌 운영
- 10년 째 노인 프로그램 '주역' 운영
- 보태니컬아트, 자수, 한심(心)고전인문학당 등의 다양한 주제의 프로그램 운영

마. 독서문화프로그램 토요특강 운영
- 어린이들을 위한 그림책푸드아트, 하브루타 질문놀이, 실험하는 과학 등 독서, 미술, 과학 등의 주제로 독서활동과 함께 다양한 체험활동 기회 제공

문화강좌 　　　　　　　　　　　　　　　　토요특강

바. 독서동아리 운영
- 책을 좋아하는 사람들의 모임 운영
- 4개의 독서동아리인 한마음그림책, 한마음독서, 독서토론, 달팽이 북클럽 운영

사. 인문고전 100권 함께 읽기
'책 읽는 군민' '책 읽는 거창'으로 나아가기 위해 5년 동안(2022년~2026년) 진행 중인 「인문고전 100권 함께 읽기」는 고전을 읽고 함께 토론하며 고전 속 삶의 지혜와 다양한 생각을 공유하는 인문독서프로그램

인문고전 100권 함께 읽기

아. 도서관 밖 인문학

- 지역주민의 인문학적 지식과 이해를 높이기 위해 인문기행 「도서관 밖 인문학」을 운영
- 문학, 인문, 역사를 기반으로 한 지역을 탐방하며 그곳의 문화와 가치를 더욱 깊이 이해할 수 있는 기회 마련

도서관 밖 인문학

자. 독서문화행사 개최

- 책·사람·문화·공간이라는 키워드를 중심으로 지역주민의 소통을 위한 다양한 독서문화행사를 개최
- 작가초청 강연, 어린이를 위한 공연, 전시회, 등 지역민에게 문화 향유의 기회를 제공하고 문화적 삶의 질 향상을 위한 다채로운 문화행사 기획, 운영

작가초청 강연회   음악공연

폐지학교 분포도

9월
폐지학교

● 폐지학교 현황

연번	학교명	소재지	개교년도	폐교년도	현황	관리학교명
1	가북국민학교어인분교장	가북면 우혜리 1103-1 / 어인길 735	1964	1993	매각	가북초등학교
2	가북국민학교중촌분교장	가북면 중촌리 1807 / 동촌길 39	1945	1994	매각	
3	가북초등학교개금분교장	가북면 용암리 361-1 / 개금길 92	1966	1997	매각	
4	가북초등학교용암분교장	가북면 용암리 1967 / 용암로 679	1941	1997	대부	
5	도리국민학교	가조면 도리 967 / 도리1길 8	1948	1992	매각	가조초등학교
6	가조국민학교가산분교장	가북면 가조면 장기리 697 / 가북로 199-20	1964	1996	매각	
7	석강초등학교	가조면 기리 535-6 / 지산로 1244	1943	1999	매각	
8	화산국민학교	거창읍 가지리 434-1 / 거열로 4길 235	1955	1995	자체	거창초등학교
9	농산국민학교	고제면 농산리 184 / 고제로 48	1964	1983	대부	고제초등학교
10	쌍봉국민학교	고제면 봉산리 624 / 용초길 26	1957	1996	대부	
11	개명초등학교	고재면 개명리 682 / 수유길 31-10	1940	1998	매각	
12	고제초등학교소사분교장	고제면 봉계리 1027-1 / 고제로 1134	1969	1999	매각	
13	남상국민학교임불분교장	남상면 임불리 1107 / 월행로 198-8	1937	1994	미활용	남상초등학교
14	오계국민학교청연분교장	신원면 덕산리 200 / 감악산로 489-13	1967	1996	매각	
15	남상중앙초등학교오계분교장	남상면 오계리 423-1 / 수남로 1577	1940	1998	매각	
16	남상중앙초등학교춘진분교장	남상면 춘전리 50-1 / 수남로 996	1947	1998	매각	
17	(구) 남상초등학교	남상면 대산리 128 / 대산1길 12	1923	1999	대부	남상초등학교
18	남상중앙초등학교	남상면 무촌리 589-4 / 인평길 21	1963	1999	자체	
19	남하국민학교둔마분교장	남하면 둔마리 1155-1 / 길번호 미부여	1947	1994	매각	남하초등학교
20	남하초등학교지산분교장	남하면 지산리 906 / 지산로 727-13	1936	1998	매각	
21	마리국민학교율리분교장	마리면 율리 345 / 풍계1길 27-71	1964	1992	매각	마리초등학교
22	시목국민학교	마리면 대동리 702-3 / 황마로 1353	1941	1995	매각	
23	북상국민학교소정분교장	북상면 소정리 688-1 / 송계로 1243-15	1956	1992	매각	북상초등학교
24	북상국민학교월성분교장	북상면 월성리 1084-4 / 덕유월성로1439-14	1934	1993	매각	
25	북상초등학교병곡분교장	북상면 병곡리 768-3 / 병곡길 449	1945	1998	매각	
26	산수국민학교	신원면 덕산리 714-1 / 청수로 651-5	1973	1991	미활용	신원초등학교
27	중유국민학교	신원면 중유리 275-1 / 철마길 262	1961	1992	대부	
28	용현국민학교	신원면 대현리 86-1 / 대현길 12	1961	1992	대부	
29	율원국민학교	신원면 양지리 284-1 / 밤티재로 1	1942	1996	대부	
30	웅양국민학교군암분교장	웅양면 군암리 149-3 / 웅양로 1841-14	1964	1993	매각	웅양초등학교
31	하성초등학교	웅양면 한기리 915 / 웅양로 2309	1939	1999	매각	
32	모동초등학교	위천면 모동리 729 / 빼재로 796	1945	1999	대부	위천초등학교
33	완대초등학교	주상면 내오리 378 / 주곡로 1228	1934	1997	매각	주상초등학교
34	주상국민학교보해분교장	주상면 남산리 245 / 보해길 284	1953	1993	미활용	
35	가조중학교가북분교장	가북면 가북면 우혜리 1955 / 가북로 627-22	1971	2008	매각	가조중학교
36	위천중학교북상분교장	북상면 갈계리 1439-1 / 송계로 731-18	1979	2001	자체	거창덕유중학교
37	위천중학교	위천면 장기리 381 / 모동길 11-15	1960	2016	자체	
38	마리중학교	마리면 말흘리 347 / 송림길 52	1972	2016	자체	
39	거창중학교신원분교장	신원면 과정리 253 / 신차로 2997	1966	2020	매각	거창중학교

※폐지학교 명은 폐교년도의 당시 이름으로 기록하되, 폐교년도가 1996.2.28.이전은 국민학교로, 1996.3.1.이후는 초등학교로 표기함.

가북국민학교어인분교장

1960년대

개교	1964년 10월 27일
폐교	1993년 3월 1일
위치	경상남도 거창군 가북면 우혜리 1103-1 / 어인길 735

● 교육목표

슬기롭고 튼튼한 몸으로 나라 발전에 앞장서는 어린이

● 학교의 연혁

- 1963. 9. 26.　가북국민학교어인분교장 인가
- 1964. 10. 27.　어인분교장 개교
- 1993. 3. 1.　가북국민학교로 통폐합(폐교)

● 옛 모습

교적비

충효탑

● 연도별 졸업생 수: 총 440명(15회)

회별	졸업년도	졸업생수	회별	졸업년도	졸업생수	회별	졸업년도	졸업생수
1	1970	42	7	1977	46	13	1983	12
2	1972	44	8	1978	39	14	1984	11
3	1973	46	9	1979	29	15	1985	5
4	1974	41	10	1980	18	총 졸업생 수		440
5	1975	38	11	1981	16			
6	1976	41	12	1982	12			

● 역대교장

대수	성명	재임기간	대수	성명	재임기간
1	전재일	1964. 2. 1.~1965. 2. 28.	7	문대식	1978. 5. 22.~1978. 7. 8.
2	변정희	1965. 3. 1.~1968. 5. 2.	8	이일순	1980. 3. 1.~1983. 2. 28.
3	신쌍석	1968. 5. 3.~1969. 4. 30.	9	정동근	1983. 3. 1.~1986. 2. 28.
4	전영탁	1969. 5. 1.~1971. 10. 19.	10	정봉효	1986. 3. 1.~1989. 2. 28.
5	김삼수	1971. 10. 20.~1977. 2. 28.	11	김동수	1989. 3. 1.~1992. 2. 29.
6	임윤식	1977. 3. 1.~1980. 2. 28.	12	김정룡	1992. 3. 1.~1993. 2. 28.

● 폐교당시 학교 규모: 학급(1학급), 학생(11명), 교직원(1명)

● 교지 및 시설: 교실(1실), 특별실(0실), 연건평(83m^2), 교지면적(6,534m^2)

가북국민학교중촌분교장

2024년(곽종석기념관)

1970년대

개교	1945년 6월 6일
폐교	1994년 3월 1일
위치	경상남도 거창군 가북면 중촌리 1807 / 동촌길 39

● 교육목표

  국민교육헌장의 이념아래 나라를 사랑하고 국가 발전에 몸바쳐 일하면서 배우는 올바르고 건실한 한국인 육성

● 학교의 연혁

  1940년 4월 1일 가북면 중촌간이학교로 개교 인가를 받아 학생을 교육을 하다가 1945년 중촌국민학교로 개교하였으며 1994년 3월 1일 가북초등학교로 통합되면서 폐지되었다. 현재 관리학교는 가북초등학교이고 학교 건물은 면우 곽종석 전시관으로 새롭게 단장하여 운영되고 있다.

- 1940. 4. 1.   중촌간이학교 개교 인가
- 1945. 5. 22. 중촌국민학교 설립 인가
- 1945. 6. 6.   중촌국민학교 개교
- 1989. 3. 1.   가북국민학교중촌분교장으로 격하

- 1994. 3. 1.   가북국민학교로 통폐합

● 옛 모습

1972년 씨름구경

1975년 달리기

폐교 후 세운 교적비

● 학교상징

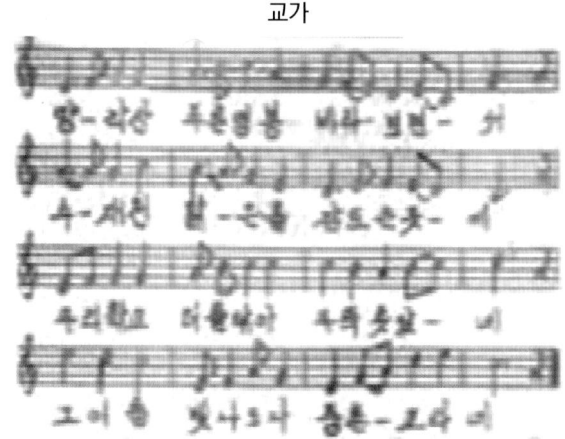
교가

● 연도별 졸업생 수: 총 947명(43회)

회별	졸업일자	졸업생수	회별	졸업일자	졸업생수	회별	졸업일자	졸업생수
1	1946. 7. 15.	6	16	1961. 3. 27.	15	31	1976. 2. 25.	31
2	1947. 7. 15.	6	17	1962. 2. 12.	16	32	1977. 2. 19.	38
3	1948. 7. 20.	4	18	1963. 2. 28.	20	33	1978. 2. 18.	35
4	1949. 7. 25.	13	19	1964. 2. 19.	21	34	1979. 2. 24.	34
5	1950. 5. 5.	8	20	1965. 2. 20.	32	35	1980. 2. 23.	28

6	1951. 7. 20.	2	21	1966. 2. 16.	22	36	1981. 2. 20.	21
7	1952. 12. 28.	4	22	1967. 2. 20.	22	37	1982. 2. 19.	19
8	1953. 3. 23.	12	23	1968. 2. 16.	47	38	1983. 2. 19.	19
9	1954. 3. 25.	8	24	1969. 2. 21.	37	39	1984. 2. 20.	19
10	1955. 3. 22.	6	25	1970. 2. 19.	38	40	1985. 2. 18.	17
11	1956. 3. 21.	8	26	1971. 2. 16.	33	41	1986. 2. 20.	18
12	1957. 3. 22.	3	27	1972. 2. 18.	44	42	1987. 2. 20.	19
13	1958. 3. 20.	15	28	1973. 2. 24.	53	43	1988. 2. 22.	11
14	1959. 3. 20.	21	29	1974. 2. 18.	48	총 졸업생 수		947
15	1960. 3. 25.	20	30	1975. 2. 24.	43			

● 역대교장

대수	성명	재임기간	대수	성명	재임기간
1	정수천	1945. 5. 25.~1949. 4. 29.	8	박이슬	1966. 10. 15.~1971. 8. 31.
2	이오영	1949. 4. 30.~1950. 1. 26.	9	장한희	1971. 9. 1.~1974. 8. 31.
3	임춘광	1950. 1. 27.~1956. 10. 22.	10	박현석	1974. 9. 1.~1979. 2. 28.
4	박경근	1956. 10. 23.~1960. 3. 1.	11	전재형	1979. 3. 1.~1982. 8. 31.
5	박성록	1960. 3. 2.~1960. 10. 19.	12	최계출	1982. 9. 1.~1985. 8. 31.
6	문강개	1960. 10. 20.~1963. 2. 27.	13	이상업	1985. 9. 1.~1989. 2. 28.
7	이양윤	1963. 2. 28.~1966. 10. 14.			

● 폐교당시 학교 규모: 학급수(2학급), 학생(5명), 교직원(교사 2명, 기능직 1명)

● 교지 및 시설: 교실(3실), 특별실(1실), 연건평(432.42m^2), 교지면적(7,991m^2)

가북초등학교개금분교장

| 2024년 | 학교전경 |

개교	1966년 11월 2일
폐교	1997년 3월 1일
위치	경상남도 거창군 가북면 용암리 361-1 / 개금길 92

● 학교의 연혁

개금마을 사람 전체가 공동으로 땅을 기증하여 1963년 4월 15일 용암국민학교 개금분교장으로 설립 인가를 받아 1996년 11월 2일 용암국민학교 개금분교장으로 개교하였으며 1997년 3월 1일 가북초등학교로 통폐합되면서 폐지되었다. 현재 관리학교는 가북초등학교이고 학교부지는 2005년 매각되었으며 현재는 개금마을회에서 약초체험시설로 활용하고 있다.

- 1963. 4. 15. 용암국민학교개금분교장 설립 인가
- 1966. 11. 2. 용암국민학교개금분교장 개교
- 1994. 9. 1. 가북국민학교개금분교장으로 개명
- 1997. 3. 1. 가북초등학교로 통폐합(폐교)

● 옛 모습

　　　학교사택　　　　　　　　　충효탑　　　　　　　폐교 후 세운 교적비

● 졸업생 수: 총 68명

● 폐교당시 학교 규모: 학급(1학급), 학생(2명), 교직원(2명)

● 교지 및 시설: 교실(1실), 특별실(0실), 연건평(105.3m^2), 교지면적(1,898m^2)

가북초등학교용암분교장

1990년대

학교전경

개교	1941년 4월 1일
폐교	1997년 3월 1일
위치	경상남도 거창군 가북면 용암리 1967 / 용암로 679

● 교육목표

우리는 부지런히 공부하여 튼튼하게 자라서 서로 돕는 알뜰하고 쓸모있는 어린이

● 학교의 연혁

- 1941. 4. 1.   가북 제2국민학교 인가, 내촌 농민도장에서 개교
- 1945. 9. 24.   가북국민학교로 개칭
- 1945. 10. 1.   용암공립국민학교 개칭
- 1949. 2. 1   용암국민학교 개칭
- 1963. 4. 15.   개금분교실 설립 인가
- 1985. 9. 2.   병설유치원 개원
- 1994. 2. 23.   용암국민학교 제48회(남2, 여6) 졸업
- 1994. 9. 1.   가북국민학교용암분교장으로 격하
- 1995. 2. 28.   병설유치원 폐원
- 1997. 3. 1.   가북초등학교로 통폐합

● 옛 모습

1975년 아침조회

1975년 수업모습

1974년 졸업사진(29회)

● 학교상징

| 교기 | 교목(전나무) | 교화(개나리) | 교가 |

● 연도별 졸업생 수: 총 2,085명(48회)

회별	졸업일자	졸업생수	회별	졸업일자	졸업생수	회별	졸업일자	졸업생수
1	1947. 3. 20.	27	17	1963. 2. 26.	43	33	1979. 2. 15.	74
2	1948. 3. 18.	19	18	1964. 2. 15.	48	34	1980. 2. 26.	72
3	1949. 3. 9.	22	19	1965. 2. 19.	49	35	1981. 2. 25.	68
4	1950. 2. 15.	43	20	1966. 2. 14.	72	36	1982. 2. 24.	38
5	1951. 2. 17.	28	21	1967. 2. 21.	76	37	1983. 2. 19.	59
6	1952. 2. 18.	18	22	1968. 2. 16.	78	38	1984. 2. 24.	37
7	1953. 2. 20.	26	23	1969. 2. 20.	78	39	1985. 2. 23.	37
8	1954. 2. 15.	19	24	1970. 2. 17.	74	40	1986. 2. 20.	32
9	1955. 2. 15.	18	25	1971. 2. 16.	73	41	1987. 2. 20.	25
10	1956. 2. 13.	27	26	1972. 2. 17.	64	42	1988. 2. 20.	23

11	1957. 3. 20.	25	27	1973. 2. 19.	74	43	1989. 2. 20.	27
12	1958. 3. 21.	25	28	1974. 2. 16.	74	44	1990. 2. 20.	11
13	1959. 3. 19.	32	29	1975. 2. 18.	74	45	1991. 2. 22.	16
14	1960. 3. 23.	43	30	1976. 2. 18.	67	46	1992. 2. 20.	15
15	1961. 3. 24.	40	31	1977. 2. 14.	79	47	1993. 2. 19.	8
16	1962. 2. 9.	33	32	1978. 2. 16.	67	48	1994. 2. 23.	8

● 역대교장

대수	성명	재임기간	대수	성명	재임기간
-	김준룡	1941. 4. 1.~1942. 4. 1.	12	주윤식	1961. 9. 2.~1963. 1. 10.
1	이기선	1942. 4. 2.~1945. 9. 30.	13	우정갑	1963. 1. 11.~1964. 5. 14.
2	신세범	1945. 10. 1.~1948. 9. 30.	14	신종영	1964. 5. 15.~1968. 6. 19.
3	신용준	1948. 10. 1.~1950. 2. 27.	15	이상업	1968. 6. 20.~1973. 2. 28.
4	전재형	1950. 2. 28.~1950. 5. 31.	16	조해기	1973. 3. 1.~1977. 8. 31.
5	이강제	1950. 6. 1.~1952. 2. 7.	17	이진춘	1977. 9. 1.~1979. 8. 31.
6	박병열	1952. 2. 8.~1953. 2. 27.	18	윤동수	1979. 9. 1.~1984. 8. 31.
7	오한기	1953. 2. 28.~1956. 2. 16.	19	오춘근	1984. 9. 1.~1988. 2. 29.
8	신용진	1956. 2. 17.~1958. 3. 30.	20	이상업	1988. 3. 1.~1990. 2. 28.
9	정한용	1958. 3. 31.~1960. 2. 29.	21	김영목	1990. 3. 1.~1992. 2. 29.
10	이건우	1960. 3. 1.~1961. 2. 6.	22	조현욱	1992. 3. 1.~1993. 2. 28.
11	전재형	1961. 2. 7.~1961. 9. 1.	23	김종영	1993. 3. 1.~1994. 8. 31.

● 폐교당시 학교 규모: 학급(3학급), 학생(18명), 교직원(4명)

● 교지 및 시설: 교실(3실), 특별실(6실), 연건평(623.04m^2), 교지면적(11,417m^2)

도리국민학교

2024년(하늘비단체험마을 체험관)

학교전경

개교	1948년 9월 15일
폐교	1992년 3월 1일
위치	경상남도 거창군 가조면 도리 967 / 도리1길 8

● 교육목표

스스로 공부하며 튼튼한 몸으로 서로 돕는 어린이

● 학교의 연혁

- 1948. 3. 1.   도동 신씨 종중 소유를 학교 부지로 희사(296명)
- 1948. 9. 15.   분교실 개학
- 1960. 11. 17. 분교장 설립 인가(2학급)
- 1961. 1. 10.   신교사 부지 매입
- 1961. 4. 1.   분교장 개교식 거행(3학급)
- 1964. 3. 1.   도리국민학교 인가
- 1992. 3. 1.   가조국민학교로 통폐합

● 옛 모습

교적비

● 연도별 졸업생 수: 총 1,055명(25회)

회별	졸업일자	졸업생수	회별	졸업일자	졸업생수	회별	졸업일자	졸업생수
1	1967. 2. 23	35	10	1976. 2. 19.	51	19	1985. 2. 18.	23
2	1968. 2. 17.	64	11	1977. 2. 15.	66	20	1986. 2. 20.	22
3	1969. 2. 21.	55	12	1978. 2. 25.	64	21	1987. 2. 20.	25
4	1970. 2. 20.	54	13	1979. 2. 24.	53	22	1988. 2. 20.	15
5	1971. 2. 16.	55	14	1980. 2. 20.	45	23	1989. 2. 20.	20
6	1972. 2. 18.	49	15	1981. 2. 20.	45	24	1990. 2. 21.	7
7	1973. 2. 17.	58	16	1982. 2. 19.	42	25	1991. 2. 21.	10
8	1974. 2. 18.	51	17	1983. 2. 19.	38	총 졸업생 수		1,055
9	1975. 2. 18.	65	18	1984. 2. 20.	43			

● **역대교장**

대수	성명	재임기간	대수	성명	재임기간
1	박종기	1964. 5. 15.~1965. 10. 15.	6	장한희	1974. 9. 1.~1976. 2. 29.
2	박실근	1965. 10. 16.~1968. 11. 15.	7	최창석	1976. 3. 1.~1981. 8. 31.
3	변정수	1968. 11. 16.~1970. 3. 31.	8	최진근	1981. 9. 1.~1988. 2. 29.
4	신천수	1970 4. 1.~1972. 8. 31.	9	오중택	1988. 3. 1.~1991. 2. 28.
5	오기한	1972. 9. 1.~1974. 8. 31.			

● **폐교당시 학교 규모**: 학급(4학급), 학생(31명), 교직원(4명)

● **교지 및 시설**: 교실(7실), 특별실(0실), 연건평(688.3m^2), 교지면적(3,892m^2)

거창교육 100년사

가조국민학교가산분교장

2024년(대성그룹 종합연수원)

학교전경

개교	1964년 3월 1일
폐교	1996년 3월 1일
위치	경상남도 거창군 가조면 장기리 697 / 가북로 199-20

● **교육목표**

서로 돕고 열심히 공부하며 몸이 튼튼한 어린이

● **학교의 연혁**

- 1961. 10. 31. 가조국민학교가산분교장 설립 인가
- 1964. 3. 1. 개교
- 1981. 3. 26. 병설유치원 설립
- 1995. 3. 1. 가조국민학교가산분교장 격하
- 1996. 3. 1. 가조초등학교로 통폐합

제 3 장 거창교육의 주체

● 학교상징

교가

● 옛 모습

● 연도별 졸업생 수: 총 1,662명(28회)

회별	졸업일자	졸업생수	회별	졸업일자	졸업생수	회별	졸업일자	졸업생수
1	1968. 2. 16.	71	11	1978. 2. 28.	83	21	1988. 2. 22.	35
2	1969. 2. 21.	85	12	1979. 2. 28.	86	22	1989. 2. 23.	25
3	1970. 2. 24.	80	13	1980. 2. 23.	73	23	1990. 2. 23.	18
4	1971. 2. 17.	91	14	1981. 2. 20.	58	24	1991. 2. 23.	23
5	1972. 2. 18.	74	15	1982. 2. 24.	66	25	1992. 2. 24.	21
6	1973. 2. 16.	114	16	1983. 2. 19.	53	26	1993. 2. 19.	23
7	1974. 2. 28.	106	17	1984. 2. 20.	68	27	1994. 2. 21.	15

8	1975. 2. 28.	87	18	1985. 2. 18.	45	28	1995. 2. 18.	12
9	1976. 2. 28.	94	19	1986. 2. 20.	41	총 졸업생 수		1,662
10	1977. 2. 28.	79	20	1987. 2. 20.	36			

● 역대교장

대수	성명	재임기간	대수	성명	재임기간
1	하봉균	1964. 3. 13.~1964. 6. 8.	6	한명만	1979. 3. 1.~1981. 8. 31.
2	이주영	1964. 6. 9.~1966. 8. 31.	7	이현구	1981. 9. 1.~1984. 2. 29.
3	이석희	1966. 9. 1.~1966. 12. 11.	8	서재연	1984. 3. 1.~1985. 2. 28.
4	신홍재	1966. 12. 12.~1972. 8. 31.	9	최창석	1985. 3. 1.~1992. 8. 31.
5	윤동수	1972. 9. 1.~1979. 2. 28.	10	백홍기	1992. 9. 1.~1995. 2. 28.

● 폐교당시 학교 규모: 학급(4학급), 학생(37명), 교직원(6명)

● 교지 및 시설: 교실(4실), 특별실(6실), 연건평(1,191m^2), 교지면적(15,862m^2)

제 3 장 거창교육의 주체

석강초등학교

2024년(거창군 가남정보화마을)

학교전경

개교	1943년 4월 30일
폐교	1999년 9월 1일
위치	경상남도 거창군 가조면 기리 535-6 / 지산로 1244

● 교육목표

슬기롭고 튼튼한 몸으로 나라 발전에 앞장서는 어린이

● 학교의 연혁

- 1943. 4. 30.　가조국민학교 간이학교 개교
- 1945. 9. 30.　석강국민학교 인가 개교
- 1971. 12. 31.　본관동 5개 교실 개축 준공
- 1982. 3. 1.　병설유치원 개원
- 1991. 9. 30.　본관동 2층 3개 교실 증축 준공
- 1999. 9. 1.　가조초등학교로 통폐합

● 학교상징

교기

교가

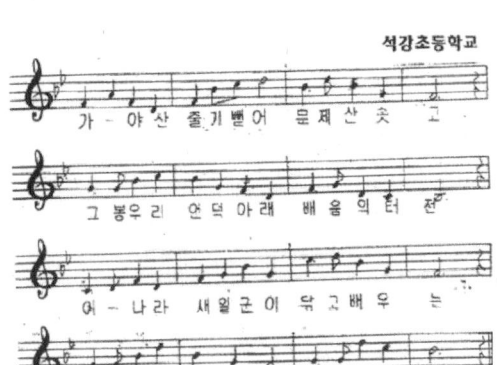

● 연도별 졸업생 수: 총 2,727명(50회)

회별	졸업일자	졸업생수	회별	졸업일자	졸업생수	회별	졸업일자	졸업생수
1	1550. 5. 5.	37	18	1967. 2. 22.	88	35	1984. 2. 20.	52
2	1951. 7. 21.	36	19	1968. 2. 17.	98	36	1985. 2. 18.	42
3	1952.	46	20	1969. 2. 22.	96	37	1986. 2. 20.	32
4	1953. 3. 20.	32	21	1970. 2. 18.	70	38	1987. 2. 21.	47
5	1954. 3. 20.	28	22	1971. 2. 18.	109	39	1988.	34
6	1955. 3. 21.	14	23	1972. 2. 17.	72	40	1989.	27
7	1956. 3. 15.	24	24	1973. 2. 15.	113	41	1990.	25
8	1957. 3. 18.	22	25	1974. 2. 19.	103	42	1991.	22
9	1958. 3. 17.	24	26	1975. 2. 24.	113	43	1992.	34
10	1959. 3. 25.	36	27	1976. 2. 24.	99	44	1993.	16
11	1960. 3. 23.	65	28	1977.	106	45	1994.	23
12	1961. 3. 22.	59	29	1978. 2. 22.	86	46	1995.	15
13	1962. 2. 9.	48	30	1979. 2. 21.	105	47	1996.	9

14	1963. 2. 15.	59	31	1980. 2. 20.	75	48	1997.	5
15	1964. 2. 17.	84	32	1981. 2. 20.	89	49	1998.	7
16	1965. 2. 17.	81	33	1982. 2. 19.	59	50	1999.	8
17	1966. 2. 22.	74	34	1983. 2. 19.	60	총 졸업생 수		2,727

● 역대교장

대수	성명	재임기간	대수	성명	재임기간
1	이동기	1945. 9. 30.~1945. 12. 31.	9	서성룡	1972. 9. 1.~1974. 8. 31.
2	김태근	1950. 6. 26.~1952. 3. 31.	10	강건중	1974. 9. 1.~1980. 8. 31.
3	이강제	1952. 4. 1.~1956. 3. 31.	11	유인협	1980. 9. 1.~1988. 2. 29.
4	윤동수	1956. 4. 1.~1961. 10. 5.	12	이현희	1988. 3. 1.~1990. 8. 31.
5	이상업	1961. 10. 6.~1962. 3. 9.	13	전영훈	1990. 9. 1.~1995. 2. 28.
6	최진근	1962. 3. 10.~1965. 9. 20.	14	김병영	1995. 3. 1.~1998. 2. 28.
7	김재만	1965. 9. 21.~1969. 6. 20.	15	김석윤	1998. 3. 1.~1999. 8. 31.
8	전재형	1969. 6. 21.~1972. 8. 31.			

● 폐교당시 학교 규모: 학급(3학급), 학생(15명), 교직원(4명)

● 교지 및 시설: 교실(12실), 특별실(0실), 연건평(1,303m^2), 교지면적(17,969m^2)

화산국민학교

2024년(거창유치원)

학교전경

개교	1955년 4월 1일
폐교	1994년 9월 1일
위치	경상남도 거창군 거창읍 가지리 434-1 / 거열로 4길 235

● **교육목표**

밝은 마음으로 문을 열자

● **학교의 연혁**

1947년 9월 1일 월천공립국민학교 가지분교실로 시작하여 중촌 농민도장으로 이전하였다. 1947년 신축교사 이전 2학급 편성 후 1954년 6월 30일 화산국민학교로 인가되었다. 1983년 화산국민학교 병설유치원을 개원하였고 1994년 9월 1일 거창국민학교로 통폐합되었다. 현재는 자체활용하여 거창유치원으로 활용하고 있다.

- 1947. 9. 1.   월촌공립국민학교 가지분교실
- 1947. 11. 1. 본교(월천교)에서 제 1학년 중촌 농민도장으로 이전
- 1947. 12. 1. 신축교사 이전 2학급 편성
- 1954. 6. 30. 화산국민학교 설립 인가
- 1983. 3. 1.   화산국민학교 병설유치원 인가

- 1994. 9. 1. 거창국민학교로 통폐합

● 옛 모습

1975년 조회 모습

화단 및 독서상

제34회 졸업사진

● 학교상징

교기

교가

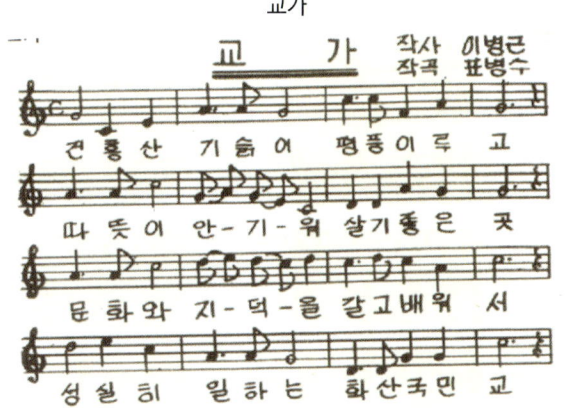

● 연도별 졸업생 수: 총 1,689명(38회)

회별	졸업일자	졸업생수	회별	졸업일자	졸업생수	회별	졸업일자	졸업생수
1	1957. 3. 18.	18	14	1970. 2. 18.	55	27	1983. 2. 19.	42
2	1958. 3. 13.	43	15	1971. 2. 18.	72	28	1984. 2. 20.	46
3	1959. 3. 17.	32	16	1972. 2. 17.	58	29	1985. 2. 18.	28
4	1960. 3. 25.	25	17	1973. 2. 19.	75	30	1986. 2. 20.	44
5	1961. 3. 22.	33	18	1974. 2. 20.	66	31	1987. 2. 20.	56

6	1962. 2. 12.	39	19	1975. 2. 19.	65	32	1987. 2. 20.	30
7	1963. 2. 15.	55	20	1976. 2. 18.	64	33	1988. 2. 22.	35
8	1964. 2. 12.	41	21	1977. 2. 15.	51	34	1989. 2. 20.	35
9	1965. 2. 17.	42	22	1978. 2. 18.	73	35	1990. 2. 24.	26
10	1966. 2. 17.	31	23	1979. 2. 20.	32	36	1991. 2. 23.	32
11	1967. 2. 20.	52	24	1980. 2. 20.	50	37	1992. 2. 19.	28
12	1968. 2. 24.	57	25	1981. 2. 20.	49	38	1994. 2. 21.	13
13	1969. 2. 22.	50	26	1982. 2. 19.	46	총 졸업생 수		1,689

● 역대교장

대수	성명	재임기간	대수	성명	재임기간
1	신홍재	1955. 7. 25.~1960. 3. 31.	6	유인협	1975. 9. 1.~1980. 8. 31.
2	오한기	1960. 4. 1.~1960. 10. 20.	7	오기한	1980. 9. 1.~1984. 8. 31.
3	백영종	1960. 10. 21.~1965. 12. 31.	8	백성기	1984. 9. 1.~1990. 8. 31.
4	김수용	1966. 1. 1.~1968. 12. 2.	9	김성기	1990. 9. 1.~1993. 2. 28.
5	이병근	1968. 12. 3.~1975. 8. 31.	10	조현욱	1993. 3. 1.~1994. 8. 31.

● 폐교당시 학교 규모: 학급(3학급), 학생(24명), 교직원(6명)

● 교지 및 시설: 교실(5실), 특별실(1실), 연건평(1,019m^2), 교지면적(8,537m^2)

농산국민학교

2024년(개인사육시설)

학교전경

개교	1964년 10월 13일
폐교	1983년 3월 1일
위치	경상남도 거창군 고제면 농산리 184 / 고제로 48

● 학교의 연혁

1964년 10월 13일 고제국민학교농산분교장으로 개교하였다. 이후 1970년 3월 1일자로 농산국민학교로 본교 승격되었다가 1983년 3월 1일 고제국민학교로 통폐합되었다. 현재는 매각되어 개인 사육시설로 활용되고 있다.

- 1964. 10. 13.   고제국민학교농산분교장으로 개교
- 1970. 3. 1.   농산국민학교로 본교 승격
- 1983. 3. 1.   고제국민학교로 통폐합

● 옛 모습

교적비

수영장

충효비

● 연도별 졸업생 수: 총 393명(13회)

회별	졸업일자	졸업생수	회별	졸업일자	졸업생수	회별	졸업일자	졸업생수
1	1970. 2. 18.	26	6	1975. 2. 16.	30	11	1981. 2. 23.	18
2	1971. 2. 19.	46	7	1977. 2. 14.	16	12	1982. 2. 19.	17
3	1972. 2. 20.	46	8	1978. 2. 16.	35	13	1983. 2. 21.	19
4	1973. 2. 18.	44	9	1979. 2. 24.	32	총 졸업생 수		393
5	1974. 2. 19.	37	10	1980. 2. 19.	27			

● 역대교장

대수	성명	재임기간	대수	성명	재임기간
1	이구상	1970. 4. 1.~1973. 2. 28.	3	진점근	1979. 7. 1.~1980. 3. 14.
2	박종수	1973. 3. 1.~1979. 6. 30.	4	신종영	1980. 3. 15.~1983. 2. 28.

● 폐교당시 학교 규모: 학급(4학급), 학생(87명), 교직원(9명)

● 교지 및 시설: 교실(6실), 특별실(2실), 연건평(1,478.53m^2), 교지면적(11,428m^2)

제 3 장 거창교육의 주체

쌍봉국민학교

2024년(삼봉산문화예술학교)

학교전경

개교	1957년 6월 1일
폐교	1996년 3월 1일
위치	경상남도 거창군 고제면 봉산리 624 / 용초길 26

● 학교의 연혁

- 1957. 6. 1. 고제국민학교쌍봉분교장으로 개교
- 1961. 3. 1. 쌍봉국민학교로 승격
- 1987. 3. 1. 쌍봉국민학교 병설유치원 개원
- 1996. 3. 1. 고제초등학교로 통폐합

● 옛 모습

1970년대 운동회

1970년 교문 앞 정비작업

1974년 실험시간

● 학교상징

교기 교목(매화나무) 교화(국화) 교가

● 연도별 졸업생 수: 총 1,471명(34회)

회별	졸업일자	졸업생수	회별	졸업일자	졸업생수	회별	졸업일자	졸업생수
1	1962. 2. 19.	31	13	1974. 2. 19.	52	25	1986. 2. 20.	41
2	1963. 2. 24.	40	14	1975. 2. 19.	62	26	1987. 2. 20.	22
3	1964. 2. 19.	21	15	1976. 2. 17.	84	27	1988. 2. 20.	10
4	1965. 2. 19.	63	16	1977. 2. 15.	66	28	1989. 2. 18.	27
5	1966. 2. 17.	37	17	1978. 2. 20.	79	29	1990. 2. 23.	21
6	1967. 2. 17.	46	18	1979. 2. 16.	55	30	1991. 2. 20.	15
7	1968. 2. 17.	54	19	1980. 2. 19.	66	31	1992. 2. 20.	11
8	1969. 2. 20.	72	20	1981. 2. 19.	68	32	1993. 2. 19.	18
9	1970. 2. 20.	36	21	1982. 2. 19.	61	33	1994. 2. 22.	19
10	1971. 2. 17.	56	22	1983. 2. 19.	36	34	1995. 2. 18.	15
11	1972. 2. 17.	55	23	1984. 2. 24.	52	총 졸업생 수		1,471
12	1973. 2. 17.	57	24	1985. 2. 18.	23			

● 역대교장

대수	성명	재임기간	대수	성명	재임기간
1	오기한	1962. 3. 7.~1967. 1. 27.	8	윤수현	1982. 9. 1.~1984. 2. 29.
2	강신문	1967. 1. 28.~1968. 6. 20.	9	이상업	1984. 3. 1.~1985. 8. 31.
3	정우영	1968. 6. 21.~1969. 9. 30.	10	백종영	1985. 9. 1.~1989. 2. 28.
4	한술동	1969. 10. 1.~1975. 2. 28.	11	강기상	1989. 3. 1.~1992. 8. 31.
5	차문수	1975. 3. 1.~1980. 8. 31.	12	최태환	1992. 9. 1.~1993. 8. 31.
6	전갑식	1980. 9. 1.~1981. 2. 28.	13	신주선	1993. 9. 1.~1995. 8. 31.
7	조준제	1981. 3. 1.~1982. 8. 31.	14	김종옥	1995. 9. 1.~1996. 2. 28.

● 폐교당시 학교 규모: 학급(3학급), 학생(33명), 교직원(8명)

● 교지 및 시설: 교실(3실), 특별실(4실), 연건평(823.24m^2), 교지면적(6,093m^2)

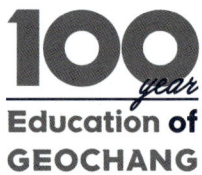

개명초등학교

2024년(사설연구소)

학교전경

개교	1940년 4월 10일
폐교	1998년 3월 1일
위치	경상남도 거창군 고제면 개명리 682 / 수유길 31-10

● 학교의 연혁

- 1940. 4. 10.　개명간이학교로 개교
- 1944. 4. 1.　개명공립국민학교로 승격
- 1945. 4. 10.　개명국민학교로 개칭
- 1971. 1. 5.　손항, 온곡마을 농산국민학교 개교로 학구변경
- 1983. 3. 1.　손항, 온곡마을 농산국민학교 개교로 학구복귀
- 1995. 9. 1.　개명국민학교 병설유치원 개원
- 1998. 3. 1.　고제초등학교로 통폐합

제 3 장 거창교육의 주체

● 옛 모습

어린이회

조회 모습

제13회 졸업사진

● 학교상징

● 연도별 졸업생 수: 총 1,311명(48회)

회별	졸업일자	졸업생수	회별	졸업일자	졸업생수	회별	졸업일자	졸업생수
1	1950. 5. 8.	25	17	1966. 2. 18.	17	33	1982. 2. 19.	25
2	1951. 7. 20.	4	18	1967. 2. 20.	18	34	1983. 2. 19.	26
3	1952. 3. 29.	5	19	1968. 2. 19.	19	35	1984. 2. 20.	24
4	1953. 3. 21.	11	20	1969. 2. 20.	20	36	1985. 2. 18.	18
5	1954. 3. 22.	13	21	1970. 2. 18.	21	37	1986. 2. 20.	22
6	1955. 3. 17.	8	22	1971. 2. 16.	22	38	1987. 2. 20.	18

7	1956. 3. 18.	7	23	1972. 2. 18.	23	39	1988. 2. 22.	20
8	1957. 3. 18.	20	24	1973. 2. 19.	24	40	1989. 2. 20.	15
9	1958. 3. 14.	17	25	1974. 2. 19.	44	41	1990. 2. 20.	17
10	1959. 3. 25.	9	26	1975. 2. 15.	46	42	1991. 2. 20.	19
11	1960. 3. 24.	28	27	1976. 2. 18.	41	43	1992. 2. 20.	8
12	1961. 3. 22.	18	28	1977. 2. 15.	60	44	1993. 2. 20.	9
13	1962. 2. 9.	28	29	1978. 2. 18.	39	45	1994. 2. 19.	15
14	1963. 2. 19.	34	30	1979. 2. 16.	34	46	1995. 2. 18.	10
15	1964. 2. 18.	24	31	1980. 2. 20.	33	47	1996. 2. 20.	8
16	1965. 2. 20.	46	32	1981. 2. 19.	37	48	1997. 2. 20.	6

● 역대교장

대수	성명	재임기간	대수	성명	재임기간
훈도	이기선	1940. 5. 20.~1940. 11. 29.	8	이상업	1962. 3. 9.~1965. 12. 31.
훈도	이상철	1940. 11. 30.~1944. 4. 16.	9	오정주	1966. 1. 1.~1971. 2. 28.
훈도	이시훈	1944. 4. 17.~1946. 5. 17.	10	형시욱	1971. 3. 1.~1973. 8. 31.
훈도	김석곤	1946. 5. 18.~1946. 9. 29.	11	배중기	1973. 9. 1.~1974. 8. 13.
1	이맹호	1946. 9. 30.~1949. 1. 26.	12	손정근	1974. 8. 14.~1978. 8. 31.
2	신용호	1949. 1. 27.~1952. 2. 27.	13	정인호	1978. 9. 1.~1982. 8. 31.
3	정상근	1952. 2. 28.~1954. 1. 10.	14	박성일	1982. 9. 1.~1985. 8. 31.
4	홍승원	1954. 1. 11.~1955. 7. 11.	15	정기욱	1985. 9. 1.~1988. 8. 31.
5	박창호	1955. 7. 12.~1957. 11. 8.	16	김재동	1988. 9. 1.~1991. 2. 28.
6	하도수	1957. 11. 9.~1960. 3. 30.	17	신석범	1991. 3. 1.~1995. 2. 28.
7	이정렬	1960. 3. 31.~1962. 3. 8.	18	백홍기	1995. 3. 1.~1998. 2. 28.

● 폐교당시 학교 규모: 학급(3학급), 학생(21명), 교직원(8명)

● 교지 및 시설: 교실(3실), 특별실(3실), 연건평(558.96m^2), 교지면적(9,377m^2)

제 3 장 거창교육의 주체

고제초등학교소사분교장

2024년(탑선마을 생태체험관)

학교전경

개교	1985년 9월 1일
폐교	1999년 3월 1일
위치	경상남도 거창군 고제면 봉계리 1027-1 / 고제로 1134

● 학교의 연혁

- 1985. 9. 1. 쌍봉국민학교소사분교장으로 설립 인가
- 1996. 3. 1. 고제초등학교소사분교장으로 교명 개칭
- 1999. 3. 1. 고제초등학교로 통폐합

● 옛 모습

본관 전경

연극 수업

제6회 졸업사진

● 폐교당시 학교 규모: 학급(3학급), 학생(10명), 교직원(4명)

● 교지 및 시설: 교실(3실), 특별실(0실), 연건평(388.2m^2), 교지면적(2,873m^2)

거창교육 100년사

남상국민학교임불분교장

2024년(미활용, 매각 계획 중)

학교전경

개교	1937년 10월 2일
폐교	1994년 3월 1일
위치	경상남도 거창군 남상면 임불리 1107 / 월행로 198-8

● 교육목표

새롭고 보람 있게

● 학교의 연혁

- 1937. 8. 31.   임불간이학교 설립 인가
- 1937. 10. 2.   가교사(임불마을 이씨 종실)에서 개교
- 1937. 12. 27. 신축 교사로 이전
- 1944. 4. 5.   국민학교 개교식
- 1948. 3. 14.   국민학교 초대 교장 부임
- 1990. 3. 1.   남상국민학교임불분교장으로 격하
- 1994. 3. 1.   남상국민학교에 통폐합

● 학교상징

교가

● 옛 모습

학교 논 벼 타작

1960년대 교사 뒷모습

● 연도별 졸업생 수: 총 1,528명 (41회)

회별	졸업일자	졸업생수	회별	졸업일자	졸업생수	회별	졸업일자	졸업생수
7회 (간이학교)	1939.~1949.	185	14	1963. 2. 20.	28	28	1977. 2. 14.	50
1	1950. 5. 10.	14	15	1964. 2. 15.	25	29	1978. 2. 18.	49
2	1951. 7. 27.	30	16	1965. 2. 18.	33	30	1979. 2. 16.	78
3	1952. 3. 27.	22	17	1966. 2. 18.	33	31	1980. 2. 19.	40
4	1953. 3. 25.	7	18	1967. 2. 28.	46	32	1981. 2. 20.	36
5	1954. 3. 23.	8	19	1968. 2. 25.	40	33	1982. 2. 19.	45
6	1955. 3. 22.	12	20	1969. 2. 20.	40	34	1983. 2. 19.	29
7	1956. 3. 17.	16	21	1970. 2. 17.	49	35	1984. 2. 20.	30
8	1957. 3. 20.	12	22	1971. 2. 17.	46	36	1985. 2. 18.	17
9	1958. 3. 19.	19	23	1972. 2. 17.	50	37	1986. 2. 20.	23
10	1959. 3. 25.	19	24	1973. 2. 19.	62	38	1987. 2. 20.	34

11	1960. 3. 24.	19	25	1974. 2. 19.	65	39	1988. 2. 22.	17
12	1961. 3. 27.	25	26	1975. 2. 15.	72	40	1989. 2. 20.	18
13	1962. 2. 13.	10	27	1976. 2. 19.	55	41	1990. 2. 24.	10

● 역대교장

대수	성명	재임기간	대수	성명	재임기간
겸무	-	1937. 8. 31.~1948. 3. 13.	6	허삼성	1964. 5. 1.~1966. 10. 14.
1	이영국	1948. 3. 14.~1948. 5. 6.	7	최진근	1966. 10. 15.~1968. 4. 18.
대리	마두만	1948. 6. 15.~1950. 6. 25.	8	신종영	1968. 4. 19.~1972. 8. 31.
2	이창우	1950. 6. 26.~1953. 3. 30.	9	김정락	1972. 9. 1.~1976. 8. 31.
3	박승규	1953. 3. 31.~1954. 2. 4.	10	정윤석	1976. 9. 1.~1981. 8. 31.
4	마두 만	1954. 2. 5.~1957. 9. 22.	11	신윤범	1981. 9. 1.~1985. 8. 31.
대리	김정락	1957. 9. 23.~1958. 3. 30.	12	차문수	1985. 9. 1.~1987. 8. 31.
대리	주윤식	1958. 3. 31.~1961. 9. 15.	13	이현구	1987. 9. 1.~1988. 2. 29.
대리	이명옥	1961. 9. 16.~1962. 2. 28.	14	곽도섭	1988. 3. 1.~1989. 2. 28.
5	신용진	1962. 3. 1.~1964. 4. 30.	15	이명국	1989. 3. 1.~1990. 2. 28.

● 폐교당시 학교 규모: 학급(2학급), 학생(22명), 교직원(4명)

● 교지 및 시설: 교실(6실), 특별실(4실), 사택과 창고(4동), 연건평(886,14㎡), 교지 면적(9,826㎡)

제 3 장 거창교육의 주체

오계국민학교청연분교장

2024년(1999년 매각, 농장)

학교전경

개교	1967년 4월 25일
폐교	1996년 3월 1일
위치	경상남도 거창군 신원면 덕산리 200 / 감악산로 489-13

● 학교의 연혁

- 1967. 4. 25.   오계국민학교청연분교 인가
- 1969. 5. 16.   교사 1동 신축(벽돌조)
- 1972. 12. 15. 사택 신축
- 1973. 4. 20.   간이 상수도 설치
- 1974. 4. 5.   연못 시설
- 1983. 12. 2.   전화 가설
- 1996. 3. 1.   폐교

● 옛 모습

분교장의 인솔로 거창읍 견학

폐교 후 학교 전경

● 폐교당시 학교 규모: 학급(0학급), 학생(0명)

● 교지 및 시설: 교실(1실), 연건평(137.52㎡), 교지 면적(5,253㎡)

거창교육 100년사

남상중앙초등학교오계분교장

2024년(2000년 매각, 교육시설)

학교전경

개교	1940년 4월 1일
폐교	1998년 3월 1일
위치	경상남도 거창군 남상면 오계리 423-1 / 수남로 1577

● 학교의 연혁

- 1940. 3. 1.   남상제2공립심상소학교 설립 인가
- 1940. 4. 1.   개교
- 1946. 4. 1.   오계국민학교로 개명
- 1963. 9. 26. 무촌분교장 설립 인가
- 1964. 9. 1.   개교
- 1967. 3. 1.   청연분교장 설립 인가
- 1968. 3. 1.   무촌분교 중앙국민학교로 승격 독립
- 1990. 3. 1.   춘진교 오계국민학교 분교로 편입
- 1996. 3. 1.   남상중앙초등학교오계분교장으로 격하
- 1998. 3. 1.   남상중앙초등학교에 통폐합

제 3 장 거창교육의 주체

● 학교 상징

교기

교가

1. 봉화산 정기 받아 동산 이루고
   기내천 스친 바람 갈고 닦은 길
   굳세고 씩씩한 어린이 되어
   한마음 한뜻으로 새 희망을 꿈꾸며
2. 비바람 몰아쳐도 변함없는
   소나무 곧은 절개 마음에 담아
   멋있고 정직한 어린이 되어
   한마음 한뜻으로 새 나라 일꾼 되어
후렴. 그 이름도 빛내리 오계 어린이
   아는 것이 힘이다 진리 배우자

● 옛 모습

1985년 학교 전경　　　　14회 졸업 기념사진　　　　26회 졸업생 수업

● 연도별 졸업생 수: 총 2,826명 (51회)

회별	졸업일자	졸업생수	회별	졸업일자	졸업생수	회별	졸업일자	졸업생수
1	1946. 6. 29.	22	18	1963. 2. 18.	102	35	1980. 2. 19.	68
2	1947. 7. 20.	28	19	1964. 2. 17.	87	36	1981. 2. 20.	48
3	1948. 7. 20.	27	20	1965. 2. 17.	138	37	1982. 2. 20.	38
4	1949. 7. 19.	22	21	1966. 2. 17.	110	38	1983. 2. 19.	56
5	1950. 5. 9.	47	22	1967. 2. 20.	136	39	1984. 2. 20.	30
6	1951. 7. 25.	35	23	1968. 2. 17.	134	40	1985. 2. 18.	36
7	1952. 3. 26.	50	24	1969. 2. 22.	106	41	1986. 2. 20.	36

8	1953. 3. 20.	37	25	1970. 2. 17.	46	42	1987. 2. 20.	34
9	1954. 3. 25.	38	26	1971. 2. 17.	65	43	1988. 2. 22.	30
10	1955. 3. 23.	30	27	1972. 2. 17.	100	44	1989. 2. 23.	25
11	1956. 3. 23.	46	28	1973. 2. 19.	99	45	1990. 2. 20.	16
12	1957. 3. 22.	43	29	1974. 2. 19.	99	46	1991. 2. 23.	21
13	1958. 3. 21.	41	30	1975. 2. 18.	98	47	1992. 2. 24.	19
14	1959. 3. 25.	42	31	1976. 2. 17.	59	48	1993. 2. 19.	19
15	1960. 3. 23.	72	32	1977. 2. 16.	76	49	1994. 2. 22.	16
16	1961. 3. 18.	53	33	1978. 2. 17.	80	50	1995. 2. 20.	22
17	1962. 2. 8.	72	34	1979. 2. 16.	64	51	1996. 2. 22.	8

● 역대교장

대수	성명	재임기간	대수	성명	재임기간
1	梶原利人	1940. 4. 1.~1942. 4. 29.	12	하봉균	1965. 8. 6.~1969. 3. 12.
2	白井義雄	1942. 4. 29.~1944. 4. 30.	13	최중택	1969. 3. 13.~1971. 3. 31.
3	옥태선	1945. 9. 30.~1946. 12. 31.	14	정윤석	1971. 4. 1.~1976. 8. 31.
4	이승화	1946. 1. 1.~1947. 4. 29.	15	김정락	1976. 9. 1.~1980. 8. 31.
5	정응환	1947. 4. 30.~1949. 5. 31.	16	차문수	1980. 9. 1.~1985. 8. 31.
6	정상근	1949. 6. 1.~1951. 4. 14.	17	신인범	1985. 9. 1.~1990. 2. 28.
7	신용진	1951. 4. 15.~1954. 3. 31.	18	이수균	1990. 3. 1.~1991. 8. 31.
8	신종영	1954. 4. 1.~1957. 3. 31.	19	배해수	1991. 9. 1.~1993. 2. 28.
9	이강제	1957. 4. 1.~1959. 5. 28.	20	정재동	1993. 3. 1.~1994. 2. 28.
10	김순명	1959. 5. 29.~1961. 10. 5.	21	송순목	1994. 3. 1.~1996. 2. 29.
11	김용하	1961. 10. 6.~1965. 8. 5.			

● 폐교당시 학교 규모: 학급(3학급), 학생(17명), 교직원(3명)

● 교지 및 시설: 교실(6실), 특별실(4실), 연건평(903.2㎡), 교지 면적(10,163㎡)

제 3 장 거창교육의 주체

남상중앙초등학교춘진분교장

2024년(커피공장)

학교전경

개교	1947년 2월 21일
폐교	1998년 3월 1일
위치	경상남도 거창군 남상면 춘전리 50-1 / 수남로 996

● 교육목표

　가. 올바르게 생각하며 행동하는 어린이

　나. 튼튼한 몸으로 부지런한 어린이

　다. 예의를 지키며 서로 돕는 어린이

● 학교의 연혁

- 1947. 2. 21. 개교, 1학급 편성(함양군 안의면 구역)
- 1973. 7. 1. 거창군 남상면으로 행정구역 변경
- 1990. 3. 1. 오계국민학교춘진분교장으로 격하
- 1996. 3. 1. 남상중앙초등학교춘진분교로 이름 변경
- 1998. 3. 1. 남상중앙초등학교에 통폐합

● 학교상징

교가

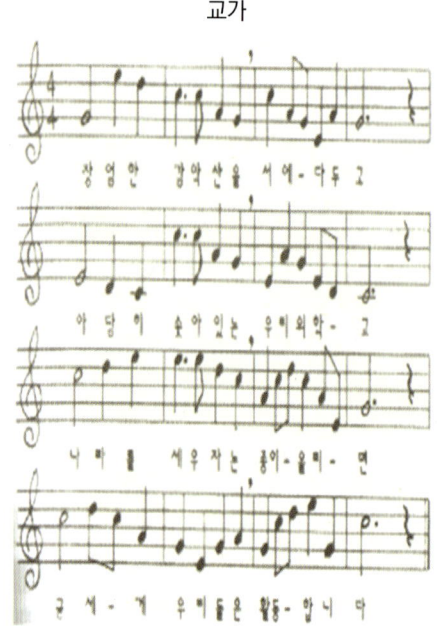

● 옛 모습

운동회

1960년대 지어진 일부 교사

● 연도별 졸업생 수: 총 869명(38회)

회별	졸업일자	졸업생수	회별	졸업일자	졸업생수	회별	졸업일자	졸업생수
1	1953. 3. 25.	19	14	1966. 2. 18.	30	27	1979. 2. 16.	37
2	1954. 3. 25.	16	15	1967. 2. 20.	35	28	1980. 2. 21.	19
3	1955. 3. 23.	10	16	1968. 2. 13.	34	29	1981. 2. 20.	31
4	1956. 3. 17.	15	17	1969. 2. 12.	35	23	1982. 2. 19.	18
5	1957. 3. 18.	16	18	1970. 2. 12.	32	31	1983. 2. 19.	18
6	1958. 3. 20.	9	19	1971. 2. 15.	34	32	1984. 2. 20.	23
7	1959. 3. 17.	11	20	1972. 2. 19.	28	33	1985. 2. 18.	17
8	1960. 3. 12.	13	21	1973. 2. 17.	38	34	1986. 2. 20.	16

9	1961. 3. 13.	14	22	1974. 2. 20.	41	35	1987. 2. 20.	17
10	1962. 2. 12.	14	23	1975. 2. 18.	29	36	1988. 2. 19.	10
11	1963. 2. 15.	12	24	1976. 2. 19.	44	37	1989. 2. 21.	13
12	1964. 2. 20.	22	25	1977. 2. 10.	28	38	1990. 2. 21.	12
13	1965. 2. 17.	33	26	1978. 2. 24.	26	총 졸업생 수		869

● 역대교장

대수	성명	재임기간	대수	성명	재임기간
1	신용진	1950. 1. 1.~1952. 11. 7.	10	이상업	1966. 3. 1.~1968. 6. 20.
2	이병근	1952. 11. 8.~1954. 4. 23.	11	조경현	1968. 6. 21.~1968. 11. 15.
3	김중곤	1954. 4. 24.~1957. 10. 3.	12	정판세	1968. 11. 16.~1971. 2. 28.
4	하성효	1957. 10. 4.~1960. 3. 29.	13	오정주	1971. 3. 1.~1973. 2. 28.
5	신홍재	1960. 3. 30.~1960. 10. 19.	14	여태두	1973. 3. 1.~1974. 8. 31.
6	송창복	1960. 10. 20.~1962. 2. 28.	15	오기한	1974. 9. 1.~1980. 8. 31.
7	박상근	1962. 3. 1.~1963. 11. 3.	16	이구상	1980. 9. 1.~1983. 8. 31.
8	김사정	1963. 11. 4.~1965. 6. 20.	17	형시욱	1983. 9. 1.~1987. 8. 31.
9	강진명	1965. 6. 21.~1966. 2. 28.	18	김영탁	1987. 9. 1.~1990. 2. 28.

● 폐교당시 학교 규모: 학급(3학급), 학생(12명), 교직원(5명)

● 교지 및 시설: 교실(9실), 특별실(3실), 연건평(806.03㎡), 교지 면적(4,918㎡)

(구)남상초등학교

2024년(개인임대)

학교전경

개교	1923년 10월 15일
폐교	1999년 9월 1일
위치	경상남도 거창군 남상면 대산리 128 / 대산1길 12

● 학교의 연혁

- 1923. 8. 22.   남상공립보통학교로 설립 인가
- 1923. 10. 15.   거창공립보통학교로 개교
- 1924. 1. 16.   신축교사로 이전
- 1938. 4. 1.   남상공립심상소학교로 개칭
- 1941. 4. 1.   남상공립국민학교로 개칭
- 1945. 9. 15.   남상국민학교로 개칭
- 1999. 9. 1.   남상중앙초등학교와 통폐합

● 학교 상징

교기

교가

● 연도별 졸업생 수: 총 3,511명(74회)

회별	졸업일자	졸업생수	회별	졸업일자	졸업생수	회별	졸업일자	졸업생수
1	1926. 3. 22.	44	26	1951. 5. 10.	37	51	1976. 2. 18.	69
2	1927. 3. 21.	26	27	1952. 5. 27.	41	52	1977. 2. 15.	88
3	1928. 3. 9.	18	28	1953. 5. 27.	29	53	1978. 2. 18.	80
4	1929. 3. 25.	28	29	1954. 3. 31.	31	54	1979. 2. 16.	76
5	1930. 3. 25.	28	30	1955. 3. 20.	27	55	1980. 2. 21.	77
6	1931. 3. 25.	39	31	1956. 3. 24.	38	56	1981. 2. 20.	56
7	1932.	21	32	1957. 3. 19.	36	57	1982. 2. 19.	52
8	1933.	9	33	1958.	44	58	1983. 2. 19.	58
9	1934.	23	34	1959.	44	59	1984. 2. 24.	28
10	1935.	11	35	1960.	69	60	1985. 2. 18.	39
11	1936.	13	36	1961.	34	61	1986. 2. 20.	55
12	1937.	29	37	1962.	42	62	1987. 2. 23.	42
13	1938.	24	38	1963.	96	63	1988. 2. 20.	44
14	1939.	32	39	1964.	61	64	1989. 2. 20.	33
15	1940.	30	40	1965.	39	65	1990. 2. 20.	38
16	1941.	32	41	1966.	127	66	1991. 2. 20.	37

회	연도	졸업생수	회	연도	졸업생수	회	연도	졸업생수
17	1942.	30	42	1967.	79	67	1992. 2. 20.	31
18	1943.	34	43	1968.	104	68	1993. 2. 19.	31
19	1944.	34	44	1969.	107	69	1994. 2. 21.	27
20	1945.	42	45	1970.	111	70	1995. 2. 18.	21
21	1946.	25	46	1971.	83	71	1996. 2. 17.	20
22	1947. 7. 15.	38	47	1972.	182	72	1997. 2. 20.	16
23	1948. 7. 15.	47	48	1973. 2. 15.	84	73	1998. 2. 20.	14
24	1949. 7. 21.	38	49	1974. 2. 18.	89	74	1999. 2. 19.	14
25	1950. 7. 20.	48	50	1975. 2. 18.	88	총 졸업생 수		3,511

● **역대교장**

대수	성명	재임기간	대수	성명	재임기간
1	다레 헤이찌	1923. 4.~1925. 3.	12	김용운	1961. 10. 8.~1962. 2. 28.
2	이선재	1925. 4.~1928. 2.	13	김수용	1962. 3. 1.~1965. 9. 17.
3	마세라 도시지	1928. 3.~1936. 2.	14	이강재	1965. 9. 18.~1972. 8. 31.
4	가지하라 도시도	1936. 3.~1942. 3.	15	신천수	1972. 9. 1.~1973. 8. 3.
5	이사리 요시오	1942. 4.~1943. 3.	16	형시욱	1973. 9. 1.~1979. 2. 28.
6	야마구찌 노부희도	1943. 3.~1946. 7.	17	서재연	1979. 3. 1.~1984. 2. 29.
7	김재만	1946. 8.~1949. 7.	18	정순옥	1984. 3. 1.~1988. 8. 31.
8	신홍재	1949. 8.~1953. 3.	19	이삼우	1989. 9. 1.~1992. 8. 31.
9	정상근	1953. 3. 31.~1955. 8. 29.	20	박성근	1992. 9. 1.~1994. 2. 28.
10	허쌍춘	1955. 8. 30.~1959. 5. 29.	21	김석윤	1994. 3. 1.~1998. 2. 28.
11	김용하	1959. 5. 31.~1961. 10. 7.	22	백홍기	1998. 3. 1.~1999. 8. 31.

● 폐교당시 학교 규모: 학급(6학급), 학생(남61명, 여47명), 교직원(12명)

● 교지 및 시설: 교실(10실), 특별실(1실), 연건평(1,086.74㎡), 교지 면적(11,789㎡)

제 3 장 거창교육의 주체

남상중앙초등학교

2024년(남상초등학교)

학교전경

개교	1964년 4월 1일
폐교	1999년 9월 1일
위치	거창군 남상면 무촌리 589-4 / 인평길 21

● 교육목표

가. 부지런히 배우며 나라에 봉사하는 어린이
나. 서로 믿고 협동 봉사하는 어린이
다. 마음이 성실하고 몸이 튼튼한 어린이

● 학교의 연혁

- 1963. 3. 26.   오계초등학교무촌분교장 인가
- 1964. 4. 1.   오계초등학교무촌분교장 개교
- 1968. 3. 1.   남상중앙국민학교로 승격
- 1982. 3. 1.   병설유치원 인가 및 개원
- 1987. 12. 3.   전국 사회정화 정신교육 우수학교
- 1989. 12. 10. 과학실 운영 도 우수학교
- 1994. 11. 22. 군 지정 과학교육 시범학교
- 1996. 3. 1.   오계, 춘진 분교장 편입
- 1997. 2. 25.   급식소(1교실분) 준공

거창교육 100년사

- 1997. 11. 29.   학습지도 군 우수학교
- 1998. 2. 28.   오계, 춘진 분교장 폐교 통합
- 1999. 9. 1.   남상중앙초등학교 및 병설유치원 폐교 통합
- 1999. 9. 1.   남상초등학교로 교명 변경, 역사 변경

● 학교상징

교기

교가

● 연도별 졸업생 수: 총 1,539명(30회)

회별	졸업년도	졸업생수	회별	졸업년도	졸업생수	회별	졸업년도	졸업생수
1	1970	74	11	1980	87	21	1990	20
2	1971	85	12	1981	63	22	1991	27
3	1972	111	13	1982	66	23	1992	23
4	1973	101	14	1983	60	24	1993	20
5	1974	90	15	1984	40	25	1994	19
6	1975	94	16	1985	49	26	1995	25
7	1976	98	17	1986	45	27	1996	20
8	1977	74	18	1987	31	28	1997	22

| 9 | 1978 | 74 | 19 | 1988 | 31 | 29 | 1998 | 15 |
| 10 | 1979 | 41 | 20 | 1989 | 23 | 30 | 1999 | 11 |

● 역대교장

대수	성명	재임기간
1	윤을효	1968. 6. 21.~1970. 3. 31.
2	김재천	1970. 4. 1.~1974. 8. 31.
3	이구상	1974. 9. 1.~1980. 8. 31.
4	김정락	1980. 9. 1.~1982. 8. 31.
5	이용백	1982. 9. 1.~1987. 8. 31.
6	김순현	1987. 9. 1.~1989. 8. 31.
7	양재윤	1989. 9. 1.~1993. 2. 28.
8	김성기	1993. 3. 1.~1997. 2. 28.
9	어윤환	1997. 3. 1.~1998. 2. 28.
10	김철수	1998. 3. 1.~1999. 8. 31.

● 폐교당시 학교 규모: 학급(6학급), 학생(77명), 교직원(13명)

● 교지 및 시설: 교실(8실), 특별실(6실), 연건평(1,699㎡), 교지 면적(16,872㎡)

남하국민학교둔마분교장

학교전경

개교	1947년 3월 31일
폐교	1994년 3월 1일
위치	경상남도 거창군 남하면 둔마리 1155-1 / 가조가야로 363

● 교육목표

우리는 부지런히 공부하여 튼튼하게 자라서 서로 돕는 알뜰하고 쓸모 있는 어린이

● 학교의 연혁

- 1947. 3. 31. 남하국민학교둔마분교장 설치
- 1953. 4. 30. 둔마국민학교 개교
- 1974. 2. 15. 병설유치원 설립 인가
- 1976. 2. 28. 남하국민학교둔마분교장으로 격하
- 1994. 3. 1. 남하국민학교로 통폐합

● 옛 모습

교문

제12회 졸업기념

● 연도별 졸업생 수: 총 1,638명(38회)

회별	졸업일자	졸업생수	회별	졸업일자	졸업생수
1	1954. 3. 25.	23	20	1973. 2. 19.	59
2	1955. 3. 25.	13	21	1974. 2. 19.	77
3	1956. 3. 25.	19	22	1975. 2. 28.	76
4	1957. 3. 18.	22	23	1976. 2. 19.	56
5	1958. 3. 22.	20	24	1977. 2. 18.	60
6	1959. 3. 18.	20	25	1978. 2. 17.	66
7	1960. 3. 24.	34	26	1979. 2. 17.	45
8	1961. 3. 20.	36	27	1980. 2. 19.	47
9	1962. 2. 12.	37	28	1981. 2. 18.	57
10	1963. 2. 10.	62	29	1982. 2. 19.	35
11	1964. 2. 19.	48	30	1983. 2. 19.	41
12	1965. 2. 18.	68	31	1984. 2. 21.	33
13	1966. 2. 19.	47	32	1985. 2. 18.	29
14	1967. 2. 22.	49	33	1986. 2. 20.	40

15	1968. 2. 17.	66	34	1987. 2. 20.	25
16	1969. 2. 22.	67	35	1988. 2. 22.	19
17	1970. 2. 18.	52	36	1989. 2. 22.	19
18	1971. 2. 18.	57	37	1990. 2. 20.	15
19	1972. 2. 19.	86	38	1991. 2. 21.	13

● 역대교장

대수	성명	재임기간
1	최순빈	1954. 4. 29.~1956. 11. 15.
2	하봉균	1956. 11. 16.~1965. 9. 19.
3	신홍재	1965. 9. 20.~1968. 12. 10.
4	김수용	1968. 12. 11.~1971. 8. 31.
5	신일권	1971. 9. 1.~1975. 8. 31.
6	조석봉	1975. 9. 1.~1980. 8. 31.
7	강건중	1980. 9. 1.~1985. 8. 31.
8	최계출	1985. 9. 1.~1989. 8. 31.
9	이은영	1989. 9. 1.~1991. 2. 28.

● 폐교당시 학교 규모: 학급(2학급), 학생(10명), 교직원(5명)

● 교지 및 시설: 교실(10실), 특별실(0실), 연건평(763.11m^2), 교지면적(9,399m^2)

제 3 장 거창교육의 주체

남하초등학교지산분교장

2024년(캠핑장)

학교전경

개교	1936년 5월 10일
폐교	1998년 3월 1일
위치	경상남도 거창군 남하면 지산리 906 / 지산로 727-13

● 교육목표

부지런하고 서로 도우며 정직한 어린이

● 학교의 연혁

- 1936. 5. 10. 남하공립 보통학교 부설 지산 간이 학교 개교 인가
- 1941. 4. 1. 남하공립 제2공립 국민학교로 승격 인가
- 1945. 8. 15. 지산국민학교로 개칭
- 1973. 3. 1. 벽지학교로 지정
- 1985. 9. 1. 지산국민학교 병설유치원 1학급 인가
- 1993. 3. 1. 남하국민학교 분교로 격하
- 1995. 3. 1. 지산분교 병설유치원 폐원
- 1998. 3. 1. 남하초등학교로 통폐합

● 학교상징

교기

● 연도별 졸업생 수: 총 1,895명(52회)

회별	졸업일자	졸업생수	회별	졸업일자	졸업생수	회별	졸업일자	졸업생수
1	1943. 3. 25.	30	19	1961. 2. 26.	41	37	1979. 2. 15.	60
2	1944. 3. 25.	24	20	1962. 2. 14.	30	38	1980. 2. 19.	43
3	1945. 3. 25.	15	21	1963. 2. 19.	50	39	1981. 2. 19.	31
4	1946. 3. 25.	18	22	1964. 2. 15.	33	40	1982. 2. 19.	34
5	1947. 3. 25.	26	23	1965. 2. 18.	51	41	1983. 2. 19.	35
6	1948. 3. 25.	22	24	1966. 2. 18.	29	42	1984. 2. 21.	36
7	1949. 7. 23.	14	25	1967. 2. 22.	55	43	1985. 2. 23.	37
8	1950. 5. 5.	21	26	1968. 2. 19.	63	44	1986. 2. 20.	38
9	1951. 7. 15.	18	27	1969. 2. 22.	54	45	1987. 2. 20.	39
10	1952. 3. 31.	23	28	1970. 2. 18.	38	46	1988. 2. 22.	40
11	1953. 3. 27.	12	29	1971. 2. 17.	61	47	1989. 2. 20.	41
12	1954. 3. 23.	15	30	1972. 2. 17.	39	48	1990. 2. 20.	42
13	1955. 3. 26	13	31	1973. 2. 16.	85	49	1991. 2. 20.	43
14	1956. 3. 20.	15	32	1974. 2. 20.	52	50	1992. 2. 20.	44

15	1957. 3. 19.	16	33	1975. 2. 16.	54	51	1993. 2. 23.	45
16	1958. 3. 15.	23	34	1976. 2. 20.	53	52	1994. 2. 19.	52
17	1959. 3. 19.	21	35	1977. 2. 16.	55	총 졸업생 수		1,895
18	1960. 3. 23.	25	36	1978. 2. 17.	41			

● **역대교장**

대수	성명	재임기간
1	임규희	1945. 12. 31.~1946. 4. 30.
2	박태종	1946. 5. 1.~1947. 10. 14.
3	신홍재	1947. 10. 15.~1948. 12. 31.
4	김용하	1949. 1. 1.~1954. 6. 20.
5	윤동수	1954. 6. 21.~1956. 3. 31
6	신종영	1956. 4. 1.~1959. 5. 29
7	한성호	1959. 5. 30.~1960. 10. 19.
8	오한기	1960. 10. 20.~1963. 2. 28.
9	신태휴	1963. 3. 1.~1967. 1. 20.
10	이명옥	1967. 1. 21.~1972. 10. 31.
11	배영석	1972. 12. 16.~1978. 1. 5.
12	김동수	1978. 1. 6.~1983. 2. 28.
13	이현구	1983. 3. 1.~1987. 8. 31.
14	배해수	1990. 3. 1.~1991. 8. 31.
15	정재동	1991. 9. 1.~1992. 8. 31.
16	최재호	1992. 9. 1.~1993. 2. 28.

● **폐교당시 학교 규모**: 학급(3학급), 학생(12명), 교직원(4명)

● **교지 및 시설**: 교실(8실), 특별실(0실), 연건평(887m^2), 교지면적(10,245m^2)

거창교육 100년사

마리국민학교율리분교장

2024년(캠핑장)

학교전경

개교	1964년 10월 12일
폐교	1992년 3월 1일
위치	경상남도 거창군 마리면 율리 345 / 풍계1길 27-71

● 학교의 연혁

- 1964. 10. 12.   마리국민학교율리분교장 개교
- 1972. 3. 1.   율리국민학교로 승격
- 1982. 3. 1.   마리국민학교율리분교장으로 격하
- 1992. 2. 21.   제20회 졸업식(3명), 총 졸업생 586명
- 1992. 3. 1.   마리국민학교에 통폐합

● 옛 모습

운동장에서 노래 부르기

상장 수여 기념

● 학교상징

교목(느티나무)　　　교화(개나리)　　　교가

교기

● 연도별 졸업생 수: 총 586명 (20회)

회 별	졸업일자	졸업생수	회 별	졸업일자	졸업생수
1	1973. 2. 16.	38	11	1983. 2. 19.	16
2	1974. 2. 19.	43	12	1984. 2. 20.	53
3	1985. 2. 18.	32	13	1976. 2. 19.	44
4	1976. 2. 19.	29	14	1986. 2. 20.	54
5	1977. 2. 15.	29	15	1987. 2. 20.	11
6	1978. 2. 18.	39	16	1988. 2. 20.	6
7	1979. 2. 16.	25	17	1980. 2. 19.	88

8	1980. 2. 19.	21	18	1990. 2. 20.	6
9	1981. 2. 20.	25	19	1991. 2. 20.	7
10	1982. 2. 20.	17	20	1992. 2. 21.	3

● 역대교장

대수	성명	재임 기간
1	유태진	1972. 3. 1.~1977. 8. 31.
2	윤완호	1977. 9. 1.~1979. 4. 30.
3	최진근	1979. 5. 1.~1981. 8. 31.
4	한명만	1981. 9. 1.~1982. 3. 1.

● 폐교당시 학교 규모: 학급(2학급), 학생(29명), 교직원(3명)

● 교지 및 시설: 교실(2실), 특별실(5실), 연건평(608.2㎡), 교지 면적(9,303㎡)

시목국민학교

2024년(거창군 도로관리센터)

학교전경

개교	1941년 5월 25일
폐교	1995년 3월 1일
위치	경상남도 거창군 마리면 대동리 702-3 / 황마로 1353

● 교육목표

가. 슬기롭고 생각하는 어린이

나. 바르고 부지런한 어린이

다. 씩씩하고 서로 돕는 어린이

● 학교의 연혁

- 1941. 5. 1.   대동간이학교 인가
- 1941. 5. 25. 대동간이학교 개교(시목마을)
- 1943. 4. 1.   시목국민학교 인가
- 1945. 4. 1.   시목국민학교 개교
- 1958. 9. 1.   시목에서 현 위치(대동리705번지)로 이전
- 1980. 3. 2.   시목국민학교병설유치원 설치
- 1995. 2. 20. 제46회 졸업식(7명), 총 졸업생 2,559명
- 1995. 3. 1.   마리국민학교에 통폐합

● 옛 모습

1988년 운동회

● 학교상징

교목(감나무)   교화(장미)   교가

교기

● 연도별 졸업생 수: 총 2,559명(46회)

회별	졸업일자	졸업생수	회별	졸업일자	졸업생수	회별	졸업일자	졸업생수
1	1950. 5. 5.	28	17	1966. 2. 17.	88	33	1982. 2. 19.	76
2	1951. 7. 15.	16	18	1967. 2. 22.	80	34	1983. 2. 19.	51
3	1952. 3. 31.	21	19	1968. 2. 19.	98	35	1984. 2. 20.	64
4	1953. 3. 24.	21	20	1969. 2. 20.	88	36	1985. 2. 21.	37

5	1954. 3. 24.	19	21	1970. 2. 20.	86	37	1986. 2. 22.	43
6	1955. 3. 24.	30	22	1971. 2. 18.	88	38	1987. 2. 20.	46
7	1956. 3. 20.	22	23	1972. 2. 18.	102	39	1988. 2. 22.	52
8	1957. 3. 15.	16	24	1973. 2. 16.	110	40	1989. 2. 22.	25
9	1958. 3. 18.	16	25	1974. 2. 20.	86	41	1990. 2. 23.	35
10	1959. 3. 25.	17	26	1975. 2. 18.	108	42	1991. 2. 20.	20
11	1960. 3. 24.	16	27	1976. 2. 18.	98	43	1992. 2. 20.	18
12	1961. 3. 21.	53	28	1977. 2. 15.	95	44	1993. 2. 20.	15
13	1962. 2. 29.	44	29	1978. 2. 18.	120	45	1994. 2. 21.	17
14	1963. 2. 16.	54	30	1979. 2. 15.	103	46	1995. 2. 20.	7
15	1964. 2. 10.	68	31	1980. 2. 19.	71	총 졸업생 수		2,559
16	1965. 2. 17.	109	32	1981. 2. 20.	71			

● 역대교장

대수	성명	재임기간	대수	성명	재임기간
1	이현정	1945. 10. 30.~1946. 12. 30.	10	백영종	1965. 9. 21.~1968. 11. 16.
2	이맹호	1946. 12. 31.~1947. 12. 31.	11	신기범	1968. 11. 17.~1973. 2. 28.
3	신홍제	1948. 1. 1.~1948. 9. 30.	12	이규상	1973. 3. 1.~1974. 8. 31.
4	신세범	1948. 10. 1.~1950. 1. 12.	13	김재천	1974. 9. 1.~1980. 8. 31.
5	신종영	1950. 1. 13.~1953. 3. 31.	14	조석봉	1980. 9. 1.~1984. 8. 31.
6	신용진	1953. 4. 1.~1956. 11. 16.	15	신일권	1984. 9. 1.~1990. 2. 28.
7	오한기	1956. 11. 17.~1960. 3. 31.	16	방재중	1990. 3. 1.~1993. 2. 28.
8	이상업	1960. 4. 1.~1961. 9. 30.	17	김철수	1993. 3. 1.~1995. 2. 28.
9	윤동수	1961. 10. 1.~1965. 9. 20.			

● 폐교당시 학교 규모: 학급(3학급), 학생(31명), 교직원(7명)

● 교지 및 시설: 교실(3실), 특별실(13실), 연건평(1,188㎡), 교지 면적(14,638㎡)

거창교육 100년사

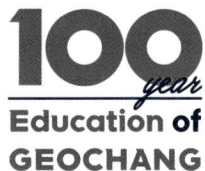

북상국민학교소정분교장

2024년(이한메미술관)

학교전경

개교	1956년 4월 1일
폐교	1992년 3월 1일
위치	경상남도 거창군 북상면 소정리 688-1 / 송계로 1243-15

● 학교의 연혁

- 1956. 4. 1.　북상국민학교소정분교장으로 개교
- 1962. 2. 28.　소정국민학교로 승격
- 1967. 4. 1.　벽지학교로 지정
- 1971. 9. 20.　1교실 증축 및 사택 1동 증축
- 1974. 4. 24.　전화가설
- 1979. 9. 2.　자연보호탑 건립
- 1984. 10. 31.　정규교실 3교실 현관 개축 준공
- 1989. 3. 1.　북상국민학교소정분교장으로 격하
- 1992. 3. 1.　북상국민학교로 통폐합

제 3 장 거창교육의 주체

● 옛 모습

전교 조회 모습

학교전경

제6회 졸업사진

● 학교상징

교기

교목(소나무)

교화(라일락)

● 연도별 졸업생 수: 총 986명(30회)

회별	졸업일자	졸업생수	회별	졸업일자	졸업생수
1	1962. 2. 15.	42	16	1977. 2. 25.	54
2	1963. 2. 16.	37	17	1978. 2. 25.	43
3	1964. 2. 7.	26	18	1979. 2. 23.	40
4	1965. 2. 18.	28	19	1980. 2. 20.	38
5	1966. 2. 17.	35	20	1981. 2. 20.	41
6	1967. 2. 21.	26	21	1982. 2. 20.	33

7	1968. 2. 16.	39	22	1983. 2. 19.	33
8	1969. 2. 22.	3	23	1984. 2. 19.	26
9	1970. 2. 18.	44	24	1985. 2. 18.	25
10	1971. 2. 16.	32	25	1986. 2. 20.	34
11	1972. 2. 25.	34	26	1987. 2. 20.	24
12	1973. 2. 24.	53	27	1988. 2. 22.	12
13	1974. 2. 23.	36	28	1989. 2. 20.	10
14	1975. 2. 25.	49	29	1990. 2. 20.	15
15	1976. 2. 25.	43	30	1991. 2. 20.	11

● 역대교장

대수	성 명	재임기간
1	양해관	1962. 9. 17.~1963. 5. 17.
2	최점옥	1963. 5. 18.~1967. 2. 28.
3	정윤석	1967. 3. 1.~1971. 3. 31.
4	문영재	1971. 4. 1.~1973. 2. 28.
5	윤기록	1973. 3. 1.~1977. 8. 31.
6	김기대	1977. 9. 1.~1980. 8. 31.
7	양재윤	1980. 9. 1.~1985. 8. 31.
8	강건중	1985. 9. 1.~1987. 8. 31.
9	이수균	1987. 9. 1.~1989. 2. 28.

● 폐교당시 학교 규모: 학급(3학급), 학생수(32명), 교직원수(4명)

● 교지 및 시설: 교실(3.5실), 특별실(1실), 연건평(478m^2), 교지면적(2,952m^2)

북상국민학교월성분교장

2024년(달빛고운월성마을 자연체험학습관)

학교전경

개교	1934년 5월 1일
폐교	1993년 3월 1일
위치	경상남도 거창군 북상면 월성리 1084-4 / 덕유월성로1439-14

● 학교의 연혁

- 1934. 4. 5. 월성간이학교로 설립 인가(2년제)
- 1934. 5. 1. 월성간이학교로 개교
- 1941. 4. 5. 수업연한 4년제 인가
- 1944. 4. 5. 교명 북상제2국민학교로 개칭
- 1945. 7. 14. 월성국민학교로 개칭(수업연한 6년제)
- 1951. 1. 15. 6.25 사변 공비 소탕전으로 인하여 교사 부속 건물 소거
- 1987. 3. 1. 월성국민학교병설유치원 설립 인가, 개원
- 1989. 3. 1. 5학급 편성 인가
- 1992. 2. 20. 제44회 졸업식(8명), 총 졸업생 999명
- 1992. 3. 1. 북상국민학교월성분교장으로 격하
- 1993. 3. 1. 북상국민학교에 통폐합

● 학교상징

● 연도별 졸업생 수: 총 999명 (44회)

회별	졸업일자	졸업생수	회별	졸업일자	졸업생수	회별	졸업일자	졸업생수
1	1949. 7. 20.	10	16	1964. 2. 17.	13	31	1979. 2. 16.	42
2	1950. 5. 20.	6	17	1965. 2. 17.	20	32	1980. 2. 20.	35
3	1951. 7. 25.	7	18	1966. 2. 16.	28	33	1981. 2. 20.	43
4	1952. 3. 28.	1	19	1967. 2. 23.	21	34	1982. 2. 20.	40
5	1953. 3. 23.	3	20	1968. 2. 24.	27	35	1983. 2. 19.	33
6	1954. 3. 20.	2	21	1969. 2. 22.	32	36	1984. 2. 20.	20
7	1955. 3. 22.	4	22	1970. 2. 18.	29	37	1985. 2. 19.	21
8	1956. 3. 15.	18	23	1971. 2. 24.	36	38	1986. 2. 20.	34
9	1957. 3. 23.	17	24	1972. 2. 24.	46	39	1987. 2. 20.	26
10	1958. 3. 19.	13	25	1973. 2. 24.	51	40	1988. 2. 20.	19
11	1959. 3. 25.	10	26	1974. 2. 16.	43	41	1989. 2. 20.	21
12	1960. 3. 25.	11	27	1975. 2. 18.	32	42	1990. 2. 20.	13

13	1961. 3. 22.	18	28	1976. 2. 20.	25	43	1991. 2. 20.	18
14	1962. 2. 16.	17	29	1977. 2. 15.	26	44	1992. 2. 20.	8
15	1963. 2. 19.	14	30	1978. 2. 18.	46	총 졸업생 수		999

● 역대교장

대수	성명	재임 기간
1	오원수	1945. 10. 1.~1950. 3. 31.
2	허쌍춘	1950. 4. 1.~ 6.25전쟁으로 미상
3	이상업	1958. 2. 1.~1960. 3. 31.
4	김재곤	1960. 4. 1.~1961. 8. 15.
5	김효진	1961. 8. 16.~1962. 9. 6.
6	오창화	1965. 10. 17.~1968. 10. 31.
7	이병섭	1968. 11. 1.~1971. 9. 30.
8	김상학	1971. 10. 1.~1974. 8. 31.
9	이삼중	1971. 10. 3.~1974. 9. 1.
10	오춘근	1974. 9. 1.~ 1979. 2. 28.
11	홍판룡	1979. 3. 1.~1983. 8. 31.
12	김용백	1983. 9. 1.~1986. 8. 31.
13	김도식	1986. 9. 1.~1989. 2. 28.
14	서정만	1989. 3. 1.~1990. 2. 28.
15	전상익	1990. 3. 1.~1991. 4. 23.
16	이한규	1991. 5. 25.~1992. 2. 28.

● 폐교당시 학교 규모: 학급(3실), 학생(39명), 교직원(5명)

● 교지 및 시설: 교실(5실), 특별실(2실), 연건평(469㎡), 교지 면적(6,529㎡)

거창교육 100년사

북상초등학교병곡분교장

2024년(빙기실 달빛고운캠핑장)

학교전경

개교	1945년 5월 25일
폐교	1998년 3월 1일
위치	경상남도 거창군 북상면 병곡리 768-3 / 병곡길 447-11

● 학교의 연혁

- 1945. 5. 25.   병곡국민학교 설립 인가
- 1945. 5. 30.   개교(2개 교실)
- 1950. 6. 26.   초대 백성기 교장 부임
- 1950. 7. 27.   6·25전쟁으로 북상국민학교로 이전
- 1951. 1. 20.   공비 침략으로 전략상 본교 소각
- 1951. 10. 23. 북상국민학교에서 개교
- 1955. 8. 31.   가교사 준공
- 1955. 9. 10.   북상국민학교에서 본교로 복귀
- 1978. 3. 1.   6개 학급으로 인가(5학급에서)
- 1988. 3. 1.   북상국민학교병곡분교장으로 격하
- 1996. 3. 1.   북상초등학교병곡분교장으로 개칭
- 1998. 3. 1.   북상초등학교에 통폐합

● 옛 모습

1974년 웅변대회

● 연도별 졸업생 수: 총 633명(35회)

회별	졸업일자	졸업생수	회별	졸업일자	졸업생수
1	1951. 7. 25.	3	19	1972. 2. 17.	25
2	1952. 3. 24.	2	20	1973. 2. 16.	37
3	1953. 3. 23.	7	21	1974. 2. 19.	28
4	1954. 3. 24.	2	22	1975. 2. 19.	20
5	1958. 3. 21.	5	23	1976. 2. 16.	25
6	1959. 3. 18.	8	24	1977. 2. 16.	36
7	1960. 3. 25.	13	25	1978. 2. 22.	24
8	1961. 3. 21.	117	26	1979. 2. 16.	38
9	1962. 2. 9.	13	27	1980. 2. 22.	25
10	1963. 2. 19.	7	28	1981. 2. 20.	21
11	1964. 2. 11.	13	29	1982. 2. 19.	20
12	1965. 2. 20.	31	30	1983. 2. 19.	19
13	1966. 2. 19.	12	31	1984. 2. 24.	25

14	1967. 2. 21.	23	32	1985. 2. 22.	13
15	1968. 2. 16.	19	33	1986. 2. 20.	15
16	1969. 2. 20.	20	34	1987. 2. 23.	18
17	1970. 2. 18.	15	35	1988. 2. 22.	9
18	1971. 2. 17.	25	총 졸업생 수		633

● 역대교장

대수	성명	재임 기간
1	백성기	1950. 6. 26.~1952. 11. 2.
2	이정열	1961. 10. 15.~1963. 11. 3.
3	하또수	1963. 11. 4.~1964. 6. 14.
4	양호열	1964. 6. 15.~1966. 10. 14.
5	심재표	1966. 10. 15.~1967. 10. 31.
6	탁임술	1967. 11. 1.~1969. 6. 10.
7	서재현	1969. 6. 11.~1971. 8. 31.
8	김정락	1971. 9. 1.~1972. 8. 31.
9	감수균	1973. 9. 1.~1976. 8. 31.
10	신상기	1976. 9. 1.~1979. 2. 28.
11	신인범	1979. 3. 1.~1971. 8. 31.
12	김보상	1981. 9. 1.~1986. 4. 24.
13	우재용	1986. 6. 15.~1988. 2. 28.

● 폐교당시 학교 규모: 학급(2학급), 학생(7명), 교직원(2명)

● 교지 및 시설: 교실(4실), 특별실(1실), 연건평(565.8㎡), 교지 면적(5,796㎡)

산수국민학교

폐교 이후 학교전경

개교	1973년 12월 22일
폐교	1991년 3월 1일
위치	경상남도 거창군 신원면 덕산리 714-1 / 청수로 651-5

● 교육목표

나라를 사랑하고 예절 바르며 튼튼하고 슬기로운 어린이를 기른다

● 학교의 연혁

- 1973. 3. 1.   신원국민학교산수분교장 건립 인가
- 1973. 12. 22.   신원국민학교산수분교장으로 개교
- 1978. 3. 1.   산수국민학교로 승격
- 1991. 3. 1.   신원국민학교로 통폐합

● 옛 모습

제2회 졸업기념

제12회 졸업기념

● 연도별 졸업생 수: 총 305명(13회)

회별	졸업일자	졸업생수
1	1979. 2. 24.	37
2	1980. 2. 25.	39
3	1981. 2. 2.	28
4	1982. 2. 19.	31
5	1983. 2. 19.	29
6	1984. 2. 24.	24
7	1985. 2. 18.	20
8	1986. 2. 20.	19
9	1987. 2. 20.	24
10	1988. 2. 23.	14
11	1989. 2. 20.	19
12	1990. 2. 23.	13
13	1991. 2. 23.	8

● 역대교장

대수	성 명	재임기간
1	이종학	1978. 3. 1.~1980. 2. 28.
2	이삼우	1980. 3. 1.~1988. 2. 28.
3	방재중	1988. 3. 1.~1990. 2. 28.
4	강명규	1990. 3. 1.~1991. 2. 28.

● 폐교당시 학교 규모: 학급(5학급), 학생(49명), 교직원(8명)

● 교지 및 시설: 교실(5실), 특별실(1실), 연건평(649.7m^2), 교지면적(5,240m^2)

중유국민학교

2024년(소득증대시설로 대부) / 학교전경

개교	1961년 4월 2일
폐교	1992년 3월 1일
위치	경상남도 거창군 신원면 중유리 275-1 / 철마길 262

● 교육목표

가. 열심히 노력하여 실력이 있는 어린이
나. 이웃을 사랑하고 우리 고장을 사랑하는 어린이
다. 스스로 공부하고 깊이 생각하는 어린이
라. 나라를 사랑하고 사명감이 높은 어린이

● 학교의 연혁

- 1960. 11. 17. 신원국민학교중유분교장으로 설립 인가
- 1964. 3. 1. 중유국민학교로 승격(교명 변경)
- 1992. 3. 1. 신원국민학교로 통폐합

● 옛 모습

교적비

● 학교상징

교목(플라타너스)　　　교화(개나리)

교가 가사

필봉산 높은 기상 서남에 두고
개나리 맑은 향기 가슴에 품고
이곳에 자라나는 배움의 전당
씩씩하게 자라나는 우리 중유교

● 연도별 졸업생 수 : 총 820명(26회)

회별	졸업일자	졸업생수	회별	졸업일자	졸업생수
1	1967. 2. 23.	22	14	1980. 2. 23.	35
2	1968. 2. 21.	25	15	1981. 2. 19.	38
3	1969. 2. 21.	42	16	1982. 2. 19.	26
4	1970. 2. 17.	40	17	1983. 2. 19.	34
5	1971. 2. 16.	33	18	1984. 2. 20.	34
6	1972. 2. 19.	48	19	1985. 2. 18.	21
7	1973. 2. 16.	49	20	1986. 2. 20.	30

8	1974. 2. 20.	46	21	1987. 2. 20.	20
9	1975. 2. 18.	43	22	1988. 2. 22.	18
10	1976. 2. 20.	37	23	1989. 2. 20.	17
11	1977. 2. 24.	35	24	1990. 2. 20.	16
12	1978. 2. 18.	47	25	1991. 2. 20.	12
13	1979. 2. 24.	38	26	1992. 2. 20.	14

● 역대교장

대수	성 명	재임기간
1	박석수	1964. 5. 20.~1967. 1. 20.
2	김재천	1967. 1. 21.~1967. 10. 31.
3	이영주	1967. 11. 1.~1969. 5. 7.
4	신일권	1969. 5. 8.~1970. 8. 31.
5	전용태	1970. 9. 1.~1976. 8. 31.
6	조경순	1976. 9. 1.~1980. 10. 31.
7	조용상	1980. 11. 1.~1984. 2. 29.
8	이문호	1984. 3. 1.~1985. 8. 31.
9	어윤용	1985. 9. 1.~1986. 8. 31.
10	김호동	1986. 9. 1.~1987. 2. 28.
11	백상기	1987. 3. 1.~1989. 2. 28.
12	강신언	1989. 3. 1.~1990. 2. 28.
13	조규현	1990. 3. 1.~1992. 2. 29.

● 폐교당시 학교 규모: 학급(4학급), 학생(0명), 교직원(2명)

● 교지 및 시설: 교실수(7실), 특별실(0실), 연건평(586.8m^2), 교지면적(8,198m^2)

거창교육 100년사

용현국민학교

2024년(소득증대시설로 대부)

학교전경

개교	1961년 4월 30일
폐교	1992년 3월 1일
위치	경상남도 거창군 신원면 대현리 86-1 / 대현길 12

● 교육목표

신뢰받는 교육, 능력 있는 인간

● 학교의 연혁
- 1960. 11. 17. 신원국민학교용현분교장 인가
- 1961. 4. 3.   본교에서 입학식
- 1963. 3. 11. 학교부지 매입 150평
- 1964. 3. 1.   용현국민학교로 승격 인가
- 1992. 3. 1.   신원국민학교로 통폐합

● 옛 모습

교적비

● 연도별 졸업생 수: 총 1,069명(26회)

회별	졸업일자	졸업생수	회별	졸업일자	졸업생수
1	1967. 2. 25.	42	14	1980. 2. 20.	33
2	1968. 2. 19.	52	15	1981. 2. 20.	51
3	1969. 2. 21.	48	16	1982. 2. 19.	47
4	1970. 2. 18	36	17	1983. 2. 20.	50
5	1971. 2. 20.	50	18	1984. 2. 19.	30
6	1972. 2. 18.	40	19	1985. 2. 20.	34
7	1973. 2. 20.	52	20	1986. 2. 20.	42
8	1974. 2. 18.	55	21	1987. 2. 20.	20
9	1975. 2. 15.	59	22	1988. 2. 23.	28
10	1976. 2. 18.	49	23	1989. 2. 20.	19
11	1977. 2. 15.	62	24	1990. 2. 20.	15
12	1978. 2. 16.	56	25	1991. 2. 20.	21
13	1979. 2. 16.	68	26	1992. 2. 21.	10

● 역대교장

대수	성명	재임기간
1	유양식	1964. 5. 15.~1966. 12. 31.
2	김사경	1966. 1. 1.~1966. 10. 19.
3	김중곤	1966. 10. 20.~1968. 10. 30.
4	배상구	1968. 11. 1.~1971. 8. 31.
5	신석홍	1971. 9. 1.~1973. 8. 31.
6	김태곤	1973. 9. 1.~1977. 1. 16.
7	양재도	1977. 1. 17.~1980. 9. 1.
8	강위성	1981. 9. 2.~1982. 2. 28.
9	한명만	1982. 3. 1.~1983. 8. 31.
10	이치우	1993. 9. 1.~1984. 10. 29.
11	장만상	1984. 10. 30.~1986. 8. 31.
12	김성룡	1986. 9. 1.~1988. 2. 29.
13	신경범	1988. 3. 1.~1989. 8. 31.
14	김성기	1989. 9. 1.~1990. 8. 31.
15	임한섭	1990. 9. 1.~1992. 2. 29.

● 폐교당시 학교 규모: 학급(3학급), 학생(10명), 교직원(8명)

● 교지 및 시설: 교실수(8.5실), 특별실(3.5실), 연건평(656.98m^2), 교지면적(9,716m^2)

율원국민학교

2024년(양지마을 기업 임대 중)

학교전경

개교	1942년 7월 20일
폐교	1996년 3월 1일
위치	경상남도 거창군 신원면 양지리 284-1 / 밤티재로 1

● 교육목표

가. 나라를 사랑하고 예절 바른 어린이
나. 꿈을 키우며 스스로 공부하는 어린이
다. 깊이 생각하며 탐구하는 어린이
라. 꿈과 마음이 건강한 어린이

● 학교의 연혁

- 1935. 3. 31. 신원공립보통학교 부설 인가
- 1935. 9. 1. 신축 교사 이전
- 1942. 4. 25. 신원제2공립국민학교 인가
- 1942. 7. 20. 개교식 거행
- 1946. 4. 25. 율원공립국민학교로 교명 변경
- 1985. 9. 2. 병설유치원 개원
- 1996. 3. 1. 신원초등학교로 통폐합

● 옛 모습

아침조회 모습

제34회 졸업기념

● 학교상징

교기

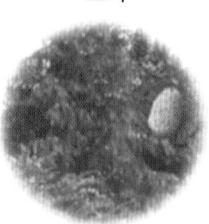
교목

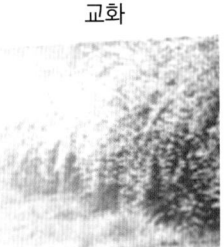
교화

교가

● 연도별 졸업생 수: 총 2,407명(48회)

회별	졸업일자	졸업생수	회별	졸업일자	졸업생수	회별	졸업일자	졸업생수
1	1949. 7. 20.	23	17	1965. 2. 17.	39	33	1981. 2. 20.	71
2	1951. 5. 6.	28	18	1966. 2. 18.	82	34	1982. 2. 19.	61
3	1951. 7. 20.	21	19	1967. 2. 17.	71	35	1983. 2. 19.	58
4	1952. 3. 30.	16	20	1968. 2. 17.	95	36	1984. 2. 20.	48
5	1953. 3. 30.	17	21	1969. 2. 22.	84	37	1985. 2. 18.	29
6	1954. 3. 30.	23	22	1970. 2. 17.	61	38	1986. 2. 20.	48
7	1955. 3. 21.	27	23	1971. 2. 17.	106	39	1987. 2. 20.	41
8	1956. 3. 9.	26	24	1972. 2. 16.	83	40	1988. 2. 20.	30
9	1957. 3. 18.	26	25	1973. 2. 16.	155	41	1989. 2. 20.	26

10	1958. 3. 18.	17	26	1974. 2. 16.	80	42	1990. 2. 23.	24
11	1959. 3. 19.	33	27	1975. 2. 16.	103	43	1991. 2. 20.	29
12	1960. 3. 23.	37	28	1976. 2. 16.	113	44	1992. 2. 20.	17
13	1961. 3. 25.	38	29	1977. 2. 16.	75	45	1993. 2. 19.	23
14	1962. 2. 25.	40	30	1978. 2. 16.	88	46	1994. 2. 22.	12
15	1963. 2. 16.	47	31	1979. 2. 16.	81	47	1995. 2. 21.	17
16	1964. 2. 1.	60	32	1980. 2. 23.	67	48	1996. 2. 17.	8

● 역대교장

대수	성명	재임기간	대수	성명	재임기간
1	윤한성	1964. 4. 30.~1948. 1. 31.	11	신종태	1967. 2. 1.~1969. 1. 31.
2	신윤성	1948. 2. 1.~1951. 3. 31.	12	김순명	1969. 2. 1.~1974. 2. 28.
3	성학삼	1951. 4. 1.~1951. 2. 9.	13	이명옥	1974. 3. 1.~1976. 2. 29.
4	이현만	1951. 2. 10.~1952. 1. 20.	14	이현구	1976. 3. 1.~1981. 8. 31.
5	최병현	1952. 1. 21.~1952. 12. 1.	15	정윤석	1981. 9. 1.~1982. 5. 20.
6	홍판룡	1952. 12. 2.~1955. 2. 28.	16	이병근	1982. 5. 21.~1986. 2. 28.
7	백동호	1955. 3. 1.~1958. 9. 29.	17	형시욱	1986. 3. 1.~1990. 2. 28.
8	권재성	1958. 9. 30.~1960. 2. 19.	18	강신언	1990. 3. 1.~1991. 8. 31.
9	현웅진	1960. 2. 20.~1963. 1. 1.	19	김재수	1991. 9. 1.~1993. 8. 31.
10	조근도	1963. 1. 1.~1965. 9. 19.	20	이관우	1993. 9. 1.~1996. 2. 29.

● 폐교당시 학교 규모: 학급(3학급), 학생(38명), 교직원(8명)

● 교지 및 시설: 교실(12실), 특별실(2실), 연건평(1,095.95m^2), 교지면적(7,322m^2)

거창교육 100년사

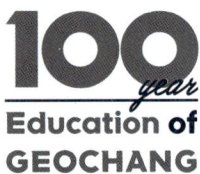

웅양국민학교군암분교장

2024년(사유지)

학교전경

개교	1964년 10월 19일
폐교	1993년 3월 1일
위치	경상남도 거창군 웅양면 군암리 149-3 / 웅양로 1841-14

● 학교의 연혁

- 1964. 10. 19. 웅양국민학교군암분교장으로 개교
- 1973. 12. 5. 정문 세우기
- 1980. 11. 24. 동변 담장 개축
- 1986. 3. 18. 교사 옆 화단 조성
- 1992. 7. 11. 지하수 펌프 설치
- 1993. 2. 28. 웅양국민학교로 통폐합

● 옛 모습

학교 정문

● 폐교당시 학교 규모: 학급(1학급), 학생(13명), 교직원(1명)

● 교지 및 시설: 교실(2실), 특별실(1실), 연건평(1,057m^2), 교지면적(204.6m^2)

제 3 장 거창교육의 주체

하성초등학교

2024년(하성 단노을생활문화센터)

학교전경

개교	1939년 4월 20일
폐교	1999년 9월 1일
위치	경상남도 거창군 웅양면 한기리 915 / 웅양로 2309

● 교육목표

정직하고 성실하며 능력 있는 어린이

● 학교의 연혁

- 1939. 3. 1. 웅양공립제2심상소학교 설립 인가
- 1941. 4. 1. 웅양제2국민학교 변경
- 1945. 12. 31. 적화국민학교로 개명
- 1950. 4. 2. 하성국민학교로 개명
- 1982. 1. 15. 병설유치원 설립 인가
- 1999. 9. 1. 웅양초등학교로 통폐합

● 학교상징

교기

● 옛 모습

정문

사택

조회 모습

● 연도별 졸업생 수: 총 2,484명(57회)

회별	졸업일자	졸업생수	회별	졸업일자	졸업생수	회별	졸업일자	졸업생수
1	1943. 3. 24.	37	20	1962. 2. 10.	42	39	1981. 2. 20.	76
2	1944. 3. 25.	36	21	1963. 2. 20.	63	40	1982. 2. 19.	62
3	1945. 3. 24.	32	22	1964. 2. 20.	61	41	1983. 2. 19.	52
4	1946. 6. 28.	19	23	1965. 2. 19.	60	42	1984. 2. 20.	65
5	1947. 7. 20.	22	24	1966. 2. 17.	74	43	1985. 2. 18.	43
6	1948. 7. 20.	17	25	1967. 2. 21.	69	44	1986. 2. 20.	43
7	1949. 7. 20.	14	26	1968. 2. 17.	99	45	1987. 2. 20.	50
8	1950. 5. 10.	35	27	1969. 2. 21.	88	46	1988. 2. 20.	40
9	1951. 7. 3.	16	28	1970. 2. 18.	57	47	1989. 2. 20.	24

10	1952. 3. 31.	23	29	1971. 2. 17.	77	48	1990. 2. 21.	37
11	1953. 3. 26.	28	30	1972. 2. 18.	53	49	1991. 2. 20.	20
12	1954. 3. 22.	35	31	1973. 2. 16.	69	50	1992. 2. 20.	21
13	1955. 3. 19.	32	32	1974. 2. 19.	57	51	1993. 2. 19.	35
14	1956. 3. 20.	23	33	1975. 2. 18.	93	52	1994. 2. 23.	13
15	1957. 3. 19.	22	34	1976. 2. 23.	68	53	1995. 2. 20.	21
16	1958. 3. 20.	22	35	1977. 2. 25.	41	54	1996. 2. 17.	13
17	1959. 3. 20.	40	36	1978. 2. 17.	83	55	1997. 2. 20.	11
18	1960. 3. 25.	50	37	1979. 2. 19.	58	56	1998. 2. 20.	10
19	1961. 3. 18.	47	38	1980. 2. 19.	75	57	1999. 2. 19.	11

● 역대교장

대수	성명	재임기간	대수	성명	재임기간
1	이주영	1941. 4. 1.~1945. 12. 30.	10	김재만	1969. 6. 21.~1970. 8. 31.
2	정상근	1945. 12. 31.~1949. 2. 28.	11	김판룡	1970. 9. 1.~1979. 3. 4.
3	이운영	1949. 3. 3.~1950. 1. 12.	12	이현종	1979. 3. 5.~1984. 12. 31.
4	신세범	1950. 1. 13.~1953. 2. 27.	13	홍판룡	1985. 1. 1.~1989. 2. 28.
5	강태희	1954. 2. 28.~1954. 4. 24.	14	백상기	1989. 3. 1.~1993. 2. 28.
6	박병열	1954. 4. 25.~1955. 12. 28.	15	어윤한	1993. 3. 1.~1997. 2. 28.
7	홍판룡	1955. 12. 29.~1961. 8. 15.	16	김성기	1997. 3. 1.~1998. 2. 28.
8	이병근	1961. 8. 16.~1965. 9. 19.	17	조창호	1998. 3. 1.~1999. 8. 31.
9	홍판룡	1965. 9. 20.~1969. 6. 20.			

● 폐교당시 학교 규모: 학급(4학급), 학생(35명), 교직원(6명)

● 교지 및 시설: 교실(4실), 특별실(6실), 연건평(1,173.85m^2), 교지면적(12,560m^2)

모동초등학교

2024년(거창연극학교)

학교전경

개교	1945년 6월 5일
폐교	1999년 3월 1일
위치	경상남도 거창군 위천면 모동리 729 / 빼재로 796

● 학교의 연혁

- 1945. 6. 5.   모동국민학교 인가
- 1964. 3. 1.   6학급 편성
- 1986. 1. 1.   벽지학교 지정(라 급지)
- 1988. 3. 15. 병설유치원 개원
- 1997. 9. 22. 학교급식 실시
- 1999. 3. 1.   위천초등학교로 통폐합

● 학교상징

교기   교가

● 연도별 졸업생 수: 총 1,432명 (50회)

회별	졸업일자	졸업생수	회별	졸업일자	졸업생수	회별	졸업일자	졸업생수
1	1950. 5. 4.	34	19	1968. 2. 16.	45	36	1985. 2. 28.	16
2	1951. 7. 28.	16	20	1969. 2. 28.	44	37	1986. 2. 28.	26
3	1952. 3. 31.	21	21	1970. 2. 28.	54	38	1987. 2. 28.	25
4	1953. 3. 23.	7	22	1971. 2. 28.	60	39	1988. 2. 28.	12
5	1954. 3. 20.	3	23	1972. 2. 19.	49	40	1989. 2. 28.	20
6	1955. 3. 20.	7	24	1973. 2. 28.	70	41	1990. 2. 28.	18
7	1957. 3. 16.	39	25	1974. 2. 28.	66	42	1991. 2. 20.	13
8	1958. 3. 22.	16	26	1975. 2. 28.	52	43	1992. 2. 20.	14
9	1959. 3. 20.	23	27	1976. 2. 18.	48	44	1993. 2. 19.	12
11	1960. 3. 25.	26	28	1977. 2. 15.	53	45	1994. 2. 28.	17
12	1961. 3. 22.	34	29	1978. 2. 28.	42	46	1995. 2. 20.	11

13	1962. 2. 13.	28	30	1979. 2. 28.	48	47	1996. 2. 21.	9
14	1963. 2. 19.	32	31	1980. 2. 28.	33	48	1997. 2. 20.	8
15	1964. 2. 16.	31	32	1981. 2. 28.	39	49	1998. 2. 20.	8
16	1965. 2. 16.	41	33	1982. 2. 28.	33	50	1999. 2. 19.	6
17	1966. 2. 19.	37	34	1983. 2. 28.	33	총 졸업생 수		1,432
18	1967. 2. 20.	59	35	1984. 2. 28.	32			

● 역대교장

대수	성명	재임기간	대수	성명	재임기간
1	신종영	1948. 2. 1.~1950. 1. 24.	10	유태진	1969. 6. 21.~1971. 2. 28.
2	오원수	1950. 1. 25.~1956. 11. 16.	11	조석봉	1971. 3. 1.~1975. 8. 31.
3	오정주	1956. 11. 17.~1958. 9. 11.	12	이병근	1975. 9. 1.~1977. 8. 31.
4	이인안	1958. 9. 12.~1960. 3. 30.	13	배상우	1977. 9. 1.~1979. 8. 31.
5	신태휴	1960. 3. 31.~1963. 2. 28.	14	윤택기	1979. 9. 1.~1981. 2. 28.
6	오한기	1963. 3. 1.~1965. 9. 19.	15	신중민	1981. 3. 1.~1988. 8. 31.
7	김삼열	1965. 9. 20.~1967. 6. 14.	16	김수갑	1988. 9. 1.~1991. 2. 28.
8	오한기	1967. 6. 15.~1967. 12. 10.	17	이은영	1991. 3. 1.~1993. 2. 28.
9	김광주	1967. 12. 11.~1969. 6. 20.	18	하병수	1993. 3. 1.~1999. 2. 28.

● 폐교당시 학교 규모: 학급(3학급), 학생(19명), 교직원(7명)

● 교지 및 시설: 교실(3실), 특별실(5.5실), 연건평(874.94㎡), 교지 면적(8,715㎡)

완대초등학교

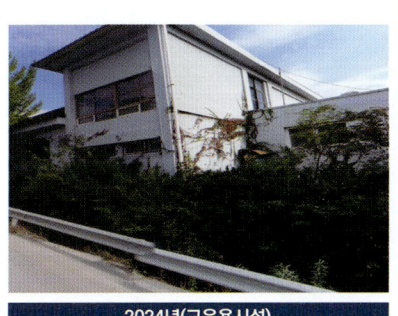
2024년(교육용시설)

학교전경

개교	1934년 4월 20일
폐교	1997년 2월 20일
위치	경상남도 거창군 위천면 모동리 729 / 빼재로 796

● 교육목표

미래 사회를 이끌어 갈 바른 인성과 능력을 갖춘 창조적인 어린이

● 학교의 연혁

1934년 4월 20일 완대간이학교로 개교하였으며 1943년 4월 20일 주상제2심상소학교로 이름이 바뀌었다. 1947년 10월 1일자로 완대국민학교로 개칭되었으며 1997년 2월 20일 현재 주상초등학교로 통폐합되었다. 2002년 매각되어 교육용 시설로 활용하고 있다.

- 1934. 4. 20. 완대간이학교로 개교
- 1943. 4. 20. 주상제2심상소학교로 개칭
- 1947. 10. 1. 완대국민학교로 개칭
- 1997. 2. 20. 주상초등학교로 통폐합

거창교육 100년사

● 옛 모습

정문

1936년 3월 졸업기념 사진

운동회(연도미상)

● 연도별 졸업생 수: 총 1,577명(47회)

회별	졸업일자	졸업생수	회별	졸업일자	졸업생수	회별	졸업일자	졸업생수
1	1949. 7. 21.	18	18	1966. 2. 17.	53	34	1982. 2. 19.	33
2	1950. 5. 6.	19	19	1967. 2. 23.	48	35	1983. 2. 19.	32
3	1951. 7. 21.	26	20	1968. 2. 19.	49	36	1984. 2. 22.	34
4	1952. 3. 28.	5	21	1969. 2. 21.	56	37	1985. 2. 18.	25
5	1953. 3. 20.	11	22	1970. 2. 24.	45	38	1986. 2. 20.	31
6	1954. 3. 22.	13	23	1971. 2. 28.	53	39	1987. 2. 20.	21
7	1955. 3.	11	24	1972. 2. 17.	47	40	1988. 2. 22.	21
8	1956. 3. 24.	20	25	1973. 2. 16.	55	41	1989. 2. 20.	21
9	1957. 3. 15.	17	26	1974. 2. 19.	60	42	1990. 2. 20.	17
10	1958. 3. 23.	26	27	1975. 2. 18.	57	43	1991. 2. 22.	18
11	1959. 3. 25.	21	28	1976. 2. 19.	73	44	1992. 2. 20.	10
12	1960. 3. 24.	30	29	1977. 2. 15.	64	45	1993. 2. 20.	13

13	1961. 3. 22.	32	30	1978. 2. 18.	46	46	1994. 2. 19.	16
14	1962. 2. 15.	29	31	1979. 2. 15.	49	47	1995. 2. 17.	12
15	1963. 2. 15.	42	32	1980. 2. 19.	34	총 졸업생 수		1,577
16	1964. 2. 17.	43	33	1981. 2. 20.	55			

● 역대교장

대수	성명	재임기간	대수	성명	재임기간
1	정응환	1945. 9. 1.~1947. 9. 30.	11	최종택	1967. 6. 15.~1969. 6. 20.
2	김석출	1947. 10. 1.~1948. 9. 30.	12	홍판룡	1969. 6. 21.~1970. 8. 31.
3	김순명	1948. 10. 1.~1949. 6. 9.	13	신일권	1970. 9. 1.~1971. 8. 31.
4	박병열	1949. 6. 10.~1952. 10. 6.	14	서재연	1971. 9. 1.~1979. 2. 28.
5	최순빈	1952. 10. 7.~1955. 7. 11.	15	이상업	1979. 3. 1.~1984. 2. 28.
6	황학용	1955. 7. 12.~1957. 8. 24.	16	김동수	1984. 3. 1.~1990. 2. 28.
7	강태희	1957. 8. 25.~1961. 10. 4.	17	정기욱	1990. 3. 1.~1992. 8. 31.
8	이용백	1961. 10. 5.~1964. 5. 14.	18	강기상	1992. 9. 1.~1994. 8. 31.
9	하수원	1964. 6. 1.~1967. 2. 28.	19	김종욱	1994. 9. 1.~1995. 8. 31.
10	김순명	1967. 3. 1.~1967. 6. 4.			

● 폐교당시 학교 규모: 학급(4학급), 학생(23명), 교직원(4명)

● 교지 및 시설: 교실(8실), 특별실(0실), 연건평(1,129.18m^2), 교지면적(10,321m^2)

거창교육 100년사

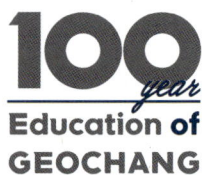

주상국민학교보해분교장

2024년(교육용시설)

학교전경

개교	1953년 4월 1일
폐교	1993년 3월 1일
위치	경상남도 거창군 주상면 남산리 245 / 보해길 284

● 교육목표

국민교육헌장의 이념을 바탕으로 애국애족의 정신에 투철하고 국가발전에 기여할 수 있는 긍지 높은 한국인을 육성한다.

● 학교의 연혁
- 1953. 4. 1. 보해국민학교 독립 개교(주상국민학교남산분교장에서 독립)
- 1971. 3. 1. 8학급 편성 인가
- 1984. 9. 20. 2개 교실 개축
- 1990. 3. 1. 주상국민학교보해분교장으로 격하
- 1993. 3. 1. 주상국민학교로 통폐합

제 3 장 거창교육의 주체

● 옛 모습

정문

보이스카우트 대원들

1953년 운동회

● 학교상징

교기

교가

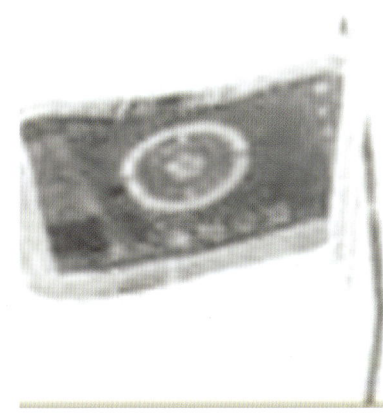

● 연도별 졸업생 수: 총 1,599명(39회)

회별	졸업일자	졸업생수	회별	졸업일자	졸업생수	회별	졸업일자	졸업생수
1	1952. 3. 27.	43	14	1965. 2. 17.	45	27	1978. 2. 20.	53
2	1953. 3. 23.	24	15	1966. 2. 22.	42	28	1979. 2. 15.	53
3	1954. 3. 25.	18	16	1967. 2. 22.	53	29	1980. 2. 19.	65
4	1955. 3. 19.	24	17	1968. 2. 24.	49	30	1981. 2. 21.	41
5	1956. 3. 22.	14	18	1969. 2. 20.	79	31	1982. 2. 19.	40

6	1957. 3. 18.	25	19	1970. 2. 17.	66	32	1983. 2. 19.	45
7	1958. 3. 25.	18	20	1971. 2. 17.	71	33	1984. 2. 22.	24
8	1959. 3. 25.	24	21	1972. 2. 25.	52	34	1985. 2. 21.	30
9	1960. 3. 25.	43	22	1973. 2. 17.	57	35	1986. 2. 20.	18
10	1961. 2. 21.	33	23	1974. 2. 20.	79	36	1987. 2. 20.	29
11	1962. 2. 14.	28	24	1975. 2. 19.	51	37	1988. 2. 20.	21
12	1963. 2. 19.	40	25	1976. 2. 18.	83	38	1989. 2. 20.	14
13	1964. 2. 18.	36	26	1977. 2. 16.	60	39	1990. 2. 20.	9

● **역대교장**

대수	성명	재임기간	대수	성명	재임기간
1	백영종	1953. 4. 1.~1960. 10. 19.	7	신홍재	1972. 9. 1.~1973. 2. 28.
2	신홍재	1960. 10. 20.~1965. 9. 17.	8	이상엽	1973. 3. 1.~1979. 2. 29.
3	오한기	1965. 9. 20.~1966. 10. 14.	9	신종영	1979. 3. 1.~1980. 3. 14.
4	장범석	1966. 10. 15.~1970. 7. 10.	10	백영종	1980. 3. 15.~1985. 8. 31.
5	이연경	1970. 9. 1.~1971. 8. 30.	11	양재윤	1985. 9. 1.~1989. 2. 28.
6	서성룡	1971. 9. 5.~1972. 8. 31.	12	이근태	1989. 3. 1.~1990. 2. 28.

● 폐교당시 학교 규모: 학급(3학급), 학생(21명), 교직원(3명)

● 교지 및 시설: 교실(9실), 특별실(0실), 연건평(857.95m^2), 교지면적(8,181m^2)

가조중학교가북분교장

2024년 미활용 폐교 모습

학교전경

개교	1971년 3월 11일
폐교	2008년 3월 1일
위치	경상남도 거창군 가북면 우혜리 1955 / 가북로 627-22

● **교육목표**

미래 사회를 이끌어 갈 개성과 창의성을 가진 한국인 육성

● **학교의 연혁**

1971년 1월 16일 가조중학교 가북분교설립을 인가받아 1971년 3월 11일 학생 80명으로 가조중학교 가북분교로 개교하였다. 2008년 2월 15일 제35회 졸업식을 끝으로 총 졸업생 수 2,270명을 배출한 후 2008년 3월 1일 가조중학교로 통폐합되었다. 현재 관리학교는 가조중학교이고, 학교부지는 폐교 초기 임대하였다가 2021년 거창군청에 매각되었으나 아직 건물은 그대로 형태를 유지하고 있다.

- 1971. 1. 16. 가조중학교가북분교장 설립 인가
- 1971. 3. 11. 가조중학교가북분교장 개교(학생 80명)
- 1971. 12. 21. 가북중학교 독립 인가(6학급)
- 1991. 3. 1.   3학급 학칙 변경

- 1999. 3. 1. 가조중학교가북분교장 3학급 개편
- 2008. 2. 15. 가조중학교가북분교장 제35회 졸업식(6명 졸업, 누계 2,270명)
- 2008. 3. 1. 가조중학교로 통폐합

● 옛 모습

1973년 수업모습

1973년 동양자수 수업

1973년 추계운동회

● 학교상징

| 교기 | 교목(전나무) | 교가 |

● 연도별 졸업생 수: 총 2,270명(35회)

회별	졸업일자	졸업생수	회별	졸업일자	졸업생수	회별	졸업일자	졸업생수
1	1974. 2. 23.	74	13	1986. 2. 15.	116	25	1998. 2. 17.	28
2	1975. 2. 24.	81	14	1987. 2. 18.	97	26	1999. 2. 11.	17
3	1976. 2. 24.	95	15	1988. 2. 23.	90	27	2000. 2. 16.	14
4	1977. 2. 22.	128	16	1989. 2. 15.	85	28	2001. 2. 19.	11

5	1978. 2. 28.	117	17	1990. 2. 15.	70	29	2002. 2. 15.	11
6	1979. 2. 28.	109	18	1991. 2. 13.	55	30	2003. 2. 17.	7
7	1980. 2. 29.	145	19	1992. 2. 14.	51	31	2004. 2. 14.	7
8	1981. 2. 28.	132	20	1993. 2. 17.	29	32	2005. 2. 15.	10
9	1982. 2. 28.	157	21	1994. 2. 16.	38	33	2006. 2. 15.	3
10	1983. 2. 16.	140	22	1995. 2. 15.	43	34	2007. 2. 15.	6
11	1984. 2. 15.	140	23	1996. 2. 15.	25	35	2008. 2. 15.	6
12	1985. 2. 15.	113	24	1997. 2. 18.	26	총 졸업생 수		2,270

● 역대교장

대수	성명	재임기간	대수	성명	재임기간
	정시원	1971. 1. 16.~1972. 3. 24.	11	박봉태	1991. 9. 1.~1993. 2. 28.
초대	김태은	1972. 3. 25.~1973. 6. 29.	12	천영운	1993. 3. 1.~1994. 8. 31.
2	황순배	1973. 6. 30.~1974. 2. 28.	13	이종국	1994. 9. 1.~1996. 2. 29.
3	유영수	1974. 3. 1.~1975. 8. 31.	14	김용철	1996. 3. 1.~1998. 8. 31.
4	이상복	1975. 9. 1.~1978. 8. 31.	15	박광웅	1998. 9. 1.~1999. 8. 31.
5	정창환	1978. 9. 1.~1980. 9. 30.	16	김갑곤	1999. 9. 1.~2000. 8. 31.
6	황기	1980. 10. 1.~1983. 8. 31.	17	김영범	2000. 9. 1.~2002. 2. 28.
7	차동석	1983. 9. 1.~1986. 2. 28.	18	정선우	2002. 3. 1.~2003. 2. 28.
8	이강렬	1986. 3. 1.~1987. 8. 31.	19	변규영	2003. 3. 1.~2006. 2. 28.
9	윤경탁	1987. 9. 1.~1989. 8. 31.	20	백광석	2006. 3. 1.~2008. 2. 29.
10	이재봉	1989. 9. 1.~1991. 8. 31.			

● 폐교당시 학교 규모: 학급(3학급), 학생(12명), 교직원(12명)

● 교지 및 시설: 교실(3실), 특별실(6실), 연건평(1,233.4m^2), 교지면적(13,913m^2)

위천중학교북상분교장

2024년(북상초등학교)

학교전경

개교	1979년 3월 6일
폐교	2001년 3월 1일
위치	경상남도 거창군 북상면 갈계리 1439-1 / 송계로 731-18

● 교육목표

꿈을 심는 즐거운 학교

● 학교의 연혁

　1979년 농촌 지역 대부분의 사람들이 어렵게 살던 시절 출향민과 북상면민들이 성금을 모아 학교를 건립하게 되었다. 북상중학교 건립 추진은 북상노인회가 주축이 되어 성금모금 활동을 하였으며 학교 건물을 지을 당시 마을 사람들이 쌀과 반찬을 찬조하는 등의 노력을 통해 완공하게 되었다. 1979년 1월 20일 위천중학교북상분교장으로 인가를 받았으며 1979년 3월 6일 개교하였다. 학생 수가 늘어 1981년 북상중학교로 인가를 받기도 했으나 이농현상으로 학생 수가 급감하여 2001년 위천중학교로 통폐합되었다. 2016년에는 위천중학교도 기숙형 중학교인 거창덕유중학교로 통폐합되었고, 북상중학교의 학교부지 및 건물은 현재는 북상초등학교에서 관리 및 이용되고 있다.

• 1979. 1. 20. 위천중학교북상분교장 인가

- 1979. 3. 6. 개교 및 입학식
- 1981. 3. 1. 북상중학교 인가(9학급)
- 1999. 9. 1. 위천중학교북상분교장 편입
- 2001. 3. 1. 위천중학교로 통폐합

● 옛 모습

1983년 보이스카우트대원

1983년 걸스카우트대원

제18회 졸업사진

● 연도별 졸업생 수: 총 1,606명(18회)

회별	졸업일자	졸업생수	회별	졸업일자	졸업생수	회별	졸업일자	졸업생수
1	1982. 2. 12.	165	7	1988. 2. 20.	108	13	1994. 2. 15.	52
2	1983. 2. 16.	139	8	1989. 2. 15.	134	14	1995. 2. 15.	41
3	1984. 2. 15.	171	9	1990. 2. 15.	92	15	1996. 2. 15.	27
4	1985. 2. 15.	149	10	1991. 2. 13.	76	16	1997. 2. 18.	27
5	1986. 2. 17.	131	11	1992. 2. 14.	63	17	1998. 2. 17.	19
6	1987. 2. 18.	121	12	1993. 2. 13.	56	18	1999. 2. 12.	21

● 역대교장

대수	성명	재임기간	대수	성명	재임기간
1	손덕호	1981. 3. 1.~1984. 2. 29.	6	이달우	1991. 3. 1.~1992. 8. 31.
2	김상수	1984. 3. 1.~1986. 2. 28.	7	강대오	1992. 9. 1.~1994. 4. 6.
3	이강옥	1986. 3. 1.~1987. 8. 31.	8	송호조	1994. 4. 7.~1997. 2. 28.
4	이동식	1987. 9. 1.~1989. 8. 31.	9	엄영우	1997. 3. 1.~1998. 2. 28.
5	황도준	1989. 9. 1.~1991. 2. 28.	10	전병창	1998. 3. 1.~1999. 8. 31.

● 폐교당시 학교 규모: 학급(3학급), 학생(41명), 교직원(11명)

● 교지 및 시설: 교실(7실), 특별실(2실), 연건평(847m^2), 교지면적(3,796m^2)

위천중학교

2024년(거창연극고등학교)

학교전경

개교	1960년 5월 2일
폐교	2016년 2월 29일
위치	경상남도 거창군 위천면 장기리 381 / 모동길 11-15

● **교육목표**

애국·애족, 성실·노력, 협동·단결

● **학교의 연혁**

- 1957. 9. 1.   위천공민고등학교 인가
- 1960. 5. 2.   거창중학교위천분교장 설립 인가(6학급)
- 1967. 3. 7.   위천중학교 독립 인가(9학급)
- 1989. 3. 1.   학칙변경으로 6학급 인가
- 2001. 3. 1.   위천중, 북상중 통합
- 2016. 2. 12.   제55회 졸업(졸업생 4명, 누계 5,023명)
- 2016. 2. 29.   폐교
- 2016. 3. 1.   기숙형 중학교 거창덕유중학교로 통폐합

● 옛 모습

1968년 가사실습

1972년 아침조회

1972년 공동작업

● 학교상징

| 교기 | 교목(느티나무) | 교화(장미) |

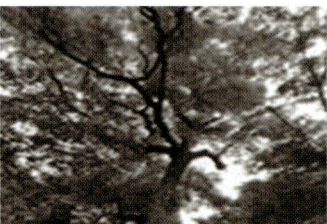

교가

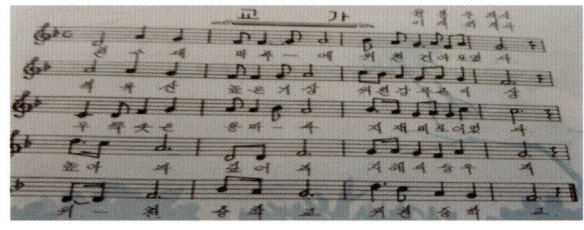

작사 윤봉주
작곡 이석화

천수대 마루에 위천건아 모였다
덕유산 높은기상 위천강 푸른이상
우뚝솟은 용마루 지재미로 이었다
높아라 깊어라 지혜의 둥우리
위천중학교 위천중학교

● 연도별 졸업생 수: 총 5,023명(56회)

회별	졸업년도	졸업생수	회별	졸업년도	졸업생수	회별	졸업년도	졸업생수
1	1961	21	20	1980	320	39	1999	43
2	1962	48	21	1981	288	40	2000	30
3	1963	54	22	1982	188	41	2001	47
4	1964	61	23	1983	155	42	2002	60
5	1965	62	24	1984	183	43	2003	41
6	1966	62	25	1985	153	44	2004	35
7	1967	57	26	1986	151	45	2005	28

8	1968	62	27	1987	169	46	2006	29
9	1969	63	28	1988	122	47	2007	20
10	1970	104	29	1989	136	48	2008	31
11	1971	108	30	1990	102	49	2009	28
12	1972	114	31	1991	107	50	2010	21
13	1973	106	32	1992	74	51	2011	17
14	1974	188	33	1993	82	52	2012	23
15	1975	203	34	1994	59	53	2013	18
16	1976	279	35	1995	63	54	2014	12
17	1977	255	36	1996	56	55	2015	20
18	1978	259	37	1997	61	56	2016	14
19	1979	263	38	1998	47	총 졸업생 수		5,023

● 역대교장

대수	성명	재임기간	대수	성명	재임기간
1	윤봉주	1967. 10. 1.~1970. 11. 25.	12	신성기	1994. 9. 1.~1998. 2. 28.
2	김운현	1970. 11. 26.~1974. 2. 28.	13	엄영우	1998. 3. 1.~
3	강신철	1974. 3. 1.~1976. 8. 31.	14	김천인	–
4	정시원	1976. 9. 1.~1979. 8. 31.	15	강임석	–
5	강신철	1979. 9. 1.~1981. 2. 28.	16	정종완	–
6	신중일	1981. 3. 1.~1986. 2. 28.	17	장기철	–
7	김근수	1986. 3. 1.~1988. 8. 31.	18	이홍국	2007. 3. 1.~
8	조맹제	1988. 9. 1.~1990. 2. 28.	19	홍재욱	–
9	김일남	1990. 3. 1.~1991. 2. 28.	20	오창주	–
10	김효재	1991. 3. 1.~1993. 2. 28.	21	한수희	–
11	양차용	1993. 3. 1.~1994. 8. 31.			

● 폐교당시 학교 규모: 학급수(3), 학생수(60), 교직원수(12)

● 교지 및 시설: 연면적(1,686.09m^2), 대지면적(16,497m^2)

거창교육 100년사

마리중학교

2024년(거창나래학교)

학교전경

개교	1972년 3월 4일
폐교	2016년 2월 29일
위치	경상남도 거창군 마리면 말흘리 347 / 송림길 52

● 교육목표

열린 마음으로 미래의 꿈과 이상을 스스로 펼쳐 가는 인간 육성

● 학교의 연혁
- 1971. 12. 27. 마리중학교 설립 인가(9학급)
- 1972. 3. 4. 마리중학교 개교(3학급)
- 1976. 2. 20. 전체 12학급 인가
- 1982. 2. 17. 전체 9학급 인가
- 1988. 2. 26. 전체 6학급 인가
- 1995. 2. 26. 전체 4학급 인가
- 1996. 2. 7. 전체 3학급 인가
- 2016. 2. 12. 제42회 졸업식(10명 졸업, 누계 3,761명)
- 2016. 2. 29. 폐교

● 옛 모습

1968년 가사실습

1972년 아침조회

1972년 공동작업

● 학교상징

교목(히말라야삼나무)

교화(개나리)

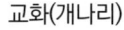

교가

● 연도별 졸업생 수: 총 3,761명(42회)

회별	졸업년도	졸업생수	회별	졸업년도	졸업생수	회별	졸업년도	졸업생수
1	1975	143	15	1989	127	29	2003	26
2	1976	183	16	1990	111	30	2004	28
3	1977	222	17	1991	102	31	2005	19
4	1978	208	18	1992	66	32	2006	16
5	1979	218	19	1993	76	33	2007	14
6	1980	217	20	1994	61	34	2008	13
7	1981	227	21	1995	59	35	2009	20
8	1982	243	22	1996	58	36	2010	23

9	1983	176	23	1997	41	37	2011	3
10	1984	214	24	1998	36	38	2012	13
11	1985	184	25	1999	26	39	2013	15
12	1986	151	26	2000	25	40	2014	7
13	1987	195	27	2001	30	41	2015	6
14	1988	131	28	2002	18	42	2016	8

● 역대교장

대수	성명	재임기간	대수	성명	재임기간
1	김용기	1972. 1. 29.~1974. 2. 28.	14	이창남	-
2	윤봉주	1974. 3. 1.~1982. 2. 28.	15	윤정근	-
3	이진영	1982. 3. 1.~1984. 2. 29.	16	정수현	-
4	차재준	1984. 3. 1.~1985. 8. 31.	17	김천인	-
5	이동철	1985. 9. 1.~1987. 5. 1.	18	강임석	-
6	조상제	1987. 5. 23.~1989. 2. 28.	19	신항춘	-
7	윤석원	1989. 3. 1.~1990. 2. 28.	20	이명곤	-
8	주진섭	1990. 3. 1.~1990. 8. 31.	21	최성림	-
9	배순효	1990. 9. 1.~1992. 8. 31.	22	유병주	~2006. 8. 31.
10	김진석	1992. 9. 1.~1993. 8. 31.	23	강동문	2006. 9. 1~2008. 8. 31.
11	박남규	1993. 9. 1.~	24	진병판	2011. 3. 1.~2012. 8. 31.
12	강병준	-	25	허덕수	2012. 9. 1.~2016. 2. 29.
13	송창곤	-			

● 폐교당시 학교 규모: 학급(3학급), 학생(24명), 교직원(14명)

● 교지 및 시설: 연면적(2,008.64m^2), 대지면적(15,939m^2)

제 3 장 거창교육의 주체

거창중학교신원분교장

2024년(거창 시니어카운티)

학교전경

개교	1966년 4월 12일
폐교	2020년 2월 29일
위치	경상남도 거창군 신원면 과정리 253 / 신차로 2997

● 교육목표

자율적 의자와 행동을 길러 책임과 의무를 다하는 사람을 기른다.

● 학교의 연혁

- 1966. 4. 12. 거창중학교신원분교장 개교
- 1970. 3. 1. 신원중학교 독립 인가(6학급)
- 2012. 3. 1. 거창중학교신원분교장으로 개편
- 2020. 2. 29. 폐교

● 옛 모습

오래 달리기

야영

제51회 졸업식(마지막 졸업식)

● 학교상징

교기	교목(은행나무)	교화(목련)

교가

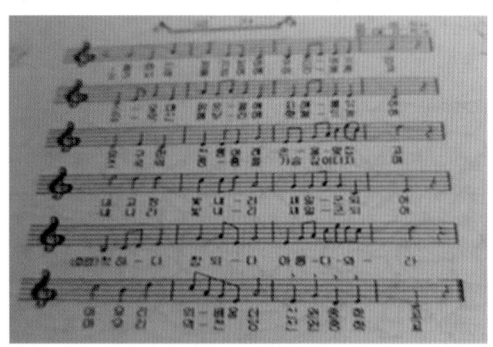

작사 심 손
작곡 정대기

철마산 정기 받아 우리의 기상
소요대 맑은 물에 지혜를 닦아
유구한 전통 아래 손을 맞잡고
내 고장 빛내리 새 일꾼 되어
착하다 참되다 아름다워라
아 우리의 배움터 신원 중학교

● 연도별 졸업생 수: 총 3,685명(51회)

회별	졸업년도	졸업생수	회별	졸업년도	졸업생수	회별	졸업년도	졸업생수
1	1969	50	18	1986	180	35	2003	15
2	1970	47	19	1987	142	36	2004	13
3	1971	56	20	1988	121	37	2005	6
4	1972	59	21	1989	156	38	2006	10
5	1973	64	22	1990	113	39	2007	12
6	1974	123	23	1991	108	40	2008	10
7	1975	105	24	1992	93	41	2009	10
8	1976	127	25	1993	77	42	2010	8
9	1977	136	26	1994	71	43	2011	9
10	1978	169	27	1995	56	44	2012	3

11	1979	170	28	1996	70	45	2013	6
12	1980	148	29	1997	37	46	2014	8
13	1981	178	30	1998	46	47	2015	3
14	1982	221	31	1999	33	48	2016	6
15	1983	172	32	2000	18	49	2017	6
16	1984	192	33	2001	16	50	2018	4
17	1985	176	34	2002	24	51	2020	2

● 역대교장

대수	성명	재임기간	대수	성명	재임기간
1	박한수	1970. 4. 2.~1971. 9. 7.	14	정병희	1996. 3. 1.~1997. 2. 28.
2	심 손	1971. 9. 8.~1973. 6. 30.	15	윤달근	1997. 3. 1.~1998. 2. 28.
3	심 손	1973. 7. 1.~1977. 8. 31.	16	이병명	1998. 3. 1.~1999. 8. 31.
4	이규태	1977. 9. 1.~1979. 8. 31.	17	이준영	1999. 9. 1.~2000. 8. 31.
5	김종석	1979. 9. 1.~1981. 8. 31.	18	허표영	2001. 9. 1.~2002. 2. 28.
6	김종소	1981. 9. 1.~1984. 2. 29.	19	박용식	2002. 3. 1.~2004. 2. 29.
7	설진권	1984. 3. 1.~1987. 8. 31.	20	이동일	2004. 3. 1.~2005. 2. 28.
8	이귀선	1987. 9. 1.~1989. 2. 28.	21	김윤태	2005. 3. 1.~2006. 8. 31.
9	박희구	1989. 3. 1.~1990. 2. 28.	22	한광수	2006. 9. 1.~2008. 2. 29.
10	안소상	1990. 3. 1.~1991. 2. 28.	23	박문형	2008. 3. 1.~2011. 2. 28.
11	전병권	1991. 3. 1.~1992. 2. 29.	24	김수권	2011. 3. 1.~2012. 2. 29.
12	허태진	1992. 3. 1.~1994. 8. 31.	25	오세창	2012. 3. 1.~2015. 2. 28.
13	이무진	1994. 9. 1.~1996. 2. 29.	26	고병길	2015. 3. 1.~2020. 2. 29.

에필로그
거창교육을 기억하는 사람들의 이야기

1964년 거창여고는요

　우리가 여고 다니던 그 시절이 생각나는군요. 1964년 거창여중을 졸업하고 여고에 입학했지만 교실 건물도, 운동장도, 선생님들 모두 같았어요.

　여중, 여고가 같이 있으니 아침조례도 조그만 운동장에서 여중생, 여고생이 함께하고, 셋째 시간 수업 마치고 재건 체조도 함께 했던 여중은 2개 반, 여고는 1개 반 뿐이었던 시절이었죠.

　그때 우리 학교에는 우물이 없었어요. 옆 거창고등학교 우물을 같이 사용했어요. 도르레 두레박에 당번이 물을 길어서 주전자에 물도 마시고 물통에 담아 온 물로 청소도 했었어요. 도르레가 고장 나면 언덕길을 내려가서 남의 가정집에 가서 물을 길어 왔는데 그렇게 하다가 교무실 뒤편에 있던 언덕배기 밭을 밀어서 운동장도 크게 만들고 우물도 만들어서 모두가 좋아했어요.

　운동장은 온통 진흙이라서 매일 아침 등교할 때 집에서 세숫대야를 가지고 가서 지금 일교 다리 밑에서 모래를 한 대야씩 머리에 이고 가서 그 모래로 운동장을 만들고 운동장 뒤쪽으로는 소나무밭도 만들고 했답니다.

　지금 가보니 여고 건물이 멋지게 들어서고 소나무밭도, 우물도 다 없어져 그 시절이 벌써 60년 전 우리들 추억의 이야기가 되어 버렸습니다.

강인재 / 거창여고 7회 졸업생

에필로그

거창여고와의 선연(善緣)

거창여고와의 인연(因緣)은 두 번의 근무인 11년과 보충수업 지원 3년과 가조익천고에 근무할 때, 한문 지원의 1년 등 15년이나 되니 꽤 오래되지 않았는가 자문하게 된다.

인연하면 불가(佛家)에서 말하는 "옷깃만 스쳐도 인연"이란 말이 먼저 생각난다. 인(因)이란 결과를 만들어내는 직접적 힘을 말하고, 연(緣)은 그것을 돕는 외적이고 간접적 힘이라고 한다.

『법망경(法網經)』에 선근인연(善根因緣)이 나오는데 전생에 좋은 업보(業報)를 맺은 사람과의 만남을 겁(劫)으로 표현하고 1겁의 시간은 물방울이 떨어져 집채만 한 큰 바위를 없애는데 걸리는 시간이라고 하니 좋은 인연을 만난다는 것은 얼마나 소중한 일인지 모르겠다.

고등학교를 졸업하고 해운대로 이사를 하였기에 대학 4학년 여름방학 때 고향에 놀러 왔다가 길을 가시던 대성중고의 통합 교장이셨던 양락 교장선생님을 뵙고 우연히 인사를 드렸더니 신상을 물으시다가 국문과 졸업반이라고 말씀드리니 갑자기 여상과 중학교에 겸임하시던 국어선생님께서 의무발령으로 가서 국어교사가 꼭 필요하니 도와달라고 하시고 방학 내내 해운대로 전화 연락이 와서 아르바이트 삼아 모교인 대성중학교에 9월 1일 자로 부임을 하였다. 이어 재단의 권유로 대성고에 근무하다가, 매형이 계시던 웅양중의 국어교사가 7월 초 입영 영장이 나와 3학년 고입을 담당할 국어교사가 필요하다고 하며 임용시험을 볼 수 있도록 배려해주겠다는 말에 임시로 웅양중에 근무하면서 열심히 공부하여 공립학교로 나오게 되었다.

김해시로 발령이 났다기에 부산에 있던 경남교육청에 발령장을 받으러 가니 중등장학사님이 고향인 거창 마리중으로 가라고 권유하셔서, 마리중에 4년여 근무하다가 중등장학사님께서 거창여고로 가라고 하셔서 거창여고로 부임을 하였다.

그때 중등영어과 장학사님으로 계시던 김홍안 장학사님이 거창여고 교장선생님으로 부임을 하셔서 오시자마자 교장선생님께서는 인문계 고등학교는 입시 성적이 중요하다고 하시며 학습 분위기 조성에 심혈을 기울이시었다.

매달 치르는 모의고사 후에는 국, 영, 수 과목 교사들을 따로 모임을 가져 잘잘못을 따지고 부족한 면들을 찾아내 보완할 것을 요구하시며 경남 유수의 학교들과의 비교 분석도 하셨다. 이런 과정의 결과 거창여고가 한 해에 서울대에 3명이 합격하는 쾌거를 이루어 비로소 학력 면에서 두각을 나타내게 되었다고 생각한다….

야간자습을 하면서 봄밤에 북쪽 창가에서 바라보면 배나무 과수원의 하얗게 핀 배꽃에서 봄밤의 애상적 정서를 느낄 수 있었기에 얼마나 좋았는지 모른다. 4월에 잠시 피는 교화이며 꽃말이 '고귀함'이란 화단의 목련꽃을 보는 아름다움도 무엇에 비길 수 있겠는가?

여고서 교무부장으로 5년을 근무할 때, 마침 교장선생님으로 초등 은사님이신 강병준 교장선생님께서 부임을 하셨다. 교장선생님께서는 학교 정문 공사를 하시었고, 기숙사의 대체로 생활관에서 숙식 제공을 하여 면학 분위기 조성에 힘을 쓰셨다. 그리고 곡성고등학교와 자매결연도 맺으셨고 매해 두 번의 전 교직원 워크숍으로 학교 발전을 모색하셨다.

이어서 대성중 은사님이신 이무진 교장선생님의 부임으로 학교는 더한층 내실 있게 하게 되었다고 생각한다. 은사님의 퇴임 문집인 〈연제실기〉를 발간하게 된 것도 인상 깊은 기억으로 남는다.

그리고 신입생 유치를 위해 전 교직원들이 한마음 한뜻으로 합천, 함양, 고령, 지례, 무주까지 거창고에 뒤지지 않기 위해 발로 뛰고 노력하던 일도 지나고 보니 보람 있고 아름다웠던 추억이 아닐까 생각한다.

"소백산 줄기내려 기름진 고을 제불의 고운 절개 한들에 잦고…." 거창여고의 교가 모두(冒頭)에 나오는 구절이다.

여기서 말하는 제불이란 어휘의 유래는 『신증동국여지승람(新增東國輿地勝覽)』 기록에 보이는 고사에 의하면 1380년(우왕 6년) 7월 홍무란(洪武亂) 때 왜적에게 절개를 지켜 순절한 열녀(烈女) 탐진 최씨(耽津 崔氏)로 말미암아 마을 이름을 절부리(節婦里)라고 하였는데, 달리 제불이라고도 부른다. 아마, "성실하고 지혜로우며 예의 바른 사람"이란 교훈을 강조하기 위한 작사가의 염원이 피력되지 않았는가 생각된다.

거창여자고등학교는 자타가 공인하는 경남 유일의 기숙형 공립 여자고등학교이며 학력지수도 매우 높은 실력 있는 학교로 자리매김하였다. 앞으로 거창여고가 지역사회의 기대와 여망에 부응하기 위해, 은(殷)의 시조인 성탕(成湯) 임금이 반명(盤銘)에 새겨 놓고 좌우명으로 삼은 "일신우일신(日新又日新)"과 같이 날이 갈수록 새롭게 성장 발전하기를 기대한다.

"불휘 기픈 남군 부루매 아니 뮐씨 곶 됴코 여름하누니, 시미 기픈 므른 가무래 아니 그츨씨 내히 이러 바루래 가누니"

세종 27년(1445)에 만들어진 최초의 국문으로 된 악장(樂章)인 『용비어천가(龍飛御天歌)』 2장의 근심장(根深章) 구절을 보면, 조선의 영원무궁한 발전을 기원하고 있음을 알 수 있을 것이다. 『용비어천가(龍飛御天歌)』 2장과 같이 거창여고(居昌女高)도 발전을 거듭하여 진리탐구와 부덕 함양을 위해 좌고우면(左顧右眄)하지 않고 부단히 노력하여 지역을 대표하는 자랑스러운 명문교가 될 것을 확신하게 된다.

우종상 / 1987년~1991년, 1996년~2001년 재직 교사

거창에서의 3년간 학창 시절은
나를 성장시킬 수 있는 원동력이었습니다

거창에서의 3년간 학창 시절은 나를 성장시킬 수 있는 원동력이었습니다.

전국의 인재들이 입학하는 우리 학교에서 자신의 목표가 확고하고 열의가 대단한 친구들을 많이 사귈 수 있었던 것이 우리 학교의 장점입니다. 주변 환경에 영향을 많이 받는 저로선, 매사를 열심히 하는 친구들이 주변에 많았기 때문에 그들에게 공부, 사고방식, 대인관계, 진로 계획 등 여러 방면에서 많이 배울 수 있었습니다. 특히 학업으로 인한 스트레스를 근처 거열 산성이나 덕유산 등반 등을 통해 해소할 수 있었습니다. 긴 시간을 친구들과 함께 보내면서 더 열심히 공부하고, 더 큰 꿈을 가지고, 힘든 상황에서도 긍정적으로 생각하는 법을 배웠습니다. 우리 학교의 '3분 스피치', '명사 초청 특강'과 같은 특색있는 프로그램들도 멋진 친구들과 함께하여 더 빛을 발했던 것 같습니다. 쉽게 주어지지 않는 이런 경험들이 지금의 저를 만들어냈다고 해도 과언이 아닐 만큼 거창에서의 고등학교 생활은 도전과 참여 정신으로 가득 차 있었습니다. 무엇보다도 친구들의 꾸준한 열정과 노력은 제게 큰 동기 부여로 작용했습니다. 그들을 가까이에서 지켜보면서 '저렇게 끝까지 하면 결국 해낼 수 있구나, 나도 할 수 있겠다.'라는 마음가짐으로 3년간 함께 성장했다는 말이 정확한 것 같습니다. 그 시간은 제 인생에서 가장 의미 있는 시간 중 하나이기도 했습니다. 제 고등학생 시절에는 거창이라는 제2의 고향과 훌륭한 친구들이 또 다른 선생님이었습니다. 거창에서의 3년간 학창 시절은 잊지 못할 수많은 추억과 앞으로 굳건히 사회생활을 할 수 있는 원동력이 되었습니다. 제2의 고향인 거창을 마음속 깊이 생각하며 살아가도록 하겠습니다.

조민석 / 거창대성고 56회 졸업생

에필로그

거창여고를 생각하며

거창 시내에서 학교 가는 길, 옛날 지명으로 죽전 쪽을 바라보면 유럽풍의 양식건물이 너무 멋스럽게 보였다. 등굣길이 언덕이지만 유쾌한 마음으로 재잘재잘 쫑알쫑알 학교에 도착하면 친구들과 반갑게 인사하고 수업 시작. 좋아하는 과목은 눈이 반짝반짝 재미없는 시간은 꼬박꼬박 졸던 기억이 난다. 셋째 시간 전 미리 도시락 까먹고 점심시간에는 여중 운동장 저편에 펼쳐진 코스모스 꽃밭을 거닐며 방송실에서 흘러나오는 소녀의 기도, 엘리제를 위하여 음악에 취해 행복한 소녀의 마음이 되어 참 좋았었다. 건너편 거창고등학교 운동장에서 운동하는 남학생 보면서 가슴 설레면서 서로 깔깔 웃고 야단법석 떨다가 수업 종소리 듣고 막 뛰어서 교실로 직행했다. 거창 아림예술제 때 학교별 야간 시가행진할 때 여중·여고는 엄마 친척 언니들 한복 빌려 입고 청사초롱등을 들고 시가행진하면 주변 구경나온 사람들이 이쁘다며 박수칠 때 나는 어깨가 으슥해지곤 했다. 나는 무용반이라 제일극장에서 멋지게 화관무 헝가리 무곡에 맞춰서 집시의 처녀들 베사메무초(남장 여장 옷을 입고 짝꿍과 같이) 무용을 멋지게 추었는데 지금도 그 끼를 못 버려 나이가 칠십 중반인데도 무용을 하고 있습니다.

거창여중·고 개교기념일이 4월 1일로 만우절인데 개교기념일에 운동회 할 때 짓궂은 방송실 학생들이 남선생님 이름 부르면서 시외전화 왔다고 방송하면 호명된 선생님께서 운동장에서 100m 달리기하듯이 뛰어오면 "선생님 오늘 만우절입니다." 하는 방송을 타면 전교생 데굴데굴 구르면서 웃고 쫑알쫑알 모두 난리가 났었지요. 낙엽만 굴러가도 웃는 감성 많은 소녀의 마음이었습니다.

남정희 / 거창여고 9회 졸업생

귀하고 소중한 아이들의 꿈이 영그는 거창덕유중학교 이야기

거창덕유중학교의 시끌벅적한 월요일 등굣길 아침, 아이들은 책가방을 기본으로 책가방보다 더 큰 짐가방과 함께 등교한다. 잠이 덜 깬 부스스한 얼굴이지만 웃는 모습은 세상에서 가장 예쁘고 멋진 아이들이다.

아이들의 청아한 재잘거림 퍼지는 금요일 하굣길 오후, 아이들은 또 큰 짐가방과 함께 통학 버스에 오른다. 얼굴 가득 반가움과 기대감으로, 한 주의 얘기 보따리로 재미나게 하는 듬직한 아이들이다.

거창 유일의 공립 기숙형 중학교 거창덕유중학교는 24시간 돌봄이 진행되는 학교
학력과 재능을 함께 키우는 학교, 정성 어린 하루 세 번의 급식이 있는 학교
정규 일과가 끝난 뒤 또 다른 일과가 진행되는 학교
꿈을 키우기 위해 각각의 빛깔로 모인 귀하고 소중한 아이들이 있는 학교
그 아이들의 꿈과 행복을 위해 온 마음을 다하는 교직원들이 있는 학교이다.

복숭아 꽃이 방긋방긋 반겨주는 봄 등굣길, 일곱 색깔 무지개가 두 팔 가득 환영하는 여름 아침, 울긋불긋 단풍들이 방가 방가 손짓하는 가을 오후, 하이얀 보드라운 눈이 포근히 안아주는 조용한 겨울
다섯 번의 네 계절을 지나며 아이들의 웃음소리에 힐링이 되고 아이들의 재잘거림이 풍경(風聲)처럼 귀를 맑게 해주는 교직원들의 열정에 감사하게 되는 거창덕유중학교

다섯 번의 네 계절을 지나는 동안 함께 했던 멋진 아이들
더 멋진 선생님들 거창덕유중학교 식구분들 모두에게 소중한 인연으로 함께할 수 있었음에 허리 숙여 감사함을 전합니다.

김복순 / 야로중학교 교장(거창덕유중학교 교감, 2018~2022년 근무)

거창여고 앨범을 펼치며

'카톡!' 9회 동창들 단톡방에 '거창교육지원청에서 거창교육 100년사 편찬에 선배님들의「우리 학교 이야기」글을 모아 주십사하는 후배의 협조 요청' 카톡을 보고 책꽂이에 꽂혀있는 빛바랜 앨범을 펼쳤다.

1969년 2월 배꽃 교표가 새겨져 있는 붉은색 융단의 양장본으로 된 앨범 속에는 3년간 여고 시절의 모습들이 와르르 나를 반겨주었다. 표지를 펼치니 1968학년도 제9회 졸업 기념 거창여자고등학교가 새겨져 있고, 또 한 장을 넘기니 교가와 교기가 상징을 나타내고 그 아래에는 단아한 2층 양식건물에 교실은 1·2층 4칸이고 바깥으로 설치된 철제 계단 앞 둥근 화단에는 건물과 키를 재는 듯한 잎이 넓은 키 큰 관엽수와 꽃나무들이 어우러져 있다. 다음 장에는 '성실·명랑·단정'이라는 교훈이 있고 이석화 교장선생님의 사진과 집무하시는 모습과 함께 58년 전 여고 시절 속으로 나를 불러들였다.

1966년 3월 2일. 나는 거창여고 1학년 입학을 했다. 모든 것이 낯설고 다 새로웠다. 특히 죽전 마을 언덕 위에 단아하게 자리 잡은 2층 양식건물이 가장 인상적이었다. 그 당시 양식건물은 그리 흔치 않았기 때문에 나는 우리 학교 건물이 참 좋았다. 나의 인생에서 꿈을 잉태시키고 여성으로서의 자질을 갖추도록 해 준 여고 시절의 유학기는 이렇게 시작되었다.

나는 합천군 봉산면의 한 집성촌 마을에서 태어나 시골 초·중학교를 졸업하고 거창으로 유학을 간 셈이다. 지금으로부터 58년 전 60년대는 여자들은 고등학교 진학률이 높지 않을 때였다. 나는 초·중학교 여자 졸업생 중에 유일하게 진학을 한 행운아였다. 그런 사회적인 분위기였는데도 선생님이었던 오빠 덕에 나는 고교 진학을 할 수 있었다. 후일에 들은 얘기로 그 당시 우리 마을은 유교를 숭상하고 마을의 질서를 지키며 체통을 지키는 마을 큰 어른이 계셨는데, 그 어른이 우리 아버지를 불러서 다 큰 계집애를 외지로 내보냈다고 야단까지 들었다고 하셨다. 이러한 환경 속에서 거창여고 학업은 가히 유학이라 할 수 있지 않은가! 우리 마을은 행정구역상으로는 합천군에 속하였지만, 지리적으로는 거창이 더 가깝고 교통편도 용이하였다. 더군다나 그 당시 거창은 읍도시였는데도 여고, 농고, 거창고, 대성고, 상고 등 고등학교가 5개나 있는 교육의 중심지로 알려져서 거창군 관내를 비롯한 함양, 합천 등 다른 지역에서도 배움을 위해 많은 학생이 모여들었다. 서북부 경남의 교육 중심지가 확실했다. 이렇게 많은 고등학교 중에도 아버지께서 "넌 여자니까 당연히 여고를 가야지!"라는 말씀에 나는 여고를 선택하였고, 나의 보랏빛 여고 시절은 그렇게 시작되었다.

그 당시 우리 마을에는 아침에 대구행 버스가 저녁때 되돌아 진주로 가는 하루 2회 운행되는 교통편뿐이었다. 그래서 나는 자취를 할 수밖에 없었다. 이곳에서 다니는 학생들은 대부분 그랬다. 토요일에 집에 왔다가 일요일 자취방으로 돌아갈 때는 쌀이며 반찬 등을 담은 보따리를 힘겹게 들고, 거기다 불을 지필 나무 조각 마대 자루를 머리에 이고 불 꺼진 자취방을 찾아들며 서글펐던 날들. 그때는 연탄도 없고 장작으로 불을 지펴 밥을 해 먹던 시절이어서 아버지의 정성이 가득 담긴 잘게 쪼개진 장작을 대할 때마다 '열심히 공부해야지. 한 눈 팔면 안돼!'라는 다짐을 강하게 하곤 했다.

이렇게 나의 자취생활과 함께 학업에 대한 나의 열정도 커져갔다. 시험 기간이면 밤을 새워 공부하는 게 다반사였는데, 어느 날 밤 나는 촛불을 켜고 공부를 하다가 깜빡 조는 바람에 촛불이 창호지 문에 붙어 불을 낸 적도 있었다. 지금도 아찔했던 그 날의 일은 잊을 수가 없다. 공부만이 부모님에게 효도하는 거라고 여겼었기 때문에 정말 열심히 했다.

나의 여고 시절은 다양한 지역에서 온 친구들과 보다 폭넓은 지식으로 가르쳐 주시는 선생님들 덕분에 모든 것이 새롭고 꿈을 키워가기에 모자람이 없었다. 시골 중학교에서는 경험할 수 없었던 음악실, 실험실, 가사실, 도서실 등을 접하며 가슴 뿌듯해했고, 특히 가정 시간에 만들었던 작품들은 내가 여고생이었음을 증명해 주었다. 한지로

에필로그

만든 동정까지 달은 저고리는 오래도록 나의 보물 상자에 있었다. 특히 도자기 도안의 자수로 만든 6쪽 병풍은 혼수로 가져오기도 했다. 이외에도 갖가지 가사 실습을 통해 처음 만들어보았던 음식들은 그때 이미 신부 수업은 아니었을까? 싶다. 또 친구들의 무용발표회, 시 낭송회, 음악 발표회 등 나름대로 기량을 뽐내던 친구들의 모습들이 흑백 사진으로 그날들로 나를 초대했다.

우리 여고는 1반뿐인 단일 학급이라 3학년이라도 3학급뿐이었다. 그래서 운동장 사용은 물론 학교의 큰 행사는 중학교와 대부분 같이했다. 조회, 운동회, 학예회 등이 그러했다. 운동회 때 우리 학년이 단체 고전무용을 한 뒤 찰칵! 찰칵! 자주 고름에 하얀 치마저고리를 입고 활짝 웃는 모습들이 앨범 속에서 그날의 즐겁고 행복함을 말해 준다. 3학년 마지막 가을 소풍으로 찾았던 함양 숲은 지금도 기억이 생생하고, 가조 고견사에 갔던 기억, 이렇게 봄·가을 소풍에서도 또 찰칵, 찰칵! 누군지 언뜻 알아보기 힘들 정도로 얼굴들이 작게 나온 흑백 사진들, 그날의 아련함에 젖어본다.

졸업여행을 제주도로 갔다. 앨범 속에서 한껏 멋을 부리고 있는 친구들. 그런데 내 얼굴은 없다. 대학을 보내달라는 조건으로 여행을 안 가겠다고 했기 때문이다. 그래서 대학을 갔을까요?

아버지의 완강함으로 진학 준비를 못 하고 나는 끝내 현장실습에 참여했다. 그 당시 우리 학교는 진학하지 않는 학생들은 졸업 전 3개월을 여러 관계기관에서 현장실습을 하는 제도가 있었다. 나는 모교이기도 한 우리 마을에 있는 초등학교에서 실습하게 되었다. 이 일은 후에 내 인생에 있어서 최대의 기회가 되어준 최고의 계기가 되었다.

나는 진학을 포기하고 준교사자격시험을 거쳐서 교사가 되었다. 이후 한국통신대학을 거쳐서 교대 졸업 자격을 취득하고, 교육대학원에서 석사자격을 취득하여 승진도 하고 교사로서의 최고의 자리까지(교장), 그렇게 43년간의 교직 생활을 마쳤다. 조그만 시골 마을의 눈이 큰 소녀가 거창여고에서 보랏빛 꿈을 키워 참으로 열심히 살아온 오늘날의 내가 있음에 참으로 감사함을 전하면서 많은 후배님들에게도 거창여고인으로서의 자긍심을 가지고 모교 사랑에 진심이기를 바라본다..

1969년 2월의 어느 날, 간밤에 내린 폭설로 교통편이 끊어졌다. 나는 무모하게도 눈길을 걷고, 걷고, 하염없이 걸었다. 거창여고 9회 졸업식에 참석하기 위해서. 우리 집에서 거창까지 거리가 얼마인지도 모르고 오직 졸업식에 참석하겠다는 일념으로 걷고 걸었다.

남하까지 왔을 때 버스가 통행하여 학교에 갔다. 졸업식은 이미 끝나고 친구들도 없었다. 그 허무함은 말할 수 없었다. 교무실에 들러 졸업장과 앨범을 찾아 들고는 나의 여고 3년을 그렇게 끝냈다. 지금 나는 그 앨범 속에서 58년 전의 나와 친구들을 만나고 있다.

김남점 / 거창여고 9회 졸업생

거창중학교

1980년대 거창중학교를 더듬어 본다. 중앙현관 앞에 큰 소나무가 있었고 정문 쪽에 사택과 텃밭이 기억난다. 지금의 도서관 자리에는 과학실이 있었고 체육관은 없었다. 솔숲 근처에 씨름장이 있었는데 체육시간에 씨름기술을 많이 배웠다. 학교 다닐 때 기억나는 장면을 떠올려 본다. 청소를 참 많이도 했었다. 게다가 청소 담당구역은 매번 화장실이었던 것 같다. 정문 앞에 비디오 가게가 있었는데 시간 가는 줄 모르고 보다가 아버지가 저녁 늦게 찾으러 오셨던 기억이 난다. 비디오 가게 옆 분식집에는 1접시에 50원 하던 떡볶이가 일품이었다.

경양수 / 거창중학교 40회 졸업생, 2003~2008,
2016~2019, 2022~2024 근무

에필로그

그물에 걸려

몇 년 전 참으로 오랜만에 초등학교 동기동창 모임을 했다. 아름답지만 때로는 예고도 없이 불어닥친 거친 비바람 때문에 죽음의 고비를 넘기기도 하는, 거대한 바다 같은 인생 여정을 거쳐 우리는 중년이 넘어 만났다. 어떤 친구는 중후해졌고 어떤 친구는 어릴 때의 얼굴을 찾아내는 데 시간이 꽤 걸리기도 했다. 각자 살아온 과정도 다르고 현재 머무는 곳도 달랐다.

우리가 다닌 샛별은 첩첩 두메산골의 아주 작은 학교여서, 동창생은 겨우 사십여 명에도 미치지 못한다. 그러나 작기 때문에 우리는 서로를 속속들이 알고 있었다. 6년이라는 긴 시간을 같은 시공간에서 동일한 체험을 함께 나눈, 순수했던 기억을 공유했기 때문에 숨길 것도 내세울 것도 없었다. 다들 저간의 머물고 있는 삶의 자리를, 나름대로 하나님의 뜻으로 해석하고 감사하며, 각자의 역량에 따라 그 분량만큼 살아가고 있다는 사실이었다.

어린 시절 우리가 다닌 학교는 미션스쿨이었다. 우리는 자신도 모르는 사이에 초등학교 교육을 통해 쳐 놓은 하나님의 그물에 걸려든 것이다. 만남의 기쁨도 기쁨이지만, 우리는 그 그물의 힘과 신비로움에 대해 오래 이야기했다.

갈릴리 호수에는 여러 가지 종류의 고기가 있다고 한다. 먹을 수 있는 것도 있고 부정해서 못 먹는 고기도 있다고 한다. 일단 그물은, 먹을 수 있든 없든 걸리는 고기는 모두 잡는다. 나누는 일은 그분의 몫이다. 우리는 다만 그분의 손에 달려 있을 뿐이다.

샛별 교육이 쳐 놓은 그물에 몹쓸 내가 걸려들었듯이, 나 역시 오늘, 누군가를 향해 그물을 던져 올려야 할 일이다.

박혜원 / 샛별초등학교 2회 졸업생

거창중학교

거창중학교에서 2017년부터 근무해서 8년 차 근무 중인 영어 교사로, 학교의 희로애락을 함께 하면서 교직 생활을 하고 있다. 현재 거창중학교는 그린스마트 미래학교로 나가기 위한 공사를 진행하고 있다. 완공이 가까워진 현재, 학생과 교사의 애정이 담긴 지난 공간들을 돌이켜보았다. 학년실이 좁아 아이들이 상담하기 좋은 공간이 있으면 해서 상담실이 만들어졌었다. 선생님들은 그 공간에서 상담도 하고, 커피도 마시고, 휴식도 하는 공간이 되어 우리 학교 선생님들의 '최애공간'이 되었다. 선생님들이 자주 모일 수 있어 소통할 수 있게 된 점이 가장 큰 장점이다. 다른 학교와 비교했을 때 거창중학교 건물에 있었던 특징은 바로 홈베이스이다. 교과교실제하면서 생긴 공간이라 생각되는데 학생들이 교과교실제로 계속 이동하면서 휴식 공간이 되고 독서 공간이 되었다. 시험 칠 때 아이들이 자기들끼리 옹기종기 모여 같이 외우고, 질문하기도 하면서 공부를 하는 모습을 보고 그 공간이 참 소중하다고 느껴졌다.

추억이 있는 공간이라는 것은 결국 사람에 대한 기억인 것인데, 코로나 시절 담임을 맡았던 3학년 1반과의 기억이 짙어 그 교실에 대한 기억을 길이 간직하고 싶다. 코로나 시절 아이들과 다툼도 있었지만, 위로가 되는 친구들이 많았다. 특히 기억에 남는 건 코로나 때문에 졸업식을 모여서 하지 못하고 교실에서 영상 졸업식을 했는데, 동그랗게 앉아서 이야기하는 자리가 있었다. 당시 같이 근무했던 선생님께서 아이들이 3년간 사진을 모아 학생회와 영상부 친구들하고 5분 남짓 영상을 만들었는데, 그 영상을 아이들이 보았을 때 초반에는 깔깔 웃고 서로 놀리다가 뒤로 갈수록 아이들의 눈에 눈물이 몽글몽글하고, 훌쩍훌쩍 울던 친구들이 생각난다.

심규란 / 2017년~2024년 재직 교사

에필로그

내 앞에 펼쳐진 거창여고 시절의 나날들….

서부 경남의 교육도시 거창군은 덕유산 자락에 있어 산 높고 물 맑은 고장이었습니다. 영호강의 맑은 물이 거창의 중앙을 흐르고 우리는 그 물처럼 깨끗하고 순수한 마음으로 성장해 갔습니다. 그리고 그곳에서 보낸 시간, 거창에서 유일한 여자고등학교! 거창여자고등학교의 나날들은 제 인생의 가장 소중한 기억으로 남아 있습니다.

1966년, 거창여고 입학시험에서 수석으로 합격한 날의 기쁨은 지금도 생생합니다. 그 순간의 설렘과 긴장감은 마치 새싹이 푸른 잎을 내밀듯이, 저에게 새로운 시작을 알리는 듯했습니다.
1학년 4월, 예절의 달에 수상하면서 저는 거창여자고등학교의 학생이 되어가는 기쁨을 느꼈습니다. 5월의 어느 날, 거창여고 1회 선배님이신 이경창 여사님께서 내무부장관 부인으로서 도서관에 많은 책을 기증하신 날, 저는 여고 재학생 대표로 꽃다발을 드리러 가게 되었습니다. 그 순간, 선배님의 자애로운 미소와 함께 느꼈던 선배님의 훌륭하신 베푸심과 모교 사랑의 정신과 모습은 지금까지도 제 가슴속에 깊이 남아 있습니다. 실업 가정 시간에는 에이프론을 두르고 가사 실습을 하며, 한편으로는 미래의 여성상 꿈을 키워갔습니다. 그리고 10월에 열린 아림예술제에서 연등을 들고 시가행진을 하던 기억은 아직도 저를 설레게 합니다. 한복을 입고 손에 연등을 들고 거창 시내를 한 바퀴 돌며, 영호강 강물에 연등을 띄워 보내던 그 순간, 세상의 모든 아름다움이 저에게 쏟아지는 듯하고 우리의 소중한 꿈이 이루어질 것이라는 아련한 희망이 솟아났습니다.

2학년 가을 운동회에서는 한복을 입고 무용을 하며 친구들과 함께 즐겁게 지냈습니다. 그때의 웃음과 기쁨은 언제까지나 제 마음속에 남아 있을 것입니다. 아림예술제 개막식에서 우리 반 친구들 8~10명이 거창 제일극장 무대에서 무용을 하였던 기억도 잊을 수가 없습니다. 손예영 친구가 이상화 시인의 시 '빼앗긴 들에도 봄은 오는가?'라는 시 낭송으로 시작된 그 예술제 행사에서 느꼈던 감동은 정말 특별했습니다.

1968년 1월, 간첩 김신조 청와대 습격 사건 당시, 저는 거창여고를 대표하여 거창 공설운동장에서 초·중·고등학교에서 한 학급 이상 각 학교 대표로 참석한 학생들 앞에서 '유엔 사무총장'에 보내는 메시지를 낭독했습니다. 이를 준비하기 위해 한 주간 체육 선생님의 지도로 방과 후에 연습하며 원고를 읽고 제스처를 익혔습니다. 제가 조례대에 서서 낭독하기 전에, 선생님은 공설운동장에 모인 학생들을 바라보며 긴장을 풀고 천천히 낭독을 시작하라고 지도를 해 주셨습니다. 조례대에 올라가서 왼쪽부터 오른쪽까지 학생들을 살펴보니, 모두 새까만 교복을 입고 질서정연하게 서 있었고, 그 모습이 두렵지 않았습니다. 저는 연습한 대로 차근차근 메시지를 낭독할 수 있었습니다. 낭독을 마친 후, 선생님께서 저를 칭찬하며 격려해 주셨고, 이 경험을 통해 대중 앞에서 발표하는 태도와 준비의 중요성을 배웠습니다. 이때의 긴장감과 책임감은 저를 성숙하게 만들었고, 이후 초등학교 교사로 근무하면서 수많은 사람 앞에서 발표할 때도 여고 시절의 경험을 떠올리며 자신감을 가지게 되었습니다. 그때의 기억은 항상 제 마음속에 남아 있는 체육 선생님께 감사함을 느끼게 합니다.

매주 월요일 아침 조례에서 이석화 교장선생님의 훈화 말씀을 듣고, 친구들과 함께 교훈인 "성실하고, 지혜로우며, 예절바른 사람"이 되기 위해 노력했던 시간들은 저를 지금의 저로 만들어 주었습니다. 거창여고의 은사님들께 깊은 감사를 드리고 싶습니다. 은사님들은 저희들에게 꿈과 희망, 사랑의 씨를 뿌려 주셨습니다. 그 덕분에 오늘을 살아갈 수 있는 자양분을 저희들은 가득 받기만 하여 지금까지 사용하고 유지하고 있는 것 같습니다. 또한, 3년 동안 함께 울고 웃으며 공부했던 친구들에게도 감사의 마음을 전하고 싶습니다. 우리 친구들은 모두가 한 자매들처럼 서로에게 기쁨을 주고 서로 도우면서 아름다운 마음으로 생활하고 있습니다. 거창여고가 저희에게는 단순한 모교가 아닌, 꿈과 희망이 자란 곳이며 우리들의 모두가 되어서 우리에게 아낌없이 나눠준 모교가 아주 고맙습니다.

이렇게 영광스러운 여고 시절의 회상을 할 수 있게 좋은 기회를 주신 거창여고에 다시 한번 감사의 인사를 드립니다. 우리들의 자랑스러운 모교! 거창여고의 무궁한 발전과 나날이 성숙해 지면서 전국에서 이름이 빛나고 있는 명문 학교로 발돋움하는 거창여고가 자랑스럽습니다.

정갑점 / 거창여고 9회 졸업생

에필로그

내 인생의 최고봉

학교시절을 이야기하면 4학년 때가 가장 좋았고, 가장 많은 이야깃거리가 있다. 그때가 가장 존중받았고 나의 가치를 인정받고 적극적인 성격을 마음껏 펼쳤던 시기이기도 하다. 4학년 담임 이하수 선생님께서는 점심시간이면 등글게 둘러앉아 도시락을 우리와 함께 드셨고, 그 도시락으로 혹시 싸 오지 않은 친구들을 위해서 한 숟가락씩 덜어 주다 보면 그 친구의 밥이 가장 많았던 것이 지금도 생각난다. 그것이 타인을 배려하는 봉사 정신의 밑거름이었다.

어릴 때 나는 늘 몸이 아파서 결석이 생활이었고, 숙제를 했던 기억이 없었다. 약하고 잘 웃지도 않는 퉁명스런 아이였던 것이다. 그러던 어느 날 깍두기(이편, 저편에 모두 끼어서 하는 사람-놀이를 잘 못 하는 사람)로 친구들 놀이에 동참하면서 멍하니 앉아 친구들이 하는 고무줄놀이를 지켜보며,

'아하~~!! 노래에 맞추어 다리만 쭉쭉 뻗어 올리면 나도 잘할 수 있지 않을까'라고 생각하게 되었다. 그리곤 깍두기인 내 차례가 되어 생각했던 대로 열심히 했더니 생각보다 잘하게 되었고, 그다음 날부터 놀이 대장으로 내 편을 뽑는 사람이 되었다. 어린 시절을 생각하면 늘 떠오르는 장면이고, 내 인생의 큰 전환점이 되어 나의 신념과 지표인, '하면 된다. 내 인생의 실패는 없다. 단지 조금 뒤로 늦어졌을 뿐이다.'라고 이야기할 수 있는 중요한 경험이었다.

학예발표회 기악 합주 때, 학교 합창 대회 때 선생님께서는,
"지휘하고 싶은 사람~~", "큰북 칠 사람~~"
반 전체 아동들에게 기회를 주셨고, 나는 손을 번쩍 들어,
"저요~~!" 하고 소리치곤 했다.

반에서 제일 작은 나는 큰 북에 가려 얼굴도 잘 보이지 않았지만 큰 북을 쳤고 지휘자로 뽑혀 지휘했던 경험이 중학교에서도, 고등학교에서도 지휘를 하고, 체육대회에

서, 예술제에서 주도적인 리더로 응원단장, 각종 종목에 참여하는 감초 역할까지 하는 아주 적극적이고 자신감과 추진력이 넘치는 학생으로 자랄 수 있었다.

"이다음에 너희들이 어른이 될 때쯤이면 아마 물을 사 먹어야 할지도 몰라." 당시엔 황당한 얘기였지만 미래에 관한 이야기, 꿈에 관한 이야기 등으로 많은 생각을 할 수 있는 토대를 마련해 주신 선생님.

세월이 지나면 잊어버리는 일이 보통인데, 작은 키에 동그란 안경 사이로 뽀얀 얼굴에 번지는 미소가 선명하게 사진처럼 내 기억 속에 자리를 잡고 있다. 지금도 선생님의 얼굴 전체 흐르는 미소가 나를 행복하게 한다.

'샛별초등학교' 여태껏 살아오면서 항상 자랑스러웠고 행복한 추억의 대상이었다. 누구에게나 자신 있게 초등학교 시절이 무척이나 즐거웠다고 망설임 없이 이야기할 수 있었다. 우리 동창들을 보면 노래를 못 하는, 아니 노래를 잘하는 친구들만 모아 놓은 것처럼 아마추어 가수들이 노래하는 것처럼 실력들이 좋다. 요즘 초등학교에서는 방과 후교실로 여러 가지 다양한 특별 활동을 하지만 그 당시 우리는 방과 후에 합창단, 기악 합주 등 여러 가지 악기(리코더, 멜로디, 실로폰, 아코디언, 피아노, 바이올린 등) 중 최소 한가지는 연주할 수 있게 노래에 기본이 되는 발성법, 악보 보는 법 등을 배운 것으로 기억된다. 지금이야 평범한 수준이지만 그 당시 우리에게는 다른 학교에서는 상상도 할 수 없는 것을 학교에서 배워 우리는 특별한 아이들이고, 아주 훌륭한 사람들로 자각하고 있었다. 자신감이 넘쳐 자만이 될 정도였다고 생각된다, 그러한 어린 시절의 경험들이 쉽지 않은 인생을 살아가는데 넘어지면 일어설 수 있게, 힘이 들면 쉬었다가 다시 시작할 수 있는 용기와 힘을 주었다.

참으로 감사하다. 내 인생의 최고봉이고, 밑거름이 되는 학교를 졸업 할 수 있어서…….

조창숙 / 샛별초등학교 10회 졸업생

에필로그

몽디점빵

나는 지금부터 50여 년 전인 70년대 초중반에 북상초등학교를 다녔다.
당시 학교 앞 좌우 양쪽에 구멍가게가 두 곳이 있었는데 그중 좌측에 있던 가게를 우리는 '몽디점빵'이라고 불렀다.

원래 상호가 따로 있었으나 정확한 가게 이름은 생각나지 않는다.

그 가게는 통상적으로 문구점이면서 생필품을 파는 조그마한 슈퍼이기도 했다.

어릴 적 우리는 등하교하면서 몽디점빵에 들러 공책, 연필과 지우개 등 학용품을 구입하기도 하고, 빵이나 라면땅, 뽀빠이 등 군것질류를 사 먹기도 했다.

몽디점빵은 노부부가 운영하였고, 주인 할아버지는 항상 몽둥이 하나를 들고 가게를 지키고 있었다.
간혹 아이들이 빵이나 과자를 몰래 훔쳐 도망치기도 했고, 어떤 아이는 할아버지에게 들켜서 몽디로 얻어맞기도 했던 것으로 기억된다. (*몽둥이를 경상도 사투리로 '몽디'라고 부른다.)

그래서 아마 그 가게를 우리끼리 "몽디점빵"이라고 불렀던 거 같다.
몽디점빵은 도랑에 약간 걸쳐서 지은 슬레이트 지붕의 판잣집이었는데 여름에 비가 많이 내릴 때면 우리는 몽디점빵이 홍수에 잠겼으면 하는 엉뚱한 상상을 해보기도 했다. 그러면 물 위에 떠 있는 빵이나 과자를 마음껏 먹을 수 있지 않을까 하는 어린 마음에서였던 거 같다. 다행히 한 번도 그 도랑이 넘친 적은 없다.

몽디점빵 옆에 흐르는 도랑의 발원지는 성골못이었는데 내가 초등학교 3학년 여름방학 때 그 저수지에서 물놀이 하다가 죽을 뻔한 아찔한 기억도 있다.

방학이 되면 우리는 논과 밭 경작을 위해 집에서 기르던 소를 성골 골짜기에서 풀을 뜯어 먹도록 방목해 두고 못 둑 위에서 놀이를 하거나 저수지에서 수영을 하며 오후 시간을 보내곤 했다.

어느 날 선배 두 명과 함께 그 저수지에서 수영을 하게 되었는데 나는 아직 수영 실력이 서툰 상황이라 그만 실수로 물에 빠져 헤엄을 쳐 나오지 못해 죽을 위기에 처했었다.

수면 아래로 가라앉으며 '아 이제 죽는구나…' 했는데 마침 동네 아저씨 한 분이 산에 나무하러 오셨다가 물에 빠진 나를 발견하곤 구조해 주셔서 기적적으로 살아남을 수 있었다.

개학 후 학교 담임선생님께서도 그 소식을 들으셨는지 "얘야! 정말 큰일 날 뻔했구나!!" 하면서 걱정 어린 말씀과 함께 따스히 어깨를 토닥여 주셨던 것이 생각난다. 그 따스한 손길은, 몽디점빵 앞 아이들이 모여 웃고 떠들던 마을의 평온한 풍경처럼, 내 마음에 고스란히 남아 긴 세월이 지나도 변치 않는 온기를 전해주었다.

정치균 / 북상초등학교 제44회 졸업생

에필로그

체험을 가능케 하는 거창고의 문학 시간

거창을 떠나온 지도 어언 아홉 달째다. 올 한 해는 내 삶의 전부였던 곳을 떠나, 늘 새로움과 마주하는 경험의 연속이었다. 정든 곳을 떠난다는 아쉬움에도 불구하고 새로운 경험은 마냥 즐겁기만 했다. 그중 하나의 경험은 대학 수업이다. 이번 학기에는 문학 수업을 신청하여 재밌게 듣고 있다. 헤밍웨이, 카뮈, 단테 등의 세계 문학가들의 작품을 읽고, 글을 쓰고, 발표를 하는 수업이다. 작가들의 생애를 바라보고, 구절마다 담긴 의미를 찾아내고, 해당 작품과 다른 예술 장르와의 상호텍스트 성을 조명한다. 매주 하나의 작품을 읽어가면서 지식이 늘어가는 것 같다. 그런데, 뭔가 허전하다. 명작에 담긴 삶의 본질을 읽으면서도 무언가 빠진 듯한 이 느낌은 무엇일까?

거창고의 문학 수업이 떠오른다. 어떤 반의 급훈이 '인생은 ○○○ 선생님처럼'이었을 정도로 문학 선생님은 학생들로부터 많은 사랑을 받으셨다. 우리는 선생님을 사랑하는 만큼 선생님의 수업 또한 사랑했다. 강은교 시인의 「사랑법」을 배운 적이 있었다. 첫 구절인 "떠나고 싶은 자 // 떠나게 하고"를 읽으며 선생님께서는 우리의 사랑과 이별에 관심을 가지다. 아이들이 선생님에 대해 질문할 때면 꼭 들어가는 말이 "선생님 첫사랑 이야기해 주세요!" 아닌가. 그런 아이의 마음은 고등학생이었던 우리들에게도 여전히 남아 있었다. 이후로 몇 번의 수업 동안 우리는 돌아가며 서로의 사랑 이야기를 나누었다. 아는 친구들은 알지만 대부분은 잘 몰랐던 친구의 이별 이야기, 교내에서 유명하게 교제하고 있던 친구이지만 중 간에 이별의 과정을 겪었던 경험의 이야기들을 말이다.

권호문의 「한거십팔곡」을 배우고는 자연을 직접 느껴야 한다며, 수업시간에 학교를 뛰쳐나왔다. 근처의 저류지까지 걸어가며 길가에 피어난 꽃들의 이름, 풀들의 이름을 알려주셨다. 늘 지나다니던 길이지만 보지 못했던 나무의 열매를 만져보고, 시시각각 변하는 하늘의 모습을 바라보았다.

문학이란 무얼까. 문학은 복잡한 방식으로 단순한 삶의 본질에 다가가는 행위이다.

자신의 경험을 깊이 있게 성찰하는 이야기가 흥미로운 이유는 개별적 사실에서 보편적 진실을 발견해 내는 과정을 보여주기 때문이다.[19]

문학을 통해 얻게 되는 지식은 삶과 현실에 관한 풍부하고 생동감 있는 인식이다. 이때 중요한 것은 '경험'이다. 사전에 의한 유의어로는 '체험'이라고 할 수도 있겠다. 책 속에서만, 글로만 느끼는 것이 아니라, 직접 세상과 마주하며 그 순간을 느껴야 한다.

"Eating food with your hands feeds not only the body but also the mind and the spirit. 손으로 음식을 먹는 것은 육체뿐만 아니라 마음과 정신을 풍족하게 한다."[20] 손으로 음식을 먹는 인도의 문화는 자칫 비위생적이고 원시적으로 보일 수 있다. 그러나 그들은 식기를 사용하면 시각, 청각, 후각, 미각 뿐으로만 음식을 느낀다고 말한다. 오감의 마지막인 촉각을 통해 인도 사람들은 음식을 더욱 향유한다.

거창고의 문학 수업도 그렇다. 우리가 문학 시간을 기다렸던 이유는 교과서 속 이야기에 담긴 일상의 신비를 직접 체험할 수 있었기 때문이 아닐까? 선생님께서 가르쳐주신 지식은 비단 문학 지식뿐만이 아닐 것이다. 그는 하이데거가 말했듯 "지상의 모든 인간과 사물의 성스러운 신비를 경험하"[21]며 살기를 우리에게 가르쳐주신 것 같다. 내 주변의 모든 것을 온전히 체험하며 그렇게 또 하루를 살아가 본다. 불어오는 바람을 느끼며. 곁의 사람들 이야기에 귀 기울이며.

안성주 / 거창고 졸업생

---

19) 김창석 한겨레엔 교육 부문 대표의 말을 인용함.
　　https://h21.hani.co.kr/arti/society/society_gene ral/55856.html
20) 인도의 격언
21) 박찬국. (2017). 삶은 왜 짐이 되었는가. 21세기북스. p.18

에필로그

샛별 도서관 옹달샘의 추억

　샛별초등학교가 벌써 개교 주년 60세 중년의 나이에 접어들었다. 사람으로 치면 지적인 중년의 여인 혹은 중후한 중년의 신사를 떠올리게 하는 나이다.

　사람은 나이 40이 되면 자신의 얼굴에 책임을 져야 한다는 말이 있다. 그 말뜻은 살아온 흔적이 고스란히 얼굴 모습에 나타나며 그 세월에 대한 책임을 져야 한다는 뜻일 것이다. 그렇게 치면 샛별초등학교의 모습 또한, 수많은 사람의 모습으로, 손으로 말로 다듬어졌으니 수없이 많은 이야기가 학교 담벼락에, 운동장에, 교실 곳곳에 자리 잡아, 사람만큼 중요한 모습을 보이는지도 모르겠다.

　샛별초등학교의 중후함 속에서 한편의 추억으로 자리 잡은 도서관 '옹달샘'에서 나의 10년의 기억 또한 오래된 사진첩을 들추어내듯, 구석구석 쌓아둔 이야기가 많다.

　겨울이다. 올겨울은 유난히도 따뜻했던 것으로 기억된다. 방학 동안 샛별 친구들은 어떻게 지내고 있을까? 아마도 추위를 모르고 밖에서 뛰어놀거나 겨울에 할 수 있는 모든 놀이를 마음껏 즐기고 있을 게다. 도서관에서 책만 보고 있는 것은 아닐까? 혹시? 그럴 리야 없겠지만…….

　풀과 나무, 꽃들에도 이름이 있듯이 샛별 도서관에도 이름이 있다. "옹달샘", "골짜기의 작은 샘이 흘러 바다를 이룬다."는 바람과 큰 뜻을 지니고 있다. 아이들의 생각을 모아 지은 이름이니 이름 중에 가장 좋은 이름일 것이다. 옹달샘에서 샘물이 퐁퐁 솟아나듯 지혜의 샘 또한 퐁퐁 솟아나기를 바라는 마음이 이름 속에 담겨 있다.

　학기가 시작되는 3월이면 "옹달샘" 도서관도 분주하다. 새내기 1학년들이 입학하고, 재학생들은 이제 조금씩 자란 티를 내며 한 학년씩 올라간다. 도서관은 새로운 친구들을 맞을 준비로 바쁘다. 새로운 도서관 친구들, 새로운 명예 봉사자 어머님들, 아이들에게는 도서관 이용 방법에 대한 것들을 알려 주고 도서관 명예 봉사자로 일하실 어머님들께는 프로그램에 관한 것들과 할 일들을 공유하기에 바빠진다.

새내기들의 도서관 등록이 끝나면, "제 이름 있어요?"라고 묻는 아이들도 가끔 있다. 자신의 이름이 컴퓨터에 등록되었다는 것이 신기한 모양이다. 그러면서 으~쓱 어깨에 힘을 주기도 한다. 은근히 "나도 이제 샛별초등학교 학생이다."는 자부심 같은 것일까?

신입 명예 봉사자 어머니 또한 이름표를 만들고, 각각 부서별 할 일들과 봉사할 요일을 정하면 1학년 아이들처럼 두려움 반 설렘 반으로 도서관 생활이 시작된다.

옹달샘의 명예 봉사자 어머님들은 참 대단하신 분들이다. 누구의 강요가 아닌 스스로 학교에 봉사하며, 책 읽어 주기, 우리 아이들이 책읽기에 적합한 환경을 위해 노력을 아끼지 않으시는 분들이며 스스로 할 일을 찾아서 하는 활동가들이다. 여러 사람이 모이면 늘 좋은 일들만 있겠냐마는 무엇보다 서로를 배려하며 도서관을 좋은 환경으로 만들어 가는 모습이 아름답다.

옹달샘에서는 크고 작은 일들이 종종 일어나기도 하고 찾아오는 손님들도 다양하다. 친구랑 싸우고 갈 데 없어 오는 아이, 혹은 선생님께 꾸지람 들어 속상해 찾아오는 아이, 조용히 혼자 있고 싶은 아이, 숨을 곳을 찾는 아이, 물론 책을 읽고 싶은 아이들이 가장 많은 손님이다. 그 꼬마 손님 중 기억에 남는 재미난 이야기가 있다.

몇 해 전, 따뜻함이 좋고 바깥 날씨가 추우니 당연히 도서관을 많이 찾는 겨울 어느 날로 기억된다. 유난히 장난기도 많고 판타지 그림책을 좋아했으며 유독 곤충에 관심을 보이던 아이였다. 그날은 아이들이 4시 30분쯤 되자 귀가하고, 도서관도 정리를 빨리 마쳤다. 도서관에 문 닫을 시간이 지났고, 주변 정리를 한 후 문을 잠그려다 전열 기구를 확인해야겠다는 생각이 들어 다시 들어가 그림책 서가를 들여다보다 깜짝 놀랐다. 그 개구쟁이 아이가 잠이 들어 있었다. 침까지 흘리며 말이다. 순간 아뿔싸! 문을 잠그고 그냥 갔다면 어쩔 뻔했나? 정말 큰일 날 뻔했다. '따뜻하게 데워진 바닥이 그 아이의 잠을 쏟아지게 했나 보다.' '얼마나 돌렸으면' 생각하니 웃음도 나고…….

그 후로 도서관 문을 닫을 땐 항상 그림책 코너를 다시 확인하는 버릇이 생겼다.

샛별 도서관은 책만 읽는 공간은 아니다. 초등학교 아이들의 눈높이에 맞는 열린 도

에필로그

서관이다. 다른 사람에게 피해를 주지 않을 만큼의 소근거림과, 장난스러움도, 웃음소리도, 나눔도 허용이 된다. 소통과 휴식의 공간이며 힘들 때 찾아올 수 있는 쉼터이기도 하다.

그래서 샛별 도서관은 누구나 부담스럽지 않으며, 언제나 들려도 마음이 놓이는 공간이길 바라는 마음으로 문을 연다.

갓 입학한 새내기 친구들의 도서관 이용법을 알려 줄 때, 늘 던지는 질문이 있다. "샛별 도서관은 누구의 것일까요?" 아이들은 담임 선생님 성함을 되며 "○○○선생님이요!" 혹은 "교장선생님이요!" 하는 친구들도 있다. 그럴 때 웃으며 들려주는 말은 "샛별 도서관의 주인은 바로 여러분입니다." 그래서 도서관에 책들은 소중하게 다루어야 하고, 나 혼자만의 것이 아니니 서로 아끼고, 배려하는 마음이 필요하다는 것을 말해 준다.

아이들 하나하나가 주인이고 귀한 손님인 것이다.

샛별초등학교가 지나온 세월만큼 귀한 손님들을 맞을 채비를 하며 한결같이 기다리는 명예 봉사자 어머님들이 있어 옹달샘에도 마르지 않는 샘물이 퐁퐁 솟아 날 것이다. 샛별 옹달샘 아이들은 책만 읽는 바보가 아니라 책을 읽어서 즐거움을 나눌 줄 아는 사람이었으면 하는 바람이다. 따뜻한 봄날엔 책을 들고 들로 산으로 나가고 싶은 아이들, 가을날엔 책을 느끼고 산책하고픈 아이들, 더운 여름 오후도 책으로 식힐 줄 아는 아이들, 추운 겨울엔 따뜻한 차 한잔 같은 사람, 그렇게 멋진 감성을 지닌 행복한 아이들로 자라길 소망해 본다.

홍순희 / 전 옹달샘 봉사자, 샛별초등학교 졸업생 학부모

아지랑이처럼 가물거리는 거창여고의 추억

단정한 교복, 단발머리 여고생, 키가 큰 대나무숲이 펼쳐진 언덕을 올라가서 등교했던 거창여고. 가을엔 코스모스가 한들거리는 운동장 옆 꽃밭. 우리네는 아름다운 정서가 가득 찬 천연의 공기를 마시며 학교생활을 즐겼네.

멋있는 이석하 교장선생님, 키가 엄청 크신 박한훈 역사선생님, 서울음대 성학과 출신 성격 급한 최조웅 선생님, 서울대 영문과 출신 영어 발음이 죽처럼 부드러운 정한술 선생님, 색상이 풍부하신 정개석 미술선생님, 왼쪽 손이 불편했던 김진원 국어 선생님, 머리가 곱슬곱슬한 화학/물리 선생님, 키가 자그마한 수학 선생님, 부산에서 오신 무용 선생님, 그리고 조용조용하신 가정선생님. 다들 그립고 그리운 선생님들. 적은 인원수의 반, 친한 친구와는 그림자처럼 붙어 다녀 별명이 그림자가 되기도 했구만…. 여고 3년 때에 제주도로 수학여행을 부산에서 통통배 타고 갔는데 뱃멀미에 죽을상이 된 친구들….

미국에서 50년을 살면서 이런 것들의 그리움, 학교시절 이야기하고 싶은 친구를 향한 그리움으로 2023년 10월 한 달을 한국방문을 했을 때 나의 모교인 거창여고를 3번이나 가보았구먼. 내 추억 붙잡을 만한 가느다란 줄은 하나도 없었어. 지우개로 지운 마냥 흔적도 없더라오. 하지만 내 기억엔 파노라마 영화마냥 남겨져 있으니 보물처럼 간직하리라.

한참 머-언 후배님들, 이 나이까지 살아보니 고등학교 시절엔 공부 열심히 하여 똑소리가 날 정도로 앞장서고, 선생님, 부모님 존경하며 착한 학생이 되어주는 게 후배님들의 의무라네.

강순옥 / Massachusetts 살고 있는 거창여고 9회 졸업생

에필로그

위천을 기억하며

　위천초등학교는 1912년에 창립되고 1919년 개교하여 오늘에 이르러 개교 105년(창립 112년)이라는 한 세기가 넘는 나이를 맞이하였습니다. 기백산의 정기를 이어받아 금원산 자락에 자리잡은 위천초등학교!! 어언 창립 112년의 역사를 이루고, 그간 동문들에게도 많은 역경이 있었으나 그 어려움을 극복하고 위천의 미래 발전으로 삼을 줄 아는 슬기를 간직하고 현재 약 7,867명의 졸업생들을 배출하여 모범적으로 위천의 위상을 빛내고 있음을 아주 뿌듯하게 생각합니다.

　위천초등학교의 교육은 구한말 신식교육과 더불어 시작되어 역사의 갖은 풍파에서 예외 없이 많은 우여곡절이 있었다고 전해집니다. 나이도 많고 결혼까지 하여 초등학교를 다니는 어른과 코흘리개 아이가 한 교실에서 수업을 하던 시절도 있었고 운동회 날이면 학생이 있는 가정이든 그렇지 않은 가정이든 옆집 아이의 재롱과 운동회를 즐기기 위해 온 마을 사람들이 학교 운동장으로 모여 즐겼다고 합니다. 제가 학교를 다녔던 1960년대 당시는 주로 수승대나 금원산 계곡으로 걸어서 소풍을 갔는데 하루 전날 비가 올까 걱정되어 잠을 이루지 못했던 기억과 학교 사환 아저씨에게서 이무기 싸움에 관한 전설을 전해 듣고 설레며 잠을 청했던 때도 있었습니다.

　우리 모교는 의식주가 그야말로 어려웠던 일본강점기에 설립되어 30년 넘게 이어오다가 대한의 해방을 맞이하게 되었고, 혼돈시대 및 격변과 시련 그리고 6,25전쟁을 겪으면서도 재학생과 학급수를 늘렸으며, 지속적으로 그리고 오늘날까지 모범적으로 교육 발전을 이루었던 곳입니다. 한국이 선진국에 도달하기까지 면면을 이어 왔듯 위천 교육도 빛나는 역사를 이루어 온 것입니다.

　위천초에 재학했던 1960년대와 60년이 지난 오늘날의 교육을 비교하면 모든 측면에서 격세지감을 느낍니다. 전교생이 1,000명이 넘었던 그때와 비교하면 현재의 위천초등학교 교정은 훌륭하게 구축되고 교육환경 역시 월등히 개선되었지만, 학생 수가 급감하여 학교의 존폐마저 위협받고 있음을 우려하지 않을 수 없게 되었습니다.

거창교육 100년사의 교육 역사와 홍보자료를 편찬사에 담아 기록하고 보존함으로써 후세에 길이 남을 기록들이 될 것이라 믿습니다. 그간 교육 역사와 기록들이 영원히 보존되어 학교 교육 발전의 밑거름이 되어 거창이, 위천초등학교가 앞으로도 21세기에 걸맞는 교육의 장으로서 더욱 번창하기를 기원합니다.

신용균 / 위천초등학교 총동창회장

이제는 폐교가 된 소정을 기억하며

제 고향에는 오래전에 폐교되어 지금은 한메미술관이 된, 초등학교가 있었습니다. 소정국민학교의 오래된 앨범을 보다가 우리 남매들의 기억 속에만 있는 사진들을 공유하고자 앨범 사진 몇 장과 현재 미술관이 된 모습의 사진을 보내드립니다. 누군가는 고인이 되었을 선생님과 학생들이겠지만 그 시절의 동무들, 마을과 학교는 우리 마음에 아직도 살아 있음을 느낍니다.

임미진 / 소정국민학교 졸업생

에필로그

작은 곳에 소중함과 더 큰 희망이 있다

　동문회장이라고는 하나 거주지역이 학교와는 많이 떨어져 있어 평소 재학생들과는 접할 기회가 많이 않아 아쉬워하던 중 마침 교지 '달가람'을 통하여 몇 말씀 전할 수 있어 기쁘게 생각합니다.

　1960년도(27회)에 졸업을 했으니 50여 년이 지났군요.

　평소 모교에 깊은 관심을 못 가졌었지만 제가 동문회장직을 맡은 후 우리 월천초등학교의 재학생 수에 적지 않은 놀라움을 금치 못했습니다. 당시에는 한 학년만 하더라도 100여 명을 넘었었지요. 위 학년에는 형님 누나 아래로는 동생들로 부모님을 제외한 전 형제, 자매들이 뛰어놀았던 놀이터이자 세상을 살아가는 삶의 길을 열어주는 책과 선생님을 처음 접했던 곳이기도 했지요.

　사회생활 중 여러 가지 목적을 가진 많은 모임이 있지만 그중 교우만 하더라도 초등학교를 시작으로 단계별 고등 교육과정까지 있어도 그 어느 과정보다도 초등학교 동창 모임이 제일 정겹고 할 말들이 많은 모임이 아닐까 싶습니다. 세상에 태어나 처음으로 부모 곁이 아닌 또래의 친구들과 나 아닌 다른 아이들과 함께 철이 들면서 쌓은 우정 때문이 아니었을까도 생각해 봅니다.

　한 학급이 60여 명이 넘다 보니 어떤 경우는 선생님과 몇 마디 대화의 시간도 갖지 못한 채 한 학년이 지나고, 6년이란 세월이 지난 것 같았습니다. 초등학교를 졸업한 얼마 후 서양 선진국에는 1개 반의 학생 수가 20여 명 남짓밖에 안 된다는 얘기를 접하고는 의아함과 부러움이 교차했던 시절도 있었습니다. 당연히 학생 수가 적으면 학습 효과가 좋았겠지요.

　비록 학생 수는 좀 적지만 지금의 월천초등학교는 대도시 어느 학교보다도, 당시 부러워했던 선진국의 교육환경보다도 시설, 복지, 우수한 선생님들 등 모든 면으로 변화된 현실은 어느 누구도 부인하지 못할 것이고, 재학생 여러분들도 긍지와 자부심을 품어도 모자람이 없을 것 같습니다.

강신환 / 월천초등학교 27회 졸업생(전 총동문회장)

거창중학교 고제분교장

 저는 지금 현재 고제분교장에 근무하고 있고, 약 20년 전 2005~2007년 3년을 고제분교장에서 근무했던 체육 교사입니다. 그때는 지금과 다르게 재학생 수가 25~30명 사이였습니다. 지금처럼 학생들 대부분이 고제에 살고 고제초등학교를 졸업한 경우였습니다. 그때 담임을 했던 반에 드물게 전학생이 다른 지역에서 왔었는데 그 덕분에 5명의 왈가닥 녀석들이 분위기가 완전히 잡혔던 기억이 납니다. 지금은 체육관이 생기고 운동장에서 체육을 하는 일이 드물지만, 그때는 운동장에서 아이들이 축구도 하고 많이 뛰어놀았습니다. 지금처럼 고제면과의 교류도 활발했는데, 아이들과 씨름 수업을 함께 하다가 제가 씨름을 잘한다고 아이들이 집에 이야기하여 고제면에서 저를 씨름 선수로 추천해주셔서 거창군민 체육대회에 출전하여 좋은 성적을 내기도 했습니다. 덕분에 고제면에서 학교 운동장에 마사토를 깔아주셨지요. 지금보다 많은 학생이 있어서 학교 분위기가 무척 활기찼던 기억이 있습니다. 20년 사이 학생 수가 많이 줄어서 안타깝지만, 그때도 지금도 주민과 학생 교사가 함께하는 좋은 분위기는 여전합니다.

서경달 / 2005~2007년 재직 교사

응답하라, 1966년!!! 그땐…

거창여고의 교정은 꿈이었고, 동화 속의 현실이었다. 교실과 가까웠던 도서관은 내 보물 창고였고, 내 고된 현실의 피난처였으며 휴식처이기도 했다. 지금은 조금 후회스럽기도 하지만, 좋은 친구들을 만들고, 동아리 활동도 하고, 사회 속의 어둡고 아픈 곳을 들여다보고, 옆자리도 돌아보며 이웃의 아픔도 한 번쯤 가슴속에 새겨보는 소중한 순간을 가지지 못한 아쉬움.

학교는 죽전 골목길을 숨 가쁘게 올라 언덕에 솟아있고, 주위에는 푸른 보리밭이 동해의 거침없는 파도처럼 일렁이고 있었네. 우리는 휴식 시간이면 창밖에 일렁이는 보리 파도를 바라보며 미지의 세계로 떠났었지. ^^ 그때는 내 등에 날개가 있었고 푸르고 높은 하늘이 있었고, 언제든 날아오를 수 있는 꿈들이 펄떡이고 있었단다.

후배님들이여!
자네들은 더 예쁘고 아름답고, 더 넓은 세상이 눈앞에 펼쳐져 있네그려. 무엇이든 할 수 있고, 가질 수 있고, 이룰 수 있다네. 그러다 그러다 내가 돌아오는 곳은 내 이웃이 있는 곳, 내 이웃이 있는 곳이라는 걸 잊지 말게나.

신호연 / 거창여고 9회 졸업생

에필로그

졸업생 답사

"마음의 고향을 떠나는 오늘, 영원히 잊히지 않을 것 같은 오늘, 우리의 만남을 계획하시고 지금, 이 순간에도 함께 하시는 하나님께 감사드립니다. 3년 동안 먹고 자고 숨쉬었던, 때론 집보다도 편안했던 공간인데, 오늘은 왜 이리 이 자리가 어색한지 모르겠습니다. 만났으면 헤어지는 게 세상의 당연한 이치이지만, 늘 함께 있었고 늘 함께할 것 같았던 삶과의 헤어짐이기에 아쉬움은 크기만 합니다.

돌이켜 보면 지난 3년은 우리에겐 축복의 시간이었습니다. 어색했던 처음 만남, 식은땀이 흐를 정도로 긴장했던 선배들과의 대면식, 함께 거고 파이팅을 외치며, 함께 부둥켜 기뻐하며 아쉬워했던 연합 체육대회, 모두 지고도 재미있기만 했던 첫봄 예술제, 함께 부둥켜안으며 즐거워했던 대동 놀이, 우리도 몰랐던 우리의 능력을 발견한, 서로 다른 이들이 하나의 작품을 이루어낸 가을 예술제, 흘러가는 시간 하나하나가 너무도 아까웠던 지난봄 예술제, 마지막 봄 소풍, 다시 하라면 못할 것 같은 열광의 댄스파티……. 이 모든 시간은 우리에게 서로를 믿는다는 게 무엇인지, 함께 살아간다는 것이 무엇인지 가르쳐주었습니다. 외롭고 힘들었던 시간 또한, 좋았던 시간만큼이나 많았지만, 그 외롭고 힘들어서 흘린 눈물 또한 고난을 통해 더 크게 쓰시려는 하나님께서 우리에게 주신 또 하나의 축복이란 것을 믿습니다.

이 순간 귀가 닳도록 들었던 '거고 정신'이란 단어가 떠오릅니다. 아직도 그것이 무엇인지는 설명할 수는 없습니다. 하지만 우리는 그것을 이곳에서 3년이란 시간을 보내며 순간순간 가슴으로 느꼈습니다. 크고 작은 학교 행사를 통해서, 친구들을 통해서, 매일 반복되는 일상 속에서도, 우리는 그것을 느끼며 그것이 우리들의 삶을 변화시키는 것을 볼 수 있었습니다.

한 송이의 국화꽃을 피우기 위해 봄부터 소쩍새는 그렇게 울었고, 한 송이 국화꽃을 피우기 위해, 천둥은 먹구름 속에서 울었나보다고 했던 어느 시인의 말처럼, 우리가 이 자리에 있기에는 많은 분의 울음이 있었습니다. 오직 우리가 자라나는 모습만으로도 기뻐하신 선생님의 은혜로 저희가 이 자리에 있습니다. 늘 선생님들의 희생만을 강요하며 이해받기만을 원했던 저희를 용서해 주십시오. 도시보다 열악한 시골의 학교에서, 자신보다는 학교와 학생을 먼저 생각하시고 한 송이 꽃을 피우기 위해 날마다 우셨던 선생님을 기억하며 살겠습니다. 길게만 느껴졌던 수업시간, 함께 웃고, 즐거워하면서 그 속에서도 시대와 역사 속에 필요한 일꾼이 되라고 가르치셨던 선생님의 말씀을 반드시 기억하고 살아가겠습니다. 그리고 우리의 불평을 모두 들어가시면서도 싫은 기색 한번 하지 않고, 묵묵히 자기 일을 하셨던 식당에서 일하시는 분들과 서무실 직원분들께도 죄송했고 감사하다고 전하고 싶습니다.

저희를 낯선 땅에 보내시고, 돌아서서 눈물 흘리셨던 부모님을 기억합니다. 밥은 잘 챙겨 먹었는지, 잠자리는 편안한지, 늘 괜한 걱정만 하셨던 당신들의 마음을 이제는 조금은 이해할 수 있을 것 같습니다. 늘 말뿐인 미안함이고, 늘 말뿐인 고마움이지만, 이젠 당신을 더 걱정시키지 않겠다는 한 번도 지키지 못한 약속을 다시 하고 싶습니다. 미안하고 감사한 사람들이 또 있습니다.

사랑하는 후배들아, 우리가 보았던 선배들은 정말 멋있어 보였는데, 너희에겐 우리가 어떤 모습으로 기억될지 모르겠구나. 우리가 숨죽여 시험 치르던 교실, 공을 쫓아 달리던 운동장, 노인정과 중앙현관, 이제 우리가 떠난 자리엔 너희들이 채우고, 같은 생각을 하며, 같은 꿈을 꾸며 살아가겠지? 어설프게나마 너희들에게 본이 되려 노력했고, 너희들을 이해하려 했던 선배들을 기억해다오. 진실한 마음 한 점주지 못하고 떠나는 것 같아 미안하지만, 후배들을 맞기 위해 설렘으로 기다렸던, 너희들만은 인정해주길 바랐던 우리의 마음은 기억해 주길 바란다.

그리고 사랑하는 친구들아, 지금 우리 마음은 모두 같을 거야. 하지만 우리 서로를 축하해주며, 기쁨으로 서로를 보냈으면 한다. 평소에 했던 것처럼 그렇게 헤어져서 다음 만났을 때도 농담하고, 장난치며 전혀 어색하지 않게 만날 수 있었으면 좋겠다. 살아온 시간보다, 앞으로 함께 살아갈 시간이 더 많기에, 그동안 바빠서, 혹은 마음은 굴뚝같았지만, 표현하지 못했던 것들, 이제는 더욱더 좋은 만남을 이루어 나가길 약속하자. 마지막 성경 시간 기억나지? 선생님께서 말씀하신 사랑이 무엇인지, 사람을 사랑한다는 게 어떤 것인지를. 이젠 같은 하늘을 보며, 같은 태양을 보며, 함께 그 사랑을 이루어 나갔으면 좋겠다.

우리의 소망이 담긴 글 하나를 읽으며 답사를 정리하려 합니다.

에필로그

거고인 건축가가 세운 다리는 무너지지 않고
거고인 농부가 키운 작물은 안심하고 먹을 수 있으며
거고인 의사는 삶의 목숨을 그 무엇보다 소중히 여긴다.
거고인 판사가 내린 판결은 믿을 수 있고
거고인 직공이 만든 옷은 단추가 잘 떨어지지 않으며
거고인 선생님에게는 안심하고 자녀를 맡길 수 있다.
거고인 관리는 뇌물을 받지 않고
거고인 기자는 거짓을 전하지 않으며
거고인 역사가는 그 무엇보다 진실을 목말라 한다.
그래서 세상은 거고를 빛이요 소금이라고 한다.

사람은 사랑할 때 세 단계를 거쳐 사랑을 이루어 나간다고 합니다. 처음에는 열정을 가지고 사랑을 하다가, 그 열정이 식어버리면 그동안 들어버린 정을 가지고 살아간다고 합니다. 그리고 열정과 정 마저 식어버릴 때는 약속과 책임으로 끝까지 사랑한다고 합니다. 거고는 우리에게 모든 것을 극복할 수 있는 뜨거운 열정을 주었습니다. 그리고 이젠 우리의 마음의 고향이 될 정도로 정이 들었습니다. 그리고 이곳을 오늘, 이 시간 우리의 삶 끝까지 가져갈 약속을 합니다. 험한 세상에 빛과 소금이 되겠습니다. 비록 흩어져 서로 다른 일을 하며 살아가겠지만 같은 하늘을 보며, 같은 꿈을 꾸며 이 땅에 떨어져 죽은 한 알의 밀알이 되겠습니다. 이제는 매섭게 춥던 거창의 새벽 추위를 느낄 수도, 유난히도 별이 많았던 거창의 밤하늘을 볼 수도 없겠지만, 이 모든 것들을 영원이라는 시간 속에 묻어주고 우리는 새로운 곳을 찾아 새로운 삶을 찾아 떠납니다. 우리의 만남을 계획하셨고, 우리의 또 다른 만남을 계획하실 하나님께 감사와 찬양을 드립니다."

최지현 / 거창고 졸업생

한 사람

　교육도시 거창을 이야기하면서, 내가 학생으로, 교사로 오랜 시간을 보낸 거창고등학교를 빼놓고 이야기를 할 수는 없을 것이다. 그런데 그런 거창고등학교 이야기는 어디서부터 시작해야 좋을까? 한 사람의 발자취에 의해 물줄기가 변하여 새롭게 방향 전환이 되고, 사람들에게 희망과 용기를 불러일으킨다. 거창교육의 근간(根幹)이 된, 한 사람을 곰곰이 생각해 보면, 이름도 없이 빛도 없이, 최고의 가치를 지향하는 교육을 이루기 위해서 헌신하신, 거창고등학교 (고) 전영창 교장 선생님이 떠오른다. 지금도 나를 비롯한 많은 제자가 선생님을 아버지처럼 친근하게 느끼고, 그분이 너무 일찍 떠나신 것을 안타까워하는 것은, 선생님께서 그리스도의 삶을 그대로 본받아, 사람에 대한 깊은 신뢰와 사랑으로 헌신하는 삶을 사셨기 때문이다.

　교장 선생님의 교육을 받은 사람이나, 함께 근무한 경험이 있는 사람들은 하나같이 그분에 대한 개별적인 추억을 지니고 산다. 나라와 겨레를 사랑하고, 그 일에 헌신한 사람들의 공통점은, 자신의 인격과 실력을 바탕에 두고 그 위에는 사람에 대한 외경(畏敬)과 진정한 사랑이 가득 차 있다는 것이다. 그분도 예외가 아니셨다.

　교장 선생님은, 해방 이후 대한민국이 발급한 최초의 유학생 비자를 들고 미국으로 유학하셨다. 공부를 마치고 귀국할 당시 여러 대학에서 교수로 혹은 부총장으로 오라는 제의가 있었으나, 장래가 보장된 길을 마다하고, 농촌의 청소년들을 교육하기 위해 이곳 거창으로 찾아오셔서, 오늘날 거창고등학교의 길을 내셨다. 20년간(1956년 4월 12일~1976년 5월 20일)을 오로지 학생들의 교육을 위해서 동분서주(東奔西走) 노력하시다가, 과로가 겹쳐서 안타깝게도 59세의 이른 나이에 돌아가셨다. 교장 선생님은 학생들을 하나하나 인격적으로 만났고, 그런 만남의 교육이 현재 거창고등학회내의 샛별초등학교, 샛별중학교, 거창고등학교에서 추구하는 교육의 바탕이 되었다고 나는 믿는다. 한 번은 거창고등학교를 졸업한 지 한참이 지난 한 졸업생이 경기도 부천에서 폐병에 걸려 고생한다는 소식을 전해 들으시고는, 서울 청계천에 가서 트랜지스터라디오를 하나 사서 그 졸업생을 찾아가 위로와 격려를 해 주셨다는 일화는 지금도 유명하다. 그 졸업생은 후에 영국 유학을 마치고 중앙대학교 사회복지학과 교수로 재직 당시 많은 제자를 사랑으로 가르치면서 전영창 교장 선생님께 받은 은혜에 보답하였다.

선생님께서는 본교의 학생들뿐 아니라, 온 세상을 향한 꿈을 꾸셨고, 어두운 곳을 밝히는 사람을 길러내기 위한 살아 숨 쉬는 교육을 일관되게 펼쳐나가셨다. "천하를 주고도 살 수 없는" 학생 하나하나를 고귀한 인격체로 깊이 인식하면서, 그들만의 천부적인 소질과 재능이 잘 발현하도록, 1950년대에 벌써, 그 당시로써는 파격적이었던 다양한 체험과 교육 활동에 학생들이 창의적이고 자율적으로 참여하도록 노력하셨다.

전영창 교장 선생님의 가르침은 늘 학생들에게 용기와 영감을 주었다. "너희는 세상의 빛과 소금이다. 꿈이 없이 사는 것은, 희망이 없이 사는 것과 같다. 대망을 품어라! 이 땅에 정의와 사랑이 강물처럼 흐르게 하라! 참 자유인이 되려면, 욕심에서 해방되어, 진리를 따라 살아라. 십자가 없이는 면류관이 없다. 절대로 포기하지 말아라!"라고 절규하셨던 그 말씀과 실천적 삶의 흔적들이 거창고등학회에 소속된 학교들을 통하여 끊이지 않고 이어져서 나날이 새롭게 발전하며, 지금의 교육도시 거창의 중요한 축을 감당하고 있다.

이형원 / 전 샛별중학교 교장

청운의 꿈을 안고

청운의 꿈을 안고 입학한 거창여고 1학년 한 학급은 60명이었다.

꿈도 많고, 조그마한 것에도 깔깔 웃음이 나오는 학창시절이었다. 봄기운에 춘추복을 입고, 아침에는 안개가 자욱한 한들 길을 걸어서 등교하고, 오후에는 노을이 아름답게 지는 들길을 걸으며 하교할 때엔 감상에 젖곤 하였다. 그리고 아름다운 추억으로는 처음으로 가 본 위천 수승대의 봄 소풍을 잊을 수가 없고, 함양 상림숲으로의 가을 소풍은 기억이 아련하다. 고3 때 가북면 내촌을 지나 도보로 합천 해인사와 가야산 등반도 소중한 추억이다. '이런 골짜기에도 사람들이 사는구나!' 하고 생각한 내촌에 있는 《용암초등학교》는 내가 교사 첫 발령을 받아 근무한 곳이다.

고2 때 가을운동회 날 아리랑 노래와 함께 하얀 저고리로 된 한복을 입고 고전무용을 했던 즐거움! 또 한층 큰 기쁨이었다. 운동회 무용을 마치고, 운동장 가장자리에 흐드러지게 피어있던 코스모스 꽃밭에서 친구들과 사진을 찍으며 웃고 즐거워했었다. 1968년 12월 16일에는 우리가 처음으로 예비고사(오늘날의 수능시험) 시험을 보게 되었었다. 버스 1대를 대절하여 우리는 대구여중·고에서 예비고사 시험을 보았었다. 그때 어떤 친구들은 하숙방에서 연탄가스에 취하여 고생을 하기도 했었다.

아침 등교 후에 친구들은 만나면 서로서로 약속이나 한 듯 하하호호 교실에는 항상 웃음꽃이 피었었다. 수업시간이 기다려지는 선생님이 있었다. 그 선생님은 아주 미남이시고, 배구도 잘하시고, 노래도 너무 잘하시는 총각이신 '김양수' 국어 선생님이셨다. 그 선생님은 우리 여학생들의 선망의 대상이셨다. 국어 시간이 되면 우리는 귀를 쫑긋 세우고 눈망울이 초롱초롱하게 수업을 듣던 모습이 떠오른다. 그리고 가장 싫어하는 수업은 체육 시간이었다. 별명이 코보선생님(코가 커서)이신 체육선생님은 무섭고 엄하게 규율을 잡아서 학생들이 싫어했고, 여학생들은 체육 시간을 싫어했다. 우리들의 거창여고 학창시절은 잊을 수 없는 향기 나는 추억들이 가득 스며있는 아름다운 시간이었다.

정재조 / 거창여고 9회 졸업생

에필로그

후배님들께 전하고 싶은 소중한 덕담

언제나 가고 싶은 교정, 보고 싶은 후배님들! 지나간 여고 시절, 이곳저곳에서 온 새로운 친구들과 마냥 어울려 다니면서 즐기던 때가 언제나 그립기만 하지요. 저는 그때 학교일 집안일에 바쁘기만 해서 특별한 추억이 많지는 않아요. 그래도 지금 노년이 훨씬 넘은 이때 후배님들에게 나의 경험을 통한 따뜻한 진심을 한 구절 드릴까 합니다.

후배님들도 이제 곧 성인으로 인정될 때가 다가오죠. 전 지금부터 여러분의 소중한 앞날 자신의 모습을 냉정히 판단하고 자기 가치관 설정과 꾸준한 노력을 통해 자기의 귀한 삶을 차곡차곡 만들고 다져가기를 간절히 부탁드립니다. 앞으로 펼쳐질 앞날의 긴 생활 속엔 다양한 외로움과 고난 또한 많을 것입니다만 그땐 냉정한 자기 의지와 싸워 나가다보면 나는 어느새 기초가 튼튼한 멋있는 성인이 되어가고 세월은 나를 슬프게만 하지 않을 것이고, 훗날 나의 노년 또한 보람과 즐거움으로 나를 맞게 될 것입니다. 후배님들 이제부터 자기의 가치와 뜻을 향해 부단히 노력하며 살아갑시다. 지금 여러분은 너무나 소중한 시간과 수많은 가능성을 가질 수 있는, 마냥 행복한 젊은이들입니다. 무엇이든 어느 분야든 정하고 확실한 내 것으로 만들고 그를 위해 노력하는 젊은이! 멋진 노후의 모습을 가질 수 있는 자랑스러운 후배들이 되었으면 하는 간절한 저의 바람입니다. 실패가 나를 엄습한다 해도 그것 또한 나의 소중한 자산이 될 것입니다.

우리 지금부터 멋진 삶을 만들어 가기 위해 조금씩 노력해가는 자랑스러운 거창여고 후배들이 되기를 간절히 바랍니다.

손예영 / 거창여고 9회 졸업생

● **참고문헌**

- 강만길, 밀양의 독립운동사, 밀양문화원, 2010
- 거창교육지원청, 거창교육 창간호, 거창제일인쇄사, 1992
- 거창교육지원청, 그때 그 시절 추억의 학교, 글모음출판(경도인쇄사), 2010
- 거창교육지원청, 새롭게 기억하는 거창의 폐지학교, 디자인스튜디오그리드, 2022
- 거창군, 거창군사, 금창인쇄사, 1997
- 거창군, 군세일람, 1965
- 거창군, 통계연보, 금창인쇄사, 1985-1997
- 거창문화원, 거창 지역사 연구, 거창향토사연구소 자료집 제3집, 2017
- 거창문화원, 거창문화 제11호, 한들나무, 2006
- 거창문화원, 거창문화 제20호, 한들나무, 2015
- 거창평생교육센터, https://educity.geochang.go.kr/09sub/
- 경남근대사진전, 푸른 눈으로 바라본 경남의 근대민속
- 경남일보(2022.11.3.), 학생독립운동경남이가장많았다. http://www.gnnews.co.kr/news/articleView.html?idxno=513822
- 경상남도교육청, 경남교육 60년사, 문성사, 2007
- 경상남도교육청, 경남교육 70년사, 도서출판P&P, 2017
- 경상남도교육청, 경남통계연보, 1971
- 경상남도밀양교육청, 밀양교육사, 도서출판밀양, 2006
- 경상남도함양교육청, 함양교육사, 유승인쇄출판, 2005
- 국가교육과정정보센터, 원문인벤토리(우리나라 교육과정), https://ncic.go.kr/org4/inventoryList.cs
- 남상면지편찬위원회, 남상면지, 피엔에이, 2021
- 박종섭, 거창 명승지의 역사와 전서, 거창문화원, 도서출판문창사, 1997
- 신용균, 한국사에 비추어 본 거창의 역사, 역사공간, 2015
- 위키백과 우리 모두의 백과사전, https://ko.wikipedia.org/wiki
- 이수인, 교육과정이 들려주는 수업 Story』서울: 북랩bookLab, 2020
- 한국민족문화대백과사전, https://encykorea.aks.ac.kr/
- 한국학중앙연구원 및 거창군, 디지털거창문화대전, https://geochang.grandculture.net/geochang/toc?search=G3/1
- 한들신문(2021.11.15.), [역사] 거창의근대전환기100년사, (http://www.newshd.kr)
- 홍웅선, 교육과정신강, 문음사, 1979

거창교육 100년사
거창교육 100년을 담아 미래를 꿈꾸다

발행일	2025년 5월 15일
편찬위원장	신종규 경상남도거창교육지원청 교육장
편찬부위원장	구영순 정순환
편집위원장	원숙민
편집위원	김연희 송헌일 정정희 김보라미 송영미 허영은
편집총괄	김진경
검토위원	정시균 김상용 하미남 권성복 김동배
편찬고문	김인수 전)경상남도거창교육지원청 교육장
총괄처	경상남도거창교육지원청 | 경상남도 거창군 거창읍 거함대로 3235 교육지원과 055)940-6110 / 행정지원과 055)940-6100
인쇄·발행	도서출판 실천 | 경남 진주시 동부로 169번길 12, 윙스타워 지식산업센터 A동 705호 055)763-2245, 010-3945-2245 팩스 055)762-0124
발행인	이어산
디자인 팀장	사공예원
등록번호	서울 종로 바00196호 등록일자 2018년 7월 13일 진주제2021-0000009호 2021년 3월 19일

ISBN 979-11-92374-74-1

경상남도거창교육지원청

* 이 책에 수록된 자료는 무단으로 사용할 수 없으며 사용시 발행처의 동의를 받아야 합니다.
* 잘못된 책은 교환해드립니다